དགའ་ལྡན་ཆོས་འབྱུང་དཔག་བསམ་སྡོང་པོ་
མཁས་པ་དགྱེས་བྱེད་དང་མཚན་བྱང་
གཞན་མཁར་ནག་ཆོས་འབྱུང་
ཞེས་བྱ་བ་བཞུགས་སོ། །

བོད་ལྗོངས་བོད་ཡིག་དཔེ་རྙིང་དཔེ་སྐྲུན་ཁང་།

图书在版编目(CIP)数据

卡尔纳宗教源流:藏文 /卡尔纳译师·班觉嘉措著.拉萨:
西藏藏文古籍出版社,2013.11
ISBN 978-7-80589-394-5

Ⅰ. ①卡… Ⅱ. ①卡… Ⅲ. ①格鲁派-佛教史-藏语 Ⅳ. ①B946.6

中国版本图书馆CIP数据核字(2013)第224164号

卡尔纳宗教源流

作　　者	卡尔纳班觉嘉措
责任编辑	德吉卓嘎
校　　对	德吉卓嘎
终　　校	德吉卓嘎
录　　入	达娃普赤
出版发行	西藏藏文古籍出版社
印　　刷	四川嘉创印务有限责任公司
开　　本	850×1168　1/32
印　　张	7.75
印　　数	3,001-5,000
版　　次	2013年11月第1版
印　　次	2024年1月第2次印刷
书　　号	ISBN 978-7-80589-394-5 民文(藏)
定　　价	19.00元

བསྡུ་སྒྲིག་གསལ་བཤད།

དེ་ཡང་རྗེ་བདག་ཉིད་ཆེན་པོ་བློ་བཟང་གྲགས་པའི་ཞལ་སྔ་ནས། མཛད་པ་ཀུན་ལས་གསུང་གི་ནི། །མཛད་པ་མཆོག་ཡིན་དེ་ཡང་ནི། །ཞེས་ཇི་སྐད་གསུངས་པ་ལྟར་མཁར་ནག་ལོ་ཙཱ་བ་དཔལ་འབྱོར་རྒྱ་མཚོས་མཛད་པའི་《དགའ་ལྡན་ཆོས་འབྱུང་དཔག་བསམ་སྡོང་པོ་མཁས་པ་དགྱེས་བྱེད་》ཞེས་ < ཅེས་ > པ་འདིའི་ནང་རྒྱལ་བའི་བསྟན་པ་སྤྱི་དང་བྱེ་བྲག་རི་བོ་དགའ་ལྡན་པའི་བསྟན་པ་གང་དང་གང་དུ་དར་ཚུལ། དེ་དག་གི་རིང་ལུགས་འཛིན་པའི་འདུས་སྡེ་དག་གི་བྱུང་བ་སོགས་རྗོད་བྱེད་ཀྱི་ཚིག་ཉུང་ཞིང་བརྗོད་བྱའི་དོན་རྒྱས་ལ་ཁ་གསལ་ཞིང་གོ་བདེ་བ་བཅས་ཀྱི་སྒོ་ནས་གཏན་ལ་ཕབ་པས་ན་གནའ་དེང་གི་མཁས་དབང་རྣམས་ཀྱི་ཚད་ལྡན་གྱི་ལེགས་བཤད་ཞིག < ཅིག > ཏུ་མཐུན་སྣང་དུ་གྲུབ་པ་འདི་ལགས་ཤིང་། གསུང་རབ་འདི་ཉིད་ནི་སྔོན་ནས་དཔེ་དཀོན་ཞིག་ཡིན་ཁར་བར་སྐབས་བསྟན་པ་ཉམས་དམས་པའི་དུས་སུ་དེ་བས་ཀྱང་དཔེ་དཀོན་མཐལ་དཀའ་བ་ཞིག་ཏུ་གྱུར་སྐབས་བར་ལམ་གྲུ་འཛིན་གཉིས་པ་ཟོ་བྲང་པོ་ཏ་ལར་བཞུགས་པའི་ཕྱུག་དཔེ་ཁྲིས་མ་ཞིག་རྙེད་སོན་བྱུང་བ་དེར་དཔེ་བསྡུར་ཞུས་ཏེ་རྒྱ་ཆེའི་གཞུང་ཆེན་འཆད་ཉན་པ་རྣམས་ནས་གཟིགས་བདེ་བའི་ཆེད་དུ་བསྟན་

བཅོས་འདིའི་ས་བཅད་ལྟར་དཀར་ཆག་བསྒྲིགས་ནས་དེབ་གཟུགས་སུ་པར་སྐྲུན་ཞུས་པ་ཡིན།

ཕྱག་དཔེ་འདི་དག་གོ་སྒྲིག་ཞུས་པའི་གོ་རིམ་ནང་དོན་གཉེར་ཅན་དུ་མའི་རྩ་ཆེའི་དགོངས་འཆར་དང་ངེད་དཔེ་སྙིང་འཚོལ་བསྡུ་ཕྱོགས་སྒྲིག་ཁང་གིས་སྙིགས་འདོར་བཅུད་ལེན་གྱི་ལས་ཀའི་གཞི་རྩ་གཞིར་བཟུང་ཕྱག་དཔེའི་ནང་གི་ཡིག་ནོར་དང་དེང་གི་བརྡ་སྤྲོད་དང་མི་མཐུན་པ་རྣམས་ལ་བཅོས་ནོར་ཤོར་བ་སོགས་ཀྱི་ཉེས་པ་མི་འབྱུང་བའི་ཆེད་ཆད་ལྷག་མེད་ནམ་སྙམ་པའི་དོགས་གཞི་ཅན་རྣམས་ལ་[ ] རྟགས་འདིའི་ནང་བཅུག་ནས་བཀོད་པ་དཔེར་ན། "དགུང་ལོ་གསུམ་ཞེས་པ་ནས། ཀརྨ་རོལ་པའི་རྡོ་རྗེ་ལ་དགེ་བསྙེན་མནོས་ཏེ་མཚན་[ཀུན་] དགའ་སྙིང་པོར་གསོལ། དེ་ནས་ཆོས་རྗེ་དོན་གྲུབ་རིན་ཆེན་དང་བདག་ཆེན་ཡང་དག་མཛད། འཇིགས་བྱེད་སོགས་གསང་སྔགས་ཀྱི་སྨོར་སྨིན་པར་མཛད་དེ་གསང་མཚན་དོན་[ཡོད་] རྡོ་རྗེར་གསོལ་" ཞེས་པ་ལྟ་བུ་ཡོད་པས་ན་རྣམ་དཔྱོད་དང་ལྡན་པ་རྣམས་ཀྱིས་བརྟག་པར་རིགས་ཤིང་དེ་མིན་ཡུལ་སྐད་སོགས་དོགས་གཞི་ཅན་གྱི་ཚིག་རྣམས་མ་དཔེ་ཇི་བཞིན་རང་སོར་བཞག་ཡོད།

ཞུས་དག་བྱེད་སྐབས་ཀྱང་ཐོག་མའི་ཞུས་དག་དང་། བསྐྱར་ཞུས། ཡང་ཞུས། ཞུས་ཆེན་བཅས་ཞུ་དག་གི་རིམ་པ་བཞི་ལྷག་ཙམ་བརྒྱུད་ཅིང་སྤྱིར་ན་ཚིག་དོན་གཉིས་ཐད་ནས་ཞུ་དག་འཕེར་ངེས་སུ

སྙོམས་ཀྱང་ད་དུང་ཡང་ཡིག་ནོར་དང་ཆད་ལྷག་སོགས་སྐྱོན་ཆ་མི་ཉུང་བ་ཞིག་འབྱུང་སྲིད་པས་ན་རྒྱ་ཆེའི་རིག་གཞུང་འཆད་ཉན་པ་རྣམས་ཀྱིས་ལེགས་སྐྱེལ་ཉེས་འགོག་གི་བཀའ་སློབ་མཛུབ་མོ་རེ་སྟོན་ཚུལ་དུ་བསྐུལ་གནང་ཡོད་པའི་རེ་འདུན་ཞུ་རྒྱུ་དང་། དེད་ཚོའི་ལས་དོན་གང་ཅིའི་ཐད་ལྷག་བསམ་རྣམ་དག་གིས་སློབ་སྟོན་དང་མཐུན་རྐྱེན་གྱིས་རྒྱབ་སྐྱོར་གནང་མཁན་ཚན་པ་ཁག་དང་མི་སྣེར་བཅས་ལ་སྙིང་ཐག་པ་ནས་ཐུགས་རྗེ་ཆེ་ཞེས་ཞུ་རྒྱུ་ཡིན། །

བསྒྱུར་པར་གསལ་བཤད།

མཁར་ནག་ལོ་ཙཱ་བ་དཔལ་འབྱོར་རྒྱ་མཚོས་མཛད་པའི་《མཁར་ནག་ཆོས་འབྱུང་》ཞེས་པ་འདི་དེ་སྔོན་སེར་གཙུག་ནང་བསྟན་དཔེ་རྙིང་འཚོལ་བསྡུ་ཕྱོགས་སྒྲིག་ཁང་ནས་གསུང་རབ་འདི་དཔེ་དཀོན་ཧ་ཅང་མཇལ་དཀའ་བ་ཞིག་ཡིན་པར་བརྟེན་སྐྱ་ངལ་ཁྱད་བསད་ཀྱིས་ལྷུར་སྐྱོབ་གནང་སྟེ་དཔེ་གཟུགས་སུ་པར་སྐྲུན་མཛད་འདུག་འོན་ཀྱང་པར་སྐྲུན་མཛད་པའི་པར་མ་དེ་ནང་ཁྲུལ་དུ་འགྲེམ་སྤེལ་གནང་བ་ཡིན་པས་རྒྱ་ཆེའི་ཀློག་པ་པོའི་དགོས་མཁོ་དེ་ཙམ་གྱིས་མང་པོ་སྐོང་ཐུབ་མེད། ཐེངས་འདིར་ཕྱོགས་ཡོངས་སུ་འགྲེམས་སྤེལ་འོང་བའི་ཆེད་ངེད་དཔེ་རྙིང་དཔེ་སྐྲུན་ཁང་གིས་སེར་གཙུག་ནང་བསྟན་དཔེ་རྙིང་འཚོལ་བསྡུ་ཕྱོགས་སྒྲིག་ཁང་གི་འབྲེལ་ཡོད་དབུ་ཁྲིད་རྣམ་པར་དཔེ་དེབ་འདི་བསྒྱུར་པར་ཞུ་རྒྱུའི་བཀའ་མོལ་ཞུས་པར་བཀའ་འཁྲོལ་ཕྱུང་བ་བཞིན་སེར་གཙུག་ནང་བསྟན་དཔེ་རྙིང་འཚོལ་བསྡུ་ཕྱོགས་སྒྲིག་ཁང་དང་བོད་ལྗོངས་བོད་ཡིག་དཔེ་རྙིང་དཔེ་སྐྲུན་ཁང་མཉམ་འབྲེལ་ཐོག་དངོས་སུ་པར་སྐྲུན་ཞུས་ནས་རྒྱལ་ཁབ་ཕྱི་ནང་གི་ཀློག་པ་པོ་ཚང་

མའི་སྤྱན་ལམ་དུ་ཕུལ་བ་ལགས།

བསྐྱར་པར་ཞུས་པའི་བརྒྱུད་རིམ་ནང་རྩ་བའི་མ་ཡིག་གཞིར་བཞག་ཐོག སེར་གཙུག་དཔེ་བསྒྲུ་ཁང་གིས་ཕྱག་དཔེའི་ནང་གི་ཡིག་ནོར་དང་དེང་གི་བརྡ་སྤྲོད་དང་མི་མཐུན་པ་རྣམས་ལ་བཅོས་ནོར་ཤོར་བ་སོགས་ཀྱི་ཉེས་པ་མི་འབྱུང་བའི་ཆེད་ཆད་ལྷག་མེད་ནམ་སྐྱམ་པའི་ངོགས་གཞི་ཅན་རྣམས་ལ་རྟགས་〔 〕བེད་སྤྱོད་གནང་བ་བཞིན་ང་ཚོས་ཀྱང་རྟགས་〔 〕འདིའི་ནང་བཅུག་ཡོད་པ་དང་། ཡི་གེའི་དག་ཆ་འབྲི་ནོར་ཡིན་ངེས་བློ་ངོགས་ཚོད་རིགས་རྣམས་རྟགས་〈 〉འདིའི་ནང་བཅུག་ཡོད། དེ་མིན་བརྗོད་བྱ་རྗོད་བྱེད་ཅི་ཐད་ལ་དོ་སྣང་ཞུ་ཕུལ་བྱས་པ་ལས་བརྡ་ཆད་ཚིག་དོན་གང་སར་བཟོ་ཉེས་བཅོས་ལྷད་སོགས་མ་བྱས་པར་མ་ཡིག་ལྟར་རང་སོར་བཞག་ཡོད། འོན་ཏེ་ཞུ་དག་ཞུ་མིའི་ཚུ་ཚད་དམའ་རྐྱེན་གྱིས་ནོར་འཁྲོལ་རིགས་འབྱུང་སྲིད་པས་རྒྱ་ཆེའི་ཀློག་པ་བའི་སྐྱོན་བརྗོད་དང་རོགས་རམ་ལྷུག་བསྐུལ་ཡོད་པ་མཁྱེན།

འདི་ག་དཔེ་རྙིང་རྩོམ་སྒྲིག་པས། སྤྱི་ལོ་༢༠༡༣ ལོའི་ཟླ་༡༢ པར།

མཛད་པ་པོའི་རྣམ་ཐར།

ཆོས་འབྱུང་འདི་མཛད་པ་པོ་མཁར་ནག་ལོ་ཙཱ་བ་དཔལ་འབྱོར་རྒྱ་མཚོ་མཆོག་གི་མཛད་པ་རྣམ་ཐར་གྱི་སྐོར་ལས་འཕྲོས་པའི་ལོ་རྒྱུས་ཞིབ་པ་ཞིག་ད་ཕན་མ་རྙེད་ཀྱང་། ཕལ་ཆེར་སྤྱི་ལོའི་དུས་རབས་བཅུ་དྲུག་པའི་དུས་མཇུག་ཙམ་དུ་སྐྱེ་ཐང་མཁར་ནག་ཏུ་རྗེ་རིགས་སུ་སྐུ་འཁྲུངས་ཤིང་། གཞོན་ནུའི་དུས་ནས་རབ་ཏུ་བྱུང་སྟེ་སྡེ་ཕྱིར་གསང་ཕུ་སོགས་སུ་གཞུང་ཆེན་ཁག་ལ་སྦྱངས་ཏེ། སྒྲ་སྙན་སོགས་རིག་གནས་སྤྱི་དང་། ལྷག་པར་གཞུང་ཆེན་མོ་རྣམས་ལ་འཆད་རྩོད་རྩོམ་གསུམ་གྱི་སྒོ་ནས་འགྲན་ཟླ་མེད་པའི་མཁས་པ་ཆེན་པོར་གྱུར་ཏེ། མཁར་ནག་ལོ་ཙཱ་བ་ཞེས་པའི་མཚན་དེ་ཐོགས་པ་དང་། སྡེ་ཕྱིར་རྒྱལ་དབང་བསོད་ནམས་རྒྱ་མཚོ་དང་། རྒྱལ་དབང་ཡོན་ཏན་རྒྱ་མཚོ། རྒྱལ་དབང་ལྔ་པ་ཆེན་པོ། པཎ་ཆེན་བློ་བཟང་ཆོས་རྒྱན་སོགས་ལས་ཀྱང་ཟབ་ཆོས་མང་དུ་གསན་བཞེས་གནང་བར་མཛད།

རྗེ་འདིས་མཛད་པའི་རྒྱལ་དབང་ཡོན་ཏན་རྒྱ་མཚོའི་རྣམ་ཐར་ཚིགས་བཅད་མ་རྣམ་ཐར་ནོར་བུའི་ཕྲེང་བའི་ནང་དྲངས་པ་ལས། དཀོན་མཆོག་འབངས་ཀྱི་རྣམ་ཐར་ལས། །ཨ་ཧོ་ཤའི་སྲས་འཛིན་རྗེ་

དང་། །ཐམས་ཅད་མཁྱེན་པའི་མཚན་ཅན་དེ། །བོད་དུ་རིམ་པར་འཁྲུངས་པར་གསུངས། །དེ་ཡང་པཎ་ཆེན་དགེ་འདུན་གྲུབ། །སླར་ཡང་སཾ་ཧླ་ས་མུ་དྲ། །རྗེ་བཙུན་བསོད་ནམས་རྒྱ་མཚོའི་ཞབས། །ད་ལྟ་བདེ་ཆེན་ཆོས་རྒྱལ་ལགས། །ཞེས་དང་། མཇུག་ཏུ། དགུང་ལོ་རྒྱུ་སྐར་གྲངས་ལྡན་སྐབས། །མི་འབྲུག་རྒྱལ་དབང་ཆོས་དབང་འདུས། །དགོངས་པ་ཆོས་ཀྱི་དབྱིངས་སུ་ཐིམ། །ཞེས་པས་རྣམ་ཐར་དེ་ཉིད་རྒྱལ་དབང་ཡོན་ཏན་རྒྱ་མཚོ་ཞལ་བཞུགས་ཀྱི་སྐབས་སུ་རྩོམ་པའི་དབུ་ཚུགས་པ་དང་། སྐུ་གཤེགས་རྗེས་མཇུག་རྫོགས་པར་གསལ་བས་ཐལ་ཆེར་རབ་བྱུང་བཅུ་པའི་མེ་འབྲུག་སྤྱི་ལོ་༡༧༡༧ལོའི་ཡས་མས་ཙམ་དུ་བརྩམས་པར་མངོན། དེ་བཞིན་མཁར་ནག་ཆོས་འབྱུང་འདི་ཡང་རྒྱལ་དབང་ལྔ་པ་ཆེན་པོ་དགུང་ལོ་བཅུ་བཞིར་ཕེབས་པ་རབ་བྱུང་བཅུ་པའི་ལྕགས་ཧྲ་སྤྱི་ལོ་༡༧༣༠ལོ་ཙམ་དུ་བརྩམས་གནང་བ་ཆོས་འབྱུང་འདིའི་འབྲས་སྤུངས་ཀྱི་གདན་རབས་བརྗོད་པའི་སྐབས་ལས་དོན་གྱིས་ཤེས་ནུས།

གསུང་རྩོམ་གྱི་གྲས་སུ། རྗེ་ཙོང་ཁ་པ་ཆེན་པོའི་རྣམ་པར་ཐར་པ་མཁར་ནག་ལོ་ཙཱ་བས་མཛད་པ་བཞུགས་སོ། །ཞེས་པ་དང་། རྒྱལ་བ་བསོད་ནམས་རྒྱ་མཚོའི་རྣམ་ཐར་ཡོངས་སུ་རྫོགས་པ་ཞིག་དང་རྒྱལ་བ་ཡོན་ཏན་རྒྱ་མཚོའི་རྣམ་ཐར་ཚིགས་བཅད་མ། དགའ་ལྡན་ཆོས་འབྱུང་དཔག་བསམ་ལྗོང་པོ་མཁས་པ་དགྱེས་བྱེད་སོགས་མང་དུ་ཡོད་

པ་ལས། རྗེ་ཙོང་ཁ་པའི་རྣམ་ཐར་དེ་ཉིད་ཕོ་བྲང་པོ་ཏ་ལའི་དཔེ་མཛོད་ཁང་གཉིས་པའི་ཁང་གྲངས་༠༢༧༠༢ནང་བཞུགས་པ་དང་། དགའ་ལྡན་ཆོས་འབྱུང་དཔག་བསམ་སྡོང་པོ་མཁས་པ་དགྱེས་བྱེད་ཀྱང་གོང་གི་ཁང་གྲངས་༢༥༢༩ནང་བཞུགས་ཡོད། རྒྱལ་དབང་ལྔ་པ་ཆེན་པོས་མཛད་པའི་རྒྱལ་བ་བསོད་ནམས་རྒྱ་མཚོའི་རྣམ་ཐར་དངོས་གྲུབ་རྒྱ་མཚོའི་ཤིང་རྟ་དང་། རྒྱལ་བ་ཡོན་ཏན་རྒྱ་མཚོའི་རྣམ་ཐར་ནོར་བུའི་ཕྲེང་བ་གཉིས་ཀྱི་ནང་ལོ་ཚིགས་བ་འདི་ཉིད་ཀྱི་གསུང་རྒྱལ་དབང་རྣམ་གཉིས་ཀྱི་རྣམ་ཐར་ཕལ་ཆེ་བ་དྲངས་འདུག་པ་ལས་རྣམ་ཐར་དེ་གཉིས་ད་ཕན་ལག་སོན་མ་བྱུང་བས་རྒྱ་ཆེའི་མཁྱེན་ལྡན་རྣམ་པས་རྣམ་ཐར་དེ་གཉིས་ཀྱིས་གཙོས་ལོ་ཚིགས་བ་འདི་ཉིད་〔ཀྱི་〕གསུང་དང་ལོ་རྒྱུས་སོགས་ལག་སོན་བྱུང་རིགས་ངེད་ཚོར་མཁོ་འདོན་གནང་རྒྱུའི་རེ་བ་བཅངས་བཞིན་དུ་ཡོད་པ་བཅས་སོ། །

སེར་གཙུག་ནང་བསྟན་དཔེ་སྙིང་འཚོལ་བསྡུ་ཕྱོགས་སྒྲིག་ཁང་ནས།

དཀར་ཆག

མཆོད་བརྗོད་དང་བརྩམས་པར་དམ་བཅའ་བ། ………… (1)

གངས་ཅན་ཞིང་རྟའི་སྲོལ་འབྱེད་ཆེན་པོ་རྗེ་ཙོང་ཁ་པ་ཆེན་པོའི་རྣམ་ཐར་མདོ་ཙམ་དུ་བསྟན་པ། ………………… (2)

རྗེ་འདི་ཡི་རྒྱལ་ཚབ་དགའ་ལྡན་ཁྲི་པ་རྣམས་ཀྱི་རྣམ་པར་ཐར་པ་མདོ་ཙམ་དུ་བསྟན་པ། …………………… (18)

གདན་ས་ཆེན་པོ་རི་བོ་དགེ་ལྡན་རྣམ་པར་རྒྱལ་བའི་གླིང་གི་བྱུང་རབས་རིམ་བྱོན་བསྟན་པ། ………………………… (53)

རི་བོ་དགེ་ལྡན་སོགས་སུ་རྒྱུད་གྲྭ་བྱུང་ཚུལ་བསྟན་པ། …… (55)

ཆོས་གྲྭ་ཆེན་པོ་དཔལ་ལྡན་འབྲས་སྤུངས་ཀྱི་བྱུང་ཚུལ་དང་གདན་རབས་བསྟན་པ། …………………… (60)

ཆོས་གྲྭ་ཆེན་པོ་སེ་ར་ཐེག་ཆེན་གླིང་གི་བྱུང་ཚུལ་དང་གདན་རབས་བསྟན་པ། ………………………… (83)

ཆོས་གྲྭ་ཆེན་པོ་གསང་སྔགས་མཁར་གྱི་བྱུང་ཚུལ་དང་གདན་རབས་བསྟན་པ། ………………………… (90)

ཆོས་གྲྭ་ཆེན་པོ་གསང་ཕུ་ར་བ་སྟོད་པའི་བྱུང་ཚུལ་དང་གདན་
རབས་བསྟན་པ། …………………………… (95)
རྗེ་བཙུན་ཙོང་ཁ་པའི་མདོ་སྔགས་ཟུང་འབྲེལ་གྱི་བསྟན་པ་
དབུ་རུ་ཚལ་པ་ཁྲི་འོག་ཏུ་དར་ཚུལ་བསྟན་པ། … (103)
རྗེ་བཙུན་ཙོང་ཁ་པའི་མདོ་སྔགས་ཟུང་འབྲེལ་གྱི་བསྟན་པ་
དབུ་སྟོད་འབྲི་ཁུང་ <གུང་> ཁྲི་འོག་ཏུ་དར་
ཚུལ་བསྟན་པ། …………………………… (111)
རྗེ་བཙུན་ཙོང་ཁ་པའི་མདོ་སྔགས་ཟུང་འབྲེལ་གྱི་བསྟན་པ་
དབུ་རུ་རྒྱ་མའི་ཁྲི་འོག་ཏུ་དར་ཚུལ་བསྟན་པ། … (124)
རྗེ་བཙུན་ཙོང་ཁ་པའི་མདོ་སྔགས་ཟུང་འབྲེལ་གྱི་བསྟན་པ་
འཕན་ཡུལ་དུ་དར་ཚུལ་བསྟན་པ། ………… (129)
རྗེ་བཙུན་ཙོང་ཁ་པའི་མདོ་སྔགས་ཟུང་འབྲེལ་གྱི་བསྟན་པ་
སྟོད་ལུང་དུ་དར་ཚུལ་བསྟན་པ། …………… (132)
རྗེ་བཙུན་ཙོང་ཁ་པའི་མདོ་སྔགས་ཟུང་འབྲེལ་གྱི་བསྟན་པ་
གཡོ་རུའི་ཕྱོགས་སུ་དར་ཚུལ་བསྟན་པ། ……… (135)
རྗེ་བཙུན་ཙོང་ཁ་པའི་མདོ་སྔགས་ཟུང་འབྲེལ་གྱི་བསྟན་པ་ལྷོ་
བྲག་དང་གཉལ་དུ་དར་ཚུལ་[བསྟན་པ་]། …… (142)
རྗེ་བཙུན་ཙོང་ཁ་པའི་མདོ་སྔགས་ཟུང་འབྲེལ་གྱི་བསྟན་པ་ཨེའི་
ཕྱོགས་སུ་དར་ཚུལ་བསྟན་པ། …………… (147)

རྗེ་བཙུན་ཙོང་ཁ་པའི་མདོ་སྔགས་ཟུང་འབྲེལ་གྱི་བསྟན་པ་འོལ་ཁའི་ཕྱོགས་སུ་དར་ཚུལ་བསྟན་པ། ………… (149)

རྗེ་བཙུན་ཙོང་ཁ་པའི་མདོ་སྔགས་ཟུང་འབྲེལ་གྱི་བསྟན་པ་དྭགས་ཕྱོགས་སུ་དར་ཚུལ་བསྟན་པ། ………… (165)

རྗེ་བཙུན་ཙོང་ཁ་པའི་མདོ་སྔགས་ཟུང་འབྲེལ་གྱི་བསྟན་པ་ཞང་ཡོང་ཀོང་གསུམ་དུ་དར་ཚུལ་བསྟན་པ། ……… (170)

རྗེ་བཙུན་ཙོང་ཁ་པའི་མདོ་སྔགས་ཟུང་འབྲེལ་གྱི་བསྟན་པ་ཁམས་ཕྱོགས་སུ་དར་ཚུལ་བསྟན་པ། ………… (176)

རྗེ་བཙུན་ཙོང་ཁ་པའི་མདོ་སྔགས་ཟུང་འབྲེལ་གྱི་བསྟན་པ་མདོ་སྨད་དུ་དར་ཚུལ་བསྟན་པ། …………… (187)

རྗེ་བཙུན་ཙོང་ཁ་པའི་མདོ་སྔགས་ཟུང་འབྲེལ་གྱི་བསྟན་པ་སྟོད་མངའ་རིས་སྐོར་གསུམ་དུ་དར་ཚུལ་བསྟན་པ། ……………………………… (188)

རྗེ་བཙུན་ཙོང་ཁ་པའི་མདོ་སྔགས་ཟུང་འབྲེལ་གྱི་བསྟན་པ་གཙང་ཕྱོགས་སུ་དར་ཚུལ་བསྟན་པ། ………… (201)

མཇུག་བསྡུ་བ། ………………………… (230)

མཆོད་བརྗོད་དང་བརྩམས་པར་དམ་བཅའ་བ།

མཁྱེན་པའི་དཀྱིལ་འཁོར་ལས་འཕྲོས་འོད་ཟེར་གྱིས། །རྨོངས་པའི་མུན་པ་སྟུག་པོ་དྲུང་ཕྱུང་ནས། །ཐུབ་བསྟན་ནམ་མཁའི་ཁྱོན་ཀུན་གསལ་མཛད་པ། །བློ་བཟང་ཉིན་བྱེད་དབང་པོར་གྲགས་ལ་འདུད། །རྒྱལ་བ་ཀུན་དངོས་རྗེ་བཙུན་ཙོང་ཁ་པའི། །མཛད་པའི་འཕྲིན་ལས་རིན་ཆེན་འབྱུང་གནས་ལས། །ཡོ་རྒྱུས་ནོར་བུའི་སྐལ་བ་འདིར་བླངས་ནས། །དད་པའི་རྒྱལ་མཚན་རྩེ་ན་བསྐྱེན་པར་བྱ། །དེ་སླད་དཔལ་ལྡན་བླ་མའི་རྣམ་ཐར་ནི། །ཕྱི་ནང་གསང་བ་ལས་བཏུས་མཛད་པའི་ཚུལ། །ཅུང་ཟད་ཙམ་ཞིག་འདི་ན་བརྗོད་པ་ལ། །བཤེས་གཉེན་ལྷག་པའི་ལྷ་རྣམས་གནང་བ་སྩོལ། །

གངས་ཅན་ཤིང་རྟའི་སྲོལ་འབྱེད་ཆེན་པོ་རྗེ་ཙོང་ཁ་པ་ཆེན་པོའི་རྣམ་ཐར་མདོ་ཙམ་དུ་བསྟན་པ།

༄ དེ་ཡང་སྟོན་པ་གཉིས་པ། གངས་ཅན་ལྗོངས་ཀྱི་ཤིང་རྟའི་སྲོལ་འབྱེད་ཆེན་པོ། ཐམས་ཅད་མཁྱེན་པ་བློ་བཟང་གྲགས་པའི་དཔལ་ཅེས། ས་གསུམ་དུ་སྙན་པར་གྲགས་པའི་འདི་ཉིད་ཀྱི་མཛད་འཕྲིན་བཟང་（༢༠）པོ་དུས་གསུམ་དུ་ནམ་མཁའི་མཐའ་ཀླས་པར་ཁྱབ་པ་ལས། སྐུ་ཚེ་སྔ་མ་དང་། འདི་དང་། ཕྱི་མ་རྣམས་ཀྱི་རྣམ་པར་ཐར་པ་བྱུང་ཚུལ་རགས་རིམ་འདི་ལྟར་ཐོས་ཏེ། རྗེ་རིན་པོ་ཆེ་འདི་རྗེ་བཙུན་འཇམ་དཔལ་དབྱངས་དང་མཁྱེན་པ་མཚུངས་པ་ཡིན་མོད། འོན་ཀྱང་དགེ་བའི་བཤེས་གཉེན་འཇམ་དཔལ་དབྱངས་ཀྱི་མཛད་པ་མཛད་བཞིན་པའི་ངང་ནས་བསྐལ་པ་མང་པོ་འདས་པའི་སྔོན་རོལ་དུ། དེ་བཞིན་གཤེགས་པ་དབང་པོའི་ཏོག་ཅེས་བྱ་བ་འཇིག་རྟེན་དུ་བྱོན་པ་ན། འཁོར་ཚོགས་རྒྱ་མཚོ་ལྟ་བུའི་དབུས་སུ་འདི་སྐད་ཅེས། རྒྱལ་སྲས་གང་དག་ཟབ་མོ་དབུ་མའི་ལྟ་བ་དང་འབྲེལ་བའི་སྒྱུར་ལམ་རྡོ་རྗེ་ཐེག་པ་འདི་བསྟན་པ། མ་དག་པའི་ཞིང་རྣམས་སུ་སྤེལ་ཞིང་རྒྱས་པར་བྱེད་ནུས་ན། དེ་བྱང་ཆུབ་སེམས་དཔའི་སྤྱོད་པ་མཆོག་རབ་གྱི་ནོམ་པ་ཡིན་ནོ། །ཞེས་རྒྱ་ཆེར་བསྔགས་པས། རྗེ་འདི་དང་

ཐུགས་རྒྱུད་གཅིག་པའི་རྒྱལ་སྲས་མཆོག་དེས་བཞེངས་ནས། ཟབ་ལམ་དེ་ལྟ་བུ་བདག་གི་རྒྱས་པར་བགྱིའོ། །ཞེས་དམ་བཅའ་དང་སྨོན་ལམ་རྒྱ་ཆེན་པོ་བཏབ་པའི་མོད་ལ། རྒྱལ་(༢བ)བ་དབང་པོའི་ཏོག་དང་། ཕྱོགས་བཅུའི་སངས་རྒྱས་རྣམས་ཀྱིས་ལེགས་སོ་དང་། སྤྲོ་བ་བསྐྱེད་པར་མཛད་དེ། བྱང་ཆུབ་སེམས་དཔའ་སྙིང་སྟོབས་ཆེན་པོར་མཚན་གསོལ། རྒྱལ་སྲས་སྤྱོད་པ་སྤྱོད་པའི་མགོ་བརྩམས་པར་གསུངས། དེ་ནས་དེ་བཞིན་གཤེགས་པ་དབང་པོ་〔པོའི་〕ཏོག་གིས། རྒྱལ་བའི་སྲས་པོ་སྙིང་སྟོབས་ཆེན་པོ་འདི་བྱང་ཤར་མཚམས་སུ་ཞིང་མང་བརྒལ་བ་ན། མ་འོངས་པའི་དུས་སུ་དག་པའི་ཞིང་ཁམས་ངོ་མཚར་རྨད་བྱུང་བཀོད་པ་ཞེས་བྱ་བར་མངོན་པར་འཚང་རྒྱ་སྟེ། དེ་བཞིན་གཤེགས་པ་སེང་གེའི་ང་རོ་ཞེས་བྱ་བར་འགྱུར་རོ། །ཞེས་ཞལ་འཛུམ་པ་དང་བཅས་ཏེ་བྱང་ཆུབ་མཆོག་ཏུ་ལུང་བསྟན་ཏོ། །རྒྱལ་བ་སེང་གེའི་ང་རོ་ནི། སྐུ་མདོག་ལྗང་ཁུ་མར་གད་ཀྱི་རི་དབང་མཚན་དཔེས་སྤྲས་པ་ལྟ་བུས་མཛེས་ཤིང་བརྒྱན་པའི་སྐུ་འཕང་དུ་དཔག་ཚད་གཅིག་པ། ཞལ་གྱི་དཀྱུས་རྒྱང་གྲགས་གཅིག་དང་ལྡན་པ། འོད་ཟེར་གྱི་ཕྱོགས་བཅུའི་ཞིང་ཁམས་དཔག་ཏུ་མེད་པ་འགེངས་པ། བྱང་ཆུབ་ཀྱི་ལྗོན་ཤིང་ཡལ་འདབ་དང་། མེ་ཏོག་དང་འབྲས་བུ་ཕུན་སུམ་ཚོགས་པ། རིན་ཐང་གཞལ་དུ་མེད་པའི་ནོར་བུའི་དོ་ཤལ་དང་། ལྷ་རྫས་ཀྱི་གོས་བཟང་འཕྱང་བའི་དྲུང་དུ། རིན་ཆེན་དང་སེང་གེའི་ཁྲི་ལ་བཞུགས་པ། ཕྱག་

གཡས་ཀྱི་ཟབ་མོ་སྟོང་པ་ཉིད་ཀྱིས་རྗེས་ཟིན་པའི་སྔགས་ལམ་གྱི་ཆོས་གསུངས་པས་གདུལ་བྱ་རྣམས་ཐར་ལམ་དུ་དགྲི་བར་མཛད་ཅིང་། ཕྱག་གཡོན་པ་མཉམ་བཞག་གི་སྟེང་དུ་ལྷུང་བཟེད་ནང་ནས་མཆོད་སྡོང་གྲུ་བཞི་པ་དབུས་ཙུང་(༣༩)ཟད་མཐོ་བ་འོད་ཟེར་གྱི་གོང་བུར་གྱུར་པ། དེ་དབང་པོ་རབ་དང་ལྡན་པས་མཐོང་བ་ཙམ་གྱིས་ལམ་བཟང་མངོན་དུ་བྱེད་དོ་ཞེས། གསང་བ་ལས་ཀྱང་ཆེས་གསང་བའི་རྣམ་པར་ཐར་པ་འདི་ནི། རྗེ་བཙུན་འཇམ་དབྱངས་ཀྱིས་རྟོགས་ལྡན་འཇམ་དཔལ་རྒྱ་མཚོ་ལ་གསུངས་པ་ལ་སྙན་ངག་སྦྱར་ཏེ། མཁས་གྲུབ་ཆོས་རྗེ་དང་། ཐམས་ཅད་མཁྱེན་པ་དགེ་འདུན་རྒྱ་མཚོས་བསྟོད་བསྔགས་མཛད་ཅིང་། དེའི་སྐུ་ཡི་སྣང་བརྙན་བྲིས་འབུར་ཐགས་གྲུབ་སོགས་མང་དུ་བྱུང་ངོ་། །བློ་བཟང་དགེ་བའི་བཤེས་དེ་སངས་རྒྱས་སྐུ། །མར་གད་ལྷུན་པོ་མཚན་དཔེས་བརྒྱན་པ་བཞིན། །དཔག་མེད་འོད་ཀྱི་ཕུང་པོར་ལྷམ་མེ་བ། །རྒྱལ་བ་སེང་གེའི་ང་རོ་སྒྲོག་ལ་བསྟོད། །

དེ་བཞིན་དུ་བདག་ཅག་གི་སྟོན་པ་ཤཱཀྱའི་རྒྱལ་པོས་ཀྱང་ལུང་བསྟན་པ་སྟེ། མདོ་སྡེ་གདམས་ངག་འབོག་པའི་བསྟན་པ་དྭངས་སྙིགས་འབྱེད་པའི་ལེའུ་ལས། ཀུན་དགའ་བོ་ད་ལྟ་ང་ལ་ཤེལ་གྱི་འཕྲེང་བ་ཐུལ་བའི་ཕྲིའུ་འདི། ང་ཡི་བསྟན་པའི་གསོ་བྱེད་ལ། །མ་འོངས་སྙིགས་མའི་དུས་སུ་ནི། །འབྲི་དང་ལྡན་གྱི་ས་མཚམས་སུ། །དགེ་ཞེས་

བྱ་བའི་དགོན་པ་འདེབས། །གློ་བཟང་ཞེས་པའི་མིང་ཅན་འབྱུང་། །འཁོར་ནི་རྣམ་དམངས་བསྐྱུ་བར་བྱེད། །ཆོས་སྐྱོད་བཙུ་ཡི་རྒྱུན་འཛུགས་ཤིང་། །ལྷ་ཁང་ཀ་བ་ཤིང་ལོ་ཅན། །ང་ཡི་གཟུགས་སྐུ་རྣམ་གཉིས་(༣བ)ལ། དབུ་རྒྱན་འབུལ་ཞིང་མཆོད་པ་བྱེད། །སྟོན་པའི་མདོ་བཞིན་གསུང་སྒྲོག་ཅིང་། །སྣན་པའི་དབྱངས་ཀྱིས་གསོལ་བ་འདེབས། །ང་ལ་གསོལ་བ་རབ་བཏབ་ནས། །བསྟན་པ་ལོ་སྟོང་བར་དུ་གནས། །དེ་ནས་ཤར་ཕྱོགས་ལོགས་སུ་འགྲོ། །ཆད་བྱུང་བགོད་པའི་འཇིག་རྟེན་དང་། །སེང་གེའི་ང་རོ་ཞེས་བྱར་འགྱུར། །དེ་ལ་དད་བྱེད་ཞིང་དེར་སྐྱེ། །ཞིང་མཆོག་དེ་ནི་ཁྱད་པར་འཕགས། །ཞེས་གསུངས་སོ། །བགྲང་ཡས་ཞིང་རྣམས་བསྐོམ་པའི་དཔལ་མངའ་བ། །ཇོ་མཚར་ཆད་བྱུང་བགོད་པའི་གྲགས་པ་དེར། །བདག་ཅག་སྐྱེས་ནས་རྒྱལ་བ་མཉེས་བྱེད་ཅིང་། །སེང་གེའི་ང་རོའི་སྲས་ཀྱི་མཐུ་བོར་ཤོག །

རྗེ་རིན་པོ་ཆེ་འདིས་སྟོན་པ་ཐུབ་པའི་དབང་པོའི་དྲུང་དུ། ཁྱེའུ་པདྨའི་ངང་ཚུལ་ཞེས་བྱ་བ་རྗེས་སུ་བསྟེན་པར་རྫོགས་པས། ལཧྐར་གཤེགས་པའི་མདོ་རྒྱ་ནག་འགྱུར་ལས། བཅོམ་ལྡན་འདས་ལ་ཀླུ་ཡི་རྒྱལ་པོ་མ་དྲོས་པས། དུང་དཀར་ཆེན་པོ་གཅིག་ཕུལ་བས་མོའུ་འགལ་གྱི་བུ་ལ་གནང་ནས། འདི་ཁྱོད་ཀྱིས་འགོག་རེར་སྦྱོར་ཤིག །མ་འོངས་པ་ན་དགེ་སློང་པདྨའི་ངང་ཚུལ་འདིས་གཏེར་ནས་འདོན་པས། དེའི་ཚོགས་དུང་དུ་འགྱུར་གྱིས་གཏེར་བདག་སྲིའུ་གནས་བྱེད་དོ། །

ཞེས་ལུང་བསྟན་པ་བཞིན། ཇོ་རིན་པོ་ཆེས་འགོག་པ་རིའི་བྲག་ནས་གཏེར་ཏེ། ལྷ་ས་སྨོན་ལམ་ཆེན་མོའི་ཚོགས་དུང་བྱེད་པས། དེའི་སྐད་ཐོས་པ་ཡང་(༤ན)ཕན་ཡོན་ཆེན་པོར་གྱུར་རོ། །འཇམ་དཔལ་རྩ་རྒྱུད་ལས་ཀྱང་ལུང་བསྟན་ཏེ། ཡི་གེ་དང་པོ་བ་གྲགས་པ། །སྡོམ་བརྩོན་ཐམས་ཅད་གྲགས་པར་ཡང་། །སྟོན་པའི་བསྟན་པ་གསལ་བྱེད་པ། །བསྟན་པ་དེ་ཚེ་ས་སྙེངས་སུ། །རྣམ་པར་ཉམས་ཤིང་སྣང་མེད་ལ། །སྟོན་པའི་གཟུགས་བརྙན་ཡིད་དུ་འོང་། །ས་སྙེངས་བྱེད་རྒྱུར་ཐེ་ཚོམ་མེད། །ང་ཡི་བྱང་ཆུབ་མཆོག་ཐོབ་འགྱུར། །དེ་ནི་འཇིག་རྟེན་སྒྲིན་གནས་འགྱུར། །སྲིད་པ་གསུམ་པོ་མཐར་ཡང་བྱེད། །ཐུགས་དང་རྒྱུད་ལ་མངོན་བརྩོན་པས། །གྲགས་པ་འཛིན་པར་ཤེས་པ་བྱས། །ཞེས་གསུངས་པ་ལ། ཐུ་རབས་པ་རྣམས་ཀྱིས་སློབ་དཔོན་དབྱིག་གཉེན་ལུང་བསྟན་དུ་ངོས་གཟུང་<བཟུང་>ཡང་། འདི་ནི་ཇོ་ཉིད་ཀྱི་ལུང་བསྟན་དུ་འོས་ཏེ། ཡི་གེ་དང་པོ་བ་ཞེས་པ་བློ་བཟང་གྲགས་པའོ། །ཚིག་རྐང་གཉིས་པ་གསུམ་པ་གཉིས་ཀ་ལ་འགྲིག་ཀྱང་། བཞི་པ་དང་ལྔ་པ་དབྱིག་གཉེན་ལ་མ་འགྲིག་སྟེ། དུས་བསྟན་པ་མ་ཉམས་པར་ཡོད་པའི་ཕྱིར་རོ། །དུས་འདིར་བསྟན་པའི་ཕྲུག་ལེན་མི་སྣང་བར་ཉམས་པ་ལ། ཇོ་རིན་པོ་ཆེས་ཕྲུག་ལེན་གསར་འཛུགས་མཛད་པ་ཡིན་ནོ། །སྟོན་པའི་གཟུགས་བརྙན་ནི་འདྲ་སྐུ་ཡིན་ནོ། །དེའི་གཙོ་བོར་ར་སའི་ཇོ་བོ་ལ་དབུ་རྒྱན་སྒྲོན་པས་ཡིད་དུ་འོང་བ་ཡིན་

ནོ། །ས་སྙིངས་ལྷ་སར་བྱེད་པར་འགྱུར་ཞེས་ཐེ་ཚོམ་མེད་པའོ། །
གཞན་རྣམས་གོ་སླ་ལ་(༤བ)སྔགས་ཀྱི་ཐེག་པ་ལ་དེ་ཡི་གཞུང་རྒྱུད་སྡེ་
དོན་ལ་མངོན་པར་བརྩོན་པས་སྔགས་ལམ་གསལ་བར་མཛད་པ་ནི་བློ་
བཟང་གྲགས་པ་འདིར་ངོས་འཛིན་དགོས་པར་ཤེས་དགོས་སོ། །ཡང་
འཇམ་དཔལ་རྩ་རྒྱུད་ལས། ང་ནི་མྱ་ངན་འདས་པའི་ཚེ། །ས་ཡི་
སྙིངས་འདི་སྟོངས་པ་ན། །ཁྱོད་ཉིད་བྱིས་པའི་གཟུགས་ཅན་གྱིས། །
སངས་རྒྱས་མཛད་པ་བྱེད་པར་འགྱུར། །དེ་ཚེ་དགོན་ཆེན་རབ་དགའ་
བ། །ཁ་བ་ཅན་དུ་ཡོད་པ་ཡིན། །ཞེས་གསུངས་ཏེ། ཁྱེད་ཉིད་ཞེས་
<ཅེས་>པ་འཇམ་དབྱངས་དང་། བྱིས་པ་ཞེས་པ་སོ་སྐྱེའི་ཚུལ་
འཛིན་ཀྱང་། རྣམ་ཐར་སངས་རྒྱས་ཀྱི་མཛད་པ་དང་མཚུངས་པའི་
ཆོས་སྟོན་པར་འགྱུར་རོ། །རབ་དགའ་ཞེས་པ་དགའ་ལྡན་ཏེ། ཁ་བ་
ཅན་གྱི་རྒྱན་དུ་ཡོད་པར་འགྱུར་རོ་ཞེས་པའི་དོན་ནོ། དེས་ན་འཇམ་
དཔལ་དབྱངས་ཀྱི་སྤྲུལ་པར་བསྟན་ཏོ། །ལྷ་མོ་དྲི་མ་མེད་པས་ཞུས་
པའི་མདོ་ལས། བྱང་ཕྱོགས་གངས་རིའི་རྒྱུད་ཀྱི་སར། །དགེ་བ་ལྡན་
པའི་ས་ཕྱོགས་སུ། །དམ་པའི་ཆོས་ནི་རྒྱས་པར་འགྱུར། །ཞེས་
གསུངས། ཆོས་རྒྱལ་སྲོང་བཙན་སྒམ་པོའི་བཀའ་ཆེམས་བཀའ་ཁོལ་
དུ། དེ་ནས་ཁྱད་པར་བསྙེན་བཀུར་ཆེར་མཛད་པའི། །དགེ་སློང་
བྱང་སེམས་ཤར་ཕྱོགས་སྐུ་འཁྲུངས་པ། །གསང་སྔགས་འཆང་ཞིང་
རྣལ་འབྱོར་ཆེན་པོ་ནི། །སྙིང་པོའི་མཐའ་རྟེན་སྐྱེས་ཆེན་དམ་པ་

འདི། །ཞལ་ཡང་བསྒྱུར་ཞིང་བསྙེན་བཀུར་དམ་པ་མཛད། །དེ་ལ་བསྙེན་བཀུར་ཆེར་བྱེད་དེ་དག་ནི། （༥ན）འཕགས་པའི་གང་ཟག་དགེ་སྦྱོང་ཤ་སྟག་གོ །དེ་དག་ཀུན་ལ་གུས་པ་ཆེན་པོ་མཛོད། །ཞེས་<ཅེས་>གསུངས་པ་ནི་བཀའ་རྒྱུད་པ་རྣམས་སྨོམ་པ་ཚུལ་ཁྲིམས་སྙིང་པོའི་ལུང་བསྟན་དུ་འཛིན་པ་འདུག་ཀྱང་། རྗེའི་ལུང་བསྟན་ཏེ། ཤར་ཕྱོགས་ཞེས་པ་ཤར་ཙོང་ཁ་པ་བསྟན། སྙིང་པོའི་མཐའ་རྟེན་ནི་རྗེའི་མཚན་ཀུན་དགའ་སྙིང་པོ་ཞེས། ཀརྨ་རོལ་པའི་རྡོ་རྗེས་མཚན་གསོལ་བ་དེ་མཚོན་ནོ། །ཞལ་ཡང་བསྒྱུར་ཞེས་པ་དབུ་རྒྱན་བསྒྲོན་པ་དེ་བསྟན། འཕགས་པའི་དགེ་སློང་གང་ཟག་ཤ་སྟག་གོ །ཞེས་པས་འཁོར་ཕལ་ཆེར་འཕགས་པའི་གང་ཟག་དང་། སྡོམ་བརྩོན་དགེ་སློང་ཤ་སྟག་གི་བསྐོར་ནས་བྱོན་པ་དེ་བསྟན་ནོ། །ཨོ་རྒྱན་རིན་པོ་ཆེས་མཛད་པའི་བསྐུལ་བྱང་ལས། འདི་ལྟར་ཉོན་ཅིག་རྒྱལ་པོ་དད་པ་ཅན། །སངས་རྒྱས་འཇིག་རྟེན་བྱོན་དུས་ཉེ་བར་འཁོར། །མྱ་ངན་འདས་དུས་ཨུ་གྱུ་ཏ་ཞེས་བྱ། །གྲོང་ཁྱེར་འགའ་ཏུ་ཧྲ་བ་ཧྲ་དྲར་གྲགས། ཤར་ཕྱོགས་རྒྱ་ནག་ཡུལ་དང་ཉེ་བའི་ཆར། །ཤཱཀྱའི་དགེ་སློང་བློ་བཟང་ཞེས་བྱ་འབྱུང་། །རྒྱལ་བའི་སྲས་པོ་གྲགས་པའི་མཐའ་ཅན་དེས། །ཤཱཀྱའི་རྒྱལ་པོ་ལོངས་སྤྱོད་རྫོགས་སྐུར་བསྒྱུར། །ཕ་རྒྱུད་ཟབ་གནད་ཕྲ་མོའི་རྣལ་འབྱོར་དང་། །མཐའ་བཞི་སྤྲོས་བྲལ་རྟོགས་པའི་ལྟ་བ་ཡི། །བསྐལ་བཟང་གདུལ་བྱ་མང་པོ་སྨིན་གྲོལ་མཛད། །ཞིང་

འདིའི་སྐུ་ཡི་བཀོད་པ་ལེགས་བསྒྲུས་ནས། །ངོ་མཚར་རྨད་བྱུང་བཀོད་པའི་འཇིག་རྟེན་དུ། །(༥བ) རྒྱལ་བ་སེང་གེའི་ང་རོ་མངོན་འཚང་རྒྱ། །དེ་ཡི་ཕྱག་གི་རིན་ཆེན་མཆོད་སྡོང་ལས། །འོད་ཟེར་བྱེ་བའི་ཕུང་པོ་རབ་ཏུ་འགྱེད། །ཅེས་གསུངས་པ་གོང་དུ་བཤད་པ་དང་ལེགས་པར་མཐུན་ཅིང་། ཐུབ་པའི་སྤྱན་སྔར་པདྨའི་ངང་ཚུལ་དུ་གྱུར་ཀྱང་། ཉེ་བར་འཁོར་ནི་སྐུ་ཡི་བཀོད་པའོ། །ཨུ་གུཔྟས་ནི་ཨུ་པ་གུཔྟ་ཟུར་ཆག་པས་དགྲ་བཅོམ་པ་ཉེར་སྦས་ཏེ། སངས་རྒྱས་གཉིས་པའི་རྣམ་ཐར་བསྟན་ཏོ། །བྷ་བ་བྷ་དྲ་ནི་དངོས་པོ་བཟང་པོ་ཞེས་འབྱུང་ཡང་རྗེའི་སྐུ་ཚེ་སྟོད་མ་ཁ་ཆེ་པཎྜི་ཏ་མ་ཏི་བྷ་དྲ་ཞེས་པ་བློ་གྲོས་བཟང་པོ་སྟེ། འཁོར་ལྔ་བརྒྱུས་བསྐོར་བ་གྲུབ་ཆེན་ནམ་མཁའ་རྒྱལ་མཚན་ལ་དཔལ་ཕྱག་ན་རྡོ་རྗེས་གསུངས་པས། དེ་ཡི་མཚན་གྱི་རྣམ་གྲངས་སམ་མཚན་ཟུར་ཡིན་ནོ། །གཞན་དག་གོ་སླའོ། །མཁར་ཆུའི་གནས་བཤད་གཏེར་ཡིག་ཏུ། །སྟོང་ཁའི་ཡུལ་དུ་སྐུ་འཁྲུངས་ནས། །འགྲོ་དོན་དཔུས་སུ་སྐྱོང་བར་བྱེད། མདོ་སྔགས་གཉིས་ཀྱི་བསྟན་སྲོལ་འཛིན། །ཅེས་དང་། རཏྣ་གླིང་པའི་གཏེར་ཡིག་ལས། དགེ་ལྡན་ཞེས་བྱའི་གནས་མཆོག་དམ་པ་རུ། །མཁས་པའི་མཆོག་ཉིད་མདོ་སྔགས་ཀུན་ལ་མཁས། །རྡོ་རྗེ་འཆང་སྤྲུལ་གསང་སྔགས་བཀའ་བསྒོ་འབྱེད། །འགྲོ་བའི་རེད་དཔོན་ལམ་སྟོན་ས་མཁན་འགྲོན། །བློ་དང་བཟང་གི་མཚན་ཅན་སྐྱེས་བུ་འབྱུང་། །གསང་སྔགས་མཚན་རབ་རྡོ་

རྗེ་བདེ་བ་རྩལ། །ཞེས་གསུངས། ལས་རབ་རྡོ་རྗེ་ནི་ཆོས་རྗེ་དོན་གྲུབ་རིན་ཆེན་གྱིས། རྗེའི་གསང་མཚན་དོན་ཡོད་(ཕན)རྣལ་འབྱོར་གསོལ་ལ། དོན་ཡོད་རྡོ་རྗེ་ལས་ཀྱི་རིགས་ཡིན་པས་རྗེས་སོར་རྗེའི་མནལ་ལམ་དུ་ཀ་དཔོན་གྱིས་ཀརྨ་བཛྲ་ཞེས་འབོད་པ་བྱུང་བས་སྔར་གྱི་གསང་མཚན་དང་རིགས་གཅིག་པར་འདུག་གསུང་བ་དང་མཐུན། ཀརྨ་ལས་ཏེ་དོན་གྲུབ་ཀྱི་རིགས་ཡིན་པས་སངས་རྒྱས་ཀྱི་མཛད་པ་སྟོན་པའི་རྒྱལ་བ་སེང་གེའི་ང་རོའི་སྐུ་མདོག་ལྗང་ཁུ་ཡང་རིགས་མཚོན་ནོ། །རྡོ་རྗེ་གླིང་པའི་གཏེར་ཡིག་ལས། མདོ་སྔགས་བསྟན་པ་བློ་བཟང་གྲགས་པ་འབྱུང་། །མི་རབས་བརྒྱད་དུ་སྡེ་སྣོད་གསང་སྔགས་སྟོན། །ཞིང་འདིར་འདས་ནས་བྱམས་པའི་དྲུང་དུ་འགྲོ། །དེའི་རྒྱུད་འཛིན་གཅིག་སངས་རྒྱས་ཡིན། །རང་བྱུང་བསྐལ་པ་ཆེན་པོ་ལ། །དགྲ་བཅོམ་ཐོབ་པར་ཐེ་ཚོམ་མེད། །ཅེས་དང་། །ཆོས་རྗེ་མགོན་རིན་གྱི་གཏེར་ཡིག་ལས། འཇམ་དབྱངས་སྤྲུལ་པ་བློ་བཟང་ཞེས། །བསྟན་པ་རྒྱས་བྱེད་ངོ་མཚར་ཅན། །ཅེས་དང་། པདྨ་བཀའ་ཆེམས་ལས། འཇམ་དབྱངས་སྤྲུལ་པ་གདུལ་བྱ་བསྟན་པའི་བདག །མདོ་སྔགས་བསྟན་འཛིན་བློ་བཟང་གྲགས་པ་འབྱུང་། །ཞིང་འདིར་འདས་ནས་བྱམས་པའི་དྲུང་དུ་འགྲོ །ཞེས་གསུངས་པས། རྗེའི་སྐུ་ཚེ་ཕྱི་མ་ལ་བྱམས་པའི་དྲུང་དུ། རྒྱལ་སྲས་འཇམ་དཔལ་སྙིང་པོ་ཡིན་ནོ། །དེ་བཞིན་གུ་རུ་ཆོས་དབང་གི་གཏེར་ཡིག་ལས་ཀྱང་ལེགས་པར་ལུང་སྟོན་

<བསྟན་>ནོ། །མ་ཅིག་ལབ་སྒྲོན་གྱི་ལུང་བསྟན་དུ། བུ་མོ་ཁྱོད་ཀྱིས་དྲིས་པའི་བྱང་སེམས་དེ། །(༤བ) མ་འོངས་བསྐལ་བཟང་སངས་རྒྱས་དྲུག་པ་སྟེ། །ད་ལྟ་བྱང་ཆུབ་སེམས་དཔའ་སྙིང་སྟོབས་ཆེ། །སྙིགས་དུས་ལོག་སྤྱོད་བོད་ཀྱི་ཡུལ་དུ་འབྱུང་། །དགེ་སློང་ཚུལ་འཛིན་གྲགས་པའི་མཚན་ཐོགས་ཏེ། །གང་གི་ཞིང་དུ་སེང་གེའི་ང་རོར་གྲགས། །ཁྲིམས་འཆལ་ལོག་སྤྱོད་སྤྱོབས་པ་ཟིལ་གནོན་པས། །ཁྲིམ་<ཁྲིམས་>འཆལ་བག་མེད་ཡང་དག་ཁྲིམས་ལ་སྦྱོར། །ཐུབ་ཉིད་སྤྲུལ་བསྟོད་བསྟན་པའི་ཆ་རྟགས་འཛིན། བསྟན་པ་གསལ་བར་བྱེད་པའི་དགེ་སློང་དེས། །མཐའ་ཡས་རྒྱུད་སྡེ་ཚོགས་ལ་དབང་བསྒྱུར་ཞིང་། །རྒྱུད་སྡེ་རྒྱ་མཚོའི་དགོངས་པ་བཅུད་ཕྱུང་ནས། །གདུལ་བྱར་གྱུར་ནས་སྐལ་ལྡན་ཚིམ་པར་མཛད། །ཅེས་གསུངས། བཀའ་གདམས་གླེགས་བམ་དུ། ཤཱཀྱའི་རྒྱལ་པོའི་ལུང་བསྟན་འགའ་ཞིག་ན། །མར་མེ་མཛད་ཀྱང་གནས་མཆོག་འདིར། །སྒྲོལ་མར་བཅས་ཏེ་སྤྲུལ་སྟོང་འགྱེད། །ལྷ་སར་ཆགས་མེད་སྤྲུལ་སྙོམས་པས། །ཕྱོགས་འདིའི་ལས་ཅན་དབང་བསྐུས་ནས། །ང་ཡི་ཆོས་ཚོགས་རྒྱས་པར་བྱེད། །དད་པའི་དབྱངས་ཀྱི་གསོལ་བ་འདེབས། །མར་མེ་མཛད་དང་བྱམས་པས་ཀྱང་། ཁྱོད་ཀྱི་གྲོགས་བཟང་སྤེལ་བར་བྱེད། །རིང་པོར་མི་ཐོགས་གནས་མཆོག་འདིར། །མཆོད་ཚོགས་རྒྱ་མཚོ་འདུ་བར་འགྱུར། །སྤྱན་རས་གཟིགས་དབང་བཟང་པོར་སྤྲུལ། །ཅེས་པ་ནས།

གྲགས་པ་ཅན་གྱི་དགེ་སློང་ངོ་། །བསྟན་གནས་བར་དུ་ཡང་ཡང་ཡོད། །དེ་ནི་རྒྱུད་པ་ཉིད་དང་མཚུངས། །ཁྲིམས་ལྡན་དེ་ཡི་བྱིན་རླབས་ཞིང་། །(༧ན) སྐྱེས་བུ་གསུམ་ནི་དོན་གཉེར་བའི། །བྱ་བ་ཉུང་བ་བརྒྱ་ཕྲག་ཙམ། །གནས་འདིར་བསམ་གཏན་སྒོམས་པར་བྱེད། །ཅེས་དང་། མདོར་ན་གནས་མཆོག་དེ་དག་ཏུ། །དང་པོ་གྲུ་བཞི་ནས་བཟུང་སྟེ། །མཐའ་མར་སྟོང་ཕྲག་ཕྱེད་དང་གསུམ། །བསླབ་པ་གསུམ་ལྡན་ཤཱཀྱའི་སྲས། །འགྲོ་བ་ཀུན་གྱི་མགོན་དུ་འགྱུར། །གནས་དེར་ཕྱོགས་དང་ཕྱོགས་མཚམས་དང་། །འདུན་ལྡན་དཔག་མེད་འདུ་བར་འགྱུར། །སྤྱིར་ཡང་ལས་ཅན་ཕྱོགས་བཅུར་འགྲོ། །ཕྱི་ཡི་རྒྱ་མཚོ་དག་དང་མཚུངས། །ཞེས་གསུངས་པ་ནི། རྗེ་དགེ་འདུན་གྲུབ་པ་སོགས་ཀྱི་ལུང་དུ་འཛིན་པ་ཡོད་ཀྱང་འདིར་འགྲེགགོ བཀའ་གདམས་གླེགས་བམ་གྱི་ཕ་ཆོས་ལེའུ་ཉེར་དྲུག་པ་མ་འོངས་ལུང་བསྟན་ལས། ཐ་མར་བསྟན་པའི་མེ་རོ་དག །གྲགས་པའི་དབང་གི་གསོ་བར་བྱེད། །དུ་མའི་ཕན་བདེ་བསྐྱུན་པར་བྱེད། །དེ་ཡང་གནས་མཆོག་དམ་པ་ཡིན། །ཅེས་གསུངས་པས། སོ་ཚྭ་བ་ན་རེ། ཡང་དག་གི་མིང་མ་མོ་ལ་བཏགས་ན། །ཕུན་སུམ་ཚོགས་པར་འགྱུར་བ་ཡིན། །ལུས་ལས་ཡང་དག་རྒྱས་བྱ་བའི་ལུགས་ཡིན། །ཞེས་ལུང་བསྟན་པ་ནི། རྗེ་འདིའི་ལུང་བསྟན་དངོས་ཏེ། བསྟན་པའི་མེ་རོ་གསོ་བ་ནི། རྗེ་བློ་བཟང་གྲགས་པ་ཡིན་ཏེ། གྲགས་པའི་དབང་གི་གསོ་

བར་བྱེད། །ཞེས་ < ཅེས་ > པ་རྗེའི་མཚན་བྱུར་དང་། གནས་མཆོག་དམ་པ་ནི་དགའ་ལྡན་པ་ཞེས་གནས་མིང་གི་ (༧བ) ཆོས་ལུགས་ལ་ཁྱབ་པ་དང་། ལོ་ཙཱ་བའི་གསུང་དེ་ཡང་བཀའ་གདམས་པ་ལུས་ལྷ་བུ་ལས། བཀའ་གདམས་གསར་མ་དགའ་ལྡན་པ་ཡན་ལག་ལྷ་བུ་དེ་ལྟར་དར་རྒྱས་ཆེ་ཞེས་པའི་དོན་ནོ། །

དེ་ལྟར་ལུང་བསྟན་མཆོག་ཐོབ་པའི་རྗེ་བཙུན་བླ་མ་ཙོང་ཁ་པ་ཆེན་པོ་དེ་བསམས་བཞིན་དུ་སྲིད་པར་སྐུ་སྤྲུལ་ཏེ། སྟོན་པའི་བསྟན་པ་འཛིན་སྐྱོང་སྤེལ་བར་མཛད་པའི་ཚུལ་ནི་རྣམ་ཐར་དད་པའི་འཇུག་ངོགས་སོགས་མང་པོ་ལས་ཤེས་པར་བྱ་ཞིང་། རགས་རིམ་ཙམ་ནི། ཤར་བཙོང་ < ཙོང་ > ཁའི་ཡུལ་དུ་ཡབ་ཀླུ་འབུམ་དགེ་དང་ཡུམ་ཤིང་བཟའ་ཨ་ཆོས་ཀྱིས་སྲས་དྲུག་མངའ་བའི་བཞི་པར་མེ་མོ་བྱ་ལོའི་ཡར་གྱིས་ཆོས་བཅུ་ལ་འཁྲུངས། དགུང་ལོ་གསུམ་ཞེས་ < བཞེས་ > པ་ནས། ཀརྨ་རོལ་པའི་རྡོ་རྗེ་ལ་དགེ་བསྙེན་མནོས་ཏེ་མཚན་〔ཀུན་〕དགའ་སྙིང་པོར་གསོལ། དེ་ནས་ཆོས་རྗེ་དོན་གྲུབ་རིན་ཆེན་དང་བདག་ཆེན་ཡང་དག་མཛད། འཇིགས་བྱེད་སོགས་གསང་སྔགས་ཀྱི་སྐོར་སྨིན་པར་མཛད་དེ་གསང་མཚན་དོན་〔ཡོད་〕རྡོ་རྗེར་གསོལ། མནལ་ལམ་དུ་དཔལ་ལྡན་ཨ་ཏི་ཤ་དང་གསང་བ་བདག་གཏུམ་པོ་སོགས་ཞལ་གཟིགས། དགུང་ལོ་བདུན་པ་ལ་མཁན་པོ་དོན་གྲུབ་རིན་ཆེན་དང་། སློབ་དཔོན་གཞོན་ནུ་དོན་གྲུབ་ལས་དགེ་ཚུལ་སྒྲུབས་ཏེ་མཚན། བློ་

བཟང་གྲགས་པ་ཞེས་སྙན་གྲགས་ས་གསུམ་དུ་ཁྱབ་པ་འདི་གསོལ། རྣམ་ཐར་ཆེན་མོ་ན་དགུང་ལོ་བཅུ་དྲུག་པ་ལ་སློབ་གཉེར་ (༤ན) མཛད་དོན་དུ་དབུས་ཕྱོགས་སུ་ཕེབས་པར་གསུངས་པ་ལ། བརྩོན་ < ཙོང་ > ཁ་བརྒྱད་ཅུར་དགུང་ལོ་བཅུ་བདུན་ལ་འབྲི་ཁུང་ < གུང་ > དུ་ཕེབས་པར་གསུངས་པ་ནི་མདོ་ཁམས་ནས་ཕེབས་དུས་དགུང་ལོ་བཅུ་དྲུག་པར་ [བཤད་] ཀྱང་ལམ་བར་དུ་ལོ་གསར་བས། འབྲི་ཁུང་ < གུང་ > དུ་ཕེབས་དུས་དགུང་ལོ་བཅུ་བདུན་བཞེས་ཤིང་། འབྲི་ཁུང་ཐེལ་དུ་སྤྱན་སྔ་ཉེར་གཉིས་ཆེན་པོ་ཆོས་ཀྱི་རྒྱལ་པོ་དང་མཇལ་ཏེ། ཕྱག་ཆེན་སོགས་ཟབ་ཁྲིད་མང་དུ་གསན་ནོ། །དེ་ནས་སྐྱིད་ཤོད་ཀྱི་གུང་ཐང་ལ་གསོ་བ་རིག་པའི་ [གནས་] ལ་སྦྱངས་ཤིང་། སྣེ་ཐང་བདེ་བ་ཅན་དུ་སློབ་དཔོན་ཡོན་ཏན་རྒྱ་མཚོ་དང་ཨུ་རྒྱན་པ་ལ་ཕར་ཕྱིན་དང་། བླ་མ་འཇམ་དབྱངས་རིན་ཆེན་དང་བྱམས་ཆོས་ཕྱི་མ་རྣམས་དང་། གདན་ས་དགེ་སྐྱོངས་པ་དང་། ཀུན་སྤངས་པ་བཀྲ་ཤིས་སེང་གེ་དང་། ཆོས་རྗོང་དུ་བླ་མ་དམ་པ་བསོད་ནམས་རྒྱལ་མཚན་ལ་ཆོས་འབྲེལ་རེ་ལེགས་པར་གསན། གསང་ཕུར་ཕར་ཕྱིན་གྱི་གྲྭ་སྐོར་དང་། གཙང་དུ་ཐོན་དུས་ལོ་ཚྭ་བ་རིན་ཆེན་རྣམ་རྒྱལ་དང་། ས་བཟང་པཎ་ཆེན་དང་། ཇོ་ནང་པ་ཕྱོགས་ལས་རྣམ་རྒྱལ་དང་། སྤྱི་བོ་ལྷས་པ་དང་། ཉ་དབོན་དང་། རྗེ་རེད་མདའ་བ་གཞོན་ནུ་བློ་གྲོས་དང་། ལོ་ཆེན་བྱང་རྩེ་སོགས་བསྟེན་ནས། ས་སྐྱ་བཟང་ལྡན། ངམ་རིངས།

འགར་རོང་ཚོས་སྡེ། པོ་དོང་ཨེ། སྣར་ཐང་། གནས་རྙིང་རྣམས་སུ་གྲྭ་སྐོར་མཛད་དེ། སྔར་དབུས་སུ་ཕེབས་དུས་སྐྱོར་མོ་ལུང་དུ་མཁན་ཆེན་སློབ་གསལ་བ་སོགས་ལ་ < ལས་ > འདུལ་བ་(༢བ) གསན་ཅིང་། དབུས་གཙང་གི་གྲྭ་ས་རྣམས་སུ་གཞུང་ལུགས་དུ་མ་ལ་མཁས་པར་སྦྱངས་ཏེ། གྲོང་དུ་དོངས་པའི་གྲྭ་པ་རྣམས་དང་། རྩེད་ཐང་དུ་བཀའ་བཞིའི་གྲྭ་སྐོར་མཛད། རྩེ་ཚོགས་ཆེན་པའི་མཁན་ཆེན་ཚུལ་ཁྲིམས་རིན་ཆེན་དང་། བྲེ་ཐྲིང་མཁན་པོ་ཤེས་རབ་མགོན་པོ་སོགས་ལ་ < ལས་ > བསྙེན་པར་རྫོགས་ཏེ། གདན་ས་ཐེལ་དུ་སྤྱན་སྔ་གྲགས་པ་བྱང་ཆུབ་ལ་ཆོས་གསན། ལྷ་ཁང་ཀེ་རུར་ཚྭ་ཁོ་ན་དཔོན་པོ་སོགས་ལ་བཀའ་ཆེན་བཞི་ཡི་བཤད་པ་མཛད། ཚལ་དུ་བཀའ་འགྱུར་གཟིགས། ལྷ་སར་བསྟུང་གནས་ཀྱིས་ཐུགས་དམ་དང་། བདེ་བ་ཅན་དུ་ཆོས་མང་དུ་གསུངས། ཁྱད་པར་དུ་མོན་མཁར་བཀྲ་ཤིས་གདོང་དུ་མཁས་པ་མང་པོ་ལ། རྒྱ་གར་སྐད་བཅོ་ལྔ་ཡི་དབུ་དུས་གཅིག་ཏུ་བཙུགས་ནས་བཤད་པ་མཛད་པ་སོགས་མཁས་པའི་བྱ་བ་རྣམ་གསུམ་གྱིས་དུས་འདའ་བར་མཛད། བླ་མ་དབུ་མ་པ་དང་། དེས་མཚམས་སྦྱར་ནས་རྗེ་བཙུན་འཇམ་དབྱངས་དང་། སྟོ་བྲག་ནམ་མཁའ་རྒྱན་མཚན་དང་། དེས་མཚམས་སྦྱར་ནས་གསང་བའི་བདག་པོ་དང་། མཁན་ཆེན་ཆོས་སྐྱབས་བཟང་པོ་སོགས་ལ་ < ལས་ > བཀའ་གདམས་པ་གསན་ནས། ཚུལ་བཞིན་སྒྲུབ་པ་མཛད་པ་སྟེ་རྗེ་ཉིད་ཀྱི་རྟོགས་བརྗོད་ལས། དང་

པོར་རྒྱ་ཆེན་ཐོས་པ་མང་དུ་བཙལ། །བར་དུ་གཞུང་ལུགས་ཐམས་ཅད་གདམས་པར་ཤར། །མཐའ་མར་ཉིན་མཚན་ཀུན་ཏུ་ཉམས་སུ་བླངས། །ཀུན་ཀྱང་བསྟན་པ་རྒྱས་པའི་ཕྱིར་དུ་བསྔོས། །ཚུལ་འདི་བསམས་(༡༩)ནས་མདུན་མ་ལེགས་ནས་གདའ། །བཀའ་དྲིན་ཆེ་འོ་རྗེ་བཙུན་མཁྱེན་པའི་གཏེར། །ཞེས་སོགས་གསུངས་པ་བཞིན་བཤད་སྒྲུབ་རྒྱལ་མཚན་བཙུགས་ཏེ། སངས་རྒྱས་ཀྱི་བསྟན་པ་རྒྱས་པར་མཛད་པ་ཡིན་ཏེ། མཁས་པའི་འབྲས་རྟགས་སུ་ཡང་བྱང་ཆུབ་ལམ་རིམ་རྒྱས་འབྲིང་བསྡུས་གསུམ། སྔགས་རིམ་ཆེན་མོ། གཞུང་ཆེན་དུ་མའི་འགྲེལ་ཆེན་དང་། གསང་བདེ་འཇིགས་གསུམ་སོགས་ཀྱི་སྒྲུབ་ཐབས་བསྐྱེད་རྫོགས་དང་། བཀའ་འབུམ་ཐོར་བུ་སོགས་ཐུགས་རྩོམ། ཐོག་མཐའ་བར་དུ་དགེ་ཞིང་དོན་བཟང་ཚིག་འབྲུ་བཟང་པོས་འཆད་རྩོད་རྩོམ་པའི་མཛད་པ་ཕ་མཐར་ཕྱིན་པས་འགྲོ་བའི་དོན་རླབས་པོ་ཆེ་དང་། སངས་རྒྱས་གཉིས་པ་ལྟ་བུའི་འགྲོ་དོན་དང་། དགུང་ལོ་ང་གསུམ་པ་ས་གླང་ལོ་གསར་བའི་ཚེ་འཕྲུལ་ཟླ་བ་ལ་ལྷ་སར་སྨོན་ལམ་ཆེན་མོ་དང་། ས་མོ་གླང་ལོའི་དབྱིད་སོས་ལ་དགའ་ལྡན་གྱི་གནས་གཞི་གཏིང་སྐྱེ། ཐུབ་བསྟན་ཉི་མ་ལྟར་གསལ་བར་མཛད་པས་ཕྱོགས་དུས་ཀུན་ཏུ་ཁྱབ་པར་མཛད་དེ། དགུང་ལོ་རེ་གསུམ་པ་ས་ཕག་ཟླ་བ་བཅུ་པའི་ཚེས་ཉི་ཤུ་ལྔ་ལ་ཆོས་ཀྱི་དབྱིངས་སུ་གཤེགས་པའི་ཚུལ་ལས་སྐུ་གསུམ་ལམ་འཁྱེར་གྱི་རིམ་པ་མངོན་དུ་གྱུར་ནས་སྐུ་ཚེ་ཕྱི་མ

དགའ་ལྡན་ནས་རྒྱལ་སྲས་འཇམ་དཔལ་སྙིང་པོ་དང་། པཎྜི་ཏ་རཏྣ་ན་དང་། རྒྱལ་བ་སེང་གེའི་ང་རོ་ཞེས་སངས་རྒྱས་ཀྱི་མཛད་པ་སྟོན་པ་ཡིན་ནོ། །

རྒྱ་ཆེན་སྨོན་ལམ་བཟང་པོས་མཚམས་ (༡བ) སྦྱར་ནས། །ཞིང་འདིའི་འདྲེན་པར་གྱུར་པ་ཆོས་ཀྱི་རྗེ། །བཙོང་ < ཙོང་ > ཁ་པར་གྲགས་པ་ཐུབ་དབང་གཉིས་པ་ལ། །གུས་པས་འདུད་དོ་བྱིན་གྱིས་བརླབ་ཏུ་གསོལ། །

རྗེ་རིན་པོ་ཆེ་སྐུ་ཚེ་སྔ་ཕྱི་བར་རྣམས་ཀྱི་མཚན་རྟགས་ནི། མཉམ་མེད་ཤཱཀྱའི་ཧོག་གི་དྲུང་དུ། ཀ་མཱ་ལ་ཤཱི་ལ་སྟེ་པདྨའི་ངང་ཚུལ་དང་། སྐུ་ཚེ་སྔ་མ་ཁ་ཆེའི་ཡུལ་དུ་པཎྜི་ཏ་མ་ཧི་བྷ་དྲ་སྟེ་བློ་གྲོས་བཟང་པོ། སྐུ་ཚེ་འདིའི་མཚན་ཐོག་མ་ཨཱ་ནནྡ་གརྦྷ་སྟེ་ཀུན་དགའ་སྙིང་པོ་དང་། མཚན་གཉིས་པ་ཨ་མོ་གྷ་བཛྲ་སྟེ་དོན་ཡོད་རྡོ་རྗེ་དང་། མཚན་གསུམ་པ་སུ་བུ་དྡྷི་ཀཱིརྟི་སྟེ་བློ་བཟང་གྲགས་པའོ། །དེའི་རྒྱུ་མཚན་ཡང་བསྐལ་པ་བཟང་པོའི་དེ་བཞིན་གཤེགས་པ་བློ་བཟང་ཞེས་པ་གཉིས་པོའི་སྐད་དོད་དུ་སུ་བུ་དྡྷི་ཞེས་འབྱུང་ངོ་། །སུ་མ་ཏི་ཀཱིརྟི་དང་། མ་ཏི་བྷ་དྲ་ཞེས་པའང་འདུག་སྟེ། མ་ཏི་བློ་གྲོས་ཡིན་པས། བློ་གྲོས་གྲགས་〔པ་〕འམ། བློ་གྲོས་བཟང་པོར་གྲགས་པ་ཞེས་འབྱུང་བས་ཇོ་ཆག་ཁྲིགས་སུ་འགྱུར་རོ། །སྐུ་ཚེ་ཕྱི་མ་ནི་དགའ་ལྡན་དུ་རྒྱལ་སྲས་མཉྫུ་ཤྲཱི་ཧི་དང་སྟེ་འཇམ་དཔལ་སྙིང་པོ། དེའི་ཕྱི་མ་པཎྜི་ཏ་རཏྣ་སྟེ་ཡེ་ཤེས་དང་།

སངས་རྒྱས་པའི་ཚུལ་བསྟན་པ་ན། ངོ་མཚར་རྨད་བྱུང་བཀོད་པའི་ཞིང་ཁམས་སུ་དེ་བཞིན་གཤེགས་པ་སེང་ཏ་སུ་ར་ཞེས་པ་སེང་གེའི་ངརོའི་དབྱངས་ཞེས་སོ། །གང་ཞིག་མཚན་ཙམ་ཐོས་པས་ཀྱང་། །དད་པའི་སྤུ་ལོང་ཆེར་གཡོས་ན། །དངོས་སུ་མཛད་རྣམས་ལྟ་ཅི་སྨོས། །བདག་ཀྱང་གུས་སོ་ཐུགས་རྗེས་གཟུང་། །དེ་ལྟར་རྗེའི་རྣམ་ཐར་(༡༠ན) རྒྱས་པར་ནི་མཁས་གྲུབ་རྗེས་སྒྲིགས་པས་རྣམ་ཐར་དད་པའི་འཇུག་ངོགས་དང་། གསང་བའི་རྣམ་ཐར་དང་། རྟོགས་ལྡན་འཇམ་དཔལ་རྒྱ་མཚོས་སྒྲིགས་པའི་རྣམ་ཐར་དང་། རྣམ་ཐར་རབ་བྲིས་མ་དང་ཚོང་ཁ་བརྒྱད་ཅུ་དང་། དགའ་ལྡན་ཆོས་འབྱུང་སོགས་ལས་ཤེས་པར་བྱའོ། །

རྗེ་འདི་ཡི་རྒྱལ་ཚབ་དགའ་ལྡན་ཁྲི་པ་རྣམས་ཀྱི་རྣམ་པར་ཐར་པ་མདོ་ཙམ་དུ་བསྟན་པ།

རྒྱལ་བ་གཉིས་པས་བཞུགས་པའི་ཁྲི། །མཛེས་རྒྱལ་ཚབ་དམ་པ་རྣམས། །རིམ་པར་བྱོན་པ་རྒྱལ་བྱེད་དེ། །མཁས་པ་རྣམས་ཀྱི་རྒྱལ། དེ་ཡི་ལུགས་བཟང་དར་བའི་གཏམ། །སྟུག་པོ་བཀོད་པའི་བར་སོན་པས། །མཁའ་ལ་སྐྱོད་རྣམས་རབ་དགྱེས་ན། །འཛིན་མའི་ངོས་གནས་ཀུན་དད་བྱོས། །རྗེ་བཙུན་བཙོང་ <ཙོང་> ཁ་པ་ཆེན་པོའི་

རྒྱལ་ཚབ་རིམ་པར་བྱོན་པ་ལས། ཆོས་ཀྱི་རྗེ་ཏ་ཏུ་རཏྣ་སྒེ་དར་མ་རིན་ཆེན་ནི་ཤིང་འབྲུག་ལ་གཙང་སྟོད་དུ་འཁྲུངས། གནས་རྙིང་དུ་མཁན་པོ་རིན་ཆེན་རྒྱལ་མཚན་པ་ལ་རབ་ཏུ་བྱུང་སྒེ་དར་མ་རིན་ཆེན་དུ་མཚན་གསོལ། གངས་ཅན་ཀུན་དགའ་དཔལ། བཀའ་བཞི་རིན་ཆེན་རྡོ་རྗེ། རྗེ་རེད་མདའ་བ་སོགས་བསྟེན་ནས་བསྟན་བཅོས་ལ་སྦྱངས་པས་ལུང་རིགས་སྨྲ་བའི་མཁས་པ་ཆེན་པོར་གྱུར་ཅིང་། རྗེ་རེད་མདའ་བ་དང་། ཕྱོག་ལོག་པ་ལ་ < ལས་ > བསྙེན་པར་རྫོགས། ས་སྐྱ། གསང་ཕུ། རྩེད་ཐང་རྣམས་སུ་བཀའ་བཅུའི་གྲྭ་སྐོར་མཛད། ཀུན་མཁྱེན་རོང་སྟོན་དང་། ཐེག་གསུམ་རྣམ་གཞག་ལ་བརྒྱལ་བརྟགས་མཛད་པས། རོང་སྟོན་ན་རེ། རྗེ་བོ་དེ་ཁྱོད་བཟང་སྟོན་པ་དེ་ང་བཟང་། སྣག(༡༠བ)དང་སེང་གེ་འཐབ་པའི་བར་ནས་ཁྱི་རྒན་འགའ་ཉལ་ཐལ། ཞེས་ཀུ་རེ་མཛད། རྩེད་ཐང་གི་གྲྭ་སྐོར་ཟིན་ཕྲལ། རྗེ་རིན་པོ་ཆེ་གཉལ་གྱི་ར་གྲོང་དུ་བཞུགས་པའི་དྲུང་དུ་བྱོན། སྤྱིར་སྐུ་གསུང་ཐུགས་ཀྱི་ཡོན་ཏན་དང་། ཁྱད་པར་སྟོན་པ་བཞིའི་བཤད་པས་ཤིན་ཏུ་དད་དེ། ཞབས་ཕྱིར་རྒྱུན་མཐུད་ནས་བཀའ་ཆོས་གསན། མཁས་པ་ལེགས་བཤད་ཀྱིས་ཡིད་འཕྲོག་པར་མཛད་ཅིང་། ཐམས་ཅད་འདུན་བཞིན་པའི་ངང་ནས་དགུང་ལོ་ལྔ་བཅུ་ང་དྲུག་བཞེས་པ་ན། རྗེ་ཆོས་དབྱིངས་སུ་གཤེགས་པའི་ས་ཕག་དེར་དགའ་ལྡན་གྱི་ཁྲིར་ཕེབས། ཆོས་ཀྱི་འཁོར་ལོ་བསྐོར། མདོ་སྔགས་ཀྱི་ཐུགས་རྩོམ་མང་དུ་

མཛད། ཁྲི་ཐོག་ཏུ་ལོ་ངོ་བཅུ་ཙམ་བཞུགས། འོལ་ཁ་དང་། གཙང་གནས་རྙིང་སོགས་པར་ཕེབས། མཁས་པ་དང་གྲུབ་པའི་སློབ་མ་མང་ཡང་། མཁས་གྲུབ་དགེ་ལེགས་དཔལ་བཟང་པོ་དགའ་ལྡན་གྱི་ཁྲི་ཐོག་ཏུ་བསྐོས། ལྷུགས་ཕག་ལ་རྒྱལ་ཁང་〔ཏུ་〕ཟུར་བཞུགས་མཛད། དེ་ནས་རིང་པོར་མ་ལོན་པར་དགུང་ལོ་རེ་དགུ་པ་ཆུ་ཕོ་བྱི་བ་ལོ་ཧོར་ཟླ་ལྔ་པའི་ཚེས་བརྒྱད་ལ་པོ་ཏ་ལར་གཤེགས། སྐུ་གདུང་དགའ་ལྡན་དུ་སྤྱན་དྲངས་ནས་ཞུགས་ནས་ཕུལ་བས་རྟེན་རིང་བསྲེལ་གྱི་ཕུང་པོར་གྱུར་ཏོ། །

རྒྱལ་ཚབ་གཉིས་པ་མཁས་གྲུབ་རིན་པོ་ཆེ་ཤྲཱི་ཤྲཱི་བྷ་དྲ་སྟེ་དགེ་ལེགས་དཔལ་བཟང་པོ་ནི། ཤིང་སླང་ལ་གཙང་སྟོད་མདོག་གཞུང་དུ། ཡབ་བཀྲ་ཤིས་དཔལ་བཟང་དང་ཡུམ་བུ་(༡༡༩)འདྲེན་རྒྱལ་མོའི་སྲས་གསུམ་མངའ་བའི་ཆེ་བ་མཁས་གྲུབ་རིན་པོ་ཆེ་དང་། བར་པ་བ་སོ་ཆོས་རྗེ་རྒྱལ་མཚན་དང་། ཆུང་བ་བསོད་ནམས་བཀྲ་ཤིས་དང་སྤྱིད་གསུམ་དང་། དང་པོར་ལམ་འབྲས་པ་ཡེ་ཤེས་དཔལ་དང་། ཀུན་དགའ་རྒྱལ་མཚན་དང་། རྗེ་བཙུན་རེད་མདའ་བ་སོགས་བསྟེན་ནས། མདོ་རྒྱུད་མཐའ་དག་ལ་སྦྱངས་པས་མཁས་པ་ཆེན་པོར་གྱུར་ཅིང་། མཁས་གྲུབ་ལྷ་དབང་བློ་ཡི་སྐུའི་སྐྱེ་བར་གྱུར་པས་མཁས་གྲུབ་ཆོས་རྗེར་གྲགས། དགུང་ལོ་བཅུ་བདུན་པ་ལ་བོ་དོང་ཕྱོགས་ལས་རྣམ་རྒྱལ་ལྷུང་

རིག་གི་བདུལ། རྗེ་རེད་མདའ་བ་སོགས་ལ་ < ལས་ > བསླེན་པར་
རྫོགས་ནས། དབུས་སུ་ཕེབས་སེ་ར་ཆོས་སྡིངས་སུ་རྗེ་རིན་པོ་ཆེ་དང་
མཇལ་ཏེ་མི་ཕྱེད་པའི་དད་པ་འཁྲུངས། རྗེའི་གསུང་རབ་ཐམས་ཅད་
བུམ་པ་གང་བྱོར་གྱུར་ཅིང་། རྒྱལ་ཚབ་རྗེ་དང་། ཆོས་རྗེ་འདུལ་
འཛིན་རིན་པོ་ཆེ་ལ་ < ལས་ > ཆོས་གསན། སླར་གཙང་དུ་བྱོན།
ཉང་སྟོད་ལྕང་རའི་གདན་ས་མཛད་པས་མཁས་གྲུབ་ལྕང་ར་བར་
གྲགས། བདག་པོ་རབ་བརྟན་འཕགས་དང་ཡོན་མཆོད་དུ་འབྲེལ་བས
དཔལ་བདེ་ཆེན་གྱི་ཆོས་གྲྭ་བཏབ་སྟེ་ནོར་བུ་དགའ་ལྡན་པ། བྲང་སོ་
ཆེ་པ། ལེགས་གྲུབ་པ། ཞི་གནས་པ། གསེར་ཁང་གོང་འོག་སོགས་
དགེ་ལུགས་པའི་གྲྭ་ཚང་མང་དུ་བཙུགས་དེང་སང་ཡང་དར་རྒྱས་ཆེ།
རབ་བརྟན་པ་རིང་སྟོན་སྤྱན་འདྲེན་ལ་གཏང་བས། མ་ཕེབས་ཀྱང་
མཆོད་ཡོན་ཙུང་ཟད་ཐུགས་མ་མཐུན་པས། དྲི་མེད་རིགས་པའི་གད་
རྒྱངས་གཅིག་གིས་ཀྱང་། དྲིགས་ལྡན་ཕས་(༡༡༢)རྒོལ་གླང་པོ་སྟོང་
གི་སྙིང་། །སྐྲག་མར་ཕྱིན་པའི་འཇིགས་སྟེར་དགེ་ལེགས་དཔལ། །
བཟང་པོ་ལས་གཞན་སྨྲ་བའི་སེང་གེ་གང་། །ཞེས་སོགས་སེང་གེའི་སྒྲ་
གྲགས་ནས་དཔེན་གནས་རི་བོ་མདངས་ཅན་དུ་ཕྱག་ཕབ། མདོ་
སྔགས་ཀྱི་བསྟན་བཅོས་མང་དུ་བརྩམས། ལྕགས་ཕག་ལ་གནས་རྙིང་
དུ་རྒྱལ་ཚབ་ཆོས་རྗེ་ཕེབས་པ་མཇལ་བར་བྱོན་པས། དགའ་ལྡན་གྱི་ཁྲི་
ཐོག་ཏུ་བསྐོ་བའི་ཞལ་ཏ་གནང་སྟེ། ཡབ་སྲས་ལྷན་དུ་དབུས་ཕྱོགས་སུ་

ཐེབས་པ་ན། སྣེའུ་རྫོང་ནས་ཆོས་རྒྱལ་དུ་དབེན་ཤ་སྐྱ་མཆེད་ཀྱིས། དཀྱུང་ལོ་ཞེ་བདུན་བཞེས་ཚེ་དགའ་ལྡན་གྱི་ཁྲི་ཐོག་ཏུ་བསྐོས། ལོ་བརྒྱད་ཀྱི་བར་དུ་ཆོས་ཀྱི་འཁོར་ལོ་བསྐོར། དཀྱུང་ལོ་ང་བཞི་པ་ས་ཕོ་རྟའི་ལོ་ལ་ཚེ་འཕྲུལ་ཟླ་བའི་ཉི་ཤུ་གཅིག་ལ་གཤེགས་སོ། རྒྱས་པར་མཁས་གྲུབ་རྗེའི་རྣམ་ཐར་ཆོས་ལྡན་རབ་འབྱོར་བས་བསྒྲིགས་པ་སོགས་དང་། དགའ་ལྡན་ཆེན་པོ་ལ་གཤེགས་པར་བྱའོ། །དེའི་སྤྲུལ་སྐུ་ནི་རྒྱལ་བ་དབེན་ས་རིམ་པར་བྱོན་པ་རྣམས་སོ། །

དེ་ནས་ཆོས་རྗེ་ཞ་ལུ་བ་སྭ་ཧྲུ་ཧྭ་ཛ་སྟེ། ལེགས་པ་རྒྱལ་མཚན་ནི་གཙང་དུ་ཤིང་ཡོས་ལ་འཁྲུངས། ཞ་ལུར་རབ་ཏུ་བྱུང་སྟེ་རྗེ་རིན་པོ་ཆེའི་ཞབས་ཕྱིར་བྱོན་ནས། དགའ་ལྡན་གྱི་དབུ་མཛད་གནང་བཞིན་པའི་སྐབས་ནས་དཀྱུང་ལོ་རེ་བཞི་པ་ས་རྟ་ལ་དགེ་ལྡན་གྱི་ཁྲི་ཐོག་ཏུ་ཐེབས། རྣལ་འབྱོར་གྱི་དབང་ཕྱུག་ཏུ་ངེས་པས་མི་བསྒྲུན་པའི་ཚོགས་རྣམས་ཚར་བཅད་དེ་(༡༢ན) དཀྱུང་ལོ་དོན་དྲུག་བཞེས་པ་ལྕགས་རྟ་ཧོར་ཟླ་གཉིས་པའི་ཉི་ཤུ་བཞི་ལ་སྐུ་གཤེགས་སོ། །

དེ་ནས་ཆོས་རྗེ་མ་ཏི་རཏྣ་པཱ་ལ་སྟེ། བློ་གྲོས་ཆོས་སྐྱོང་ནི་གཡག་སྡེར་ས་མོ་སྦྲུལ་ལོར་འཁྲུངས། ཆོས་ལུང་ཚོགས་པ་ལ་རབ་ཏུ་བྱུང་ཞིང་རྗེ་ཡབ་སྲས་གསུམ་ག་དང་། ཁྱད་པར་མཁས་གྲུབ་ཆོས་རྗེ་བསྟེན་ནས་གསུང་རབ་ལ་སྦྱངས་ཤིང་། ཁྱད་པར་དུས་འཁོར་ལ་མཁས་པས་དེ་ཡི་ཊཱི་ཀ་ཆེན་མཛད་ལ། དཀྱུང་ལོ་རེ་གཉིས་པ་ལྕགས་རྟ་ལ་དགའ་ལྡན་གྱི་

ཁྲིར་ཕེབས། མཆོད་ཁང་གསར་མ་བཞེངས། དགུང་ལོ་དོན་ལྔ་པ་ཆུ་ལུག་ལ་བྲུར་བཞུགས་མཛད། དེས་དེ་ཁའི་ཟླ་བ་དགུ་པའི་ཚེས་བཅོ་ལྔ་ལ་གཤེགས་སོ། །

དེ་ནས་ཆོས་རྗེ་བ་སོ་བ་ཧྲམ་ཧྭ་ཛ་སྟེ། ཆོས་ཀྱི་རྒྱལ་མཚན་ནི་མདོག་གཞུང་དུ། མཁས་གྲུབ་ཆོས་རྗེའི་བཙུན་པོར་ཆུ་ཕོ་རྟ་ལོར་འཁྲུངས། རྗེ་ཡབ་སྲས་བསྙེན་ནས་གསུང་རབ་ལ་སྦྱངས་པས། གསང་ཕུར་ར་བ་སྨད་པའི་འཆད་ཉན་མཛད་པ་པོར་ནས། གཙང་རོང་ལྷུན་པ་སོར་སྒྲུབ་པ་གནང་བ་བདེ་སྟོང་གི་ཏིང་ངེ་འཛིན་ཟབ་མོ་འཁྲུངས་པས་བ་སོ་ཆོས་རྗེར་གྲགས། དགུང་ལོ་རེ་གཉིས་པ་ཆུ་ལུག་ལ་དགེ་ལྡན་གྱི་ཁྲིར་ཕེབས། ཁྲི་རྒྱབ་ཀྱི་དྲིའི་གཙང་ཁང་དུ་རྒྱལ་བ་སེང་གེའི་ང་རོ་ < རོའི་ > སྒྲ་འདྲ་བཞེངས། དུས་འཁོར་གྱི་བསྐྱེད་རྫོགས། དབུ་མའི་ལྟ་ཁྲིད། སྙིང་པོ་དོན་གསུམ་གྱི་ཁྲིད་ཡིག་བརྩམས། དགུང་ལོ་དོན་གཉིས་པ་ཆུ་སྤྲུལ་ལ་གཤེགས་སོ། །དེའི་སྐུ་སྐྱེ་བ་ནི་བ་སོ་སྤྲུལ་པའི་སྐུ་ལྷ་དབང་ཆོས་ཀྱི་རྒྱལ་མཚན་དང་། དེའི་ཡང་སྐྱེ་བ་ཕྲུན་དྲུག་རྫོང་(༡༢བ)པར་འཁྲུངས་པར་རྟ་ཚག་སྤྲུལ་སྐུ་ལྷ་དབང་ཆོས་ཀྱི་དབང་ཕྱུག་བསྟན་པའི་རྒྱལ་མཚན་དཔལ་བཟང་པོ་ཞེས་ཐམས་ཅད་མཁྱེན་པ་ཡོན་ཏན་རྒྱ་མཚོས་མཚན་གསོལ་བ་ཡིན་ནོ། །

དེ་ནས་མཁས་པ་མ་ཏི་ཤྲི་ར་སྟེ། བློ་གྲོས་བརྟན་པ་ནི། གཙང་སྟོད་ཤངས་མགྲོན་ཁང་དུ་འཁྲུངས། དགུང་ལོ་ཆུ་རྟ་སྐྱེ་བ་སོ་ཆོས་རྗེ་

དང་དགུང་མཉམ་ཡིན། གནས་རྙིང་དུ་རབ་ཏུ་བྱུང་། རྗེ་ཡབ་སྲས་གསུམ་བསྟེན་ནས་བཀའ་བསྟན་བཅོས་ལ་སྦྱངས་པས་མཁས་པ་ཆེན་པོར་གྱུར། གསང་ཕུ་ཁུ་སྒེ་གྲྭ་ཚང་གི་འཆད་ཉན་མཛད། དེ་ནས་ཨེ་དྭགས་སུ་ཕྱིན། དྭགས་པོ་གྲྭ་ཚང་བཙུགས། ཡར་སྟོད་དུ་ཕྱིན། གཡའ་བཟངས་སྤྱན་སྔ་ལྷ་བཙུན་རྡོ་རྗེ་རྒྱལ་མཚན་གྱི་ཆོས་ཞུས་འཕྲིན་ལས་ཆེ་ཞིང་དྭགས་པོ་གྲྭ་ཚང་གི་འཆད་ཉན་མཁན་ཆེན་ངག་དབང་གྲགས་པ་ལ་གནང་ནས་དགའ་ལྡན་གྱི་བྱང་རྩེར་ཕེབས། བྱམས་ཆོས་སྡེ་ལྔ་སོགས་གཞུང་དུ་མའི་བཤད་པ་རྒྱ་ཆེར་མཛད། བྱམས་ཆོས་ཕྱི་མ་བཞི་ཡི་ཊཱི་ཀ་དང་། རྣམ་འགྲེལ་གྱི་ལམ་སྒྲིགས་སོགས་བརྩམ། <བརྩམས> དེ་ནས་དགུང་ལོ་དོན་གཉིས་པ་ཆུ་སྤྲུལ་ལ་དགའ་ལྡན་གྱི་ཁྲི་ཐོག་ཏུ་ཕེབས། དོན་བདུན་པ་ས་ཁྱི་ལ་གཤེགས། དེ་ནས་རབ་འབྱམས་པ་སྨྲ་ཅེ་ཧྲི་ཤྲི་སྟེ། སློབ་ལམ་དཔལ་ནི་གཡས་རུ་བྱང་དུ་ཤིང་ཕོ་རྟ་ལོར་འཁྲུངས། རྗེ་དགེ་འདུན་གྲུབ་པ་བསྟེན་ནས་གསུང་རབ་ལ་སྦྱངས། རྗེ་བཙུན་ཤེས་རབ་སེང་གེ་ལ་ <ལས> རྒྱུད་འགྲེལ་གསན། མདོ་སྔགས་གཉིས་ཀ་ལ་མཁས་ཤིང་རྩེད་ཐང་དུ་པུ་ཏི་སུམ་ཅུ་རྩ་དྲུག་གི་གྲྭ་སྐོར་མཛད་དེ། མཁས་(༡༣ན)པའི་བྱ་བ་རྣམ་གསུམ་ལ་མཁས་པའི་རབ་འབྱམས་པའི་མཚན་ཐོབ། གསང་ཕུར་ཆོས་རྗེ་ཡོན་ཏན་རྒྱ་མཚོ་དང་། འབྲས་སྤུངས་འཇམ་དབྱངས་ཆོས་རྗེ་ལ་ཆོས་འབྲེལ་རེ་ཞུས་ནས་གཙང་ལ་ཕྱིན་ནས། གཙང་གི་གྲྭ་ས་ཆེན་པོ། བཀྲ་ཤིས་

ལྷུན་པོ། གསེར་ཁང་གོང་རྣམས་སུ་བཤད་ཉན་མཛད། སླར་དབུས་སུ་ཕེབས། སེ་རའི་རྒྱ་གྲྭ་ཚང་། ཤར་གྱི་མཚན་ཉིད་ཁང་། ཐང་སྐྱ་སོགས་སུ་སློབ་གཉེར་འཆད་ཉན་མཛད་པས་སློབ་མ་མཁས་པ་མང་དུ་འབྱུང་ <བྱུང་ >། རྣམ་འགྲེལ་གྱི་ཏཱི་ཀ་བརྩམས། དེ་ནས་ཤར་དུ་ཕེབས་ཁྲུ་སྟོན་གྱི་སྐྱེ་བར་ཞལ་གྱི་བཞེས། དགུང་ལོ་རེ་བདུན་ལ་ལྕགས་མོ་བྱི་བ་ལོར་དགའ་ལྡན་གྱི་ཁྲི་ཐོག་ཏུ་ཕེབས། དེའི་ཕྱི་ལོ་དགུང་ལོ་རེ་བརྒྱད་པ་ལ་བཤད་པ་འབྲས་སྤུངས་ཀྱི་གདན་སར་ཕེབས་གཉིས་ཀར་ཆོས་ཀྱི་འཁོར་ལོ་བསྐོར། རྒྱལ་བ་བྱམས་པའི་ཕོ་བྲང་བཞེངས། དགུང་ལོ་དོན་བདུན་པ་ལྕགས་ཁྱི་ལ་ཟུར་བཞུགས་དང་དོན་བརྒྱད་པ་ལྕགས་ཕག་ཧོར་ཟླ་བཅུ་གཅིག་པའི་ཉི་ཤུ་གཉིས་ལ་པོ་ཏ་ལར་གཤེགས་སོ། ། རྒྱལ་ཚབ་རྗེ་ནས་བཟུང་སྟེ་བདུན་པོ་དེ་ཕྱོ་བྲག་མཁན་ཆེན་ནམ་མཁའ་རྒྱལ་མཚན་ལ་དཔལ་ཕྱག་ན་རྡོ་རྗེས་ལུང་བསྟན་པའོ། །

དེ་ནས་རྗེ་དཔོན་པོ་སུ་མ་ཏི་སཱུཪྻ་སྟེ། བློ་བཟང་ཉི་མ་ནི་རྗེ་རིན་པོ་ཆེ་གཤེགས་ལོ་ཉི་ཤུ་རྩ་གཅིག་པ་ས་ལུག་ལ། བཙོང་ < ཙོང་ > ཁའི་ཡུལ་དུ་རྗེའི་སྐུ་ཚ་ཞིག་གི་སྲས་སུ་འཁྲུངས། གཞོན་ནུ་ནས་དབུས་སུ་བྱོན་ཏེ། མཁས་པ་ཟུས་སྲད་པ། བླ་མ་རྟག་ལེབ་ (༡༣བ) བྱུང་རྒྱལ། སློབ་དཔོན་གྲགས་འོད་པ་སོགས་བསྟེན་ནས། གསུང་རབ་ལ་མཁས་པར་སྦྱངས་པས་ལུང་རིགས་སྨྲ་བའི་ཁྱུ་མཆོག་ཏུ་གྱུར། གསང་

ཕུར་པོ་ཧེ་ཉེ་ཤུ་རྩ་གཉིས་ཀྱི་གྲྭ་སྐོར་མཛད། བགྲོ་གླེང་གི་སློབ་དཔོན་རྩེ་ཞག་པ་བཙོམ། དེའི་ཕྱི་རོལ་ར་བ་བཀོད་པའི་འཆད་ཉན་མཛད་དེ། ཆེན་པོའི་ཀོ་སར་ཕེབས། དེ་ནས་བཀྲ་ཤིས་ལྷུན་པོར་ཕེབས་ནས་པཎ་ཆེན་དགེ་འདུན་གྲུབ་པ་ལ་ < ལས་ > ཆོས་མང་དུ་གསན། སླར་དབུས་སུ་ཕྱིན་འབྲས་སྤུངས་ཀྱི་གདན་ས་སོ་ཤས་མཛད། དེ་ནས་དགུང་ལོ་ང་བཞི་པ་ཆུ་ཕྱི་ལ་གཤེགས་སོ། །

དེའི་རྗེས་སུ་ལྡན་མ་ཧྥེ་ན་ཧྥ་དྲ་སྟེ། ཡེ་ཤེས་བཟང་པོ་ནི་ལྡན་སྨད་དུ་ཤིང་ལུག་ལ་འཁྲུངས་ཏེ། རྗེའི་དཔོན་པོ་བློ་བཟང་ཉི་མ་ལས་ལོ་ཉེར་ལྔས་བགྲེས། དབུས་སུ་ཕྱིན་པས་འབྲས་སྤུངས་སུ་མཁན་ཆེན་དཔལ་བློ་བ་ལ་ཕར་རིགས་ཚོགས་གསན། འདུལ་འཛིན་དགེ་ལེགས་དཔལ་ལ་འདུལ་བ་གསན་ཅིང་གླིང་བསྲེ་བ་མཛད་པས་གླིང་བསྲེའི་སྲོལ་ཚུགས། འཇམ་དབྱངས་ཆོས་རྗེ་སོགས་ལ་ < ལས་ > བསྙེན་པར་རྫོགས་ཏེ། བློ་གསལ་གླིང་གི་འཆད་ཉན་པ་གནང་། དེ་ནས་ཤར་དུ་ཕེབས། དབུ་ཕར་དང་། ལམ་རིམ་གསུངས། དགུང་ལོ་དོན་དགུ་པ་ཆུ་སླང་ལ་དགའ་ལྡན་ཁྲི་ཐོག་ཏུ་ཕེབས། རྒྱལ་བ་བྱམས་པའི་སྐུ་འདྲ་ཆེན་པོ་བཞེངས། དགུང་ལོ་གྱ་བཞི་པ་ས་རྟ་ལ་ཞི་བར་གཤེགས་སོ། །

དེའི་རྗེས་སུ་མདར་སྟོན་སུ་མ་ཏི་ཀཱིརྟི་སྟེ། བློ་བཟང་གྲགས་ནི་རྗེ་རིན་པོ་ཆེ་ (༡[illegible]) གཤེགས་ནས་ལོ་བཅུ་གཅིག་སོང་བ་ན།

གཙང་སྟོད་མདར་ཆོས་རྫོང་དུ་རབ་ཏུ་བྱུང་ནས་གཞུང་འཛིན་པ་དང་། བརྒྱལ་བརྟགས་རྩེ་བ་མཛད། དབུས་སུ་ཕྱིན་ནས་མཁན་ཆེན་དཔལ་བློ་བ། རབ་འབྱམས་པ་སྨོན་ལམ་དཔལ་མཁས་པ་ཀུན་ལེགས་པ། ཆོས་རྗེ་བ་སོ་བ། ཆོས་རྗེ་ཤེར་འབྱུང་སོགས་བསྟེན། མདོ་སྔགས་ཀྱི་ཆོས་མང་དུ་གསན། ས་སྐྱ་དང་། གསང་སྔགས་མཁར་དུ་རྣམ་འགྲེལ་སོགས་ཀྱི་བཤད་ཉན་མཛད། ཤར་དུ་ཕེབས་མདོ་སྔགས་ཀྱི་ཆོས་གསུངས། དགུང་ལོ་དོན་གཉིས་པ་ལྕགས་ཕོ་སྤྲེའུ་ལོ་ལ་དགའ་ལྡན་ཁྲི་ཐོག་ཏུ་ཕེབས། རྒྱལ་བ་འོད་དཔག་མེད་ཀྱི་གསེར་སྐུ་ཆེན་པོ་དང་། གསང་སྔགས་མཁར་དུས་ཀྱི་སྐུ་ཆེན་པོ་བཞེངས། དགུང་ལོ་གྱ་གསུམ་པ་ལྕགས་ལུག་ཟླ་བ་གཉིས་པའི་ཉི་ཤུ་གཉིས་ལ་གཤེགས་པའི་དངུལ་གདུང་གསང་སྔགས་མཁར་དུ་བཞུགས་སོ། །

དེའི་རྗེས་ཆོས་རྗེ་ཤཱཀྱ་མ་ཏི་སྟེ། རྗེ་གཤེགས་ནས་ལོ་སོ་གཉིས་སོང་བ་ལྕགས་ཕག་ལ་ཨོའི་ཕྱོགས་སུ་འཁྲུངས། བླ་འབྲིང་ཆོས་སྡེར་བླ་མ་བསོད་ནམས་རྒྱ་མཚོའི་བློ་གྲོས་ལ་རབ་ཏུ་བྱུང་། གསང་ཕུར་སློབ་དཔོན་ཤེས་རབ་བཀྲ་ཤིས་དང་། བཀྲ་ཤིས་ལྷུན་པོར་རྗེ་དགེ་འདུན་གྲུབ་པ་དང་། སློབ་དཔོན་ཆོས་འབྱོར་བ། ཆོས་རྗེ་གནས་བརྟན་པ། བླ་མ་སྟོན་པ། རྩེ་བ་བཀྲ་ཤིས་རྒྱལ་མཚན་པ། རྒྱུད་པ་ཤེས་རབ་བཟང་པོ་སོགས་ལ་ < ལས་ > ཆོས་གསན། སྟོན་པ་དཔལ་ལྡན་པ་སོགས་ལ་ < ལས་ > བསྟེན་པར་རྫོགས་ནས་ཉི་མ་ཐང་དུ་ལོ་ཉི་ཤུ

ལྷག་ཙམ་འཆད་ (༡༥༨) ཉན་པ་མཛད། དགུང་ལོ་བདུན་པ་མེ་སྟག་ལ་བྱུང་རྗེ་དང་། རེ་གཉིས་པ་ལྕགས་ལུག་ལ་དགའ་ལྡན་ཁྲི་ཐོག་ཏུ་ཕེབས། ཐུབ་དབང་གསེར་སྐུ་ཆེན་པོ་བཞེངས། དགུང་ལོ་རེ་བདུན་པ་ལ་ཟུར་བཞུགས་མཛད་དེ་མཁན་པོར་བཞུགས། དགུང་ལོ་གྱ་གཅིག་པ་ལྕགས་སྟག་ལ་གཤེགས་སོ། །

དེའི་རྗེས་སུ་ཆོས་རྗེ་ཧྲཛ་མི་ཏྲ་སྤེ་ཆོས་རྗེ་བཤེས་གཉེན་ནི། རྗེ་གཤེགས་ནས་ལོ་སོ་ལྔ་སོང་བ་ཆུ་རྟ་ལ་སྟོད་ལུང་མདར་འཁྲུངས། དགའ་ལྡན་དུ་སློབ་དཔོན་ཆོས་གྲགས་ལ་ < ལས་ > རབ་ཏུ་བྱུང་། གཙང་དུ་རྗེ་དགེ་འདུན་གྲུབ་པ་ལ་ < ལས་ > ཆོས་མང་དུ་གསན། བསྟན་པའི་རྒྱལ་མཚན་པའི་ཞེས་མཚན་གྱི་མཇུག་ཏུ། དབུས་སུ་ཕྱིན་འབྲས་སྤུངས་སློབ་དཔོན་ཡེ་ཤེས་བཟང་པོ། འཇམ་དབྱངས་ལེགས་ཆོས་པ། དྲུང་དཔལ་ལྡན་རྒྱལ་མཚན་རྣམས་བསྟེན་ནས་མཁས་པར་སྦྱངས། རྩེད་ཐང་དུ་པུ་ཏི་ཉི་ཤུ་རྩ་གྲངས་ཀྱི་གྲྭ་སྐོར་གནང་ནས་རབ་འབྱམས་སྨོན་ལམ་དཔལ་ཡབ་སྲས་བསྟེན་ནས་རྒྱུད་གྲྭར་སློབ་གཉེར་མཛད། སྟག་ལུང་ཆོས་རྗེ་ངག་དབང་གྲགས་པ་ལ་ < ལས་ > སྒྲ་སྙན་ངག་གསན། ཆོས་རྗེ་གནས་བརྟན་པ་སོགས་ལ་བསྙེན་པར་རྫོགས། བཤག་བསྐོར་དུ་འཆད་ཉན་པ་མཛད། དགུང་ལོ་ལྔ་བཅུ་པ་ཆུ་ཁྱི་ལ་ཤར་དང་། རེ་བཞི་པ་མེ་བྱི་ལ་དགའ་ལྡན་ཁྲི་ཐོག་ཏུ་ཕེབས། བདུན་ཅུ་པ་ཆུ་རྟ་ལ་བདེ་བ་ཅན་དུ་ཟུར་བཞུགས་མཛད། གྱ་བརྒྱད་ས་ཕོ་བྱི་

བ་ཡོར་གཤེགས་སོ། །

དེའི་རྗེས་སུ་ཆོས་རྗེ་རཏྣ་རསྨི་སྟེ། སྟོད་ལུང་མདའ་ཞིང་བཟངས་སུ་ཆུ་བྱ་ལ་འཁྲུངས། ཆོས་ཀྱི་བཤེས་གཉེན་པ་དང་། (༡༥ན) དགུང་མཉམ་ཡིན། འབྲས་སྤུངས་སུ་རིན་ཆེན་བྱང་ཆུབ་ལ་ <ལས་> རབ་ཏུ་བྱུང་། སློབ་དཔོན་ཡེ་ཤེས་བཟང་པོ་ཡབ་སྲས་བསྟེན་ནས་མཁས་པར་སྦྱངས། རྒྱུད་པ་ཚུལ་ཁྲིམས་བཟང་པོར་སྟགས་ཕྱོགས་ལེགས་པར་གསན། ཉེ་སྔོངས་སུ་དྲུང་གཟིམས་ཆེན་པ་ལ་ <ལས> བསྙེན་པར་རྫོགས། དགུང་ལོ་ཞེ་དྲུག་པ་ས་རྟ་ལ་རྒྱུད་པའི་སློབ་དཔོན་དང་། ང་དགུ་པ་ལྟགས་ལུག་ལ་བྱང་རྩེར་ཕྱིན་ནས་གྲྭ་ཚང་གཉིས་དར་རྒྱས་སུ་སྤེལ། རི་ལྔ་པ་མེ་གླང་ལ་སྤྱིའི་བུའི་གསར་གཏན་ཚིགས་གསལ་བའི་སྒྲོན་མེ་བརྩམས། བདུན་ཅུ་པ་ཆུ་རྟ་ལ་དགེ་ལྡན་ཁྲི་ཐོག་ལ་ཕེབས། ཆོས་འཁོར་བསྐོར་ཞིང་རྒྱལ་བ་འོད་དཔག་མེད་ཀྱི་གསེར་སྐུ་རྒྱབ་ཐོ་བཅུ་དྲུག་པ་བཞེངས། དོན་བརྒྱད་པ་ས་གླང་ལ་ཟུར་བཞུགས་དང་། གྱ་བརྒྱད་པ་ལྟགས་[བྱི་]ལ་གཤེགས་སོ། །

དེའི་རྗེས་སུ་པཎ་ཆེན་པུ་ཎྱ་ཀཱིརྟི་ཙ་ར་བ་ར་པོ་ན་སྟེ། བསོད་ནམས་གྲགས་པ་རྣམ་དཔྱོད་མཆོག་གི་སྡེ་ནི། རྩེད་ཐང་དུ་ནང་པ་ར་ལམ་པའི་སྲས་སུ་ས་ཕོ་ཁྱི་ལོར་འཁྲུངས། ཁ་ཅིག་ས་ཕག་ལ་འཁྲུངས་ཟེར་བ་ཡང་ཡོད། རྗེ་རིན་པོ་ཆེ་གཤེགས་ནས་ལོ་དྲུག་ཅུ་དང་། རྗེ་དགེ་འདུན་རྒྱ་མཚོ་དགུང་ལོ་གསུམ་བཞེས་སྐབས་ཡིན། ལྷམ་སྲིང་

གཉིས་ལས་མེད་ཀྱང་ཡབ་ཡུམ་ཆོས་ལ་དཀར་བས་རྩེད་ཐང་དུ་ཆེན་པོ་བསོད་ནམས་བཀྲ་ཤིས་ལ་ < ལས་ > རབ་ཏུ་བྱུང་། མཚན་བསོད་ནམས་གྲགས་པར་གསོལ། གསང་ཕུ་ཉི་མ་ཐང་དང་སེ་ར་བྱེས་སུ་སློབ་གཉེར་མཛད། བླ་མ་དོན་ཡོད་པ་དཔལ་ལྡན་(༧༥བ)བསྟེན་ནས་མཚན་ཉིད་ཕྱོགས་ལ་མཁས་པ་ཕུལ་དུ་ཕྱིན་རྩེད་ཐང་དུ་རབ་འབྱམས་གྲྭ་སྐོར་མཛད། འོད་སྣའི་བླ་མ་སངས་རྒྱས་བཟང་པོ་ལ་ < ལས་ > དགེ་ཚུལ་དང་བསྙེན་རྫོགས་སྐྱབས། རྒྱུད་པ་སྟོད་དུ་རྡོ་རྗེ་འཆང་ཆོས་ལྡན་བློ་གྲོས་པ་བསྟེན་ནས་མདོ་སྔགས་གཉིས་ཀྱི་བདག་པོར་གྱུར་པས་བླ་མ་དེའི་རྗེས་སུ་སྟོད་པའི་འཆད་ཉན་པ་ལོ་བཅུ་བཞི་མཛད། དགུང་ལོ་བཅུ་དྲུག་པ་ཆུ་བྱ་ལ་གསང་བ་འདུས་པའི་བསྐྱེད་རྫོགས་ཀྱི་ཊི་ཀ་ཆེན་བརྩམས་པ་རྒྱུད་པ་སྟོད་དུ་འཆད་དུ་ཚུགས། རྗེ་དགེ་འདུན་རྒྱ་མཚོ་ལ་ < ལས་ > བཀའ་ཆོས་མང་དུ་གསན་པས། དེའི་བཀའ་ཤོག་ནན་ཏན་དུ་ཕེབས་ཏེ་འབྲས་སྤུངས་བློ་གསལ་གླིང་གི་འཆད་ཉན་པ་གནང་ནས་ལོ་བཅུ་གཅིག་སོང་བ་ན་དགའ་ལྡན་ཤར་གྱི་བླ་མར་བསྐོས་པས་ཡས་མས་གཉིས་ཀར་ཆོས་གསུངས། དགུང་ལོ་ལྔ་བཅུ་རྩ་གཉིས་པ་ས་མོ་གླང་ལོར་དགེ་ལྡན་གྱི་ཁྲི་ཐོག་ཏུ་ཕེབས། ཟབ་པ་དང་རྒྱ་ཆེ་བའི་ཆོས་འཁོར་བསྐོར། དགའ་ལྡན་ཆོས་འབྱུང་ཡིད་ཀྱི་མཛེས་རྒྱན་བརྩམས། ཡོངས་འཛིན་བསྟེན་ནས་ཆོས་འབྱུང་ཐོབ་ཆོས་འབྱུང་དེར་གསལ། ཁ་ཅིག་ཆོས་འབྱུང་དེ་ལ་བརྙས་འདོགས་བྱེད་ན་ཡང་སྐམ་

པོའི་ལག་སྐབས་ཚུ་ནང་གི་དཔེ་ཚུལ་ཏེ། ཆོས་འབྱུང་འདི་ཡི་དྲིན་གྱིས་རྒྱལ་བ་བཙོང་ < ཙོང་ > ཁ་པའི་བསྟན་པ་འཕེལ་རྒྱས་ཀྱི་ལོ་རྒྱུས་ཤེས་ཀྱི། རང་རེ་འགའ་ལ་དྲིས་ན་ཆོས་སྡེ་ཕྱེད་ཙམ་གྱི་ལོ་རྒྱུས་ཀྱང་ཟེར་རྒྱུ་ག་ལ་ཡོད། དེས་ན་འདི་ཡི་ཐུགས་རྗོམ་རྣམས་ (༡༤ན) མཁས་པ་རྣམས་ལ་ཞེ་བར་མཁོ་སྟེ། མཇོད་ཏེ་ག ། རྒྱུད་ཏེ་ག ། དགའ་ལྡན་ཆོས་འབྱུང་། རྒྱལ་རབས་འཕྲུལ་གྱི་ལྡེ་མིག་དང་། མགུར་འབུམ་སོགས་མང་བས་བུ་སྟོན་རིན་པོ་ཆེའི་སྐྱེ་བར་གྲགས། དེ་ཡང་སྟོན་རྒྱ་གར་དུ་ཇོ་བོའི་དུས་སུ་པཎྜི་ཏ་ཨ་ག་ར་མ་སྟེ། ཁ་ཆེ་པཎ་ཆེན་ཤཱཀྱ་ཤྲཱི་དང་། བུ་སྟོན་རིན་ཆེན་གྲུབ་དང་། ཏ་ཚག་ཚེ་དབང་རྒྱལ་པོ་དང་། དེ་ནས་པཎ་ཆེན་བསོད་ནམས་གྲགས་པ་འདིར་འཁྲུངས་པ་ཡིན། དགུང་ལོ་བརྒྱད་པའི་ལོར་ཟུར་བཞུགས་མཛད་ནས་འབྲས་སྤུངས་ཀྱི་ཁྲིར་ཕེབས། དེ་བཞིན་སེ་ར་ཐེག་ཆེན་གླིང་། སྐྱོར་མོ་ལྷུངས། ཕག་མོ་ཆོས་སྡེ། ཞེ་སྡིངས། འོད་སྣ། ཆོས་སྡེ་རིན་ཆེན་གླིང་སོགས་ཆོས་སྡེ་མང་པོའི་བླ་མ་མཛད། ཁྱད་པར་སེ་འབྲས་དགེ་གསུམ་གྱི་ཁྲི་ཐོག་ཏུ་སྐུ་ཚེ་གཅིག་ལ་མཛད་པ་འདི་ཁོ་ན་བཟང་བས་ངེས་པར་འཕྲིན་ལས་ཆེ། རྒྱལ་བ་བསོད་ནམས་རྒྱ་མཚོའི་གཙུག་ཕུད་བཞེད། མཚན་བཏགས་པའི་བླ་མ་དམ་པ་ཡིན། དགུང་ལོ་དོན་གསུམ་པ་ཕག་ལ་འབྲས་སྤུངས་གཟིམ་ཁང་གོང་དུ་ཟུར་བཞུགས་མཛད་དེ། རྗེ་བཙུན་བསོད་ནམས་རྒྱ་མཚོ་དགུང་ལོ་བཅུ་བཞིས་པ་འབྲས་སྤུངས་ཀྱི་ཁྲིར་

བསྐོས་པའི་ཆེ་འདོན་དང་། མངའ་གསོལ་ཡང་མཛད། དོན་བདུན་པ་ཤིང་སྟག་ཟླ་བ་བཅུ་གཅིག་པའི་ཚེས་བཅུ་བཞི་ལ་ཆོས་ཀྱི་དབྱིངས་སུ་གཤེགས། གདུང་རྟེན་དངུལ་ལས་གྲུབ་པ་འབྲས་སྤུངས་སུ་བཞེངས། དུས་མཆོད་(༡༤བ) ཀུང་འབྲས་སྤུངས་སུ་གཟིམ་ཁང་གོང་ནས་མ་ཆག་པར་འཛིན་ཡོད་དོ། །པཎ་ཆེན་བསོད་ནམས་གྲགས་པའི་སྐྱེ་བ་རིན་པོ་ཆེ་པུཎྱ་ཛྙན་ཛྲེ་སྟེ། བསོད་ནམས་ཡེ་ཤེས་དབང་པོ་ནི། སྟོད་ལུང་ལམ་པ་དང་ཉེ་བའི་སར་ཡབ་ཚེ་རིང་བཀྲ་ཤིས་དང་། ཡུམ་མགོན་མོ་ཚེ་རིང་གི་སྲས་སུ་མེ་འབྲུག་ལ་འཁྲུངས། དགུང་ལོ་གཅིག་གཉིས་ནས་ངོས་འཛིན་པར་གསུངས་པས། དགུང་ལོ་བཞི་པ་ལ་འབྲས་སྤུངས་སུ་སྤྱན་དྲངས། ཐམས་ཅད་མཁྱེན་པ་བསོད་ནམས་རྒྱ་མཚོ་ལ་གཙུག་ཕུད་ཕུལ། མཚན་བསོད་ནམས་ཡེ་ཤེས་དབང་པོར་གསོལ། དགུང་ལོ་དགུ་པར། རྗེ་བསོད་ནམས་རྒྱ་མཚོས་དགུང་ལོ་ཉི་ཤུ་རྩ་བཞི་པ་〔ལ་〕བསྙེན་རྫོགས་བཞེས་པ་དང་ལྷན་དུ་ཆོས་རྗེ་བདེ་བ་ཅན་པ་དགེ་ལེགས་དཔལ་བཟང་དང་། དགེ་འདུན་བསྟན་པ་དར་རྒྱས་ཏེ་མཁན་སློབ་གཉིས་ལ་ <ལས་> དགེ་ཚུལ་མཛད། དགུང་ལོ་བཅུ་གཅིག་པ་ལ་སྐྱོར་མོ་ལུང་གི་གདན་སར་ཐེབས། བསྒོ་བ་སྨོན་ལམ་དང་བཀའ་ཆོས་གསུངས། དགུང་ལོ་བཅུ་གསུམ་པ་ལ་ཆ་དཀར་གྲྭ་ཚང་སློབ་གཉེར་ལ་ཐེབས། ཡོངས་འཛིན་དམ་ཆོས་དཔལ་བསྟེན་ནས་གཞུང་ལུགས་སྦྱངས། དགུང་ལོ་བཅུ་དགུ་པ་ལ་རྗེ་བསོད་ནམས་རྒྱ་

མཆོ་སོགས་ལ་ < ལས་ > བསླེན་པར་རྫོགས་ཏེ། ཆ་དཀར་གྲྭ་ཚང་གི་འཆད་ཉན་པ་གནང་བས་གྲྭ་ཚོགས་ཤིན་ཏུ་ཆེ་བ་བྱུང་ཞིང་། དགུང་ལོ་ཉེ་ཤུ་རྩ་གཉིས་བཞེས་དུས། རྒྱལ་དབང་བསོད་ནམས་རྒྱ་མཚོ་སོག་ཡུལ་དུ་ཕེབས་པའི་ཕྱག་ཕྱིར་ཡབ་སྲས་ (༡༧ན) ལྷན་དུ་ཕྱིན་པས། ཨ་ཐན་ཆོས་ཀྱི་རྒྱལ་པོས། པཎ་ཆེན་འདི་ཉིད་ལ་མི་ཏྲི་པའི་ལུག་རྟགས་ཕུལ། ཡབ་སྲས་ལྷན་དུ་སོག་ཡུལ་དང་། ལྷན་ཆོས་འཁོར་གླིང་དང་། ཁམས་ཆབ་མདོ་སོགས་སུ་ཕེབས། ཆབ་མདོའི་ཁ་མཆུ་སྡོམས་པ་སོགས་དང་། ལི་ཐང་གི་ཆོས་སྡེ་དང་། ཐུབ་ཆེན་གྱི་སྐུ་བཞེངས་པའི་ཐུགས་ཁུར་བཞེས། ཐམས་ཅད་མཁྱེན་པའི་བསྟོད་བསྔགས་སྙན་ངག་གི་ལམ་ནས་འབྱུང་བ་དང་། ཚོག་སྒྲིགས་དུ་མ་དང་། བསྟན་པ་སྤྱི་རྣམ་སོགས་མང་དུ་བརྩམས། གཞན་ཡང་མཛོ་མོ་མཁར། བྱང་སྐྱ་ཁ་ཐི་ཁ། ཙོ་ནེ། ཐའུ་བེའུ། བཙོང་ < ཙོང་ > ཁ་སོགས་ [སུ་] ཞབས་ཀྱིས་བཅག་ཆོས་གསུངས། དེ་ནས་དགུང་ལོ་སུམ་ཅུ་རྩ་གསུམ་པ་ལ་བོད་དུ་ཕེབས། སེ་འབྲས་དགེ་གསུམ་ཆ་དཀར་སོགས་ལ་མང་ཇ་འགྱེད་བཅས་གནང་། འོལ་ཁར་ཕེབས་ཆོས་སྡེ་རྣམས་དང་རྒྱལ་དུ་མང་ཇ་འགྱེད་བཅས་གནང་། སྟག་རྩེ་ནས་དཔོན་པ་དཔལ་ལྡན་པ་ཆོས་འཛོམ་གྱིས་ཞབས་ཏོག་ཡུན་རིང་དུ་མཛད། སྣར་སྐྱིད་ཤོད་དུ་ཕེབས། སྐྱོར་མོ་ལུང་གི་ཁྲིར་སྤྱན་དྲངས་ཆོས་འཁོར་བསྐོར། ཡང་འོལ་ཁར་ཕེབས། ཆབ་མདོའི་བླ་མར་སྤྱན་འདྲེན་བྱུང་ཡང་དགུང་ལོ་

སོ་བདུན་པ་ཆུ་འབྲུག་ལ་འོལ་ཁ་གཞིས་ཀར་རྫ་བ་དང་པོའི་ཉེ་ཤུ་དགུ་ལ་ཞི་བར་གཤེགས་པའི་ཚུལ་བསྟན་ཏོ། །སྐུ་གདུང་རིང་བསྲེལ་དང་ཞྭ་སྐྱ་མང་དུ་ཕྱིན་པ་ལ་དངུལ་གདུང་བཞེངས་པ་རྒྱལ་(༡༧༨)ཏུ་བཞུགས་སོ། །དེའི་སྐུའི་སྐྱེ་བ་ནི་ཥ་གིཛྙ་པུཎྜེ་ཤྲེཪྱ་ཤྲི་ཧྲ་ཏྲ་སྟེ། ངག་དབང་བསོད་ནམས་དགེ་ལེགས་དཔལ་བཟང་པོ་ནི། འཁོན་རི་སྦུག་ཏུ་ཡབ་ཚེ་འཕེལ་དང་། ཡུམ་བསོད་ནམས་སྒྲོན་མའི་སྲས་སུ་ཤིང་ཕོ་རྟ་ལོར་འཁྲུངས། རིང་པོར་མ་ལོན་པར་ཚེ་གཟུངས་སོགས་གསུངས། ངོས་འཛིན་གསལ་པོར་གསུངས་པ་རྗེ་ནས་དཔོན་ས་དང་། ཆོས་རྗེ་ངག་དབང་ཆོས་སྐྱོང་བློ་བཟང་པས་གཞིས་ཀར་སྤྱན་དྲངས་པས་ཆུ་ནང་གི་པདྨ་ལྟར་བསྐྱེད་དྲགས་པ་དང་། དགུང་ལོ་གསུམ་པ་ལ་སྐྱིད་ཤོད་དུ་ས་སྐྱོང་གཡུལ་རྒྱལ་ནོར་བུས་སྤྱན་དྲངས། ཆོས་རྗེ་རྒྱལ་ཁང་རྩེ་པ་དཔལ་འབྱོར་རྒྱ་མཚོ་ལ་གཙུག་ཕུད་ཕུལ། དགུང་ལོ་གསུམ་པ་དེ་ཁར་ལྷ་ས་སློབ་ལམ་ལ་ཆོས་ཁྲི་ཁ་ནས་བླ་མའི་རྣལ་འབྱོར་གསུངས་པས་ཐམས་ཅད་ཡ་མཚན་དང་དད་པར་གྱུར། བཀྲ་ཤིས་ལྷུན་པོ་ཀྱི་སློབ་གཉེར་མཛད། ཆེན་པོ་བྱང་མ་ཁང་གསར་པ་དཔལ་འབྱོར་བསོད་ནམས་ལྷུན་གྲུབ་ལ་ < ལས་ > དགེ་ཚུལ་སྒྲུབས། མཚན་ངག་དབང་བསོད་ནམས་དགེ་ལེགས་དཔལ་བཟང་པོར་གསོལ། དགུང་ལོ་བཅུ་བཞིའི་དུས། རྒྱལ་བ་ཐམས་ཅད་མཁྱེན་པ་ཡོན་ཏན་རྒྱ་མཚོ་སོག་ཡུལ་

ནས་བོད་དུ་ཕེབས་པའི་ཆིབས་བསུར་ཕྱིན། མངའ་རིས་ནས་སྤྲུལ་སྐུ་དགེ་འདུན་དཔལ་བཟང་རྒྱ་མཚོ་དང་བགྲོ་གླེང་མཛད་པས་ཐམས་ཅད་མཁྱེན་པ་མཉེས་ཏེ་ཆོས་གསན། དགུང་ལོ་བཅུ་དགུ་ལ་པཎ་ཆེན་རིན་པོ་ཆེ་བློ་བཟང་ཆོས་ཀྱི་རྒྱལ་མཚན་ལས་བསྙེན་པར་རྫོགས་ཏེ། གཙང་བཀྲ་ཤིས་ལྷུན་པོར་གསན་སྦྱོངས་མཛད་པས་(༡༨༩) མཁས་པ་ཆེན་པོར་གྱུར་ཏེ། ཚོགས་སུ་ལྷུགས་བཤད་དང་། ས་སྐྱ་ཚུན་གྱི་གནས་མཇལ་མཛད། དེ་ནས་དབུས་སུ་ཕེབས། མར་ལམ་གོང་དཀར་རྫོང་གདན་དང་། བྱམས་པ་གླིང་དང་། རྩེད་ཐང་སོགས་མཇལ་ཏེ། འོལ་ཁ་དང་རྒྱལ་དུ་ཕེབས། དེ་ནས་རྗེ་ཡོན་ཏན་རྒྱ་མཚོ་དང་ཡབ་སྲས་ལྷན་དུ་སྐྱིད་ཤོད་དུ་ཕེབས། སོག་འགྲུལ་ཕྱོས་ཆེ་བས་མཚོད། སྟོང་འཁོར་སྤྲུལ་སྐུ་འཇམ་དབྱངས་རྒྱ་མཚོ་སོགས་ཀྱིས་ཆོས་ཞུས་ཤིང་ལྷ་ས་སྨོན་ལམ་ཆེན་མོའི་གྲལ་དབུ་མཛད། དགུང་ལོ་ཉི་ཤུ་རྩ་གཉིས་པ་ཤིང་ཡོས་ཟླ་བ་གཉིས་པའི་ཚེས་བཅོ་ལྔ་ལ་ལྷ་སར་ཆོས་དབྱིངས་སུ་གཤེགས་སོ། །གདུང་ལྷ་སྐུ་རིང་བསྲེལ་གྱི་ཕུང་པོ་ལ་གདུང་རྟེན་དང་སངས་རྒྱས་ཚེ་དཔག་མེད་ཀྱི་སྐུ་བཞེངས་སོ། །

པཎ་ཆེན་བསོད་ནམས་གྲགས་པའི་རྗེས་སུ་ཆོས་རྗེ་རྒྱ་ར་བ་ཧྣམ་པྣ་ལ་པྣ་གྲཱ་ར་སྟེ། ཆོས་སྐྱོང་རྒྱ་མཚོ་དགའ་ལྡན་གྱི་ཁྲིར་ཕྱིན་པ་དེ་ནི། དབུས་སྟོད་རྒྱ་ར་དགུར་དུ་ཆུ་མོ་སྤྲུལ་ལོར་འཁྲུངས། རྗེ་གཤེགས་ནས་ལོ་བདུན་སོང་བ་དེ་ཡིན། བར་དབར་དུ་རབ་ཏུ་བྱུང་། མདོ་སྔགས་

ལ་སྦྱངས་པ་ཆེར་མཛད། རྒྱུད་སྨད་ཀྱི་བླ་ཐོག་ནས་བྱང་རྩེར་སྤྱན་དྲངས། དགུང་ལོ་རེ་གསུམ་པ་ཤིང་ལུག་ལ་དགའ་ལྡན་ཁྲི་ཐོག་ཏུ་ཕེབས། ཐུབ་དབང་གི་གོས་སྐུ་ཆེན་པོ་བཞེངས། དུས་དེར་ཞྭ་དམར་སེར་གྱི་ཀུན་སློང་ལས་འཁྲི་ཁྲུང་ < ཀུང་ > པ་དང་འཐབ་པས་སེ་འབྲས་ཕམ་ནས་འོད་སྣ་སོགས་ (༡༨བ) དབུས་སྟོད་ཀྱི་ཆོས་སྡེ་ཕལ་ཆེར་ཞྭ་སྟབས་བསྒྱུར་བས་མ་དགྱེས་པའི་དུས་ཤར་པ་ཆོས་རྗེ་དཀོན་མཆོག་དར་གྱིས་རྒྱུད་སྟོད་པའི་སྟབས་ཀྱིས་འཁྲི་ཁྲུང་པ་དཔོན་སློན་ལ་དབུ་བསྐོར་མཛད་པ་ལ། ཆོས་རྗེ་ཆོས་སྐྱོང་རྒྱ་མཚོས་གཏོར་མ་འཕངས་པ་གསན་པ་དང་། ཆོས་རྗེས་དཀོན་མཆོག་དར་གྱིས་གཏོར་བཟློག་མཛད་པས་ར་ལོ་གཉན་ལོའི་དཔེ་ལྟར་ཆོས་རྗེ་དཀོན་མཆོག་དར་ཤར་དུ་གཤེགས་ནས་ཞག་བདུན་སོང་བ་ན། ཆོས་རྗེ་ཆོས་སྐྱོང་རྒྱ་མཚོ་དགུང་ལོ་རེ་བདུན་པ་ས་ཕག་ཟླ་བ་གཉིས་པའི་ཉེར་བརྒྱད་ལ་ཁྲི་ཐོག་ཏུ་སྐུ་གཤེགས་སོ། །

དེའི་རྗེས་སུ་མི་ཉག་བཛྲ་ཧྲ་དྲ་སྟེ། རྡོ་རྗེ་བཟང་པོ་ནི་མདོ་སྨད་མི་ཉག་གི་སར་ལྕགས་མོ་ཕག་ལོར་འཁྲུངས། རྗེ་གཤེགས་ནས་དོན་གསུམ་སོང་སྐབས་ཡིན། དབུས་སུ་ཕེབས་ཏེ་མདོ་སྔགས་ལ་སྦྱངས་པས་མཁས་པར་གྱུར་ཏེ། སེ་ར་སྨད་གྲྭ་ཚང་གི་འཆད་ཉན་པ་མཛད་བཞིན་པའི་ངང་ནས་ཤར་དུ་ཐུང་ཙམ་བཞུགས་ཏེ་དགུང་ལོ་ཞེ་དགུ་པ་ས་ཕག་ལ་དགའ་ལྡན་གྱི་ཁྲིར་ཕེབས། གཟིམ་ཁང་ཆེན་མོའི་དཀར་

ཐེབས་དང་ཤིང་རྟེ་ལ་སོགས་བྲིས་མཛད་དེ། བདེ་བ་ཅན་དུ་ཟུར་བཞུགས་དང་སྲས་རིན་ཆེན་བྲག་གི་བླ་མ་མཛད། མངོན་པར་མཁྱེན་པ་རྒྱ་ཆེན་པོ་མངའ་ཡང་སྔོ་གལ་གྱི་བུའི་དཔེ་ལྟར། ཐེད་པོ་དང་། ལྡན་མ་འཁྲུགས་པའི་དེའི་བར་ལ་བྱོན་པས་དབུ་ལ་རྗེ་ཐོག་པ་དེའི་རྐྱེན་གྱིས་དགུང་ལོ་རེ་གསུམ་པ་ཤིང་སྣག(༡༨ན)ལ་གཤེགས་སོ། །དེའི་སྤྲུལ་སྐུ་ནི་བདེ་ཆེན་དུ་ཆོས་རྗེ་སྐུ་སྐྱེར་གྲགས་པ་མཚན་དངོས། ཚེ་རིང་མགོན་པོ་ཞེས་ཡིག་རིས་ཤིན་ཏུ་མཁས་པ་ཞིག་གནང་བ་དེས་དགའ་ལྡན་ཆོས་འབྱུང་བསྡུས་པ་དང་གསང་སྔགས་མཁར་གྱིས་<ཀྱི>ལོ་རྒྱུས་བརྩམས་སོ། །

དེའི་རྗེས་སུ་ཆོས་རྗེ་ཧླ་ཛ་ཧྲ་དྲ་སྟེ། རྒྱལ་མཚན་བཟང་པོ་དང་། རྗེ་གཤེགས་ནས་ལོ་དོན་དགུ་སོང་བ་མེ་མོ་སྤྲུལ་ལོར་སྣག་རྩེའི་ཆོས་སྡེ་དགེ་འདུན་སྒང་གི་སྣག་སྐུའི་གྲོང་དུ་འཁྲུངས། མདོ་སྔགས་ཀྱི་བདག་པོར་གྱུར། རྒྱུད་སྨད་པའི་བླ་མ་མཛད་བཞིན་པའི་ངང་ནས་བྱང་རྩེར་ཐེབས། དགུང་ལོ་ལྔ་བཅུ་པ་ཤིང་རྟ་ལ་དགའ་ལྡན་ཁྲིར་ཐེབས། ཆོས་འཁོར་བསྐོར། ང་གཉིས་པ་ས་ཐོ་སྤྲེལ་ལོར་ཞི་བར་གཤེགས་སོ། གདུང་ལྷ་སྐུ་དང་རིང་བསྲེལ་གྱི་ཕུང་པོར་གྱུར་པ་ལ་གསེར་གདུང་བཞེངས་པ་རྒྱ་གུར་ནང་གི་རྗེའི་སྐུ་འདྲ་རིན་པོ་ཆེའི་གཡོན་དུ་བཞུགས་ཡོད། །

དེའི་རྗེས་སུ་ཆོས་རྗེ་ཕ་གིཏྲ་ཧྲཛ་ཀྲྀཧྲི་སྟེ། ངག་དབང་ཆོས་

གྲགས་ནི། སྟོད་ལུང་མདའ་ཡི་དངོས་གཞིར་ལྟགས་བྱར་འཁྲུངས། རྗེ་གཤེགས་ནས་ལོ་གྱ་གསུམ་སོང་བ་དེ་ཡིན། དགུང་ལོ་དགུ་པ་ལ་རབ་བྱུང་དང་བཅུ་དགུ་ལ་བསྙེན་རྫོགས་མཛད། མདོ་སྔགས་གཉིས་ལ་མཁས་པར་གྱུར་ནས། རྒྱུད་སྟོད་པའི་འཆད་ཉན་པ་ལོ་བདུན་དང་། ཤར་དུ་ལོ་བཅུ་གཉིས་བཞུགས། ཞལ་བཞི་པ་འགྲུབ། དགུང་ལོ་ཞེ་བརྒྱད་པ་ས་ཕོ་སྤྲེའུ་ལོར་དགའ་ལྡན་གྱི་（ ༡༩༨ ）ཁྲི་ཐོག་ཏུ་ཕེབས། ལོ་གསུམ་བཞུགས། གསེར་ཏོག་བཞེངས། དགུང་ལོ་ང་གཅིག་པ་ལྟགས་ཕག་ལ་གཤེགས། སྐུ་གདུང་བཞུ་བ་ལས་ཕྱགས་ལྗགས་སྤྱན་གསུམ་འཛིགས་བྱེད་དང་། དམག་ཟོར་རྒྱལ་མོའི་སྐུ་དང་། ཡིག་སྔ་མང་དུ་བྱོན་ནོ། །དེའི་སྐུ་སྐྱེ་ངག་དབང་ཆོས་ཀྱི་རྒྱལ་མཚན་ནི་ཤིང་མོ་ཕག་ལོར་བལྟམས་པས། ཆོས་རྗེ་ངག་དབང་ཆོས་གྲགས་དང་འདི་ཡི་བར་དུ་ལོ་ཉི་ཤུ་རྩ་ལྔ་སྟོང་བས་བར་སྐབས་སུ་གཞན་དུ་སྐྱེ་བ་བཞེས། སྐུ་སྐྱེ་འདི་གསལ་པོར་བྱུང་ཞིང་གསལ་ཁང་སྤྱིལ་སྐྱུར་གྲགས་ནས་སྐུ་ཡོན་ཆེ་བས་རྒྱུད་པའི་རྡོ་རྗེ་སློབ་དཔོན་དུ་ཕེབས་ཡོད་དོ། །

ཆོས་རྗེ་ངག་དབང་ཆོས་གྲགས་པའི་རྗེས་སུ་དགའ་ལྡན་ཁྲིར། སྟག་ཕུ་བ་ཆོས་རྗེ་རྣམ་གེཏྟེ་ཧ་ཋ་སྟེ། ཆོས་གྲགས་བཟང་པོ་ནི་རྗེ་གཤེགས་ནས་ལོ་དོན་ལྔ་སོང་བ་ཚུ་སྣང་ལ་སྟག་ཕུར་འཁྲུངས། སྟག་ཕུ་ཆོས་རྗེར་རབ་ཏུ་བྱུང་། མདོ་སྔགས་ལ་སྦྱངས་པས་མཁས་པ་ཆེན་པོར་གྱུར་ཏེ། རྒྱུད་སྨད་ཀྱི་བླ་མའི་ངང་ནས་རྩེར་ཕེབས། དགུང་ལོ་དྲུག་

ཙུ་པ་ཚུ་བྱིར་དགའ་ལྡན་གྱི་ཁྲིར་ཕེབས། གནས་བཅུའི་གོས་སྐུ་བཞེངས། ས་ཏྭ་ལ་མངོན་དགའ་འོག་ཏུ་ཟུར་བཞུགས་དང་། རེ་བདུན་པ་ས་ལུག་ཟླ་བ་དགུ་པའི་ཚེས་བཅུ་ལ་གཤེགས་སོ། འཕེལ་གདུང་མང་དུ་བྱོན་པའི་དངུལ་གདུང་རྒྱ་གུར་ནང་གྲ་དགོན་དགའ་བཞི་བའི་གསེར་གདུང་གི་འཁྲིས་ན་བཞུགས་སོ། །

དེའི་རྗེས་སུ་དགའ་ལྡན་གྱི་ཁྲི་མཛེས་པར་བྱེད་པའི་རྒྱན་ཤྲཱིཛྙཱ་ཤྲཱི་མན་བྷ་དྲ་སྟེ། དགེ་ལེགས་(༢༠ན)དཔལ་ལྡན་བཟང་པོ་ནི། རྗེ་ནས་དགུང་ལོ་གྱ་བདུན་པ་སོང་བ་ཤིང་གླང་ལ་འོལ་ཁ་གྲུང་གསར་ནང་པའི་སྲས་སུ་འཁྲུངས། ཡབ་སྲས་གསུམ་གྱིས་འཁོར་བ་ངོང་སྤྲུག་མཛད་ནས་བསམ་གླིང་གི་གྲྭ་ཚང་དུ་ཡབ་སྲས་གསུམ་གས་སློབ་གཉེར་མཛད། དེ་རྗེས་སྲས་གཉིས་སྐྱིད་ཤོད་དུ་བྱོན། ཡབ་ཀྱི་སྐུ་ཆས་བསྐྱངས་ཏེ་གཞུང་ལུགས་རྣམས་ལ་སྦྱངས་པས་སྐུ་མཆེད་གཉིས་མདོ་སྔགས་ལ་མཁས་པ་ཆེན་པོར་གྱུར་ཏེ། གཅེན་བསོད་ནམས་རྒྱ་མཚོས་ཉི་མ་གླིང་དང་། སློབ་རིའི་བླ་མ་མཛད། གཅུང་དགེ་ལེགས་དཔལ་ལྡན་བཟང་པོས་རྒྱུད་སྟོད་པ་དང་། ཤར་དང་། དགའ་ལྡན་ཁྲི་ཐོག་ཏུ་དགུང་ལོ་ང་བཞི་པ་ས་ཏྭར་ཕེབས། ཆོས་འཁོར་རྒྱ་ཆེན་བསྐོར། བྱམས་ཁང་དུ་བྱམས་པའི་སྐུ་འདྲ་ཆེན་པོ་བཞེངས། དགུང་ལོ་དྲུག་ཅུ་པ་ཤིང་བྱིར་བདེ་བ་ཅན་དུ་ཟུར་བཞུགས་གནང་བས་བདེ་བ་ཅན་པ་

དགེ་ལེགས་དཔལ་བཟང་པོར་གྲགས། ཐམས་ཅད་མཁྱེན་པ་བསོད་ནམས་རྒྱ་མཚོ་བསྙེན་པར་རྫོགས་པའི་མཁན་པོར་གྱུར། མལ་གྲོ་རིན་ཆེན་སྒྲིང་དང་། ཕག་མོ་ཆོས་སྡེ་སོགས་ཀྱི་ཞལ་བདག་གནང་བའི་ངང་ནས་དགུང་ལོ་རེ་གསུམ་པ་མེ་ཡོས་ཟླ་བ་བཞི་པའི་ཉི་ཤུ་དྲུག་ལ་ཞི་བར་གཤེགས་པའི་གདུང་རུས་ལ་དུས་འཁོར་གྱི་རྣམ་བཅུ་དབང་ལྡན་སོགས་གསལ་བར་བྱོན། དངུལ་གདུང་རྒྱ་གུར་གྱི་ཕྱི་བསྐོར་གཡོན་ན་བཞུགས། དུས་ཕྱིས་བྱོན་པ་ལ་མཁས་པའི་དགེ་(༢༠༨)བཤེས་ཆེན་པོ་དེ་སྤྲུལ་པར་བྱེད་དོ། །

དེའི་རྗེས་སུ་རྗེ་སཾ་གྷ་ཤ་ས་ན་དྷ་མ་སྟེ། དགེ་འདུན་བསྟན་པ་དར་རྒྱས་ནི། རྗེ་གཤེགས་ནས་ལོ་དོན་ལྔ་སོང་བ་ཚུ་སྣང་ལ་སྐུངས་ཞོད་དབུ་སྟར་འཁྲུངས། གསུང་རབ་ལ་སྦྱངས་པས་དགེ་བཤེས་ཆེན་པོ་སྟེ། མལ་གྲོ་ཆ་དཀར་གྱི་བླ་མ་མཛད་པ་ན་འབྲི་ཁུང་ < གུང་ > པའི་དམག་ཕོག་པའི་བར་དབར་དུ་སྤྲོས། མཁར་སྐྱའི་ཞལ་བདག་མཛད། ཤར་ནས་དགུང་ལོ་དོན་གསུམ་པ་ཤིང་སྣང་ལ་དགའ་ལྡན་ཁྲི་ཐོག་ཏུ་ཕེབས། ལོ་ང་བཞི་བཞུགས། དགུང་ལོ་དོན་བདུན་པ་ས་འབྲུག་ལ་གཤེགས། རྟེན་རིང་བསྲེལ་གྱི་ཕུང་པོར་གྱུར། དངུལ་གདུང་ནི་རྒྱ་གུར་གྱི་ཟུར་ཞལ་ཤར་དུ་གཟིགས་ཏེ་བཞུགས་སོ། །

དེའི་རྗེས་སུ་ཆོས་རྗེ་ཨཱ་ཕུ་ཥྛི་ར་སྣ་ག་ར་སྟེ། ཚེ་བརྟན་རྒྱ་མཚོ་ནི། རྗེ་གཤེགས་ནས་ལོ་བརྒྱ་དང་གཉིས་སོང་བ་ལྕགས་འབྲུག་ལ་རྩེད་

ཐང་དུ་སྲུང་དཀྱིལ་ལ་འབྲུངས། མདོ་སྔགས་གཉིས་ཀར་མཁས་གྲགས་ཆེ། རྒྱུད་སྟོད། ཞར་དང་། ཕག་མོ། ཆོས་སྡེ་དང་། རིན་ཆེན་སྒླིང་སོགས་ཀྱི་བླ་མ་ཡང་གནང་། དགུང་ལོ་ཞེ་དགུ་པ་ས་འབྲུག་ལ་དགའ་ལྡན་གྱི་ཁྲིར་ཕེབས། སྐབས་འགར་ལྷ་ས་སྨོན་ལམ་ཆེན་མོའི་གྲལ་དབུ་མཛད། འདུ་ཁང་ཆེན་མོའི་ལོགས་བྲིས་དང་། སྤྱིན་བད་སོགས་ཚགས་སུ་ཚུད་པར་མཛད། དགུང་ལོ་ང་དྲུག་པ་ཤིང་ཕག་ལ་རྗེ་ཁང་དུ་ཟུར་བཞུགས་གནང་། ང་བདུན་པ་མེ་བྱི་ལ་སྐུ་གཤེགས་སོ། གདུང་ཞུས་ལ་ཐུགས་ལྗགས་སྤྱན་གསུམ་རིང་བསྲེལ་ཡིག་འབྲུ་(༢༧ན)མང་དུ་བྱོན། གསེར་གདུང་ནི་རྒྱ་གུར་གྱི་སྒོ་ནང་གཡས་སུ་བཞུགས་སོ། །

དེའི་རྗེས་སུ་ཆོས་རྗེ་མི་ཏྲི་སྣ་གྣ་ར་སྟེ། བྱམས་པ་རྒྱ་མཚོ་ནི་རྗེ་གཤེགས་ནས་ལོ་གོ་བརྒྱད་སོང་བ་མེ་བྱི་ལ་ཞོགས་ཀྱི་གྲམ་གྲུར་འབྲུངས། སྟག་རྩེ་རིན་ཆེན་སྒང་གི་གསའ་བཙུན་མཛད། མཁས་བཙུན་གྱི་སྙན་གྲགས་ཆེ། རྒྱུད་སྨད་དང་། བྱང་རྩེ་དང་། སྟག་རྩེ་རིན་ཆེན་སྒང་གི་བླ་མ་མཛད་ནས་དགུང་ལོ་དྲུག་ཅུ་པ་ཤིང་ཕག་ལ་དགའ་ལྡན་གྱི་ཁྲིར་ཕེབས། བྱམས་པའི་གོས་སྐུ་བཞེངས། རྗེ་བསོད་ནམས་རྒྱ་མཚོ་སོག་ཡུལ་དུ་ཕེབས་ནས་ལྷ་ས་སྨོན་ལམ་གྲལ་དབུ་མཛད། དགུང་ལོ་རེ་བདུན་པ་ཆུ་རྟ་ལ་ཟུར་བཞུགས་མཛད་ནས་ཆོས་རྗེ་མདོན་དགའ་བར་གྲགས། སྟག་རྩེ་རིན་ཆེན་སྒང་ལ་ཕག་མོའི་དམག་ཕོག་པས། ཆོས་སྡེ་

གྱུར་མངོན་དུ་ཕྱོགས་པ་དར་རྒྱས་སུ་མཛད། དགུང་ལོ་དོན་ལྔ་པ་ལྕགས་ཕག་ཟླ་བ་བརྒྱད་པའི་ཚེས་བཅོ་ལྔ་ལ་གཤེགས་པའི་སྐུ་གདུང་ནི་མཆོད་ཁང་གསར་མར་བཞུགས་སོ། །དེའུ་སྐུ་སྐྱེ་བ་ནི་གཙང་པ་བཀྲ་ཤིས་དང་ཁམས་མོ་མཚན་ལྡན་གྲོལ་མའི་སྲས་སུ་ལྕགས་ཡོས་ལ་འཁྲུངས། རྒྱུད་སྨད་པའི་བླ་མ་རྣམ་རྒྱལ་དཔལ་བཟང་ལས་རབ་ཏུ་བྱུང་སྟེ། མཚན་དགེ་འདུན་དཔལ་བཟང་རྒྱ་མཚོར་གསོལ། སེ་ར་སྨད་དུ་ཐུགས་གཉེར་མཛད། དགུང་ལོ་བཅོ་ལྔ་བཞེས་དུས་སོག་ཡུལ་དུ་ཕེབས་ནས་འཕྲིན་ལས་ཆེ་བར་གྱུར་ཏོ། །

ཆོས་རྗེ་མངོན་དགའ་པའི་རྗེས་སུ། དགའ་ལྡན་ཁྲི་ཆོས་རྗེ་རྒྱལ་(༢༧བ)ཁང་རྩེ་པ། ཤྲཱི་བྷུ་ཏི་ས་མུ་དྲ་སྟེ་དཔལ་འབྱོར་རྒྱ་མཚོ་ནི། རྗེ་གཤེགས་ནས་ལོ་བརྒྱ་དང་བརྒྱད་པ་མེ་ཁྱི་ལ་སྟོད་ལུང་རམ་པར་སྡེ་པ་གད་པ་ཁ་བའི་སྲས་སུ་འཁྲུངས། གཞོན་ནུ་ནས་མཁས་པ་ཡུལ་དུ་ཕྱིན་པས་ར་བ་སྟོད་པའི་འཆད་ཉན་པ་མཛད་ནས་མུས་ནས་རྒྱས་སྟོད་པའི་བླ་མར་ཕེབས། དེ་ནས་ཤར་དང་རྒྱུད་སྨད་པའི་བླ་མ་དང་། དགུང་ལོ་ང་བདུན་པ་ཆུ་རྟ་ལ་དགའ་ལྡན་གྱི་ཁྲི་ཐོག་ཏུ་ཕེབས། གསེར་ཁྲིག་བརྗེ་བ་མཛད། ལྷ་ས་སྨོན་ལམ་གྱི་གྲལ་དབུ་གནང་ཞིང་དུས་ཕྱིར་ཕྱིན་པ་ལ་སྙན་གྲགས་ཀྱང་ཆེ། དགུང་ལོ་རེ་བཞི་པ་ས་གླང་ལ་རྒྱལ་ཁང་རྩེར་ཟུར་བཞུགས་དང་། སྐྱོར་མོ་ལུང་དང་། ཕག་མོ་ཆོས་སྡེ། འབར་ཚག་ཆོས་སྡེ། དཔལ་འབར། ཐང་སྐྱ། རིན་ཆེན་

གླིང་སོགས་ཀྱི་ཞལ་བདག་མཛད། སློབ་མ་ཡང་དགེ་བཤེས་ཤིན་ཏུ་ཐོན་ཆེ། ཁུ་སྟོན་གྱི་སྐྱེ་བར་གྲགས། དགུང་ལོ་དོན་བཞི་པ་ས་ཕག་ཏོར་ཟླ་དྲུག་པའི་ཚེས་བཅོ་ལྔ་ལ་གཤེགས་པའི་གདུང་ཞུས་འབུལ་བྱས་པའི་སྐུ་རྗེབས་ལ་འབྱར་བའི་ཐུགས་བརྒྱུད་དང་། འཕར་ཐུགས་གཅིག ། སྤྱན་སྙན་ལྗགས་གསུམ། ཨོཾ་ཨཱཿཧཱུྃ་དང་བཅས། དུང་གཡས་འཁྱིལ། ཐུབ་པ་བདུད་འདུལ་གྱི་སྐུ། རིང་བསྲེལ་མང་པོ་བྱོན་ཞིང་དངུལ་གདུང་ནི་རྒྱ་གུར་གྱི་ཕྱི་གཡས་སུ་བཞུགས་སོ། །དེའི་སྐུ་སྐྱེ་ཆོས་འབྱོར་རྒྱ་མཚོ་ལྷུགས་སྣང་ལ་ཁམས་སུ་འཁྲུངས་དབུས་སུ་བྱོན་པས། དཔོན་ཆོས་མཛད་ཀྱི་བདག་རྐྱེན་མཛད་དེ། (༢༢ན) ར་བ་སྟོད་དུ་སློབ་གཉེར་གནང་བས་ཤིན་ཏུ་མཚར་བར་བྱུང་ཞིང་། ཕག་མོ་ཆོས་སྡེའི་བླ་མ་ལ་སྤྱན་དྲངས་ནས་ལོ་ཤས་སོང་བ་དང་ས་ལུག་ལ་ཞིང་བརྗེས་སོ། །

ཆོས་རྗེ་རྒྱལ་ཁང་རྩེ་པའི་རྗེས་སུ་ཡོངས་འཛིན་དམ་པ་ར་ས་རྣམ་ཤྲི་ཛྙ་ལ་སྐྱེ། དམ་ཆོས་དཔལ་འབར་ནི། གཙང་སྟོད་གནས་ཀྱི་ཁང་དམར་ཤར་དུ་ཆུ་ལུག་ལ་འཁྲུངས། རྗེ་གཤེགས་ནས་ལོ་བརྒྱ་དང་ལྔ་སོང་། གནས་ཀྱི་ཆོས་སྡེར་རབ་ཏུ་བྱུང་། པཎ་ཆེན་གནས་སའི་དྲུང་དུ་སློབ་གཉེར་མཛད། མཁས་བཙུན་བཟང་གསུམ་འཛོམས། དབུས་སུ་བར་དབར་གྱི་འཆད་ཉན་པ་ལོ་བཅོ་བརྒྱད་མཛད། བྱམས་ཆེན་དང་། གནས་བཙུའི་གོས་སྐུ་མགོན་ཁང་གསར་བཞེངས། མགོན་པོ་ཡི་དམ་རང་བྱུང་རྒྱལ་མོའི་སྐུ་འདྲ་དང་། རིགས་དགྲ། ལྔ

མཚོད། བྱམས་སྨོན་གསར་འཛུགས་མཛད། རྣ་སྙིང་གི་གདན་སར་ཕེབས་ནས་ཀ་གཉིས་མའི་གསེར་ཏོག་ཞིག་གསོས་དང་། ཉི་ཤུ་རྩ་བཞིའི་གཏྫིར་བཞེངས། ཆོས་སྡེ་གཙང་དགོན་ལ་སྦྱར་བ་སོགས་བྱ་བ་ཆེར་མཛད་དེ། བྱང་རྩེ་དང་། དགུང་ལོ་རེ་བདུན་པ་ས་གླང་ལ་དགའ་ལྡན་གྱི་ཁྲིར་ཕེབས། ལྷ་ས་སྨོན་ལམ་གྱི་ཁྲལ་དབུ་གནང་ཞིང་། དགུང་ལོ་དོན་བརྒྱད་པ་ས་ཕག་ཟླ་བ་དགུ་པའི་ཚེས་བཅུ་གཅིག་ལ་གཤེགས་པ་གདུང་ཞུས་ལ་རྡོ་རྗེ་འཇིགས་བྱེད་དང་། དམག་ཟོར་རྒྱལ་མོའི་སྐུ་འདྲ་དང་། གདུང་ཤ་རི་རམ་རྣམས་བྱིན་པ་ལ་དངུལ་གདུང་བཞེངས་སོ། །

དེའི་རྗེས་སུ་ཆོས་རྗེ་(༢༢བ)བུདྡྷ་རཏྣ་སྟེ། སངས་རྒྱས་རིན་ཆེན་ནི་རྗེ་གཤེགས་ནས་ལོ་བརྒྱ་ཉེར་གཉིས་སོང་བ་ལྕགས་བྱིར་མལ་གྲོ་གླད་སློའི་འབྲོག་སྡེར་འཁྲུངས། དགུང་ལོ་བཅུ་གསུམ་པ་ལ་རིན་ཆེན་གླིང་པའི་དབུ་མཛད་ཆོས་བཟང་ཉི་མའི་དྲུང་དུ་རབ་བྱུང་མཛད་དེ། ཉང་རོང་ཚང་གསུམ་དུ་སློབ་གཉེར་དང་། ཆོས་རྗེ་བྱམས་པ་རྒྱ་མཚོ་སོགས་ལ་ < ལས་ > བསྙེན་པར་རྫོགས་ཤིང་། སེ་ར་སྨད་པའི་འཆད་ཉན་པ་ལ་ཕེབས། ཤར་དང་འབྲེལ་བའི་བླ་མ་ལོ་གསུམ་དང་། དགུང་ལོ་ང་བདུན་པ་མེ་ཕོ་སྤྲེལ་ལོར་དགའ་ལྡན་གྱི་ཁྲིར་ཕེབས། ཡངས་པ་ཅན་གྱི་ཞིག་གསོས་དང་ལོགས་བྲིས་མཛད། ལྷ་ས་སྨོན་ལམ་གྱི་ཁྲལ་དབུ་དང་། དགུང་ལོ་རེ་བཞི་པ་ཆུ་ཡོས་ལ་གཟིམ་སྤྱིལ་དུ་ཟུར་

བཞུགས་མཛད། ཐང་སྐུ། ཕག་མོ་ཆོས་སྐྱེ། རིན་ཆེན་གླིང་སོགས་ཀྱི་བླ་མ་དང་། ཐམས་ཅད་མཁྱེན་པ་ཡོན་ཏན་རྒྱ་མཚོའི་རབ་བྱུང་བཞེས་པའི་མཁན་པོ་མཛད། དགུང་ལོ་དོན་གསུམ་པ་ཆུ་བྱི་ལ་སྐུ་གཤེགས་པའི་གདུང་རིང་བསྲེལ་ལ་དངུལ་གདུང་བཞེངས་སོ། །

དེའི་རྗེས་སུ་རྗོ་རྗེ་འཆང་སཾ་གྷ་རཏྣ་ཛ་སྐྱེ། དགེ་འདུན་རྒྱལ་མཚན་ནི། རྗེ་གཤེགས་ནས་ལོ་བརྒྱ་དང་སོ་བརྒྱད་པ་ཆུ་འབྲུག་ལ་ལྷ་སའི་ལུམ་པ་ཤག་ཏུ་འཁྲུངས། དགུང་ལོ་བཅུ་གཅིག་པ་ལ་སྐུ་མཆེད་གསུམ་ག་སེ་ར་རྗེ་བཙུན་ཆོས་ཀྱི་རྒྱལ་མཚན་དང་། བྱེས་པ་སློབ་དཔོན་ཤེས་རབ་སེང་གེ་ལ་ < ལས་ > རབ་ཏུ་བྱུང་། སེ་ར་བྱེས་སུ་སློབ་གཉེར་མཛད་པས་མཁས་པ་ཆེན་པོར་གྱུར་ (༢༣ན) དགུང་ལོ་བཅུ་གསུམ་པ་ལ་ཐམས་ཅད་མཁྱེན་པ་བསོད་ནམས་རྒྱ་མཚོ་དང་མངའ་རིས་ལྷ་བཙུན་པ་བསོད་ནམས་དཔལ་བཟང་པོ་སོགས་ལ་ < ལས་ > བསྙེན་པར་རྫོགས། རྒྱུད་སྟོད་གྲྭ་ཚང་དུ་ཡོངས་འཛིན་བཀྲ་ཤིས་བཟང་པོ་བསྟེན་ནས་རྒྱུད་སྡེ་ལ་སྦྱངས་པས་ཆུ་བོ་གཏྣ་ཚུན་ལ་མཁས་པའི་གྲགས་པ་ཐོབ། དགུང་ལོ་ཞེ་གསུམ་པ་ས་ཕག་ལ་རྒྱུད་སྨད་ཀྱི་བླ་མར་ཕེབས། ང་བརྒྱད་པ་ཆུ་གླང་ལ་བྱང་རྩེར་ཕེབས། དོན་གཉིས་པ་ཆུ་ཡོས་ལ་དགའ་ལྡན་ཁྲི་ཐོག་ཏུ་ཕེབས། ལོ་དེར་ཐམས་ཅད་མཁྱེན་པ་ཡོན་ཏན་རྒྱ་མཚོ་བོད་དུ་ཕེབས། རབ་བྱུང་གནང་བའི་སློབ་དཔོན་མཛད་ཅིང་། སྟོང་འཁོར་སྤྲུལ་སྐུ་ཡོན་ཏན་རྒྱ་མཚོའི་ཡང་བླ་མར་གྱུར།

ལ་སྨོའི་ས་ཕོག་དེ་ནས་དགའ་ལྡན་དུ་དབྱར་ཞལ་བཞེས་པའི་མང་ཇ་ཚག་མེད་དུ་ལོ་རེས་ཡོང་བའི་ས་ཆ་སྒྲུར། དགུང་ལོ་དོན་དྲུག་པ་ལ་ཟུར་བཞུགས་མཛད། ལོ་དེར་ཞི་བར་གཤེགས། སྐུ་གདུང་རིང་བསྲེལ་གྱི་ཕུང་པོར་གྱུར་པ་ལ་དངུལ་གདུང་བཞེངས་པ་དགའ་ལྡན་དུ་བཞུགས་སོ། །

དེ་ཡི་རྗེས་སུ་ཆོས་རྗེ་དྷརྨ་པ་ཀིརྟི་སྟེ། ཆོས་གྲགས་པ་ནི། རྗེ་གཤེགས་ནས་ལོ་བརྒྱ་དང་ཉེར་བརྒྱད་པའི་མེ་ཕོ་རྟ་ལ་མདོ་སྨད་ཙོ་ནེའི་ཆ་ཤུར་ཐང་དུ་འཁྲུངས། དབུས་སུ་ཕྱིན་ནས་མདོ་སྔགས་ཀྱི་ཆོས་དུ་མ་ལ་སྦྱངས། རྡོ་རྗེ་འཆང་དགེ་འདུན་རྒྱལ་མཚན་གྱིས་མཚན་བསོད་ནམས་དོན་གྲུབ་ཏུ་གསོལ། གསང་ཕུ་སྤེལ་སེར་དང་། རྒྱུད་སྟོད་པ་དང་། ཤར་གྱི་བླ་མར་ཕེབས། ལཱུ་སོགས་ཡིག་སྐ་(༢༣བ)དུ་མ་མཁྱེན། དགུང་ལོ་རེ་གཉིས་པ་མེ་ལུག་ལ་དགའ་ལྡན་ཁྲིར་ཕེབས། ལི་མ་ལྷ་ཁང་བཞེངས། དགུང་ལོ་དོན་གཉིས་པ་མེ་རྟ་ལ་གཤེགས་པའི་གདུང་རྟེན་ལེགས་པར་བཞེངས། །

དེའི་རྗེས་སུ་སྟག་ལུང་བྲག་པ་མ་ཏི་སཱ་གཱ་ར་སྟེ། བློ་གྲོས་རྒྱ་མཚོ་ནི་རྗེ་གཤེགས་ནས་ལོ་བརྒྱ་དང་ཉེར་བརྒྱད་པ་མེ་རྟ་ལ་སྟོད་ལུང་མདའ་ལ་འཁྲུངས། སྐྱོར་མོ་ལུང་དུ་རབ་ཏུ་བྱུང་། མདོ་རྒྱུད་ལ་མཁས་པར་སྦྱངས། གསང་ཕུ་ར་བ་སྟོད་དང་། རྒྱུད་སྨད་པའི་འཆད་ཉན་པ་མཛད། གཞན་ཡང་སྐྱོར་མོ་ལུང་དང་གསང་ཕུགས་མཁར་དང་།

བྱང་རྩེའི་སྤྱི་བླ་མཛད། བྱང་རྩེར་གྲྭ་ཚང་གསར་འཛུགས་མཛད་དེ་ལྷུང་པོ་ཅན་པའི་མིང་བཏགས། དགུང་ལོ་རེ་དགུ་པ་ཤིང་ཡོས་ལ་དགའ་ལྡན་ཁྲིར་ཕེབས། དོན་གསུམ་པ་ས་རྟ་ལ་གཤེགས། གདུང་རྟེན་ཡང་བཞེངས་སོ། །

དེའི་རྗེས་སུ་ཆོས་རྗེ་རྣམ་ཤྲི་བྷ་དྲ་སྟེ་དམ་ཆོས་དཔལ་བཟང་ནི། ལྷོངས་ཞབས་སུ་མི་རྟ་ལ་འཁྲུངས། ཆོས་རྗེ་སྟག་ལུང་བྲག་པ་དང་། ཙ་ན་ཆོས་རྗེ་དང་དགུང་མཉམ་ཡིན། ཀོང་པོར་ཀརྨ་པ་མཇལ་ཏེ་བཞུགས་པར་བཞེད་ཀྱང་གྲོགས་ལྐབས་ < སྐབས་ > ཀྱིས་འབྲས་སྤུངས་བློ་གསལ་གླིང་དུ་སློབ་གཉེར་མཛད་པས་མཁས་པར་གྱུར་ནས་རབ་འབྱམས་གྲྭ་སྐོར་ཕྱིན་ནས་བློ་གསལ་གླིང་གི་འཆད་ཉན་ཡུན་རིང་དུ་གནང་བའི་ངང་ནས་ཤར་གྱི་བླ་མ་དང་། དགུང་ལོ་དོན་གསུམ་པ་ས་རྟ་ལ་དགའ་ལྡན་ཁྲི་ཐོག་ཏུ་ཕེབས། དགུང་ལོ་དོན་ལྔ་ལ་ལྕགས་ཕོ་སྤྲེལ་ལོར་ཞི་བར་ (༡༥༠) གཤེགས་པའི་དངུལ་གདུང་ཙ་ན་ཆོས་རྗེ་དགེ་འདུན་དར་རྒྱས་པས་བཞེངས་སོ། །

དེའི་རྗེས་སུ་འབྲོང་རྩེ་ཆོས་རྗེ་ཤྲཱི་ལ་རྣམ་བརྟ་སྟེ། ཚུལ་ཁྲིམས་ཆོས་འཕེལ་ནི། རྗེ་རིན་པོ་ཆེ་གཤེགས་ནས་ལོ་བརྒྱ་དང་ཞེ་གསུམ་པ་ལྕགས་བྱ་ལ་གཙང་འབྲོང་རྩེར་འཁྲུངས། འབྲོང་རྩེ་ཆོས་སྡེར་རབ་ཏུ་བྱུང་། དབུས་སུ་བྱོན་ནས་མཁས་པར་སྦྱངས་ཏེ་རབ་འབྱམས་གྲྭ་སྐོར་མཛད། བྱང་རྩེ་གྲྭ་ཚང་ཐོས་བསམ་གླིང་གི་འཆད་ཉན་པ་མཛད། རྩེ་

ཤར་རྒྱུད་མ་དགོས་པར་དགུང་ལོ་དྲུག་ཅུ་པ་ལྕགས་སྤྲེལ་ལ་དགའ་ལྡན་ཁྲི་ཐོག་ཏུ་ཕེབས། ཆུ་ཕག་སྟེ་དགུང་ལོ་རེ་གཉིས་པ་ལ་གཤེགས་སོ། །དངུལ་གདུང་ཇོ་ཁང་ན་བཞུགས། །

དེའི་རྗེས་སུ་རྗེ་ཞལ་ཕྱ་ནས་ཀིརྟི་སཱ་གཱ་ར་སྟེ། གྲགས་པ་རྒྱ་མཚོ་ནི་ཆུ་བྱི་ལ་དགེ་རེ་དགོན་པ་ < པའི་ > འོག་ཏུ་འཁྲུངས། མདོ་སྔགས་ལ་མཁས་པར་གྱུར། སྤྲས་རིན་ཆེན་གླིང་གི་ཞལ་བདག་དང་རྒྱུད་སྟོད་པའི་འཆད་ཉན་དང་། དགེ་ལྡན་ཤར་ལ་ཕེབས། དེ་ནས་དགུང་ལོ་དོན་གསུམ་པ་ལ་ཁྲི་ཐོག་ཏུ་ཕེབས་ནས་རིང་པོར་མ་ལོན་པར་སྐུ་གཤེགས་སོ། །

དེའི་རྗེས་སུ་གསལ་ཁང་སྐུ་སྐྱེ་རིན་པོ་ཆེ་ཤཱཀྱ་རཏྣ་བྷ་ཛ་སྟེ། ངག་དབང་ཆོས་ཀྱི་རྒྱལ་མཚན་ནི་དེ་གོང་དུ་འཁྲུངས། གསལ་ཁང་དུ་རབ་ཏུ་བྱུང་ནས་བར་དབར་དུ་མདོ་ཡི་ཐུགས་གཉེར་དང་། རྒྱུད་སྨད་དུ་སྔགས་ཀྱི་ལེགས་བཤད་སྦྱངས་པས། མདོ་སྔགས་ཀྱི་བདུད་རྩིས་ཐུགས་ཀྱི་བུམ་བཟང་གང་སྟེ་ཡོངས་གྲགས་ཀྱི་མཁས་པ་ཆེན་པོར་གྱུར། བར་དབར་གྱི་འཆད་ཉན་དང་། གསལ་ཁང་གི་སྤྱི་བླ་མཛད། དེ་ནས་རྒྱུད་ (༡༥༨) ཀྱི་འཆད་ཉན་པ་མཛད་བཞིན་པར་བྱང་རྩེ་དང་། རིམ་གྱིས་ཁྲི་ཐོག་ཏུ་ཕེབས། བྱམས་པ་རྒྱ་མཚོའི་སྤྲུལ་སྐུ་དང་། ཧུ་ < ཧོ་ > ནང་རྒྱལ་པོ་སོགས་བྱུང་འགྲུལ་མང་བར་བྱུང་བས། འབུལ་བ་རྣམ་དག་སོགས་ཀྱི་མཐོ་དམན་ལ་ཚ་བ་ཁམས་ཚན་གྱི་དགེ་བསྐོས་ < སྐོས་ > ལ་

བདུད་བཞུགས་པ་ཞིག་གིས། ཞལ་སྤྲ་ནས་ལ་ཚོགས་གཏམ་ངན་པ་ཞིག་ཕུལ་བས་ལོ་གཉིས་པ་དེ་ནང་དུ། ཁྲི་ཐོག་པཎ་ཆེན་རིན་པོ་ཆེ་ལ་ཕུལ། ཕོ་རང་སླར་རྒྱུད་ཀྱི་འཆད་ཉན་མཛད། །

པཎ་ཆེན་རིན་པོ་ཆེས་ཀུང་རྗེ་ཤར་གྱི་གོ་རིམ་ལ་དགོངས་ནས་ཁྲི་མ་བཞེས་པར། རྗེས་སུ་ཆོས་རྗེ་རཏྣ་ཧྲཱ་བཏ་སྟེ། དཀོན་མཆོག་ཆོས་འཕེལ་ནི་གྲ་ལ་འཁྲུངས། བྱམས་པ་གླིང་དུ་རབ་བྱུང་མཛད། ར་བ་སྟོད་སོགས་མདོ་སྔགས་ཀྱི་བཤད་གྲྭ་རྣམས་ལ་ཐུགས་གཉེར་ལ་བརྩོན་པར་མཛད་པས་མཁས་པ་ཆེན་པོར་གྱུར་ཏེ། ར་བ་སྟོད་ཀྱི་འཆད་ཉན་དང་གསང་ཕུའི་དྲུང་ཆེན་དང་། གླིང་སྨད་ཞབས་དྲུང་ཡང་མཛད། དེ་ནས་གསང་སྔགས་མཁར་གྱི་སྤྱི་བླ་དང་། རྒྱུད་ཀྱི་འཆད་ཉན་དང་། དགའ་ལྡན་ཤར་དང་། འོལ་ཁ་རྫིང་ཕྱི། མལ་གྲོ་རིན་ཆེན་གླིང་། ཕག་མོ་ཆོས་སྡེ་རྣམས་ཀྱི་སྤྱི་བླ་མཛད། དཀར་པོ་ཞེས་པ་མེ་སྟག་ཧོར་ཟླ་ལྔ་པའི་གཟའ་སྐར་འཕྲོད་འབྱོར་བཟང་པོའི་ཉིན། ཁམས་གསུམ་ཆོས་ཀྱི་རྒྱལ་པོའི་མི་འཇིགས་སེང་གེའི་ཁྲི་ལ་ཕེབས། འཕྲིན་ལས་དང་མཛད་པ་རྒྱ་ཆེ་ཞིང་། ཁྱད་པར་ཁྲི་ཐོག་ཁང་གི་མདུན་གྱི་རབ་གསལ་དང་། ཛ་ཁང་ཐོག་སོ་གསུམ་གསར་རྒྱག་མཛད། (༢༥ན) དེ་མཐུན་གྱི། དངུལ་གདུང་རིན་པོ་ཆེའི་རྒྱན་བསམ་གྱིས་མི་ཁྱབ་ཅིང་བཟོ་བཀོད་ལེགས་པ་ཆེ་ཚད་འགྲན་ཟླ་བྲལ་བ་ཞིག་བཞེངས་ཏེ་ལི་མ་ཁང་དུ་བཞུགས་སུ་གསོལ། ཉིད་ཀྱི་དུས་འཁོར

ནས་རྒྱལ་ཁང་རྩེར་བྲུར་བཞུགས་མཛད། །

དེའི་རྗེས་སུ་རྗེ་ཞལ་སྔ་ནས་ཤྲཱི་ཛྙཱ་སྣཱ་ཛྲུ་ཡཱ་སྟེ། བསྟན་འཛིན་ལེགས་བཤད་ནི། ཀོང་པོར་བཀྲ་ཤིས་རབ་བསྟན་དང་ཉེ་བར་འཁྲུངས། མདོ་སྔགས་ལ་མཁས་པར་སྦྱངས་པས་ཡོངས་གྲགས་ཀྱི་དགེ་བཤེས་ཆེན་པོར་གྱུར་ཏེ། སེ་ར་སྨད་ཐོས་བསམ་ནོར་བུ་གླིང་གི་འཆད་ཉན་མཛད། དེ་ནས་རྒྱུད་སྨད་དང་བྱང་རྩེ་སོགས་ལ་རིང་པོར་མ་འགྱང་བར་ཁྲི་ལ་ཕེབས། ཞོགས་གུར་སློན་གྱི་བླ་མ་མཛད། གུར་སློན་པའི་གོས་སྐུ་གཙང་པས་འཁྲིགས་པ་སླར་ཚུར་གདན་དྲངས། ཁྲི་ཐོག་ལོ་བདུན་ཚར་ནས་ཁམས་སྟོད་ལྷུང་ར་དཔལ་འབར་གྱི་བླ་མ་མཛད། རྒྱལ་པོ་ད་ལས་ཏུང་ཐའི་ཧྲིས་བཀའ་ཆོས་ཞུས་ཤིང་སྦྱིན་བདག་གི་གཙོ་བོ་མཛད་དེ་འཕྲིན་ལས་ཆེ་བར་མཛད། དེ་ནས་ཀོང་པོ་བཀྲ་ཤིས་རབ་བརྟན་དུ་གཤེགས་སོ། །

དེའི་རྗེས་སུ་རྗེ་ཞལ་སྔ་ནས་སཾ་གྷ་སྭ་འདི་མ་དག་དེ་ཤ་ཕ་ཛྙ་སུ་ཛ་ཊི་ཏ་ཡིན་ཧྭ་ཛ་སྟེ། དགེ་འདུན་རིན་ཆེན་རྒྱལ་མཚན་ནི། ལྷོང་ཞབས་ལ་འཁྲུངས། གཞོན་ནུ་ནས་རབ་ཏུ་བྱུང་སྟེ་དབུས་གཙང་ལ་བྱོན་ནས་མདོ་སྔགས་ལ་སྦྱངས་པས་མཁས་པ་ཆེན་པོར་གྱུར། སེ་ར་སྨད་ཀྱི་འཆད་ཉན་པ་མཛད། རྒྱུད་སྟོད་དང་ཤར་དུ་ཕེབས། དེ་ནས་ཁྲི་ལ་ཕེབས་ཏེ། གདུལ་བྱ་འཕྲིན་ལས་ཆེ་བར་བྱུང་། ཁྲི་ཐོག་ཏུ་ལོ་ལྔ་བཞུགས་ནས་ཞི་བར་(༢༥༨)གཤེགས་སོ། །

དེའི་རྗེས་སུ་རྗེ་ཞལ་སྔ་ནས་ཧྣམ་ནྲ་ཛ་སྟེ། དྭགས་པོ་ཆོས་རྒྱལ་ནི། བྱེ་ཉི་ཡིང་དུ་འཁྲུངས། དྭགས་པོ་གྲྭ་ཚང་སོགས་ལ་མདོ་སྔགས་མཁས་པར་སྦྱངས་ཏེ། དྭགས་པོ་གྲྭ་ཚང་གི་འཆད་ཉན་དང་། རྒྱུད་སྨད་དུ་ཕེབས་ནས། དགའ་ལྡན་བྱང་རྩེ་དང་། ཁྲི་ཐོག་ལ་རིམ་པར་ཕེབས་ཏེ་ལོ་ལྔ་བཞུགས་ནས་ཁྲི་ཐོག་ཏུ་སྐུ་གཤེགས་སོ། །དེའི་དངུལ་གདུང་ཁྲི་གཙང་གི་ནུབ་ཀྱི་ཟུར་ན་བཞུགས། །

དེའི་རྗེས་སུ་རྗེ་ཞལ་སྔ་ནས་ཆུ་བཟང་པ་རཏྣ་ཧྣམ་ཧྲ་དྲ་སྟེ། དཀོན་མཆོག་ཆོས་བཟང་ནི་སྟོད་ལུང་དུ་འཁྲུངས། ཆུ་བཟང་དུ་རབ་ཏུ་བྱུང་ནས་མདོ་སྔགས་ལ་སྦྱངས་པས་མཁས་པ་ཆེན་པོར་གྱུར་ཏེ། རྒྱུད་ཀྱི་འཆད་ཉན་དང་། མལ་གྲོ་རིན་ཆེན་གླིང་། ཐང་སྐྱ། གསང་སྔགས་མཁར་སོགས་ཀྱི་སྤྱི་བླ་དང་། ཤར་དང་ཁྲི་ཐོག་ཏུ་རིམ་པར་ཕེབས་ཏེ། སྐྱིད་ཤོད་ཞབས་དྲུང་གོང་འོག་གི་དབུ་བླ་མཛད་བཞིན་པ་ནས། ཁྲི་ཐོག་གི་ལོ་གྲངས་ཚང་སྟེ། གླིང་ཡགས་ལ་ཟུར་བཞུགས་མཛད་ནས་ཟབ་བཞེས་ལ་བརྩོན་པར་བཞུགས་ཤིང་། དགུང་ལོ་གྱ་བཞི་པ་ཆུ་སླང་ལ་གཤེགས། །

དེའི་རྗེས་སུ་རྗེ་ཞལ་སྔ་ནས་ཐྲི་མན་ཧྣ་ཛ་སྟེ། དཔལ་ལྡན་རྒྱལ་མཚན་ནི་མངའ་རིས་གུ་གེར་འཁྲུངས། མདོ་སྔགས་ལ་མཁས་པར་སྦྱངས། མངའ་རིས་གྲྭ་ཚང་། རྒྱུད་སྨད་དང་། ར་སྒྲེང་གི་མཁན་པོ་མཛད། རིམ་གྱིས་དགའ་ལྡན་བྱང་རྩེ་དང་། འདིའི་ཞིག་གསོས་རྒྱས་པར་

མཛད། ཁྲི་ཐོག་ཏུ་ཕེབས། ཡངས་པ་ཅན་གྱི་ཞིག་གསོས་ཀྱི་ཐེབས་ཐུལ་ཞིང་། རྗེ་ཡབ་སྲས་སོགས་དགའ་ལྡན་(༢༤༩)བཀའ་རྒྱུད་ཀྱི་བླ་མ་རགས་རིམ་གྱི་དངུལ་སྐུ་ལྷ་ཁང་བཞེངས། ཇོ་ཁང་དུ་དངུལ་གདུང་ཆེ་ལེགས་དང་མཆོད་སར་དུ་བཞེངས་པ་རྣམས་ཀྱི་ཞབས་ཏོག་དང་མཆོད་འབུལ་སོགས་ཀྱི་བཀོད་པ་བསམ་ལས་འདས་པ་མཛད་དེ། ཁྲིའི་ལོ་དུས་ཚང་ནས་མངོན་དགའ་གོང་དུ་བྱུར་བཞུགས་ཟླ་བ་བཞི་མཛད་ནས་ཞིང་བརྗེས་སོ། །

དེའི་རྗེས་སུ་རྗེ་ཞལ་སྔ་ནས་པུ་ཎྱ་ཧི་ར་ཛ་སྟེ། བློ་བཟང་རྒྱལ་མཚན་རྩེད་ཐང་དུ་འཁྲུངས། མདོ་སྔགས་ལ་མཁས་པར་སྦྱངས། རྒྱུད་ཀྱི་བླ་མ་མཛད། ཤར་དང་། རྒྱ་མ་རིན་ཆེན་སྒང་ས། རྩེད་ཐང་གི་མཁན་པོ་མཛད། དེ་ནས་ཁྲི་ལ་ཕེབས་ལོ་བདུན་བཞུགས་ནས་ས་སྤྱིལ་ཡོར་རྒྱལ་ཁང་རྩེར་བྱུར་བཞུགས་མཛད། ཕྱི་ཟླ་བ་བཅུ་གཉིས་པའི་ནང་དུ་གཤེགས་སོ། །

དེའི་རྗེས་སུ་རྗེ་ཞལ་སྔ་ནས་ཤུཀྲྀཏ་བཛྲ་སྟེ། རྣམ་དག་རྡོ་རྗེ་འདི་བླ་གདགས་ཏེ། མཚན་དངོས་སུམ་ཏི་ཨ་མོ་ཀྵ་ཏེ། བློ་བཟང་དོན་ཡོད་ནི་ཚོགས་པ་ལན་ལན་དུ་འཁྲུངས། ཚོགས་གྲུར་སྨྲོན་དུ་རབ་ཏུ་བྱུང་། སེ་ར་བྱེས་སོགས་ལ་མདོ་སྔགས་ལ་སྦྱངས་པས་མཁས་པར་གྱུར། རྒྱུད་སྨད་ཀྱི་བླ་མ་མཛད་ཚོགས་གྲུར་སྨྲོན་དང་། དགའ་ལྡན་བྱང་རྩེར་ཕེབས། དེ་ནས་རྗེ་ཞལ་སྔ་ནས་རྩེད་ཐང་པའི་རྗེས་སུ། དགའ་ལྡན་གྱི་ཁྲིར་ཕེབས། །

གདན་ས་ཆེན་པོ་རི་བོ་དགེ་ལྡན་རྩེ་ཤར་གྱི་བླ་རབས་རིམ་བྱོན་བསྟན་པ།

རི་བོ་དགའ་ལྡན་གྱི་རྩེ་ཤར་བླ་རབས་ནི། རྗེའི་དངོས་སློབ་ཧོར་སྟོན་ནམ་མཁའ་དཔལ་བཟང་པོ་དེ་ཉིད་ཆུ་སྤྲང་ལ་མལ་གྲོར་འབྲུངས། རྗེ་བཙུན་བཙོང་ < ཙོང་ > ཁ་པ་སོགས་བསྟེན་ནས་ཆོས་གསན་ཞིང་མཁས་པ་ཆེན་པོར་གྱུར། དགེ་ལྡན་དུ་བྱང་རྩེ་བརྩིགས་ཏེ་བླ་ས་བཟུང་ཞིང་ཆོས་ཟུར་འཆད་ (༢༨བ) མཛད་པས། རྗེ་དགེ་འདུན་གྲུབ་པ་སོགས་མཁས་གྲུབ་མང་པོས་ཆོས་ཞུས། གོལ་ནས་སུ་ཡང་དབེན་བཏབ་སྐྱེ་དགུང་ལོ་དོན་ལྔ་པ་མེ་ཡོས་ལ་ཞི་བར་གཤེགས་སོ། །

དེའི་རྗེས་སུ་བྱང་རྩེར་ཆེན་པོ་དྭགས་པོ་ཀུན་དགའ་བཀྲ་ཤིས་འདི་སྐུ་རབ་པའི་ཞལ་ངོ་ཡིན། འདི་དང་ན་ལེནྡྲ་ཡི་ཆོས་རྗེ་བཀྲ་ཤིས་རྣམ་རྒྱལ་སྐུ་མཆེད་གཉིས་ཀ་གསང་ཕུའི་དགེ་བཤེས་ཏེ། གསང་ཕུའི་དྭགས་པོ་གྲྭ་ཚང་འཛུགས་མཁན་དེ་ལ་སློབ་མ་མཁས་པ་མང་དུ་བྱུང་། ཆེན་པོ་ཀུན་དགའ་བཀྲ་ཤིས་པའི་རྗེས་སུ་བྱང་རྩེའི་གདན་ས་རིམ་པ་བཞིན། ཆོས་རྗེ་བློ་གྲོས་བརྟན་པ། ཀྱེ་བོ་བཀྲ་ཤིས་རྒྱལ་མཚན། སློབ་དཔོན་ཤེས་རབ་བཟང་པོ། རྒྱུད་པ་ཚུལ་ཁྲིམས་བཟང་པོ། རྗེས་

ཆོས་རྗེ་ཤེས་རབ་དར། ཆོས་རྗེ་རྒྱལ་མཚན་བཟང་པོ། ཆོས་གྲགས་བཟང་པོ། དགེ་འདུན་བསྟན་པ་དར་རྒྱས། བྱམས་པ་རྒྱ་མཚོ། དམ་ཆོས་དཔལ་འབར། རྗེ་རྗེ་འཆང་དགེ་འདུན་རྒྱལ་མཚན། བཀྲ་ཤིས་འབྱུང་གནས། སྟག་ལུང་བྲག་པ་བློ་གྲོས་རྒྱ་མཚོ། སྤྲུལ་བུ་བ་ངག་དབང་ཆོས་གྲགས། བ་ཉེ་བ་རིས་པ་རྗེ་བསམ་གཏན་པ་རྒྱལ་མཚན། དགེ་འདུན་རྒྱལ་མཚན། གསལ་ཁང་སྐུ་སྐྱེ་རིན་པོ་ཆེ་ངག་དབང་ཆོས་ཀྱི་རྒྱལ་མཚན། པཎ་ཆེན་ཐམས་ཅད་མཁྱེན་པ་བློ་བཟང་ཆོས་ཀྱི་རྒྱལ་མཚན། ཀོང་པོ་ཞལ་སྔ་ནས་ཏིང་འཛིན་ལེགས་བཤད། རྗེ་བདག་པོ་ཆོས་རྒྱལ། མངའ་རིས་པ་རྗེ་དཔལ་ལྡན་རྒྱལ་མཚན། འདིས་བྱུང་རྟེའི་ཞིག་གསོས་རྒྱ་ཆེན་མཛད། གསལ་ཁང་པ་རྗེ་དམ་ཆོས་རྣམ་རྒྱལ། ཨོགས་དགེ་འདུན་པ་རྗེ་རྣམ་དག་བློ་བཟང་དོན་ཡོད་རྡོ་རྗེ། ཨེ་པ་ཞལ་སྔ་ནས་བྱམས་པ་རིན་ཆེན། བར་བར་ཞལ་སྔ་ནས་ངག་དབང་ནོར་བུ་(༢༧ན) གསང་ཡིབ་པ་རྗེ་ཤེས་རབ་རྒྱ་མཚོ། སྨྲ་འབུམ་ཞལ་སྔ་ནས་ལུང་རིག་རྒྱ་མཚོ། ཤར་ནི་ཆོས་རྗེ་རིན་ཆེན་རྒྱལ་མཚན་གྱིས་བཙེགས་ཏེ་ཆོས་ཟུར་འཆད་མཛད་པས། གདན་སར་རིམ་པ་བཞིན་དཔོན་ཟླ་གྲགས། ཉི་མ་གྲགས། དྲུང་ཆོས་དཔལ་རྒྱལ་མཚན། རབ་འབྱམས་པ་སློན་ལམ་དཔལ། ལྡན་མ་ཡེ་ཤེས་བཟང་པོ། མདར་སྟོན་བློ་བཟང་གྲགས། ཆོས་རྗེ་ཆོས་ཀྱི་བཤེས་གཉེན་པ། པཎྜི་ཏ་བཟང་པོ། པཎ་ཆེན་བསོད་ནམས་གྲགས་པ། ཆོས་རྗེ་དཀོན་མཆོག་དར། མི་

ཉག་རྡོ་རྗེ་བཟང་པོ། སྟོད་ལུང་པ་ངག་དབང་ཆོས་གྲགས། འོལ་ཁ་བ་དགེ་ལེགས་དཔལ་བཟང་། རྩེད་ཐང་པ་ཚེ་བརྟན་རྒྱ་མཚོ། ཉན་པོ་ཤཱཀྱ་རིན་ཆེན། རྒྱལ་ཁང་རྩེ་བ་དཔལ་འབྱོར་རྒྱ་མཚོ། སྨོམ་སྡེ་ནམ་མཁའ་རྒྱལ་མཚན། ཆོས་རྗེ་སངས་རྒྱས་རིན་ཆེན། གུང་རུ་དོན་གྲུབ་སེང་གེ། ཙ་ཎེ་ཆོས་གཉན་གྲགས་པ། ཝ་སེར་ལས། ཙ་ཎེ་ཆོས་རྗེ་བཤེས་གཉེན་གྲགས་པ། མངའ་རིས་པ་ཉི་མ་བཟང་པོ། ལྷུངས་རམ་པ་དམ་ཆོས་དཔལ་བཟང་། གྱེ་རེ་བ་གྲགས་པ་རྒྱ་མཚོ། གླིང་སྨད་ཆོས་རྗེ་དཀོན་མཆོག་ཆོས་འཕེལ། གུང་རུ་སངས་རྒྱས་བཀྲ་ཤིས། ལྷུངས་རམ་པ་དགེ་འདུན་རིན་ཆེན། རིན་ཆེན་གླིང་པ་དཔོན་པོ་གཡོ་ལག་ངག་དབང་རིན་ཆེན། ཚུ་བཟང་པ་རྗེ་དཀོན་མཆོག་ཆོས་བཟང་། འོལ་ཁ་ཚུ་བཟང་པ་རྗེ་བྱམས་པ་རྣམ་རྒྱལ། རྩེད་ཐང་བ་རྗེ་བློ་བཟང་རྒྱལ་མཚན། ཙ་ཎེ་ཚ་དོར་བ་རྗེ་བློ་བཟང་དཔལ་འབར། རྒྱལ་མེ་ཏོག་ཐང་པ་རྗེ་བྱམས་པ་རྒྱ་མཚོ། །

རི་བོ་དགེ་ལྡན་སོགས་སུ་རྒྱུད་གྲྭ་བྱུང་ཚུལ་བསྟན་པ།

དགའ་ལྡན་དུ་རྒྱུད་གྲྭ་བྱུང་ཚུལ་ནི། རྗེ་བཙུན་བཙོང་ < ཙོང་ > ཁ་པ་ཆེན་པོས་ཟབ་པ་དང་རྒྱ་ཆེ་བའི་ཆོས་མང་ (༢༧བ) དུ་གསུངས། དེའི་ནང་ནས་ཆེས་ཟབ་པའི་དཔལ་གསང་བ་འདུས་པའི་ལམ་གྱི་རིམ་

པའི་ཆོས་ཀྱི་འཁོར་ལོ་བསྐོར་ཏེ། མཁས་པ་རྣམས་ལ་འདི་རྒྱ་ཆེར་སྤེལ་ནུས་པ་སུ་ཡོད་གསུངས་པ་ལ། རྗེ་བཙུན་ཤེས་རབ་སེང་གེས་ཞལ་གྱིས་བཞེས་ཏེ། འདི་ནི་རྗེ་ཉིད་སྟོན་རྒྱལ་བ་དབང་པོའི་ཏོག་གི་དྲུང་དུ་གཡར་དམ་ཕུལ་བ་དེའི་རྒྱུ་མཐུན་གྱི་འབྲས་བུ་ཡིན་ལ། དེ་ཡང་རྗེ་བཙུན་ཤེས་རབ་སེང་གེ་གཙང་སྟོད་དུ་འཁྲུངས། སྨར་ཐང་དུ་རབ་ཏུ་བྱུང་། མཁན་ཆེན་གྲུབ་པ་ཤེས་རབ། ཤངས་པ་ཀུན་མཁྱེན་ཤེས་རབ་དཔལ། རོང་སྟོན་ཆོས་རྗེ། རྗེ་བཙོང་ < ཙོང་ > ཁ་པ་ཡབ་སྲས་རྣམས་བསྟེན། མདོ་སྔགས་ཀྱི་ཆོས་གསན། ཁྱད་པར་དུ་དཔལ་གསང་བ་འདུས་པའི་རྩ་བཤད་འགྲེལ་པ་དང་བཅས་པ་གསན་པས་རྒྱུད་དོན་ལ་ནང་བྱན་ཆུད་པའི་མཁས་པར་གྱུར་ཏེ། རྒྱུད་ཀྱི་འཆད་ཉན་སྤེལ་བར་ཞལ་གྱིས་བཞེས། རེ་ཞིག་གསང་ཕུ་མཐོང་སྨོན་གྲྭ་ཚང་གི་འཆད་ཉན་མཛད། དེ་ནས་གྲྭ་ཚང་དེ་རྗེ་དགེ་འདུན་གྲུབ་པ་ལ་གཏད་དེ་གཙང་དུ་ཕྱིན། ལྷུན་པོ་རྩེ་ནས་སི་ཏུ་བསོད་ནམས་དཔལ་དང་། བདག་མོ་པདྨ་དཔལ་གྱིས་སྦྱིན་བདག་མཛད། རྒྱུད་ཀྱི་འཆད་ཉན་པ་རྒྱ་ཆེར་སྣང་བ་ལས་སྦྱིན་བདག་ཡབ་ཡུམ་དང་། ཆོས་སྡེའི་བླ་མ་འཕགས་འོད་ཡོན་ཏན་རྒྱ་མཚོ་འཁོར་བཅས་ཀྱིས་ཆོས་ཞུས། ཆོས་སྡེར་རྗེའི་ལུགས་ཀྱི་སྒྲུབ་དཀྱིལ་ཕྱག་ལེན་དང་། རྒྱུད་ཀྱི་བཤད་རྒྱུན་བཙུགས། དེ་བཞིན་དུ་རྒྱུད་གྲྭ་ཆེན་པོ་བཙུགས་པ་ཧྲས་ཀྱི་དགའ་ལྡན་ཕོ་བྲང་དུ་ཆགས་པས་སྨད་རྒྱུད་ (༢༨ན) དུ་གྲགས་པའམ། གཙང་

རྒྱུད་དེ་ཡི་གེའི་འབོད་ཕྱོགས་ཀྱི་ཧྲས་རྒྱུད་ཟེར། གང་ལྟར་སྟོད་རྒྱུད་སྙིང་པ་དེར་འཆད་ཉན་གྱི་བླ་མ་རིམ་པར་བྱོན་པ་ནི། རྗེ་ཤེས་རབ་སེང་གེ འདུལ་ནག་པ་དཔལ་ལྡན་བཟང་པོ། རོག་ཚོ་ཆོས་མཛད། བླ་མ་དགེ་འདུན་འཕེལ། རབ་འབྱམས་པ་ཆོས་དབྱིངས། བླ་མ་བཀྲ་ཤིས་འཕགས་པ། རྒྱུད་པ་བསམ་གྲུབ་རྒྱ་མཚོ། གནས་སྙིང་ཆོས་རྗེ་བསོད་ནམས་རྒྱལ་མཚན། རྒྱུད་ཆེན་བརྩོན་འགྲུས་འཕགས། རྒྱུད་པ་རྡོ་རྗེ་བཟང་པོ། རྗེ་སངས་རྒྱས་རྒྱ་མཚོ། རྗེ་ཆེན་བྱམས་པ་རྒྱལ་མཚན། རྡོ་རྗེ་འཆང་དཀོན་མཆོག་རྒྱ་མཚོ། མཁས་གྲུབ་དགེ་འདུན་རྒྱལ་པོ། རྗེ་ཤེས་རབ་སེང་གེ་ལ་དངོས་སློབ། རྗེ་དགེ་འདུན་གྲུབ་པ། འཕགས་འོད་ཡོན་ཏན་རྒྱ་མཚོ། རྡོ་རྗེ་འཆང་སྦྱིན་པ་དཔལ། རབ་འབྱམས་པ་སྨྲོན་ལམ་དཔལ། བྱང་སེམས་འདུལ་དཀར་ནག །རྒྱུད་པ་གྲགས་བཟང་པ། དྷགས་པོ་བཀྲ་ཤིས་རྣམ་རྒྱལ་སྐྱ་མཆེད། པཎ་ཆེན་བཟང་པོ་བཀྲ་ཤིས། ཆོས་རྗེ་གྲགས་པ་བསམ་གྲུབ། ཆོས་རྗེ་ཟླ་རྒྱལ་བ། མཁས་པ་རིན་ཤཱཀ་པ་སོགས་པ་མཁས་གྲུབ་མང་དུ་བྱུང་ངོ་། །གཙང་རྒྱུད་ཚུགས་ནས་སླར་དབུས་སུ་ཕེབས། རྒྱུད་ཀྱི་འཆད་ཉན་བཙུགས་ཏེ་ཕྱོགས་སུ་ཕྱོགས་སུ་ཆོས་བར་བཏེགས། དབྱར་སོས་རྒྱུད་འགྲེལ། སྟོན་དུས་རིམ་ལྔ། སྦྱོར་དྲུག ནཱ་རོ་ཆོས་དྲུག །ལོ་དྲིལ། ཡི་དམ། དབུ་མ། ལམ་རིམ་རྣམས་ཀྱི་ཁྲིད་གསུངས་པ་ལ། རྒྱུད་གྲྭ་སྨད་པ་འདི་བྱུང་ལ། འཆད་ཉན་པའི་བླ་མ་རིམ་པར། རྡོ་རྗེ་འཆང་

སྨིན་པ་དཔལ། རྒྱུད་པ་ཀུན་དགའ་དོན་གྲུབ། གྲེ་བོ་བཀྲས་(༢༨བ)རྒྱལ། བཤེ་སྟོད་པ་ཤེས་རབ་བཟང་པོ། ཨུ་རི་དཀའ་བཅུ་བ། སློབ་དཔོན་ཚུལ་བཟང་། ཆོས་རྗེ་ཆོས་སྐྱོང་ས་རྒྱ་མཚོ། རྒྱལ་མཚན་བཟང་པོ། ཆོས་གྲགས་བཟང་པོ། དགས་པོ་ནམ་མཁའ་གྲགས། མངོན་དགའ་བ་བྱམས་པ་རྒྱ་མཚོ། མངའ་རིས་པ་བཀྲ་ཤིས་བཟང་པོ། རྡོ་རྗེ་འཆང་དགེ་འདུན་རྒྱལ་མཚན། གཙང་སྟོན་རྣམ་རྒྱལ་དཔལ་བཟང་། སྟག་ལུང་བྲག་པ་བློ་གྲོས་རྒྱ་མཚོ། སྤྱིལ་བུ་བ་ངག་དབང་ཆོས་གྲགས། གསལ་ཁང་སྐུ་སྐྱེ་ངག་དབང་ཆོས་ཀྱི་རྒྱལ་མཚན། ཀོང་པོ་ཞལ་སྔ་ནས་ཏིང་འཛིན་ལེགས་བཤད། རྗེ་དྭགས་པོ་ཆོས་རྒྱལ། མངའ་རིས་པ་རྗེ་བསྟན་འདི་རྒྱུད་ཀྱི་ཚོགས་ཐེབས་སུ་ནང་ས་བོང་ཁང་པའི་ས་ཆ་སྤྱར་པ་རྒྱལ་མཚན། གསལ་ཁང་བ་རྗེ་དམ་ཆོས་དཔལ་འབར་རྣམ་རྒྱལ། འོགས་གུར་སྨོན་པ་རྣམ་དག་བློ་བཟང་དོན་ཡོད་རྡོ་རྗེ། མངའ་རིས་པ་རྗེ་བློ་བཟང་རྣམ་རྒྱལ། བར་བར་ཞལ་སྔ་ནས་ངག་དབང་ནོར་བུ། གསང་ཡིབས་པ་རྗེ་ཤེས་རབ་རྒྱ་མཚོ། ཀླུ་འབུམ་པ་ཞལ་སྔ་ལུང་རིགས་རྒྱ་མཚོ། རྒྱུད་པ་སྟོད་པའི་བྱུང་ཚུལ་ནི། རྗེ་ཤེས་རབ་སེང་གེའི་དངོས་སློབ་རྒྱུད་པ་ཀུན་དགའ་དོན་གྲུབ་ཀྱིས་བཙུགས་པ་སྟེ། དེ་ཡང་གཙང་དུ་ས་ཕག་ལ་འཁྲུངས། མཁས་པ་མང་པོ་བསྟེན་ནས་མདོ་རྒྱུད་སྦྱངས་པས་མཁས་པ་ཆེན་པོར་གྱུར། ཀླུངས་ཤོད་དུ་བཞུགས་སྐབས་རྒྱུད་པའི་བླ་མར་སྤྱན་དྲངས། བུད་མེད་

གཅིག་གི་ལོ་དང་ལ་མོར་བར་དུ་ཡོལ་བ་བཏང་བ་རྨིས་པས། དབུ་སྟོད་དུ་བསྟན་པ་ཕན་པར་དགོངས་ནས་བཞུགས་པ་ན། གྲྭ་སློབ་མང་དུ་འདུས་པ་ལ། རྒྱུད་ཀྱི་འཆད་ཉན་གནང་བས་སྟོད་ཚུལ། དགུང་ལོ་རེ་བརྒྱད་པ་མེ་ཏ་ཟླ་བ་གཉིས་པའི་ཚེས་དྲུག་ལ་གཤེགས་སོ། །བསྟན་པ་རྒྱལ་མཚན་ནི་རྗེ་དྭགས་པོ་ཆོས་རྒྱལ་གྱིས་རྗེ་བྱམས་པ་བསྟན་པར་རབ་ཏུ་བྱུང་བའི་མཚན་ཡིན། མངའ་རིས་པའི་མཚན་དང་དྭགས་པོར་དཔལ་ལྡན་རྒྱལ་མཚན། ཕྱིས་ངག་དབང་རྡོ་རྗེ་ཟེར། (༢༨ན) རྒྱུད་གྲྭ་དེར་འཆད་ཉན་སློབ་དཔོན་རིམ་པ་བཞིན་བྱོན་པའི་ནི། རྒྱུད་པ་ཀུན་དགའ་དོན་གྲུབ་པའི་རྗེས་སུ་རྒྱ་མ་བ་སློབ་དཔོན་ལྷ་དབང་རིན་ཆེན། སློབ་དཔོན་ཆོས་བློ་གྲོས། པཎ་ཆེན་བསོད་ནམས་གྲགས་པ། ཆོས་སྡེ་དཀོན་མཆོག་དར། རྗེ་ངག་དབང་ཆོས་གྲགས། རྗེ་དགེ་ལེགས་དཔལ་བཟང་། རྗེ་ཚེ་བརྟན་རྒྱ་མཚོ། ཉན་པོ་ཤཱཀྱ་རིན་ཆེན། རྗེ་དཔལ་འབྱོར་རྒྱ་མཚོ། སྒོམ་སྡེ་ནམ་མཁའ་རྒྱལ་མཚན། སྒོམ་སྡེ་བྱང་ཆུབ་འོད་ཟེར། ཐོགས་མེད་འཇམ་དབྱངས་འོད་ཟེར། གྱི་རེ་གྲགས་པ་རྒྱ་མཚོ། གསང་ཕུ་གླིང་སྨད་ཆོས་རྗེ་དཀོན་མཆོག་ཆོས་འཕེལ། གུང་རུ་རབ་འབྱམས་པ་སངས་རྒྱས་བཀྲ་ཤིས། ལྷུངས་རབ་འབྱམས་པ་དགེ་འདུན་རིན་ཆེན་རྒྱལ་མཚན། སྟོད་ལུང་པ་བཟང་མོ་བ་རྗེ། སྟོད་ལུང་ཆུ་བཟང་པ་རྗེ་བྱམས་པ་རྣམ་རྒྱལ། འོལ་ཁ་ཆུ་བཟང་པ་རྗེ་བྱམས་པ་རྣམ་རྒྱལ། རྩེད་ཐང་པ་བློ་བཟང་རྒྱལ་མཚན། ཙོ་ནེ་ཚ་དོར་བ་རྗེ་བློ་བཟང་དཔལ་འབར། རྒྱལ་

མི་རྟོག་ཐང་པ་རྗེ་བྱམས་པ་དཔལ་བཟང་། ཞང་རོང་བ་རྗེ་དགེ་འདུན་གྲགས་པ། །

ཆོས་གྲྭ་ཆེན་པོ་དཔལ་ལྡན་འབྲས་སྤུངས་ཀྱི་བྱུང་ཚུལ་དང་གདན་རབས་བསྟན་པ།

ཆོས་གྲྭ་ཆེན་པོ་དཔལ་ལྡན་འབྲས་སྤུངས་ཀྱི་བྱུང་ཚུལ་ནི། རྗེའི་དངོས་སློབ། འཇམ་དབྱངས་ཆོས་རྗེ་མཉྫལ་ཤྲི་ཨ་ལྡན་ཞེས་པ་བཀྲ་ཤིས་དཔལ་ལྡན་པས་ཕྱུགས་ཁྱུར་བཞེས་ནས་བཏབ་པ་སྟེ། དེ་ཡང་རྗེ་རིན་པོ་ཆེ་དགུང་ལོ་ཉེ་ཤུ་རྩ་གསུམ་བཞེས་པའི་དུས་མེ་ལུག་ལ་བསམ་ཡས་སུ་འཁྲུངས། རྩེད་ཐང་དུ་རབ་ཏུ་བྱུང་ཞིང་གྲལ་འཛིན་མཛད། གསང་ཕུར་གཉལ་ཀྲོད་རིན་ཆེན་གྲུབ་དང་། ལྡན་མ་དཀོན་མཆོག་སེང་གེ་ལ་ཕར་ཚད་དང་ (༢༨བ) སྐྱོར་མོ་ལུང་དུ་མཁན་ཆེན་བཀའ་བཞི་པ་ལ་འདུལ་བ་མངོན་པ་དང་། དགའ་ལྡན་དུ་རྗེ་བཙོང་ < སྟོང་ > ཁ་པ་ལ་ < ལས་ > དྲང་ངེས་རྣམ་འབྱེད་དང་། མདོ་སྔགས་ཀྱི་ལམ་རིམ། གསང་འདུས་འགྲེལ་པ་དང་། བཅས་པ་སོགས་བསྟན་བཅོས་མང་དུ་གསན་པས་སྐུ་ཡོན་གྱི་རྒྱ་མཚོར་གྱུར་ཅིང་། རྗེ་རིན་པོ་ཆེས་མཁན་པོ་དང་། ཆོས་རྗེ་འདུལ་བ་འཛིན་པས་ལས་སློབ་དང་། རྒྱལ་ཚབ་རྗེས་གསང་སྟོན་མཛད་དེ་བསྙེན་པར་རྫོགས་པའི་སྐབས་འཇམ་

དབྱངས་ཆོས་རྗེ་འདི་དང་། སྣེའུ་ནས་ཆོས་རྗེ་རྒྱལ་ནམ་མཁའ་བཟང་པོ་མཆོད་ཡོན་ལ། རྗེ་རིན་པོ་ཆེས་འབྲས་སྤུངས་ཀྱི་ཆོས་སྡེ་འདེབས་དགོས་པའི་བཀའ་བཀོད་གནང་བས། འཇམ་དབྱངས་ཆོས་རྗེ་དགུང་ལོ་སོ་བརྒྱད་པ་མེ་མོ་སྤྲེའུ་ལོར་འབྲས་སྤུངས་ཀྱི་རྨང་གཏིང་། དགའ་ལྡན་བཏབ་ནས་ལོ་བདུན་སོང་སྐབས་ཡིན་ནོ། །སྟོ་འཕྲེའི་ཐེག་སོགས་གཙུག་ལག་ཁང་རྗེའི་ཞལ་བཀོད་མཛད། གྲྭ་ཚོགས་ཤིན་ཏུ་ཆེ་བས་འདུས་པའི་སྤྱི་བླ་འཇམ་དབྱངས་ཆོས་རྗེ་བཀྲ་ཤིས་དཔལ་ལྡན་པས་མཛད། བློ་གསལ་གླིང་སོགས་གྲྭ་ཚང་མདུན་དུ་འཆད་ཉན་གྱི་སློབ་དཔོན་བསྐོ་བཞག་དང་། གཞིས་ཁ་སྣེའུ་ནས་ས་ཐེབས་བཟང་པོ་སྦྱར་ཏེ་དགུན་ཚུལ་དང་། རིགས་གྲྭ་ < གྲྭ > ཆེན་མོ་བཙུགས། དགེ་བཤེས་ཤིན་ཏུ་ཐོན་ཆེ་བ་སོགས་མཁས་པའི་འདུན་ས་ཆེན་པོར་གྱུར། ལྷ་ས་སྨོན་ལམ་ལ་སེ་འབྲས་གཉིས་ཀྱི་རྩོད་པས་ཕྱོགས་བཞིའི་དགེ་འདུན་ཚོགས་པ་ལ་གཙོ་བོ་འབྲས་སྤུངས་པས་མཛད། དགུན་ཆོས་སུ་ཕྱོགས་ཀྱི་པོ་ཏི་བརྒྱད་བརྒྱད་ཀྱི་འགྲེལ་པ་དང་ (༣༠ན) བསྟུན་ནས་བོད་ཏེ་ཀ་རེ་དང་སྦྱར་ཏེ་གསུངས། གཞན་ཡང་པུ་ཏི་བརྒྱ་དང་སུམ་ཅུ་ལ་ཐུགས་བཤད། ཞལ་སྟོན། གསང་འདུས། བདེ་མཆོག་ལོ་ནག་དྲིལ་གསུམ། དགྱེས་རྡོར། དམར་ནག་འཇིགས་གསུམ། མི་གཡོ་བ། སྒྲོལ་མ། མཚན་བརྗོད་ཚར་གསུམ་རེ། ལྷ་མང་པོའི་བསྙེན་པ་སོགས་ཉིན་རེ་བཞིན་མ་ཆགས་པར་མཛད། ཡི་གེ་དྲུག་མ་དུང་གཉིས་ཙམ་

སོང་། དབུས་སུ་འཇམ་དབྱངས། གཡོན་དུ་ཀླུ་སྒྲུབ་དང་ཞི་བ་ཚོ། མདུན་དུ་རྗེ་རིན་པོ་ཆེ་བཞུགས་པའི་གཟིགས་སྣང་རྒྱུན་མར་བྱུང་། བདེ་སྟོང་དབྱེར་མེད་ཀྱི་རྟོགས་རིམ་ཐུགས་ལ་མངའ་བས་ཀླུང་འོད་ཟེར་ལྔ་པོའི་ཁ་དོག་གསལ་བར་གཟིགས། ཕྱག་རྗེས་རྣམས་ཆོས་ཕྱོགས་ཁོ་ནར་སྤྱོད། སློབ་མ་ཡང་མཁས་པ་མུས་སྲིད་པ། ཉན་སྟོན་ཤཱཀྱ་རིན་ཆེན། མཁན་ཆེན་དཔལ་བློ་བ། སློབ་དཔོན་སྣ་ལེབ། སྟག་ལེབ། སྣར་ཐང་པ་རབ་མཆོག །གཞྭ་ཆུང་ཡོན་ཏན་རྒྱ་མཚོ། ཉག་རེ་རྡོ་རྗེ་རྒྱལ་མཚན། ཕྱོག་པ་བྱང་དཔལ་བ། བང་རིམས་ཆོས་མཛོད་འཇམ་དབྱངས་དཔལ་འབྱོར་རིན་ཆེན། ལོ་ཆེན་ཤེས་རབ་རིན་ཆེན། ཆོས་རྗེ་ནམ་མཁའ་བློ་གྲོས། གཙང་པ་ཀུན་རྒྱལ། བླ་མ་བརྩོན་འགྲུས་གྲགས་པ། བླ་མ་སྦྱིན་མཆོག་པ། སློབ་དཔོན་རྒྱལ་ཚུལ། སློབ་དཔོན་ཀུན་བཟོད་པ། གནས་བརྟན་དགེ་ལེགས་དཔལ་བ་སོགས་མཁས་གྲུབ་ཤིན་ཏུ་མང་བ་འདུས་ཤིང་། ཆོས་འཁོར་རྒྱ་ཆེན་པོ་བསྐོར། དགུང་ལོ་དོན་གཅིག་པ་ས་སྤྲུལ་ཟླ་བ་བཞི་པའི་ཚེས་བཅོ་བརྒྱད་ལ་སྐུ་(༣༠བ) གཤེགས་སོ། །འཇམ་དབྱངས་ཆོས་རྗེའི་རྗེས་སུ་འབྲས་སྤུངས་ཀྱི་གདན་སར་མཁས་གྲུབ་དཔལ་ལྡན་སེང་གེ་ཕྱིན་པ་དེ་ཡང་གཙང་རོང་ཐོན་དུ་འཁྲུངས། ཆོས་ལུང་ཚོགས་པར་རབ་ཏུ་བྱུང་། རྗེ་ཡབ་སྲས་ལ་ < ལས་ > ཆོས་མང་དུ་གསན། གསང་ཕུར་བཞུགས་དུས་གྲུབ་ཆེན་ཤ་བ་རི་པ་དཔོན་སློབ་བདུན་དང་མཇལ་ནས་ཞག་

བདུན་ཆོས་གསན། དེ་ནས་སྣེའུ་དཔལ་འབྱོར་རྒྱལ་པོས་འབྲས་སྤུངས་ཀྱི་གདན་སར་སྤྱན་དྲངས། གསུང་ཆོས་ཤིན་ཏུ་འཕེལ་ཞིང་ཞལ་སློབ་ཀྱང་མཁས་བཙུན་ཡོན་ཏན་རྒྱ་མཚོ། ཞང་ལྷ་དཔོན་པོ་བློ་གྲོས། བྲམ་པ་ཅན་པ། མདུང་རྩེ་རས་པ། ཆོས་རྗེ་རིན་ཆེན་བྱང་ཆུབ་སོགས་བྱོན་ནོ། །དེའི་རྗེས་སུ་གདན་སར། ཆོས་རྗེ་རིན་ཆེན་བྱང་ཆུབ་པ་བྱོན་པ་དེ་ཡང་མདོ་ཁམས་སྟོད་གུང་རུའི་ས་ཆར་འཁྲུངས། གསང་ཕུར་མཚུངས་མེད་ཆོས་རྗེ་དང་། དགའ་ལྡན་དུ་རྒྱལ་ཚབ་ཆོས་རྗེ་བསྟེན་ནས་མཁས་པར་སྦྱངས། དཔེ་སར་སློབ་དཔོན་མཛད། སྙིང་པོ་རྒྱན་གྱི་དགོངས་པ་བཞིན་སྤྱི་དོན་ཆེན་མོ་བརྩམས། གསང་ཕུ་གླིང་སྟོད་ཀྱི་ཆོས་རྗེ་དང་། འབྲས་སྤུངས་ཀྱི་གདན་སར་ཕེབས། བྱམས་ཆོས་གསུང་བའི་མོད་ལ་གཤེགས་སོ། དེའི་རྗེས་སུ་རྗེའི་དཔོན་པོ་བློ་བཟང་ཉི་མ་ཕེབས་པ་ཡིན་ཞིང་དེའི་རྣམ་ཐར་དགའ་ལྡན་གྱི་སྐབས་སུ་བརྗོད་ཟིན་ཏོ། །དེའི་རྗེས་སུ་རོང་སྟོན་བློ་བཟང་གྲགས་པ་གདན་སར་ཕེབས་པ་དེ་ཡང་མདོ་ཁམས་རོང་པོར་འཁྲུངས། དབུས་སུ་བྱོན་ནས་མདོ་སྔགས་ལ་སྦྱངས། དགའ་ལྡན་གྱི་ཉེར་གཉིས་ (༣༧༩) ཁང་བཟུང་ནས་དབང་ལུང་གི་མཛོད་སྤེ་ཞིང་འབྲས་སྤུངས་ཀྱི་ཁྲིར་སྤྱན་དྲངས། ཕྲིན་རླབས་ཆེ་ཡང་གསུང་གོ་དཀའ་བས་ཉན་ཤཱཀ་པ་ལ་གདན་ས་གཏད་སྟོད་ཕྱོགས་སུ་སྐུ་གཤེགས་སོ། ཆོས་རྗེ་ཉན་པོ་ཤཱཀྱ་རིན་ཆེན་དེ་ཡང་། འཕན་ཡུལ་དུ་འཁྲུངས། ཉན་པོར་རབ་ཏུ་བྱུང་།

རྗེ་ཡབ་སྲས་དང་། འཇམ་དབྱངས་ཆོས་རྗེ་བསྙེན་ནས་མཁས་པར་སྦྱངས། དང་པོར་ཐོས་བསམ་གླིང་གི་འཆད་ཉན་པ་མཛད། དེ་ནས་སྟག་ལུང་ཆོས་རྗེ་བཀྲ་ཤིས་དཔལ་འོད་པ་ལ་དགོངས་པ་ཞུས་ནས་སྲས་རིན་ཆེན་བྲག་གི་ཆོས་སྡེ་བཏབ། དེ་ནས་འབྲས་སྤུངས་ཀྱི་ཁྲིར་སྤྱན་དྲངས། གསུང་ཆོས་དམར་ཞིང་སྐུ་ཚེ་མཐར་ཕྱིན་ཏེ། གཟིམ་ཁང་དུ་སྐུ་གཤེགས་སོ། །དེ་ནས་རབ་འབྱམས་པ་སྨོན་ལམ་དཔལ་གྱི་གདན་ས་མཛད་པ་ཡིན་ལ། དེའི་རྣམ་ཐར་དགའ་ལྡན་གྱི་སྐབས་སུ་བརྗོད་ཟིན་ཏོ། །དེ་ནས་འཇམ་དབྱངས་དགའ་བའི་བློ་གྲོས་ལེགས་པ་ཆོས་འབྱོར་ནི། ས་བྱ་ལ་ཚལ་དུ་འཁྲུངས། ཀུང་རུ་ཆོས་བློ་དང་སློབ་དཔོན་དཔལ་བློ་བ་ལ་ <ལས་> ཕར་ཚད་གསན། སློབ་དཔོན་གནས་བརྟན་པ་ལ་ <ལས་> འདུལ་མདོན་དང་། བ་སོ་ཆོས་རྗེ་དང་པཎ་ཆེན་པ་ལ་ <ལས་> གསང་སྔགས་རྣམས་གསན་ཞིང་མཁས་པ་ཆེན་པོར་གྱུར། དགུང་ལོ་ཉེར་ལྔ་པ་ལ་གསང་ཕུ་ར་བ་སྨད་པའི་འཆད་ཉན་པ་མཛད། དེ་ནས་མདོ་ཁམས་སུ་ཕེབས་ནས་རིང་དུ་མ་བཞུགས་པར་དབུས་སུ་བྱོན་ནས་བློ་གསལ་གླིང་གི་འཆད་ཉན་ལོ་(༣༧བ) ཉི་ཤུ་ལྷག་ཙམ་མཛད། དགུང་ལོ་རེ་ལྔ་པ་ཆུ་སླང་ལ་འབྲས་སྤུངས་ཀྱི་ཁྲིར་ཕེབས། གཞུང་ཆེན་མོའི་བཤད་པ་གཙོ་བོར་མཛད། ཞལ་སློབ་ཀྱང་། ཐམས་ཅད་མཁྱེན་པ་དགེ་འདུན་རྒྱ་མཚོ། དགའ་ལྡན་ཆོས་རྗེ་ཆོས་ཀྱི་བཤེས་གཉེན། རྗེ་ཤར་གྱི་ཆོས་རྗེ་པཎྜི་བཟང་པོ་

དང་། ཆོས་སྐྱོང་རྒྱ་མཚོ། ཉི་སྟེངས་ཆོས་རྗེ་དཔལ་འོད་ཟེར། གོ་མལ་རབ་འབྱམས་པ་སྐྱ་མཆེད། སེམས་དཔའ་ཆེན་པོའི་སྐུ་སྐྱེ་སྨོན་ལམ་བློ་གྲོས། བྱེ་རྗེང་མཁན་པོ་རབ་འབྱོར་སེང་གེ །གོ་བོ་རབ་འབྱམས་པ་བཀྲ་ཤིས་སེང་གེ །ཀོང་པོ་ཆོས་རྗེ་དཀོན་མཆོག་འབྱུང་གནས། འོལ་ཁ་བཀའ་བཅུ་བ་བློ་གྲོས་གྲགས་སོགས་སློབ་མ་ཤིན་ཏུ་མཁས་པ་མང་ཞིང་སྟེའུས་སྦྱིན་བདག་མཛད་དེ། འབྲས་ལྗོངས་སུ་བྱམས་ཆེན་གྱི་སྐུ་བཞེངས་པ་སོགས་བྱ་བ་ཆེར་མཛད་དེ་དགུང་ལོ་དོན་ལྔ་པ་ཆུ་ཕག་ཟླ་བ་དང་པོའི་ཚེས་བརྒྱད་ལ་ཆོས་དབྱིངས་སུ་གཤེགས་སོ། །དེའི་〔རྗེས་སུ་〕མཁས་བཙུན་ཡོན་ཏན་རྒྱ་མཚོ་བྱོན་པ་དེ་ཡང་ཆུ་ཕག་ལ་ཐོན་པའི་ཞལ་ངོར་འཁྲུངས། འབྲས་ལྗོངས་སུ་སློབ་དཔོན་དཔལ་བློ་བ་དང་། ཡེ་ཤེས་བཟང་པོ་ལ་དབུ་ཕར་འདུལ་མངོན་ཚད་མ་སོགས་ལ་མཁས་པར་སྦྱངས། པོ་ཏི་བཅུ་ལྷག་གི་གྲྭ་སྐོར་མཛད། བ་སོ་ཆོས་རྗེ་ཙ་བའི་བླ་མར་བསྟེན་ནས་ཟབ་ཆོས་གསན། རྒྱུད་པ་སྦྱིན་པ་དཔལ་དང་། གྲགས་བཟང་པ་ལ་བསྙེན་པར་རྫོགས། ཤར་རྩེ་ཤེར་འབྱུང་བློ་གྲོས་ལ་< ལས་ >ཡང་ཟབ་ཆོས་གསན། ལྷ་རིར་སྒྲུབ་པ་མཛད། དགུང་ལོ་རེ་གཉིས་པ་ཤིང་བྱ་ལ་འབྲས་(༣༢༩) ལྗོངས་ཀྱི་ཁྲིར་ཕེབས། ཆོས་འཁོར་བསྐོར། དགུང་ལོ་རེ་དྲུག་པ་ལ་སླར་ལྷ་རིར་ཕེབས་སྒྲུབ་པ་དང་། ཐོན་བསྙེའི་རྒྱལ་བྱེད་ཚལ་བཏབ། རྗེའི་ལུགས་བཟང་དར་བར་མཛད་དེ་དོན་དགུ་པ་ལྕགས་སྤྲེལ་ཟླ་བ་དང་

པོའི་ཆོས་བཞི་ལ་སྐུ་གཤེགས་སོ། །དེ་ནས་འབྲས་སྤུངས་ཀྱི་ཁྲིར། ཐམས་ཅད་མཁྱེན་པ་དགེ་འདུན་རྒྱ་མཚོ་ཕེབས་པ་ནི། མེ་ཕོ་སྤྲེའུ་ལོར་གཙང་སྟོད་རྟ་ནག་ཏུ་ཡབ་རྗེ་ཀུན་དགའ་རྒྱན་མཚན་དང་། ཡུམ་ཀུན་དགའ་དཔལ་མོའི་སྲས་སུ་འཁྲུངས། དགུང་ལོ་གསུམ་པར་དགོས་འདོད་ཀུན་འབྱུང་གི་ཐུགས་རྗེས་མཛད། བྱིས་པའི་སྤྱོད་པ་ལས་འདས་ཤིང་། རྗེ་དགེ་འདུན་གྲུབ་ཀྱི་སྐུ་སྐྱེ་གསལ་བར་གསུངས་ངོས་འཛིན་མཛད་པ་སོགས་ཡ་མཚན་དུ་བྱུང་། ཡབ་ལ་ < ལས་ > དབང་བཀའ་རྗེས་གནང་མང་དུ་གསན། དགུང་ལོ་བཅུ་གཅིག་པ་ལ་དབུ་སྐྲ་གསོལ། བཀྲ་ཤིས་ལྷུན་པོའི་པཎ་ཆེན་ལུང་རིག་རྒྱ་མཚོ་ལ་ < ལས་ > དགེ་བསྙེན་ཞུས། མཚན་དགེ་འདུན་རྒྱ་མཚོར་གསོལ། ལོ་དེ་ཁའི་མཇུག་ཏུ་གནས་སྙིང་རིན་པོ་ཆེ་ལ་ < ལས་ > རབ་ཏུ་བྱུང་། བཀྲ་ཤིས་ལྷུན་པོར་པཎ་ཆེན་ཡེ་ཤེས་རྩེ་མོ་བསྙེན་ནས་ལུང་རིགས་ལ་སྦྱངས། པཎ་ཆེན་དགེ་འདུན་གྲུབ་པའི་སྐུ་སྐྱེ་རིན་པོ་ཆེ་ཞེས་སྙན་གྲགས་ཕྱོགས་བཅུར་ཁྱབ། དགུང་ལོ་བཅུ་དགུ་པ་ལ་འབྲས་སྤུངས་སུ་ཕེབས་ནས། འཇམ་དཔལ་དབྱངས་དགའ་བློ་ལ་ < ལས་ > མདོ་སྔགས་ཀྱི་ཆོས་མང་དུ་གསན་ཞིང་སྦྱངས། དགའ་ལྡན་དུ་ཡེ་ཤེས་བཟང་པོ་དང་། སེ་རར་གཉལ་སྟོན་དཔལ་ (༣༢༨) འཁྱོར་ལྷུན་གྲུབ་བསྟེན་ཅིང་ཆོས་གསན། དགུང་ལོ་ཉི་ཤུ་པ་ལ་འབྲས་སྤུངས་སུ་གནས་སྙིང་ཆོས་རྗེ་ཀུན་དགའ་བདེ་ལེགས་དང་། འཇམ་དབྱངས་དགའ་བློ་སོགས་ལ་ < ལས་ >

བསྙེན་པར་རྫོགས། ར་སྒྲེང་དུ་ཕེབས་པ་ན་ལྷས་ངོ་མཚར་བ་བྱུང་ཞིང་། འབྲོམ་གྱི་སྐྱེ་བར་ཞལ་གྱིས་བཞེས། ཆོས་གསུངས། དེ་ནས་འཕྲོང་ < འཕྲོངས་ > རྒྱས་དང་། རྟེད་ཐང་དང་། འོལ་ཁར་ཕེབས། མཁས་གྲུབ་ནོར་བཟང་རྒྱ་མཚོ་དང་མཇལ། ཆོས་གསན་ཞིང་གསུངས། དེ་ནས་ཨེ་དྭགས་དང་གཉལ་དུ་ཕེབས། ལྷུང་ར་ཆེན་མོའི་གྲལ་དབུ་མཛད། དེ་ནས་ཚྭ་རི་དང་། ལྷོ་བྲག་མཐིལ་ཕྱི་དང་། འཕྲོང་ < འཕྲོངས་ > རྒྱས་རྟེར་ཕེབས་ཆོས་གསུངས། ཐམས་ཅད་དུ་མེ་ཏོག་གི་ཆར་ཆེན་པོ་བབ། ཡང་ར་སྒྲེང་དང་གཙང་དུ་ཕེབས། ཡབ་གཤེགས་པའི་དགོངས་རྫོགས་གནང་སྟེ། འོལ་ཁར་ཕེབས། ས་སྐྱོང་ཨ་མོ་གྷ་རྡོ་རྗེ་རྣམ་རྒྱལ་གྱིས་སྦྱིན་བདག་བྱས་ནས་དགུང་ལོ་སོ་བཞི་པ་ས་སྦྲུལ་ལ་ཆོས་འཁོར་རྒྱལ་མེ་ཏོག་ཐང་གི་གཙུག་ལག་ཁང་བཞེངས། དགེ་འདུན་ཚོགས་ཆེ་བ་ལ་གཞི་གསུམ་གྱི་ཕྱག་ལེན་བཙུགས། དགུང་ལོ་སོ་བདུན་པ་ལ་བཀྲ་ཤིས་ལྷུན་པོའི་ཁྲིར་ཕེབས། དགུང་ལོ་ཞེ་གཉིས་པ་ལ་འབྲས་སྤུངས་ཀྱི་ཁྲིར་ཕེབས། སྡེའུ་གདོང་རྗེ་ནས་དགའ་ལྡན་ཕོ་བྲང་དང་ཆོས་གཞིས་མང་དུ་ཕུལ། དགུང་ལོ་ང་གཅིག་པ་ལ་སེ་ར་ཐེག་ཆེན་གླིང་གི་ཁྲིར་ཕེབས། སེ་འབྲས་སུ་ཚོགས་ཆོས་རྒྱས་པར་གསུངས། ཕར་ཚད་རྩ་འཇུག་རྒྱུད་བླ་ (༣༣ན) དྲང་ངེས་རྣམ་འབྱེད་སོགས་མདོ་ཕྱོགས་དང་། གསང་འདུས། བདེ་མཆོག །འཇིགས་བྱེད། མཚན་བརྗོད་ཊཱི་ཀ་ཆེན་སྔགས་ཕྱོགས་ཀྱི་འགྲེལ་ཆེན་

མང་དུ་བཙམས། དགུང་ལོ་རེ་དྲུག་པ་ལྕགས་གླང་ཟླ་བ་གསུམ་པའི་ཆོས་བརྒྱད་ལ་སྐུ་གཤེགས། དུས་མཆོད་ནི་སེ་འབྲས་དང་། རྒྱལ་རྫོང་ཁྲི་སོགས་འོལ་ཁའི་ཆོས་སྡེ་རྣམས་སུ་མ་ཆག་པར་ཡོད་དོ། །ཞལ་སློབ་ཀྱང་པཎ་ཆེན་བསོད་ནམས་གྲགས་པ། ཆོས་རྗེ་མཆོག་ལྷ་འོད་ཟེར། ཆོས་རྗེ་ཆོས་སྐྱོང་རྒྱ་མཚོ། ཤར་པ་དཀོན་མཆོག་དར། གནས་རྙིང་ཆོས་རྗེ་རིན་ཆེན་རྡོ་རྗེ། མངའ་རིས་ལྷ་བཙུན། པཎ་ཆེན་བློ་བཟང་བསྟན་པའི་ཉི་མ་རྒྱལ་མཚན། གངས་ཅན་ཆོས་རྗེ་ཚུལ་ཁྲིམས་སྐྱབས་འབར། ཐོན་ཞལ་ངོ་ཆོས་རྗེ་དགེ་ལེགས་རྣལ་ < རྣམ་ > རྒྱལ། གླིང་སྨད་ཆོས་རྗེ་ལྷ་དབང་དཔལ་འབྱོར། ཉི་སྡིངས་ཆོས་རྗེ་དཔལ་ལྡན་འོད་ཟེར། རྭ་སྒྲེང་གདན་ས་བ་གཉིས། འཚད་ཁ་སྤྱན་སྔ་ངག་དབང་རྒྱ་མཚོ། འབྲི་གདན་གྱི་ཆོས་སྒོ་བ་གཉིས། ཚོགས་ཆེན་མཁན་པོ། བྲེ་རྫིང་མཁན་པོ། སྐྱོར་མོ་ལུང་གི་མཁན་པོ། རྒྱལ་སྲས་ཤེས་རབ་འཕེལ་བ་སོགས་མཁས་གྲུབ་བརྙེས་པའི་སྐྱེས་ཆེ་དམ་པ་མང་དུ་བྱོན་ནོ། །རྗེ་དགེ་འདུན་རྒྱ་མཚོའི་རྣམ་ཐར་རྒྱས་པར་ནི། རྗེ་རང་གིས་མཛད་པ་གཅིག་དང་། པཎ་ཆེན་བསོད་ནམས་གྲགས་པས་མཛད་པ་དང་། པཎ་ཆེན་གཡང་སས་བསྒྲིགས་པ་སོགས་མང་དུ་ཡོད་པ་ལས་ཤེས་པར་བྱའོ། རྗེ་བཙུན་དགེ་འདུན་རྒྱ་མཚོའི་འབྲས་སྤུངས་ཀྱི་གདན་སར། པཎ་ཆེན་བསོད་ནམས་གྲགས་པ་རྣམ་(༣༣བ)དགོད་མཆོག་གི་སྡེ་ཐེབས་པ། དེའི་རྣམ་པར་ཐར་པ་ནི་དགའ་ལྡན་ཁྲི་ཐོག་

གི་སྐབས་སུ་བདག་གིས་བརྗོད་ཟིན་ལ། འདིས་སེ་འབྲས་དགེ་གསུམ་གྱི་གཙོས་པའི་ཆོས་སྡེ་མང་པོའི་བླ་ཆེན་མཛད་པ་ཡིན་ཅིང་། གོང་དུ་སྨོས་པའི་དགའ་ལྡན་ཁྲི་ཐེབས་པའི་བླ་མ་དེ་རྣམས་ཕལ་ཆེ་བའི་དུས་མཚོད་ཀྱང་དཔོན་རྒྱུད་སོགས་ཀྱི་མ་ཆག་པར་དེང་སང་ཡང་འཛིན་པ་ཡིན་ནོ། །དེ་ནས་སེ་འབྲས་ཀྱི་གདན་སར་རྗེ་དགེ་འདུན་རྒྱ་མཚོ་སླར་ཡང་འགྲོ་བའི་དོན་དུ་བསམ་བཞིན་དུ་སྐྱེ་བ་བཞེས་པ། ཐམས་ཅད་མཁྱེན་པ་བསོད་ནམས་རྒྱ་མཚོ་བསྟན་པའི་རྒྱལ་མཚན་དཔལ་བཟང་པོ་ཕྱིན་པ་དེ་ནི། སྟོད་ལུང་རྩེ་མཁར་ཡབ་སྡེ་པ་རྣམ་རྒྱལ་གྲགས་པ་དང་། ཡུམ་པ་རྡོ་བུ་ཁྲིད་ཀྱི་སྲས་སུ་ཆུ་སྟག་ཟླ་བ་བཅུ་གཅིག་པའི་ཉེར་ལྔ་ལ་འཁྲུངས། དེ་ནས་རིང་པོར་མ་ལོན་པར་བཙོང་ < ཙོང་ > ཁ་པ་མཁྱེན་ཞེས་ཡང་ཡང་གསུངས། ལོ་འཁོར་ཙམ་ན་པཎ་ཆེན་བསོད་ནམས་གྲགས་པས་སྐྱུར་མོ་ལུང་དུ་གདམས་པ་གླེགས་བམ་གསུངས་པ་ན། ཁང་ཐོག་ནས་ངའི་རྣམ་ཐར་གསུང་གིན་ཡོད་པ་ཨེ་ཡིན་གསུངས་པས་ཐམས་ཅད་ངོ་མཚར་དུ་གྱུར། དེར་ཚོགས་པ་རྣམས་དད་པ་རང་དབང་མེད་པར་སྐྱེས་ནས་མཆི་མ་འཁྲིན་ཏོ། །དེ་ནས་རྗེ་དགེ་འདུན་རྒྱ་མཚོའི་སྐྱེ་བ་གསལ་པོར་གསུངས་ཤིང་ངོས་འཛིན་ཡིད་ཆེས་པས། དགུང་ལོ་བཞི་པ་ལ་འབྲས་སྤྱུངས་སུ་སྤྱན་དྲངས། པཎ་ཆེན་བསོད་ནམས་གྲགས་པར་གཙུག་ཕུད་ཕུལ། དགེ་བསྙེན་མཛད། མཚན་བསོད་ནམས་རྒྱ་མཚོར་གསོལ། དགུང་ (ཉན) ལོ་བདུན་ལ་དགེ་

ཚུལ་བསྒྲུབས། བརྒྱད་པ་ལ་གསེར་ལ་རྒྱུད་འོལ་ཁ་དང་། རྒྱལ་དུ་ཕེབས། སྟེ་པ་ཨ་མོ་ཀྵ་རྡོ་རྗེ་རྣམ་རྒྱལ་ཡབ་སྲས་དཔོན་སློབ་དང་། ཕྱི་སོག་ཆོས་སྡེ་རྣམས་ཀྱིས་མཆོད། དེ་ནས་ཨེ་ཧྭགས་རྫོང་ཐང་སོགས་དང་། སྟེའུ་གདོང་རྫེར་སྤྱན་དྲངས། མཆོད་ཅིང་གོང་མ་ཆེན་པོ་བཀྲ་ཤིས་གྲགས་པ་རྒྱལ་མཚན་གྱི་དབུ་བླར་གྱུར། དམ་ཁ་དམར་པོ་ཕུལ། དགུང་ལོ་བཅུ་པ་ལ་རྗེ་བསོད་ནམས་གྲགས་པས་ཟླུར་བཞུགས་མཛད་ནས་དཔལ་ལྡན་འབྲས་སྤུངས་ཀྱི་ཁྲིར་ཕེབས། གང་འོས་ཀྱི་ཆོས་གསུངས། དགུང་ལོ་བཅུ་གསུམ་བཞེས་དུས་པཎ་ཆེན་ཞིང་བརྗེས་པའི་དགོངས་པ་རྫོགས་ཐབས་རྒྱ་ཆེན་པོ་མཛད། དགུང་ལོ་བཅོ་ལྔ་པ་ལ་རྒྱལ་དུ་ཕེབས་ཤིང་བཞུགས་དུས་ཧྭགས་ལ་གོང་འོག་དང་། བང་རིམས། གྲུམ་མདའ། སྐུ་རབ་སྨམ་པོ་རྣམས་སུ་སྤྱན་དྲངས་ཏེ་མཆོད། སྨམ་པོའི་སྐུ་འདྲ་རིན་ཆེན་མཇལ་བ་ན་ཚོགས་སུ་བཅད་པའི་གསུང་ཕྱིན། སྤྱན་སྔ་བཀྲ་ཤིས་རྣམ་རྒྱལ་དང་〔ཕན་ཚུན་ཆོས་འབྲེལ་〕།། དགུང་ལོ་བཅུ་དྲུག་པ་ལ་སེ་ར་ཐེག་ཆེན་གླིང་གི་ཁྲིར་ཕེབས། ཆོས་ཀྱི་འཁོར་ལོ་བསྐོར། དགུང་ལོ་བཅུ་བདུན་པ་ལ་བྱང་དུ་ཧོར་དཔོན་ཐར་པ་འབུམ་གྱིས་སྤྱན་དྲངས་ཏེ་མཆོད་པ་ལ་ཆོས་གསུངས་ཚུར་ལམ་ར་སྒྲེང་དུ་ཆོས་གསུངས། མེ་ཏོག་གི་ཆར་ཆེན་པོ་བབས། སླར་འབྲས་སྤུངས་སུ་ཕེབས། ཧ་ལོ་དེར་སྟེ་པ་འཕྱོངས་རྒྱས་པ། སྟེའུ་གདོང་རྫེ་དང་། རྫེད་ཐང་རྣམས་སུ་ཕེབས་ཏེ་ས་སྐྱོངས་རྣམས་དང་། ཆོས་སྡེ་

རྣམས་སུ་མཚོད། （༣༥༨）དགུང་ལོ་ཉི་ཤུ་པ་ལ་དགའ་ལྡན་དུ་ཆོས་སྐྱེ་དགེ་ལེགས་དཔལ་ལྡན་པས་སྤྱན་དྲངས། ཕྱུག་རྩེ་སྒྲིད་མཛད། དངུལ་གདུལ་རིན་ཆེན་སོགས་རྫེའི་རྟེན་མཚོད་རྣམས་དང་། དགེ་འདུན་རྣམས་ལ་བསྙེན་བཀུར་དང་། དགུང་ལོ་ཉེར་གཉིས་བཞེས་པའི་ཕག་ལོར་གོང་མ་ཆེན་པོ་བཀྲ་ཤིས་གྲགས་པ་རྒྱལ་མཚན་གཤེགས་པས་དགོངས་རྫོགས་གྲལ་དབུར་རྩེད་ཐང་དུ་སྤྱན་དྲངས་ཏེ་ཕེབས། ཚོགས་པ་ཤིན་ཏུ་ཆེ་བའི་དབུས་སུ་བསྔོ་བ་སྨོན་ལམ་རྒྱས་པར་གསུངས། དེའི་ཕྱི་ལོ། དྲུང་གནས་གསུང་རབ་རྒྱ་མཚོ་གཤེགས་པའི་དགོངས་རྫོགས་རྒྱ་ཆེན་པོ་མཛད། དེ་ནས་དགུང་ལོ་ཉི་ཤུ་རྩ་ལྔ་པ་མེ་མོ་ཡོས་ལ་གཉལ་སྐྱེ་དྲུག་དང་། བྱ་ས་ནང་སོས་སྤྱན་དྲངས་ཏེ་གཉལ་གྱི་ལུང་ར་ཆེན་མོའི་གྲལ་དབུར་ཕེབས། རི་སྐྱེངས་སུ་སྐྱེ་དྲུག་གི་ཚོགས་པ་ཆེ་ཞིང་། ཁྲིམས་གསུངས་པས་མི་རྟོག་གི་ཆར་བབ་<བབས་>པ་སོགས་ལྟས་བཟང་པོ་བྱུང་། དེ་བཞིན་དུ་ལུང་ར་གྲོལ་ནས་སྐྱེ་དྲུག་ཕེབས་ནས་འདོད་ཆོས་གསུངས། མོན་མཚོ་སྣར་དགའ་ལྡན་ཕོ་བྲང་སོགས་ཀྱིས་སྤྱན་དྲངས་ཏེ་མཚོད། བླ་མ་ཕྱོགས་ལས་རྣམ་རྒྱལ་སོགས་མོན་པའི་སྐྱ་སེར་མང་པོ་མཇལ་དུ་བྱུང་བ་ལ་གང་འཚམས་ཀྱི་ཆོས་གསུངས། དེ་ནས་སྤྱན་དྲངས་པ་བཞིན་གྲུ་ཤུལ་ལྷོ་བྲག་སྟོང་རི་ཉི་ཤར་དང་། བྲམ་པ་ཐེལ་ཕྱི། བཙན་གྲོ། གཏམ་ཤུལ་བཀྲ་ཤིས་གླིང་། ཡུལ་གནམ་སྟེངས། དེ་ནས་གཡོ། འོལ་ཁ་རྒྱལ་རྣམས་སུ་ཕེབས་ཤིང་

མཆོད་ནས་ཆོས་གསུངས། དེ་ནས་འབྲས་སྤུངས་སུ་བཞུགས་སྐབས་སུ་ས་སྐྱོང་གཙང་ཕྱོགས་སུ་སྤྱན་དྲངས། ཐོན་རྒྱལ་རྩོལ། ཞུ་ཡུག་ཤང་དགོན་(༣༥༩) རྩ། བཀྲ་ཤིས་ལྷུན་པོ། ཐང་སར། གངས་ཅན་ཆོས་འཕེལ། ཁྲོ་ཕུ། ལུག་ནག་ཤེལ་མཁར། པོ་དོང་ཨེ་མན་ལ་ཕེབས། དེ་ནས་ཧྲ་ནག །ཤངས། སྣར་བཀྲ་ཤིས་ལྷུན་པོ། སེང་གེ་རྩེ། ལྷུན་པོ་རྩེ། རིན་ཆེན་རྩེ། གནས་རྙིང་དཔལ་འཁོར་བདེ་ཆེན། འཕྲིང་རྩེ། རྒྱལ་བྱེད་ཚལ་དུ་ཕེབས་དེར་འབྲུག་པ་སྤྲུལ་སྐུ་ངག་དབང་ནོར་བུ་དང་མཇལ། ར་ལུང་དུ་གདུང་རྒྱུད་ངག་དབང་བསྟན་པའི་རྒྱན་མཚན་དང་མཇལ། མར་ལམ་ཡར་འབྲོག་དཔལ་སྡེར་ཀརྨ་དབང་ཕྱུག་རྡོ་རྗེ་དང་། ཞྭ་དམར་ཅོད་པཎ་འཛིན་པ་དཀོན་མཆོག་ཡང་དག་དང་མཇལ། ལེགས་བཤད་ཀྱིས་ཆོམ་པར་མཛད། དེ་ནས་གོང་དཀར་དང་སྐྱིད་ཤོད་དུ་ཕེབས། དེ་རྣམས་སུ་མཆོད་པ་དང་ཆོས་གསུངས། དགུང་ལོ་སོ་གསུམ་པ་ཡར་གླུང་རྩེད་ཐང་དུ་ཞྭ་དམར་ནག་དང་མཇལ། དབུས་གཙང་བདེ་འཛམ་གྱི་འཆིངས་གདམས་ཏེ། འོལ་ཁ་དང་རྒྱལ་དུ་ཕེབས། དེའི་ཚེ་སོག་ཡུལ་ཐེལ་ < མཐེལ་ > ནས་ཨ་ཐན་ཆོས་ཀྱི་རྒྱལ་པོས་སྤྱན་འདྲེན་ཕྱ་གཏིང་དུ་ནན་ཆེ་བ་དང་ཕྱོགས་དེའི་འགྲོ་བ་རྣམས་ལ་ཕན་གདགས་ཤིང་བསྟན་པ་རྒྱས་པའི་ཕྱིར་དུ་དགུང་ལོ་སོ་དྲུག་བཞེས་པའི་སྟག་ལོ་ལ་བྱང་དུ་ཕེབས་པའི་ལམ་དུ་ཧོར་དཔོན་ཀརྨ་དཔལ་གྱི་གུས་མཆོད་ཕུལ་དུ་བྱུང་བས་མཆོད། དེ་ནས་

དཀྱུང་ལོ་སོ་བདུན་པ་ཡོས་ལོར་མཚོ་ཁར་ཨ་དན་རྒྱལ་པོ་དང་མཇལ། སོག་པོ་ཐམས་ཅད་དགེ་བ་ལ་འགོད་པའི་ཆོས་གསུངས་(༣༥བ)ནས་ཆོམ་པར་མཛད་དོ། །ལྷན་ཆོས་འཁོར་གླིང་དང་། ཁམས་ཆབ་མདོ་ཚུན་དུ་ཕེབས། ཆོས་ཀྱི་འཁོར་ལོ་བསྐོར། ལི་ཐང་དུ་ཆོས་སྡེ་ཐུབ་བསྟན་ཆོས་འཁོར་གླིང་བཏབ། སྨར་སོག་པོའི་རྒྱལ་རྒྱུད་ཐམས་ཅད་ཀྱིས་ཞུ་བ་ནན་ཆེ་བར་སྤྱན་དྲངས་ཏེ། སོག་ཡུལ་མཐིལ་དུ་ཕེབས། གང་འོས་ཀྱི་ཆོས་འཁོར་བསྐོར། བསྟན་པ་དར་ཞིང་རྒྱས་པར་མཛད། དཀྱུང་ལོ་ཞེ་དྲུག་པ་ས་མོ་བྱི་བ་ཧོར་ཟླ་གསུམ་པའི་ཉེ་ཤུ་དྲུག་གི་ནམ་ཕྱེད་ཡོལ་བའི་ཐོ་རངས་ཆོས་ཀྱི་དབྱིངས་སུ་གཤེགས་པའི་ཚུལ་བསྟན་ཏོ། །སྐུ་གདུང་ཞུགས་ལ་ཕུལ་བའི་རྗེན་རིང་བསྲེལ་གྱི་ཕུང་པོར་གྱུར་པ་ལ་དངུལ་གྱི་མཆོད་རྟེན་བཞེངས། རྒྱས་པར་སྤྲུལ་སྐུ་འཕྲང་ཁ་བས་བསྒྲིགས་པ་དང་། དྲུང་ཡིག་འཇམ་སྲས་ཀྱིས་བསྒྲིགས་པ་སོགས་ལས་ཤེས་པར་བྱའོ། །

དེ་ནས་འབྲས་སྤུངས་ཀྱི་ཁྲི་ཐོག་ཏུ་རྗེ་བསོད་ནམས་རྒྱ་མཚོ་སྨར་ཡང་འགྲོ་བའི་དོན་དུ་སྐྱེ་བ་བཞེས་པ་སྤྲུལ་པའི་སྐུ། ཡོན་ཏན་རྒྱ་མཚོ་བདེ་ཆེན་ཆོས་ཀྱི་རྒྱལ་པོ་ཅན་པ་དེ་ནི། ས་མོ་གླང་ལོ་ཟླ་བ་དང་པོའི་ཚེས་གཅིག་ལ་ཡབ་སོག་པོའི་རྒྱལ་རྒྱུད་སུ་མེར་ཐའི་ཇི་ཞེས་པ་ལྷ་ཁང་རྒྱལ་བུ་དང་། ཡུམ་འབབ་ཇུ་ལ་གསལ་བའི་སྒྲོན་མེའི་མར་མེ་ལྟར་གསལ་བའི་སྲས་སུ་ཁ་ར་སྤྲིན་དུ་འཁྲུངས། ཟླ་ངོ་ལ་ཡབ་ཀྱི་མཚན་

ནས་འབོད་པ་བྱུང་། བལྟམས་ནས་ཟླ་བ་གསུམ་ལྟག་ཙམ་ན་རིན་པོ་ཆེའི་བུམ་པ་བཞི་བདུད་རྩིས་བཀང་བ་ཕྱོགས་བཞིར་བཀོད་ཅིང་མེ་ཏོག་བཀྲམ་པའི་ (༣༨ན) ཁྲི་བཤོམས་ཤིག་གསུངས། དེ་ལྟར་བྱས་པས་སྟེང་དུ་བཞུགས་ནས་ཚིགས་སུ་བཅད་པའི་གསོལ་འདེབས་གསུངས། ཟླ་བ་བརྒྱད་པ་ལ་ཞག་གསུམ་དུ་གཉིད་ཉལ་བས་སུ་ཡང་མ་གཏོང་གསུང་བ་ལྟར་བྱས་པས་ཞག་གསུམ་སོང་ནས་མནལ་ལམ་ཇི་ལྟར་བྱུང་ཞུས་པས། དང་པོར་ཕྱག་ན་སྒྲོན་མེ་ཐོགས་པས་ཕྱོགས་ཀུན་གསལ་བ་དང་། གཉིས་པ་ལ་འཇའ་སྤྲིན་ཁྲིགས་པས་ནང་དུ་སངས་རྒྱས་དང་བྱང་ཆུབ་སེམས་དཔའ་མང་པོ་བཞུགས་པའི་ཞལ་གཟིགས་དང་། གསུམ་པ་རིན་པོ་ཆེའི་ཁྲིའི་སྟེང་ནས་བོད་དུ་འགྲོ་བ་ཐོས་གསུངས། དགུང་ལོ་གསུམ་པ་ལ། མཁར་སྟོན་པོར་འགྲོ་གསུངས་པ་བཞིན་བྱས་པས། སྐྱེ་བོ་མང་པོ་ལ་ཆོས་གསུངས། དེ་ནས་སྤྲུལ་པའི་སྐུ་སོག་ཡུལ་དུ་སྐུ་བལྟམས་པའི་སྐད་པ་བོད་དུ་འཕྲོར་བས། ཕྱག་མཛོད་དཔལ་ལྡན་རྒྱ་མཚོ་དཔོན་སློབ་ཀྱིས་སྤྱན་འདྲེན་ལ་ཕེབས་པས། ངོས་འཛིན་རྣམས་རྟོག་མེད་དུ་མཛད་པས་ཡིད་ཆེས་ཤིང་དད་པ་ཐོབ། དགུང་ལོ་བཅོ་ལྔ་བཞེས་དུས་བྱང་ལམ་བརྒྱུད་དེ་ཆུ་ཡོས་ལ་བོད་དུ་ཕེབས། ར་སྒྲེང་དུ་གླེགས་བམ་གསུངས་པས་མེ་ཏོག་གི་ཆར་པ་བབ།

< བབས་ > སྟག་ལུང་ཆོས་རྗེ་ངག་དབང་རྣམ་རྒྱལ་དང་མཇལ། གསུང་གླེང་ཞིབ་ཏུ་མཛད། དགའ་ལྡན་ཁྲི་གདན་ཟུར་སོགས་སྐྱིད་

ཐོད་པ་མཆོད་ཡོན་གྱི་ཆིབས་བསུར་ཕེབས། ངོས་འཛིན་ཡིད་ཆེས་
པར་མཛད། དེ་ནས་འཕན་ཡུལ་རྒྱུད་དེ་དགའ་ལྡན་དུ་ཕེབས།
(༣༨བ) མེ་ཏོག་གི་ཆར་བབ་ < བབས་ > པ་སོགས་ཡ་མཚན་ཆེ་
བའི་ལྟས་བྱུང་། དེ་ནས་སྐྱིད་ཤོད་གཞུང་ནས་འབྲས་སྤུངས་སུ་ཕེབས།
སེ་འབྲས་དགེ་གསུམ་སོགས་ཀྱི་སེར་སྤྲེངས་དང་ཆིབས་བསུ་དཔག་ཏུ་
མེད་པ་བྱུང་། མང་ཇ་འགྱེད་བཅས་བསམ་ལས་འདས། དེ་ནས་ལྷ་
སའི་ཇོ་བོ་ཆེན་པོའི་དྲུང་དུ། དགའ་ལྡན་ཟུར་བཞུགས་སངས་རྒྱས་
རིན་ཆེན་མཁན་པོ་དང་། ཁྲི་ཐོག་ཧར་གདོང་དགེ་འདུན་རྒྱལ་མཚན་
གྱིས་སློབ་དཔོན་མཛད་དེ་རབ་ཏུ་བྱུང་། སེ་འབྲས་ཀྱི་ཁྲིར་ཕེབས།
སྐར་ཆེན་ནས་དྲུག་པ་གར་དབང་ཆོས་ཀྱི་དབང་ཕྱུག་དང་། འབྲུག་
ནས་སྤྲུལ་སྐུ་དཔག་བསམ་དབང་པོ་དང་། སྡེ་དཔོན་ཕལ་ཆེར་གྱིས་
ལེགས་ཇ་ཞུས། གང་འཚམས་ཀྱི་ཞུ་ལན་བཀོད་ཁྱབ་ཐོན་པ་མཛད།
བཀྲ་ཤིས་ལྷུན་པོ་ནས་པཎ་ཆེན་བློ་བཟང་ཆོས་ཀྱི་རྒྱལ་མཚན་དཔོན་
སློབ་མཇལ་དུ་ཕེབས་པ་དབང་ལུང་རྗེས་གནང་སོགས་གསན། འབྲུག་
པའི་ལྟ་ས་སྨོན་ལམ་གྱི་གྲལ་དབུ་མཛད། དེ་ནས་གཞིས་ཁ་གོང་དཀར་
དུ་ཕྲང་ས་ལྷ་གཟིགས་ཀྱི་གདུང་རྒྱུད་ངག་དབང་བཀའ་རྒྱུད་རྣམ་རྒྱལ་
ལྷ་ཡབ་སྲས་ཀྱིས་སྤྱན་དྲངས་ཏེ་གུས་མཆོད་མཛད། མི་དབང་ཡབ་
སྲས་དང་། ས་སྐྱོང་སྲོང་བཙན་ཚངས་པས་མཆོད་པ་ལ་ཆོས་གསུངས།
དེ་ནས་སྣར་སེ་འབྲས་དང་། ས་སྐྱོང་གཡུལ་རྒྱལ་ནོར་བུ་ཡབ་སྲས་ཀྱི།

ཚལ། བདེ་ཆེན། བྲག་དཀར། ལ་མོ་རྣམས་སུ་སྤྱན་དྲངས། དེ་ནས་མལ་གྲོ་བརྒྱུད་དེ། རིན་ཆེན་གླིང་དང་། འོལ་ཁ་རྫིང་ཕྱིར་ཕེབས། མཁན་སློབ་དགེ་འདུན་དང་ (༣༧ན) བཅས་པས་མཆོད། ཆོས་ཀྱི་འཁོར་ལོ་བསྐོར། དེ་ནས་འོལ་ཁ་དཔོན་ས་སྤྱན་དྲངས་ཏེ་མཆོད། འོལ་ཁའི་སྐྱ་སེར་ཐམས་ཅད་ཀྱི་ < ཀྱིས་ > མཇལ། ཁྲིམ་ཆོས་གསུངས། དེ་ནས་རྒྱལ་དུ་ཕེབས་དབྱར་ཆོས་ཀྱི་དགེ་འདུན་གཞི་བྱེས་ཐམས་ཅད་འདུས་པ་ལ་ཆོས་དང་ཟང་ཟིང་གིས་ཚིམ་པར་མཛད། སྣར་འོལ་ཁ་དང་། དབུ་རུ་མལ་གྲོ་བརྒྱུད་དེ་སྐྱིད་ཤོད་དང་། སེ་འབྲས་དང་། གཡོན་རུའི་ཕྱོགས་སུ་སྟེ་པ་འཕྱོང་ < འཕྱོངས་ > རྒྱས་པ་དང་། བཀྲ་ཤིས་རྩེ་པ་དང་། མཁར་ཐོག་པ་དང་། སྟེའུ་གདོང་རྩེ་རྣམས་སུ་སྤྱན་དྲངས། གདུང་བརྒྱུད་རིན་ཆེན་མི་ཕམ་མཐུ་སྟོབས་དབང་སྒྱུར་རྣམ་པར་རྒྱལ་བའི་ལྷ་ཡུམ་སྲས་ཀྱིས་ཆོས་ཞུས་ཤིང་མཆོད། དེ་ནས་རྩེད་ཐང་དུ་ཕེབས། ཁྲིམ་ཆོས་གསུངས། དེ་ནས་དེ་པ་ལྷ་ས་དཔོན་སློན་རྣམས་ཀྱིས་རི་སྣ་འཆད་དཀར་དུ་སྤྱན་དྲངས་ཏེ་མཆོད། དེ་ནས་བྲག་ཁ་དང་། ཡར་རྒྱབ་དཔོན་ཆེན་རྣམས་ཀྱིས་སྤྱན་དྲངས་ཏེ་མཆོད། དེ་ནས་འབྲས་སྤུངས་དང་། ཐོན་དང་། བཀྲ་ཤིས་ལྷུན་པོ། གངས་ཅན་ཆོས་འཕེལ། ཁྲོ་ཕུ་མན་དང་། རིན་ཆེན་རྩེ། གནས་རྙིང་། དཔལ་འཁོར་བདེ་ཆེན། ར་ལུང་རྣམས་སུ་ཕེབས། འབྲུག་ནས་གདུང་བརྒྱུད་ངག་དབང་རྣམ་རྒྱལ་གྱིས་མཆོད། དེ་ནས་སྣ་དཀར་

རྗེ་དང་། གོང་དཀར་དང་། སེ་འབྲས་རྣམས་སུ་རིམ་གྱིས་ཕེབས། ཆོས་བསྐོར། མི་འབྲུག་ལ་རྒྱ་ནག་རྒྱལ་པོ་ཕྲ་ལིའི་སྤྱན་འདྲེན་ཡང་བྱུང་། དགུང་ལོ་ཉེ་ཤུ་བརྒྱད་པ་མེ་འབྲུག་ (༡༧བ) ཧོར་ཟླ་བཅུ་གཉིས་པའི་ཚེས་ལྔ་ལ་ཆོས་དབྱིངས་སུ་སྐུ་གཤེགས་སོ། །དེ་ནས་འབྲས་སྤུངས་ཀྱི་ཁྲི་ཐོག་ཏུ་ཐམས་ཅད་མཁྱེན་པའི་མཚན་མངའ་བ་ལྔ་པ། བློ་བཟང་རྒྱ་མཚོ་འཇིགས་མེད་གོ་ཆ་ཐུབ་བསྟན་ལང་ཚོའི་སྡེ་བསྟན་པའི་མངའ་བདག་དཔལ་ལྡན་བཟང་པོ་ཞེས་ཕྱོགས་ཐམས་ཅད་རྒྱལ་བའི་སྡེ་ནི། འཁྱོང་ < འཁྱོངས་ > རྒྱས་སུ་ཡབ་ས་སྐྱོང་མིའི་དབང་པོ་དགྲ་འདུལ་རབ་བརྟན་དང་། ཡུམ་ཁྲི་ལྕམ་དགའ་ལྷ་མཛེས་ཀྱི་སྲས་སུ་མེ་མོ་སྦྲུལ་ལོའི་ཟླ་བ་དགུ་པ་ལ་བལྟམས། འཇའ་འོད་ཀྱི་གུར་དང་། མེ་ཏོག་གི་ཆར་བབ། < བབས་ > ངོས་འཛིན་གསལ་བར་གསུངས་པས་ཐམས་ཅད་ཡིད་ཆེས་པར་གྱུར། ལུགས་བྱེ་ལ་པཎ་ཆེན་རིན་པོ་ཆེ་བློ་བཟང་ཆོས་ཀྱི་རྒྱལ་མཚན་ལ་གཙུག་ཕུད་ཕུལ། མཚན་བློ་བཟང་རྒྱ་མཚོར་གསོལ། ངུར་སྨྲིག་གི་རྒྱན་འཛིན་པའི་མཆོག་ཏུ་གྱུར། འབྲས་སྤུངས་ཀྱི་ཁྲིར་ཕེབས། ཚུ་ཁྱི་ལ་དབྱེ་རི་སྔོ་འཚད་དཀར་དུ་ཕེབས། འོད་གསལ་ལྷའི་གདུང་རྒྱུད་ཁུ་དཔོན་གྱིས་མཆོད། སླར་འབྲས་སྤུངས་སུ་ཕེབས། པཎ་ཆེན་ཐམས་ཅད་མཁྱེན་པ་དང་། གསང་ཕུ་གླིང་སྨད་ཆོས་རྗེ་དཀོན་མཆོག་ཆོས་འཕེལ་ལ་ < ལས་ > ཆོས་གསན། ཞིང་བྱེ་ལ་ལྷ་ས་དང་། སྐྱིད་ཤོད་སྟོད་ནས་མལ་གྲོ་རིན་

ཆེན་གླིང་དང་། ཨོལ་ཁ་རྫོང་ཕྱི་དང་། ཆོས་འཁོར་རྒྱལ་དུ། རྫོང་ཕྱི་སྤྱི་སྐྱེར་རྣམས་ཀྱིས་གུས་མཆོད་ཕུན་སུམ་ཚོགས་པ་བསྒྲུབས། ཡར་ལམ་དཔལ་ལྡན་ལྷ་མོས་(༣༨༩) ལུས་དང་གྲིབ་མ་བཞིན་དུ་འབྲང་འདུག་གསུངས། རྒྱལ་དུ་རྟེན་གསུམ་རྣམས་ལ་ངོས་འཛིན་ཐོགས་མེད་དུ་མཛད་ཅིང་། ཐེལ་དུ་མགོན་ཁང་མཇལ་བ་ན་ཆོས་རྗེ་དཀོན་མཆོག་ཆོས་འཕེལ་དཔོན་སློབ་རྣམས་ལ་རྟེན་མ་གཟིགས་པ་ནས་རྟེན་བཤད་མཛད། རྟེན་གཟིགས་པ་ན་ཡི་དམ་རྡོ་རྗེ་འཇིགས་བྱེད་ཀྱི་མཇལ་དར་གྱི་ཚུལ་དུ་སྣན་དར་བཀྲ་ཤིས་ཁ་བཏགས་སྐུ་མདུན་དུ་ལྷུང་བ་ཕྱག་ན་བཞེས་པ་སོགས་ཡ་མཚན་པའི་ལྟས་དང་ཆོ་འཕྲུལ་བཟང་པོ་བྱུང་། སླར་ཨོལ་ཁ་རྫོང་ཕྱིར་ཕེབས་པ་ལ་རྫོང་བ་སྤྱི་སྐྱེར་གྱིས་མཆོད། མལ་གྲོ་བརྒྱུད་དེ་སྐྱིད་ཤོད་དུ། སེ་ར་ཐེག་ཆེན་གླིང་དུ་དབྱར་བཞུགས་དང་། དེ་ནས་འབྲས་སྤུངས་སུ་ཕེབས། ཆོས་བསྐོར། སྐུ་གཞོགས་གྲྭ་ཚང་ཆོས་འཁོར་གླིང་ནས་བློ་གསལ་འགའ་རེ་དང་བཅས། ཆོས་རྗེ་དཀོན་མཆོག་ཆོས་འཕེལ་བསྟེན་ནས། མཚན་ཉིད་བཀལ་བརྟག་རྩེ་བར་མཛད་པས་མཁས་པ་ཆེན་པོར་གྱུར། དགའ་ལྡན་ཕོ་བྲང་གི་གཟིམ་ཆུང་དུ་དཔལ་མགོན་ཞལ་གཟིགས། ཛུ་ལང་རྒྱལ་པོ་དང་ལྷ་བཙུན་བགྲེས་གཞོན་དང་། སྤྲུལ་པའི་སྐུ་དགེ་འདུན་དཔལ་བཟང་རྒྱ་མཚོ་དང་། འཕགས་པ་མི་ཕམ་ཆོས་ཀྱི་རྒྱལ་པོ་དང་། སྤྲུལ་སྐུ་ངག་གི་དབང་པོ་རྣམས་ཀྱིས་མཇལ་ཏེ་འབུལ་ཆེན་ཕུལ་བ་བཟོ་བ་ཡོན་བཤད་

དང་། བཀའ་ཆོས་ཀྱིས་ཚིམ་པར་མཛད་དོ། །དེ་ནས་དགུང་ལོ་བཅུ་གསུམ་པ་ལྕགས་རྟ་(༡༤༥༠)ལ་སྡེ་པ་ལྷ་ས་དཔོན་སློན་གྱིས། དབྱེ་རི་སྐོ་འཆད་དཀར་དུ་སྤྱན་དྲངས་ཏེ་མཆོད། །

དཔལ་ལྡན་འབྲས་སྤུངས་ཀྱི་གྲྭ་ཚང་བདུན་གྱི་བླ་རབས་ནི། དང་པོ་བློ་གསལ་གླིང་དུ་མཁན་ཆེན་ལེགས་ལྡན་པས་འཆད་ཉན་པ་མཛད། དེ་ནས་རིམ་པ་བཞིན་དུ། གཞུ་བསོད་པ། མཁས་པ་དཔལ་ལྡན་བློ་གྲོས། ཀོང་པོ་ཚུལ་བློ། ལྡན་མ་ཡེ་ཤེས་བཟང་པོ། སློབ་ཆུང་ཀྲེའོ་རབ་འབྱམས་པ། འཇམ་དབྱངས་དགའ་བའི་བློ་གྲོས། སློབ་ཆུང་ཚུལ་རྒྱལ། སློབ་དཔོན་སངས་རྒྱས་བཟང་པོ། དབུ་མ་པ་རིན་ཆེན་དར་མ་དང་མཁས་པ་སང་ལེགས་གཉིས་མཉམ་དུ་བསྐོས། དེ་ནས་སློབ་དཔོན་ཡོན་ཏན་འོད་ཀྱི་དུས་གཅིག་ཏུ་འདུམས། དེ་ནས་པཎ་ཆེན་བསོད་ནམས་གྲགས་པ། བོ་དོང་རབ་འབྱམས་པ་དགེ་འདུན་དངོས་གྲུབ། སློབ་དཔོན་བཀྲ་ཤིས་འོད་ཟེར། གཙང་སྟོན་བསམ་གཏན་མཆོག །གཙང་པ་བཀྲ་ཤིས་འོད་ཟེར། གཙང་པ་ཆོས་གྲགས་འོད་ཟེར། རྒྱ་ཡ་ང་ནང་སོ་བློ་གྲོས་རྒྱལ་མཚན། ཚ་བ་ནམ་མཁའ་ཤེས་རབ། ཉན་པོ་རྒྱ་ནང་པ་དཔལ་ལྡན་གྲགས་པ། ཤར་པ་དམ་ཆོས་དཔལ། སྟོད་ལུང་པ་དོན་གྲུབ་མགོན་པོ། གསང་ཕུ་གླིང་སྨད་ཆོས་རྗེ་དཀོན་མཆོག་ཆོས་འཕེལ། ཁེ་གསུམ་ཆོས་མཛད། །

སྔོ་མང་དུ་དང་པོར། དྲུང་གྲགས་པ་རིན་ཆེན་པ་འཆད་ཉན་

པར་བསྒྲིས། དེ་ནས་རིམ་པ་བཞིན་མཁས་པ་རྒྱ་ལེབ། རྟག་ལེབ། གུང་རུ་ཚུལ་བཟང་། ཆེན་པོ་དཔལ་ཤེ་བ། སློབ་ཆུང་ཀུན་རྒྱལ་བ། མཁན་ཆེན་དཔལ་དབང་། སློབ་དཔོན་དཔལ་བློ་བ་དང་ཤེས་བློ་གཉིས་མཉམ་བསྒྲིས། དེ་ནས་(༣༡༨ན) བྱང་པ་རབ་འབྱམས་པ་ཡེ་ཤེས་གྲགས། བཀའ་བཅུ་བ་དཔལ་ལྡན་འོད་ཟེར་དང་དཀོན་མཆོག་བཟང་གཉིས་མཉམ་བསྒྲིས། སློབ་ཆུང་རིན་ཆེན་བྱང་ཆུབ། དེས་ཁམས་སུ་དཔལ་འབར་ཆོས་སྡེའི་བཤད་གྲ་ < གྲྭ > བཙུགས་པ། རིན་ཆེན་བྱང་ཆུབ་པའི་རྗེས་སུ་ཆུ་བཟང་བཀའ་བཅུ་བ་ངག་དབང་འབྱུང་གནས། རྒྱལ་བྱེད་ཚལ་པ་བློ་བཟང་ཨེ་ཤེ། ཙོ་ནེ་ཕྱོགས་ལས་རྣམ་རྒྱལ། གུང་རུ་ཆོས་ཀྱི་འབྱུང་གནས། ཆུ་བཟང་བྱམས་པ་ལྷུན་གྲུབ། ཧར་གདོང་པ་བསྟན་འགྲུས་རྒྱ་མཚོ། སྣར་བྱམས་པ་ལྷུན་གྲུབ། བཞུགས་ཁང་རབ་འབྱམས་པ་ལྷུན་གྲུབ། ཆུ་བཟང་རབ་འབྱམས་པ་ཆོས་གྲགས་རྣམ་རྒྱལ། ཡང་བཞུགས་ཁང་པ་དགེ་ལེགས་ལྷུན་གྲུབ། གུང་རུ་རབ་འབྱམས་པ་སངས་རྒྱས་བཀྲ་ཤིས། །

བདེ་ཡངས་སུ། དང་པོར་ལྷོག་པ་བྱང་ཆུབ་དཔལ་ལྡན། དེ་ནས་རིམ་པར། གྲ་ < གྲྭ > ཆུང་ཡོན་ཏན་རྒྱ་མཚོ། ཚེ་མ་དབང་རྒྱལ། རོང་པོ་བཀའ་བཅུ་བ་བརྟན་འགྲུས། བླ་མ་བློ་སེང་། རྡུང་ནམ་མཁའ་བ། བླ་མ་བཀྲས་རྒྱམ་པ། རྡུང་རིན་དར་བ། ཆེན་པོ་རྒྱན་མཚན་ལེགས་པ། རབ་འབྱམས་པ་རིན་ཆེན་རྣམ་རྒྱལ། བཀའ་

བཅུ་བ་དཔལ་བཟང་དངོས་གྲུབ། བཀྲ་ཤིས་དཔལ་འབྱོར། བཀའ་བཅུ་ཆོས་དཔལ་བ། སློབ་དཔོན་འོད་སྲུངས། ཉི་སྟེངས་ལམ་རིམ་པའི་བླ་མ་ཡོན་ཏན་རྒྱ་མཚོ། སློབ་དཔོན་ཕུན་ཚོགས་རྒྱ་མཚོ། སྔགས་སྒོ་རབ་འབྱམས་པ། དབུས་བསམ་རབ་འབྱམས་པ། གསེར་ཁང་བཀའ་བཅུ་བ། སྔགས་སྒོ་རབ་འབྱམས་པ། ཤར་རྩེ་རབ་འབྱམས་པ། སློབ་དཔོན་ཤེས་རབ་རྒྱ་མཚོ། རིན་ཆེན་བཀྲ་ཤིས།

འདུལ་བ་གྲྭ་ཚང་དུ་རིམ་བཞིན། དྲུང་བརྩོན་འགྲུས་གྲགས་པ། འདུལ་འཛིན་དགེ་ལེགས་དཔལ་བ། སློབ་དཔོན་ (༣༨བ) དཔལ་ལྡན་བློ་གྲོས། སློབ་དཔོན་གྲོ་ས་པ། སློབ་དཔོན་དཔལ་འབྱོར་བ། འདུལ་འཛིན་རིན་ཆེན་གྲགས། དྲུང་འཕྲུང་རྒྱས་པ། སློབ་དཔོན་བདེ་ལེགས། བཀའ་བཅུ་བ་རབ་འབྱམས་པ་བློ་གྲོས། སློབ་དཔོན་ལྷ་དབང་རིན་ཆེན། ཀོང་པོ་ཆོས་འཕེལ་བློ་གྲོས། ཀོང་པོ་དབུ་མཛད་པ། ཨ་མདོ་བ་ཤེས་རབ་བཟང་པོ། སྐྱུར་མོ་ལུང་པ་ཨ་དོན་པ། གཉལ་པ་རྣམ་རྒྱལ། ཉང་པོ་བསྟན་པ་རྒྱ་མཚོ། ཚ་བ་ཚེ་དཔལ་བ། འཕྲུང་རྒྱས་པ་ལེགས་གྲུབ་རྒྱ་མཚོ། གྲུམ་མདའ་བ་བཀྲ་ཤིས་འོད་ཟེར། སྐྱུར་མོ་ལུང་པ་ཡོན་ཏན་ནོར་བུ། སློབ་དཔོན་ཡོན་ཏན་བཟང་པོ། ཟུང་ཧུ་རབ་འབྱམས་པ་དགེ་ལེགས་རྣམ་རྒྱལ། །

སྔགས་པ་གྲྭ་ཚང་དུ་བླ་མ་རིམ་བཞིན། སློབ་དཔོན་ཚུལ་ཁྲིམས། སློབ་དཔོན་སྦྱིན་མཆོག་པ། དྲུང་རིན་ཆེན་མཆོག །སློབ་

དཔོན་དཔལ་མགོན་རྒྱལ་མཚན། སྡིངས་ཁ་སློབ་དཔོན། རྗེན་རྒྱང་ཐོག་ཁ་བ། ཨེ་དཔལ་ཕྲུངས་པ། གཙང་སྐྱོང་ < སྐྱིད་ > ནམ་མཁའ་བཟང་པོ། རྒྱ་ཡགས་ཆོས་མཛད་དགེ་ལེགས་དཔལ་འབྱོར། །

ཤག་སྐོར་དུ་བླ་མ་རིམ་པར། སྟག་ཐང་རབ་མཆོག་པ། ཉག་རེ་རྡོ་རྗེ་རྒྱལ་མཚན། སློབ་དཔོན་རིན་གྲོ། ཞོགས་པ་དཔྲུ་སེ། སྟན་ངག་པ་བདེ་གློ་བ། རིན་ཆེན་ཆོས་ཀྱི་བཤེས་གཉེན། བདེ་མཆོག་རབ་འབྱམས་པ་ཀུན་དགའ་རྒྱལ་མཚན། མདར་རམ་པ་དགོན་མཆོག་དར། བཀའ་བཅུ་བ་ཆོས་གྲགས་རིན་ཆེན། རང་རམ་པ་བློ་གྲོས་ལྷུན་གྲུབ། ཕོ་བྲང་བཅུ་པ་དགེ་ལེགས་བཟང་། སློབ་དཔོན་རྡོ་རྗེ་དཔལ་བཟང་། ཚ་བ་སློབ་དཔོན་ནམ་མཁའ་ཤེས་རབ། སློབ་དཔོན་ཤེས་རབ་བློ་གྲོས། མཁས་པ་ཆོས་དབང་གྲགས་པ། གཾ་གཾ་བཀའ་བཅུ་བ། ཕུ་ཁང་པ་ངག་དབང་རྒྱ་མཚོ་(༥༠ན) ཟུང་རྒྱ་འོད་ཟེར་རྒྱ་མཚོ། ཙོ་ནེ་རྡོ་རྗེ། གྲུམ་མདའ་བ་བཀྲ་ཤིས་འོད་ཟེར། རབ་འབྱམས་པ་ཨ་གཟུངས། ཕུ་ཁང་པ་བསྟན་པ་བཀྲ་ཤིས། །

རྒྱལ་བ་ཐོས་བསམ་གླིང་དུ། བླ་མ་རིམ་པ་བཞིན། སློབ་དཔོན་ཀུན་བཟང་རིན་ཆེན། ཆོས་རྗེ་ཉག་པ། དྲུང་རྒྱལ་བཟང་པ། དྲུང་དཔལ་ལྡན་པ། བླ་མ་དཔལ་ལྡན་རྒྱལ་མཚན། ཉང་པོ་བསམ་གཏན་ཤེས་རབ། རྒྱ་མ་བ་བློ་གྲོས་མཐའ་ཡས། མི་ཉག་བཀའ་བཅུ་བ་སངས་རྒྱས། སློབ་དཔོན་བསྟན་པ་དར་རྒྱས། ལྷོ་པ་བླ་མ། སློབ་

དཔོན་ཐར་དགོན། ཕྱིངས་ཁ་སློབ་དཔོན། གཉལ་པ་བཀའ་བཅུ་བ། ཤོང་པོ་རབ་འབྱམས་པ་ལེགས་པའི་ཤེས་རབ། བསམ་བློ་བཀའ་བཅུ་བ་དགེ་འདུན་རིན་ཆེན། ཚ་བ་བཀའ་བཅུ་བ། ཕ་ར་བཀའ་བཅུ་བ་བསོད་ནམས་དབང་ཕྱུག །རབ་འབྱམས་པ་གྲགས་པ་འོད་ཟེར། །

སྐུ་ཞབས་གྲྭ་ཚང་ཆོས་འཁོར་གླིང་འདི། ཐམས་ཅད་མཁྱེན་པ་རྗེ་བསོད་ནམས་རྒྱ་མཚོས་བཙུགས། བླ་མ་པེན་ཆུང་རབ་འབྱམས་པ་བསྐོས། སོག་ཡུལ་དུ་གྲྭ་ཚང་ཐོར་སྐྱར་བསྐྱུས་ཏེ་རབ་འབྱམས་པ་དོན་གྲུབ་མགོན་པོ། གུང་རུ་དྲུང་ཆེན། བླ་མ་སངས་རྒྱས་བཀྲ་ཤིས། ཐམས་ཅད་མཁྱེན་པ་ཆེན་པོ་བློ་བཟང་རྒྱ་མཚོའི་དུས་སུ། མཁས་པ་ངག་དབང་ཆོས་འཕེལ་བསྐོས། །

ཆོས་གྲྭ་ཆེན་པོ་སེ་ར་ཐེག་ཆེན་གླིང་གི་བྱུང་ཚུལ་དང་གདན་རབས་བསྟན་པ།

སེ་ར་ཐེག་ཆེན་གླིང་གི་ལོ་རྒྱུས་དཀར་ཆག་བཀོད་པ་ནི། རྗེའི་དངོས་སློབ་བྱམས་ཆེན་ཆོས་རྗེ་ཤཱཀྱ་ཡེ་ཤེས་ཀྱིས་བཏབ་པ་ཡིན་ལ། དེ་ཡང་ཚལ་དུ་འཁྲུངས། གསུང་རབ་མང་དུ་མཁྱེན་པའི་མཁས་པ་ཆེན་པོར་གྱུར། སྟོན་གནས་（༤༠བ）རྗེས་སུ་དྲན་པ་སོགས་ཀྱི་མངོན་པར་ཤེས་པ་དང་ལྡན། རྣམ་སྲས་འགྲུབ་ཅིང་། རྗེ་རིན་པོ་ཆེ་རྩ་བའི་

བླ་མར་བསྟེན་པའི་སྐབས་སུ། རྒྱ་ནག་རྒྱལ་པོ་ཏའི་མིང་གིས་རྗེ་རིན་པོ་ཆེ་སྤྱན་འདྲེན་ལ་བཏང་བའི་ཚབ་ཏུ་ཆོས་རྗེ་ཤཱཀྱ་ཡེ་ཤེས་མངགས་ནས། རྒྱའི་ཡུལ་དུ་རྒྱལ་པོའི་བླ་མཆོད་དུ་གནང་བ་བཞིན་ཕེབས་ནས། རྒྱ་ལ་ཁ་ལ་འབེབས་པའི་རྫུ་འཕྲུལ་བསྟན་པས། ཏའི་བའུ་ཧྭ་ཞང་ཞེས་བྱམས་ཆེན་ཆོས་ཀྱི་རྒྱལ་པོར་མཚན་དང་འབུལ་ཆེན་མཛད། རྒྱའི་ཡུལ་དུ་ཧ་ཡན་བསམ་ཞེས་པའི་ཆོས་སྡེ་བཏབ། རྗེ་འདི་ཕེབས་པ་ནས་བསྟན་པ་བཙུགས་པ་ནས་བོད་དུ་ཕེབས། སེ་ར་རྩེར་རྗེ་ཡབ་སྲས་ཆོས་འཁོར་བསྐོར་བའི་ཞབས་ཏོག་མཛད། རྗེ་ལ་ཞལ་བཀོད་ཞུས་པས་སེ་ར་ཐེག་ཆེན་གླིང་གི་ཆོས་སྡེ་བཏབ། མཁས་པ་དར་རྒྱས་བཟང་པོ་གདན་སར་བསྐོས། རྗེ་རིན་པོ་ཆེ་གཤེགས་ནས་སླར་རྒྱ་ནག་ཏུ་སྤྱན་དྲངས། ཏའི་མིང་རྒྱལ་པོ་ཁོང་ཉེར་གཤེགས་ཀྱང་། དེའི་སྲས་ཐྲོན་ཧེས་གྲུས་མཆོད་ཞུས། སླར་བོད་དུ་ཕེབས་ལམ་མཛོ་མོ་མཁར་དུ་སྐུ་གཤེགས་ནས་དེར་མཁན་པོ་ཤཱཀྱ་ཚུལ་ཁྲིམས་པས་ཆོས་སྡེ་ཆེན་པོ་བཏབ། དགའ་ལྡན་དུ་རྒྱ་གུར་དང་གནས་བཅུའི་སེའུ་ཐང་ཕུལ། སློབ་མ་ཨ་མོ་ཀྷ་དང་། བསོད་ནམས་ཤེས་རབ་ཀྱིས་རྒྱལ་པོ་ཐྲོན་ཧེའི་ཏི་ཤྲཱི་མཛད། དེ་གཉིས་ཀྱི་སློབ་མ་གཞོན་ནུ་དཔལ་ལྡན་པས་ཀྱང་རྒྱལ་པོའི་བླ་མཆོད་མཛད་དོ། །

སེ་རའི་གདན་སར་(༨༧ན) མཁས་པ་དར་རྒྱས་བཟང་པོའི་རྗེས་སུ། མཚུངས་མེད་ཆོས་རྗེ་རྒྱལ་མཚན་བཟང་པོ་བསྐོས་པ་དེ་ཡང་

ཆུ་ཕག་ལ་གུང་ཙུ་སྟོད་དུ་འཁྲུངས། རྗེ་རིན་པོ་ཆེ་དང་། བྱང་སེམས་རྭ་སྒྲེང་བ་བསྟེན་ནས་གཞུང་ལུགས་ལ་སྦྱངས་པས་མཁས་པའི་དབང་པོར་གྱུར། རྗེ་ཡབ་སྲས་ལ་<ལས་>བསྙེན་པར་རྫོགས། གསང་ཕུ་སྤེལ་སེར་གྱི་འཆད་ཉན་པ་མཛད། ལུང་རིགས་སྨྲ་བ་ལ་མཚུངས་པ་མེད་པས་དེར་གྲགས། སེ་རའི་ཁྲིར་ཕེབས་བཙུན་མོ་ཚལ་དང་གདན་ས་ཉིས་འཛིན་གྱི་སྒོ་ནས་ཆོས་གསུངས་ཤིང་། ཚད་མའི་བསྟན་བཅོས་མཁས་པ་དགའ་སྐྱེད་སོགས་མང་དུ་བརྩམས། མཁས་གྲུབ་རྗེའི་བཀའ་སྐྱོན་ཅུང་ཟད་བྱུང་ཡང་བཟོད་སྲན་ཆེ། དགུང་ལོ་རེ་བརྒྱད་པ་ལྕགས་ཏ་ལ་སྐུ་གཤེགས་སོ། །འཇམ་དབྱངས་ཆོས་རྗེ་གཤེགས་པའི་ཕྱི་ལོ་ཡིན། སློབ་མ་ཡང་། མཁས་གྲུབ་དཔལ་ལྡན་སེང་གེ །རིན་ཆེན་བྱང་ཆུབ། ཀུན་ལེགས་པ། པུ་ཧོ་བླ་མ་གཞོན་ནུ་དཀོན་མཆོག །འབྲོམ་སྟེང་བླ་མ་སངས་རྒྱས་ཚུལ་ཁྲིམས། དཔུར་ཁང་རྒྱལ་མཆོག་པ། རི་ཁ་བླ་མ་གྲགས་འོད་པ། བྱིའུ་གནས་བརྟན་པས་རྒྱལ་ཕོད་དུ་བན་དཀར་དགོན་བཏབ་པ་སོགས་གཞན་དོན་ནུས་པ་མང་དུ་བྱོན་ནོ། །མཚུངས་མེད་ཆོས་རྗེའི་རྗེས་སུ་སེ་རའི་གདན་སར། ཞ་ལུ་རབ་འབྱམས་པ་ལོ་ཤས་མཛད། དེ་ནས། སེ་རའི་ཁྲིར་ཕེབས་མཁས་པ་མུས་སྲད་པ་རིན་ཆེན་བློ་གྲོས་སེང་གེ་བསྐོས་པ་དེ་ཡང་ལས་སྟོད་དུ་འཁྲུངས། དགེ་འདུན་གྲུབ་པ་དང་། འཇམ་དབྱངས་ཆོས་རྗེ་བསྟེན་(༤༧བ)འབྲས་སྤུངས་ཟུར་ཁང་པའི་འཆད་ཉན་པ་མཛད། དེ་ནས་

སེ་རའི་གདན་སར་ཕེབས། དབུ་ཚད་ཀྱི་བཤད་རྒྱུན་དང་། བསྟན་བཅོས་བརྩམས། སློབ་མར་རྗེ་དཔོན་སོགས་དང་། སློབ་དཔོན་དཔལ་བློ་དང་། སྟོ་པ་འཇམ་གྲགས་པས་ཆབ་མདོར་བཤད་པ་མཛད་དོ། །དེ་ནས་སེ་རའི་གདན་སར་ཆོས་རྗེ་གནས་བརྟན་པ་དང་། ཞྭ་ལུ་ཆོས་རྗེ་རིམ་པར་བསྐོས་པས་ཆོས་གསུངས། དེ་ནས་གཉལ་སྟོན་པ་དཔལ་འབྱོར་ལྷུན་གྲུབ་བསྐོས། དེ་ཡང་མེ་ལུག་ལ་གཉལ་དུ་འབྲུངས། གསང་ཕུར་ཆེན་པོ་རིན་ཆེན་བྱང་ཆུབ་དང་། འབྲས་སྤུངས་སུ་མཁས་པ་མུས་སྲད་པ་དང་། དགའ་ལྡན་དུ་ཆོས་རྗེ་བ་སོ་བ་དང་། ཤར་པ་ཤེར་འབྱུང་སོགས་བསྟེན་ནས་མདོ་སྔགས་ལ་མཁས་པར་སྦྱངས། ཀྱི་རེ་བཀའ་བཞི་བ་སོགས་ལ་ < ལས་ > བསླེན་པར་རྫོགས། བྱང་རྩེའི་མཚན་ཉིད་གྲྭ་ཚང་དུ་འཆད་ཉན་མཛད། དེ་ནས་གསང་ཕུ་སྤེལ་སེར་གྱི་འཆད་ཉན་པ་མཛད་པ་ན། པཎ་ཆེན་ཀཤ་མཆོག་དང་། རྩེ་ཉག་པ་ཐལ་འགྱུར་གྱིས་བཅོམ་པས་སྙན་གྲགས་ཆེ། དེ་དུས་སྣེའུ་དཔལ་འབྱོར་རྒྱལ་པོ་དང་། དཔོན་བུ་ཁྲིད་དཔལ་འཛོམས་ཀྱིས་སེ་ར་བྱེས་པ་གྲྭ་ཚང་བཙུགས་པའི་སློབ་དཔོན་དུ་བསྐོས། ལོ་བཅོ་ལྔ་འཆད་ཉན་པ་མཛད། དེ་ནས་དགུང་ལོ་ང་ལྔ་པ་ལ་སེ་རའི་ཁྲིར་ཕེབས་ཏེ་ཆོས་འཁོར་བསྐོར། དེ་ནས་དགུང་ལོ་གྱ་བརྒྱད་པ་ཤིང་ཁྱི་ལ་གཤེགས་སོ། དེའི་རྗེས་སུ་མང་ཐོས་དཔལ་ལྡན་བློ་གྲོས་པ་བྱོན་པ་ཡིན་ཞིང་(༥༣ན) དགུང་ལོ་ང་ལྔ་པ་ལྷགས་སྤང་ལ་གདན་སར་ཕེབས། རྒྱ་

བརྒྱད་པ་ཤིང་ཁྱི་ལ་གཤེགས་སོ། །དེ་ནས་སེ་རའི་གདན་སར་འཇམ་དབྱངས་དོན་ཡོད་དཔལ་ལྡན་བསྐོས་པ་དེ་ཡང་ཉང་སྟོད་དུ་ཤིང་གླང་ལ་འཁྲུངས། དཔལ་འཁོར་བདེ་ཆེན་དུ་རབ་བྱུང་མཛད། སློབ་དཔོན་བཟོད་པ་དཔལ་བ་ལ་བསྟེན་ནས་གཞུང་ལུགས་ལ་སྦྱངས། བྱམས་འདུལ་དཀར་སོགས་ལ་ < ལས་ > བསླེན་པར་རྫོགས། དབུས་སུ་བྱོན། རིན་ཆེན་ཐག་ཏུ་ཉན་ཤཱཀྱ་པ་དང་། སེ་རར་གཉལ་སྟོན་དཔལ་འབྱོར་ལྷུན་གྲུབ་བསྟེན། དགུང་ལོ་ཞེ་གཅིག་པ་ལ་སེ་ར་བྱེས་པ་གྲྭ་ཚང་གི་འཆད་ཉན་པ་མཛད། དགུང་ལོ་དོན་གཉིས་པ་ལ་སེ་རའི་ཁྲི་ཐོག་ཏུ་ཕེབས། བརྒྱད་ཅུ་པ་ཤིང་ཕོ་སྤྲེའུ་ལོ་ཟླ་བ་དང་པོའི་ཚེས་གཅིག་ལ་གཤེགས་སོ། །དེ་ནས་སེ་རའི་གདན་སར་ཐམས་ཅད་མཁྱེན་པ་དགེ་འདུན་རྒྱ་མཚོ་མེ་ཁྱི་ལ་ཕེབས་པ་ཡིན་ཞིང་དེའི་རྣམ་ཐར་འབྲས་སྤུངས་ཀྱི་སྐབས་སུ་བརྗོད་ཟིན་ཏོ། །དེ་ནས་གདན་སར་སེ་ར་རྗེ་བཙུན་པ་ཆོས་ཀྱི་རྒྱལ་མཚན་བྱོན་པ་དེ་ཡང་གཙང་དུ་འཁྲུངས། དེ་ནས་པཎ་ཆེན་བསོད་ནམས་གྲགས་པ་བྱོན་པ་དེའི་རྣམ་ཐར་དགའ་ལྡན་གྱི་སྐབས་སུ་བཤད་ཟིན་ཏོ། །དེའི་རྗེས་སུ་དགའ་ལྡན་ཁྲི་པ་ཆོས་གྲགས་བཟང་པོས་དགུང་ལོ་རེ་གཉིས་པ་ཤིང་སྟག་ལ་སེ་རའི་གདན་སར་ཕེབས། ལོ་ངོ་བཞི་མཛད་ལ། དེའི་རྣམ་ཐར་ཡང་གོང་དུ་བརྗོད་ཟིན་ཏོ། །དེ་ནས་ཐམས་ཅད་མཁྱེན་པ་བསོད་ནམས་རྒྱ་མཚོས་དགུང་ལོ་(༡༣བ) བཅུ་དྲུག་པ་ས་སྟག་ལ་ཁྲི་ཐོག་ཏུ་ཕེབས། སྤྲུལ་སྐུ་ཞྭ་

དམར་ནག་དང་མཇལ་སྐབས་སུ་རྒྱ་ནག་གི་ལུང་ལས་བཀའ་སློང་བ་ན། གདན་ས་འདིས་ཕན་ཐོགས་པར་གྱུར་རོ། །དེའི་རྗེས་སུ་གདན་ས་སྐྱོང་འཁོར་ཆོས་རྗེ་ཡོན་ཏན་རྒྱ་མཚོས་ཟླ་ངོ་གསུམ་ཙམ་མཛད་དེ་སྣར་ཁམས་སུ་ཕེབས་སོ། །དེའི་རྗེས་སུ་སེ་འབྲས་གཉིས་ཀའི་གདན་སར་ཐམས་ཅད་མཁྱེན་པ་ཡོན་ཏན་རྒྱ་མཚོས་དགུང་ལོ་བཅོ་ལྔ་པ་ཆུ་ཡོས་ལ་ཁྲི་ཐོག་ཏུ་ཕེབས། དེའི་རྣམ་ཐར་འབྲས་སྤུངས་ཀྱི་སྐབས་སུ་བརྗོད་ཟིན་ནོ། །དེ་ནས་སེ་འབྲས་གཉིས་ཀའི་གདན་སར་པཎ་ཆེན་མཁྱེན་པ་བློ་བཟང་ཆོས་ཀྱི་རྒྱལ་མཚན་གྱིས་དགུང་ལོ་ཞེ་བདུན་པ་མེ་མོ་སྦྲུལ་ལོར་ཕེབས་པ་དེའི་རྣམ་ཐར་ནི་དབེན་ས་ཆོས་སྡེའི་ལོ་རྒྱུས་སུ་བརྗོད་ཟིན་ཏོ། །ད་ནི་ཐམས་ཅད་མཁྱེན་པ་བློ་བཟང་རྒྱ་མཚོ་དཔལ་བཟང་པོས་སེ་འབྲས་ཀྱི་གདན་སར་འཚོ་ཞིང་བཞེས་པར་གྱུར་རོ། །

སེ་ར་ཐེག་ཆེན་གླིང་དུ་གྲྭ་ཚང་ལྔ་འབྱུང་བའི་རྒྱ་གྲྭ་ཚང་དང་འཕྲོམ་སྟེངས་གཉིས་སྟོད་པ་གྲྭ་ཚང་ལ་འགྲིལ། སྟོད་པ་གྲྭ་ཚང་ལ་སློབ་དཔོན་རིམ་པ་བཞིན། ཆེན་པོ་ཤེས་རབ་རྒྱ་མཚོ། གུང་རུ་ཆོས་བློ། སློབ་དཔོན་ཤཱཀྱ་བཟང་། ཀྲི་རིང་བློ་གྲོས་རིན་ཆེན། ཆེན་པོ་འཇམ་འཕགས་པ། ཆེན་པོ་མཆོག་བ། ནམ་མཁའ་དཔལ་བཟང་། དབུ་མ་རིན་ཆེན་དར་མ། སློབ་དཔོན་དར་གླིང་། བསྟན་པ་དར་རྒྱས། བློ་བཟང་ཨེ་ཝཾ་པ། ཉང་སྟོན་ལེགས་པ་རིན་ཆེན། ཉན་སྟོན་དགའ་བ་རིན་ཆེན། འཕན་པོ་ཡོན་ཏན་འོད་ཟེར། རིན་ཆེན་གྲགས་པ་ཚུལ་

ཁྲིམས་དར་རྒྱས། སྤྲུ་བོ་བཀྲ་ཤིས་རྒྱ་མཚོ། （༩༩ན）སློབ་དཔོན་འཕྲིན་ལས་རྒྱ་མཚོ། ཀོང་སྟོན་བསམ་གྲུབ་རིན་ཆེན། རབ་འབྱམས་པ་བྱམས་པ་ལྷུན་གྲུབ། གྲྭ་ཚང་སྨད་དུ་སློབ་དཔོན་རིམ་པར་ཕེབས་པ་ནི། ཆེན་པོ་བྱང་འབུམ་པ། གཡུང་པ་བརྩོན་འགྲུས་བཟང་། སློབ་དཔོན་ཤཱཀྱ་བཀྲ་ཤིས་པ། དྲུང་རིན་ཆེན་རྒྱལ་མཚན། མཆིམ་དབང་རྒྱལ། ཆེན་པོ་ཚུལ་རྒྱལ། བཟང་པོ་དཔལ། རབ་འབྱམས་པ་ཟླ་འོད་དཔལ་མགོན། ཆེན་པོ་ཡོན་ཏན་བཤེས་གཉེན། རབ་འབྱམས་པ་ཚུལ་ཁྲིམས་འོད་ཟེར། བཀའ་བཅུ་བ་ཆོས་གྲགས་རིན་ཆེན། སློབ་དཔོན་རྡོ་རྗེ་བཟང་པོ། ཙ་ནེ་ཕྱོགས་ལས་རྣམ་རྒྱལ། སློབ་དཔོན་ཚུལ་ཁྲིམས་འོད་ཟེར། སྣེའུ་ལྷ་རྩེ་བ་ཆོས་བཟང་གྲགས་པ། སློབ་དཔོན་ལ་སོ། ཕོད་ཁང་དགེ་ལེགས་བཟང་པོ། གཙང་སྟོན་ཆོས་གྲགས་འོད་ཟེར། ཚ་བ་ནམ་མཁའ། དབུ་སྟོད་པ་བྱང་ཆུབ་འོད་ཟེར། རིན་ཆེན་གླིང་པ་སངས་རྒྱས་རིན་ཆེན། ཆོས་རྗེ་བཀྲ་ཤིས་འབྱུང་གནས། སེམས་དཔའ་ཆེན་པོ་ངག་དབང་ཆོས་ཀྱི་རྒྱ་མཚོ། རྒྱ་ནང་པ་སངས་རྒྱས་དཔལ་འབྱོར། ལྷུངས་རམ་པ་དགེ་འདུན་རིན་ཆེན། དྲུང་ཆེན་བཟང་པོ་རྣམ་རྒྱལ། སྐྱོར་མོ་ལུང་པ་རིན་ཆེན་རྒྱ་མཚོ། ཡར་ཀླུང་ <ཀླུངས> པ་ཁེ་གསུམ་པ་རྗེ་བློ་བཟང་བསྟན་འཛིན། ཀོང་པོ་བཀྲ་ཤིས་རབ་བརྟན་པ་རྗེ་བསྟན་འཛིན་ལེགས་བཤད། འོལ་ཁ་ཆུ་བཟང་པ་རྗེ་བྱམས་པ་དཔལ་བཟང་། སྤྲུ་བོ་འདའ་ཞིང་པ་རྗེ་དཔལ་འབྱོར་རྒྱལ་མཚན།

གུང་ཊུ་བ་རྗེ་ནམ་མཁའ་རྒྱ་མཚོ། ཙོ་ནེ་ཚ་རྫོར་བ་བློ་བཟང་དཔལ་འབར། འཕན་ཡུལ་གསལ་ཁང་པ་རྗེ་དགེ་འདུན་འཇམ་དབྱངས། ཙོ་ནེ་ཞལ་སྔ་ནས་རྗེ་ཚུལ་ཁྲིམས་དར་རྒྱས། །

བྱེས་པ་གྲྭ་ཚང་དུ་རིམ་བཞིན། གཉལ་སྟོན་དཔལ་འབྱོར་ལྷུན་གྲུབ། (༩༩བ) མང་ཐོས་དཔལ་ལྡན་བློ་གྲོས། འཇམ་དབྱངས་དོན་ཡོད་དཔལ་ལྡན། སེ་ར་རྗེ་བཙུན་ཆོས་ཀྱི་རྒྱལ་མཚན། གཙང་སྟོད་ཤེས་རབ་སེང་གེ །དབུས་སྟོད་ཤེས་རབ་རྒྱ་མཚོ། རྟེད་ཐང་དྲུང་ཆེན་དཔལ་འབྱོར་རྒྱལ་མཚན། གཙང་སྟོད་པ་བདེ་ལེགས་ཉི་མ། འཁྲུང་ <འཁྲུངས་> རྒྱས་པ་མཁས་བཙུན་རྒྱ་མཚོ། སྨོམ་སྡེ་རབ་འབྱམས་པ་ནམ་མཁའ་རྒྱལ་མཚན། གཙང་སྟོད་རིན་ཆེན་བཤེས་གཉེན། རྟེད་ཐང་བྱང་མ་མཁས་པ་དཔལ་འབྱོར་བསོད་ནམས་ལྷུན་གྲུབ། བྲག་དཀར་ལྡན་པ་འཕྲིན་ལས་ལྷུན་གྲུབ། དབྱེ་ཐེག་ཁང་པ་དཔལ་འབྱོར་ལྷུན་གྲུབ། ཀོང་སྟོན་བསམ་གྲུབ་རིན་ཆེན། རྟེད་ཐང་རབ་འབྱམས་པ་བྱམས་པ་སྨོན་ལམ། སྡེ་པ་ལྷུན་བའི་ཆོས་མཛད། །

ཆོས་གྲྭ་ཆེན་པོ་གསང་སྔགས་མཁར་གྱི་བྱུང་ཚུལ་དང་གདན་རབས་བསྟན་པ།

ཆོས་གྲྭ་ཆེན་པོ་གསང་སྔགས་མཁར་ནི། བྲག་དཀར་ནང་སོ་

རིན་ཆེན་ལྷུན་གྲུབ་པས་སྦྱིན་བདག་མཛད། ས་མོ་ཕག་ལོར་རྗེ་བཙུན་བཙོང་ < ཙོང་ > ཁ་པ་ཆེན་པོས་ས་འདུལ་མཛད། སྟོ་འཕྲེའི་ཐེག་རབ་གནས་ཤེས་བརྗོད་གནང་། གཙུག་ལག་ཁང་བཞེངས། ནང་སོས་མངའ་འོག་ནས་ཐོ་བཙུན་མང་པོ་བཀྲལ་ནས་ཆོས་ཐེབས་ཀྱི་ཞིང་མང་དུ་སྤྱུར། ལོ་དེ་གར་རིན་ཆེན་ཞི་བར་གཤེགས་པས་རྒྱལ་ཚབ་དར་མ་རིན་ཆེན་གྱིས་དགའ་ལྡན་སྤེལ་བའི་གདན་ས་མཛད། ཞ་ལུ་ལྷོག་ཆེན་པ་བཀྲ་ཤིས་བཟང་པོས་དབུ་མཛད་ཀྱི་ཐུགས་ཁུར་བཞེས། ཁ་ཅིག་བླ་མར་རྩི། དེའི་རྗེས་སུ་མཁས་གྲུབ་ཆོས་རྗེས་དགའ་ལྡན་དང་གསང་སྔགས་མཁར་སྤེལ་བའི་བླ་མ་མཛད། དེ་ནས་གསང་སྔགས་མཁར་གྱི་གདན་སར་རིམ་པར་བྱོན་པ་ནི། རིག་གཏེར་བ་བློ་གྲོས་དཔལ། བྱང་སེམས་ (༩༩ན) བསོད་ནམས་དཔལ། མཁས་གྲུབ་ཀུན་དགའ་ལེགས་པ། དེས་གསེར་ཞོ་བརྒྱད་ཅུ་ལས་གྲུབ་པའི་ཐུབ་སྐུ་དང་། འཇིམ་པ་ལས་གྲུབ་པའི་ཉེ་བའི་སྲས་བརྒྱད་སྒོ་སྲུང་གཉིས་གཙོ་ལ་དབུ་རྩེར་ཐུབ་དབང་གནས་བརྟན་བཅུ་དྲུག ། མདོ་མངས་པོ་ཏི་བདུན་ཅུ་དོན་གཅིག །རྗེའི་བཀའ་འབུམ་སོགས་སྐུ་གསུང་ཐུགས་རྟེན་མང་དུ་བཞེངས། རིན་ཆེན་ལྷུན་པོའི་སྲས་སྲི་ཆོད་རྒྱལ་པོའི་དགོངས་རྫོགས་ཕྱིར་དུ་བྱམས་ཁང་དང་གསེར་ཞོ་བརྒྱད་ཅུ་ལས་གྲུབ་པའི་བྱམས་ཆེན་གྱི་སྐུ། ཐུགས་ཁར་ཡིད་བཞིན་ནོར་བུ་ཕུག་རོན་གྱི་སྒོ་ང་ཙམ་བཞུགས་པ་སྲི་ཆོད་རྒྱལ་པོའི་བཙུན་མོ་རྒྱ་མ་མགོན་མོ་བུ་ཁྲིད་དང་

དེའི་སྲས་འཇམ་དཔལ་ཚེ་རིང་རྒྱལ་པོས་བཞེངས། གཞན་ཡང་དགེ་འདུན་བཞི་བརྒྱ་ལ་མཐུན་རྐྱེན་སྦྱར་ཏེ། བྱམས་ཆོས་སྡེ་ལྔ། དབུ་མ་རིགས་ཚོགས་དྲུག །ཚད་མ་སྡེ་བདུན་གྱི་འཆད་ཉན་བཙུགས། གླིང་གསར་སྤྱིལ་མིག་མང་དུ་གཏིང་ནས་ས་ཏྲ་ལ་མདར་སྟོན་བློ་བཟང་གྲགས་པ་གདན་སར་བསྐོས། མདོ་སྔགས་ཀྱི་ཆོས་གསུངས། ཡངས་པ་ཅན་དུ་འོད་དཔག་མེད་ཀྱི་གསེར་སྐུ་ཁྲུ་བཅོ་ལྔ་པ་བཞེངས། དེའི་རྗེས་སུ་གདན་སར་ཆོས་རྗེ་བློ་གྲོས་བཤེས་གཉེན་བསྐོས། འདི་དུས་སྤྱི་ཁང་གོང་འོག་གི་འཆད་ཉན་པར་དཔལ་ལྡན་དོན་གྲུབ་དང་། མཁས་གྲུབ་ཀུན་ལེགས་དང་། མདར་པ་ཤེར་བཟང་དང་། ལེགས་བཟང་པ་རྣམས་རིམ་པར་བསྐོས་(༤༤བ)འདི་དུས་ཐོས་བསམ་གླིང་དང་སྤྲེལ། དེ་ནས་བདེ་མཆོག་རབ་འབྱམས་པས་ཤག་སྐོར་དང་སྤྲེལ། དེ་ནས་ཆོས་རྗེ་དཀོན་མཆོག་དར་གྱིས་ཤག་སྐོར་དང་གྲུབ་ཐང་ཆོས་འཁོར་གླིང་གི་སློབ་དཔོན་སྤྲེལ་ནས་མཛད་དོ། །སྤྱི་ཁང་འོག་ཏུ་འཆད་ཉན་པ་ཐོག་མར་རབ་འབྱམས་སྨོན་ལམ་དཔལ། དེ་ནས་རིམ་པར། མདར་སྟོན་བློ་བཟང་གྲགས། པཎ་ཆེན་མཆོག་ལྷ་འོད་ཟེར། འདིས་ར་བ་སྟོད་ཀྱི་སློབ་དཔོན་མཛད། དྲུང་ལེགས་བཟང་པས་ར་བ་སྟོད་དང་ཐོས་བསམ་གླིང་སྤྲེལ་བའི་སློབ་དཔོན་མཛད། སློབ་དཔོན་བཤེས་གཉེན་པའི་རྗེས་སུ་གདན་སར་ཆོས་རྗེ་ཆོས་སྐྱོང་རྒྱ་མཚོ་ཕེབས། དེ་རྗེས་པཎ་ཆེན་ལྷ་དབང་དཔལ་འབྱོར་བ་ར་བ་སྟོད་པའི་སློབ་དཔོན་

མཛད་ཐོག་ནས་གསང་སྔགས་མཁར་གྱི་གདན་སར་དེ་དུས་ཐོས་བསམ་གླིང་དང་། སྐྱི་ཁང་གོང་དང་། ར་བ་སྟོད་ཀྱི་སློབ་དཔོན་ཆོས་ཀྱི་གྲགས་པས་མཛད་དོ། །ལྷ་དབང་དཔལ་འབྱོར་བའི་རྗེས་སུ་གདན་ས་སེ་ར་རྗེ་བཙུན་པ་ཕེབས། དེ་དུས་སྐྱི་ཁང་གོང་གི་སློབ་དཔོན་འོད་བསྲུངས་པས་མཛད་པའི་ངང་ནས་འབྲས་སྤུངས་བདེ་ཡངས་སུ་སློབ་དཔོན་དུ་སྤྱན་དྲངས། རྗེ་བཙུན་པའི་རྗེས་སུ་གདན་སར་ཆོས་ཀྱི་གྲགས་པ་བསྐོས། འདིས་གསང་ཕུའི་ཆོས་རྗེ་མཛད། དེའི་རྗེས་སུ་གསང་སྔགས་མཁར་གྱི་གདན་སར་ཆོས་རྗེ་ཆོས་གྲགས་བཟང་པོ་བསྐོས། དེ་དུས་ཐོས་བསམ་གླིང་དང་། ར་བ་སྟོད་ཀྱི་སློབ་དཔོན་བསམ་གཏན་མཆོག་གི་མཛད་པའི་ངང་ནས་འབྲས་སྤུངས་བློ་གསལ་གླིང་གི་སློབ་དཔོན་དུ་སྤྱན་དྲངས། སྐྱི་ཁང་གོང་(༩༥ན)གི་སློབ་དཔོན་དམ་ཆོས་དཔལ་བཟང་པས་སྟོང་བུ་ཆོས་རྗེ་དང་སྦྲེལ་ནས་མཛད། ཆོས་གྲགས་བཟང་པོའི་རྗེས་སུ་གདན་སར་སྤྲུལ་སྐུ་ཆོས་འཕེལ་རྒྱ་མཚོ་བསྐོས། འདིས་ར་སྒྲེང་དང་། འོལ་ཁ་ཉི་མ་གླིང་གི་བླ་མ་མཛད། དེ་དུས་ཐོས་བསམ་གླིང་དང་ར་བ་སྟོད་ཀྱི་སློབ་དཔོན་གདན་ས་པ་དཔལ་འབྱོར་རྒྱ་མཚོ་མཛད་པའི་ངང་ནས་རྒྱུད་སྟོད་ཀྱི་བླ་མར་ཕེབས། སྤྲུལ་སྐུ་ཆོས་འཕེལ་རྒྱ་མཚོས་རྗེས་སུ་གདན་སར་བྱང་རྩེ་ནས་ཆོས་རྗེ་བྱམས་པ་རྒྱ་མཚོ་བསྐོས། དགའ་ལྡན་ཁྲི་དང་སྦྲེལ་ནས་གནང་། དེ་དུས་སྐྱི་ཁང་གི་ཡོད་ཁང་རབ་འབྱམས་པ་བཀྲ་ཤིས་དཔལ་

བཟང་གིས་མཛད། ཐོས་བསམ་གླིང་དང་། ར་བ་སྟོད་ཀྱི་སློབ་དཔོན་རྗེད་ཐང་པ་སངས་རྒྱས་རྒྱ་མཚོས་མཛད། གཞི་བའི་སློབ་དཔོན་འབྲི་ཚང་རབ་འབྱམས་པ་སངས་རྒྱས་རྒྱལ་མཚན་གྱི་སྟོང་ཐུའི་ཆོས་དང་སྒྲེལ། ཆོས་རྗེ་བྱམས་པ་རྒྱ་མཚོའི་རྗེས་སུ་གདན་སར་སྐོམ་སྟེ་རབ་འབྱམས་པ་ནམ་མཁའ་རྒྱལ་མཚན་པ་བསྐོས། དེའི་རྗེས་སུ་འབྲི་ཚང་རབ་འབྱམས་པ་སངས་རྒྱས་རྒྱལ་མཚན་པ་བསྐོས། དེ་ནས་སྟག་ལུང་བྲག་པ་བློ་གྲོས་རྒྱ་མཚོ་གདན་ས་མཛད་པའི་ངང་ནས་བྱུང་རྗེ་དང་དགའ་ལྡན་གྱི་ཁྲིར་ཕེབས། ཞིང་བརྗེས་པ་ན། སོག་དམག་ཞུར་བའི་བཤེས་ཀྱི་གཙང་ས་ནས་ཡང་རི་བར་གནང་། ཤག་སྐོར་དང་བཙན་ཆ་བཅོས། སླར་སོག་དམག་ལྷགས་ཏེ། ལྷུགས་སྒྲེལ་སྟེ་གཟར་ཆེན་མོའི་དུས་ལ་ལབ་ཐོག་ནས་གསང་སྔགས་མཁར་སོགས་དགེ་ལུགས་པའི་ཆོས་སྡེ་དུ་མ་ཞིག་ཚུར་ལོན་པའི་ཐོག་ནས། གསང་ཕུ་གླིང་སྨད་ཆོས་རྗེ་དཀོན་མཆོག་ (༩༥བ) ཆོས་འཕེལ་གསང་སྔགས་མཁར་གྱི་གདན་སར་ཕེབས་ཤིང་འཕྲིན་ལས་ཤིན་ཏུ་ཆེ་བས་མལ་གྲོ་རིན་ཆེ་གླིང་། འོལ་ཁ་རྫིང་ཕྱི། འབྲས་སྤུངས་བློ་གསལ་གླིང་། རྒྱུད་སྟོད། དགའ་ལྡན་ཤར་རྣམས་ཀྱི་ཆོས་རྗེར་ཕེབས་ཤིང་། ཁྲི་ཐོག་ཏུ་ཕེབས་ཚེ་རྣམ་པར་ཐར་པ་བརྗོད་པར་བྱ་སྟེ། བདག་གིས་ཀྱང་བདེ་མཆོག་དབང་སོགས་ཆོས་འབྲེལ་ཐོབ་པ་ལགས་སོ། །པཎ་ཆེན་མཆོག་ལྷ་འོད་ཟེར་གྱིས་གསང་སྔགས་མཁར་གྱི་སྤྱི་ཁང་གོང་དང་། ར་བ་སྟོད་པའི་འཆད་

པ་སྒྲིལ་ནས་མཛད། དྲུང་ལེགས་བཟང་པས་ཐོས་བསམ་གླིང་དང་། ར་བ་སྟོད་ཀྱི་སྒྲིལ་བའི་འཆད་ཉན་པ་མཛད་ཅིང་། དེ་ནས་བཟུང་སྟེ་སྐྱི་ཁང་འོག་དང་ཐོས་བསམ་གླིང་དང་། སྟོད་པ་རྣམས་སྒྲིལ་བའི་འཆད་ཉན་པ་ཤ་སྟག་དང་། ར་བ་སྟོད་ཀྱི་སློབ་དཔོན་དུ་མ་ཞིག་གསང་སྔགས་མཁར་གདན་སར་ཕེབས་པ་ཡང་མང་། །

ཆོས་གྲྭ་ཆེན་པོ་གསང་ཕུ་ར་བ་སྟོད་པའི་བྱུང་རྒྱལ་དང་གདན་རབས་བསྡུན་པ།

གསང་ཕུ་ར་བ་སྟོད་པའི་ལོ་རྒྱུས་ནི། སློབ་དཔོན་སེང་གེ་རི་བོང་གིས་འཆད་ཉན་པ་མཛད་སྐབས་སུ། རྗེ་རིན་པོ་ཆེས་དཀའ་བཞིའི་གྲྭ་སྐོར་གནང་བས་ལྷུགས་བཤད་གནང་བས་མཁས་པ་མང་པོའི་ཡིད་འཕྲོགས། དེ་ནས་རྗེ་དང་རོང་སྟོན་གྱི་དངོས་སློབ་མཁྱེན་རབ་དབང་ཕྱུག་གྲགས་བཟང་པས་སེང་གེ་རི་བོང་གི་རྗེས་སུ་འཆད་ཉན་པ་མཛད། དེའི་རྗེས་སུ་ཀུན་མཁྱེན་ཡོན་ཏན་རྒྱ་མཚོས་འཆད་ཉན་པ་མཛད་པ། དེ་ནི་གྲྭ་ཆེ་བར་འཁྲུངས། མཁྱེན་རབ་དབང་ཕྱུག་བསྟེན་ནས་གསུང་རབ་ལ་སྦྱངས་པས་གྲྭ་ཚང་འདིའི་སློབ་དཔོན་དང་། གསུང་ཕུའི་ཆེན་པོ་དང་། གླིང་སྨད་ཆོས་རྗེར་ཕེབས་པ་ཡིན་ཞིང་རྗེ་(༩༥ན) རིན་ཆེན་ལ་ཐུགས་དད་ཤིན་ཏུ་ཆེ་ཞིང་། གྲྭ་ས་པ་ཕལ་ཆེར་

ཡང་རྗེ་ལ་དད་པ་ན། འགའ་ཞིག་གིས་སྨུན་འཁྲིན་བྱེད་པ་ན་གྲྭ་ཚང་གི་སྟོད་དུ་རྫོའི་ར་བ་བསྐོངས་ཏེ། སློབ་གཉེར་བྱས་པས་ར་བ་སྟོད་དང་། གཞུང་དེ་ལ་ར་བ་སྨད་པར་གྲགས། ར་བ་སྨད་པའི་འཆད་ཉན་པ་སློབ་དཔོན་དུ་རིམ་པར། ཐུགས་རྗེ་དཔལ་དང་། ཚུལ་ཁྲིམས་རྒྱ་མཚོ། སྟེ་བདུན་པ། བློ་ལྡན་པ། རྗེ་དཔོན་པོ་བློ་བཟང་ཉི་མ། སློབ་དཔོན་དྲི་མེད་པ། བཟང་གྲགས་པ། ཀུན་དགའ་བློ་གྲོས། འཇམ་དབྱངས་ཕྱོགས་ལེགས་པ། ར་བ་སྟོད་དུ་འཆད་ཉན་པ་ཐོག་མར་པཎ་ཆེན་མཆོག་ལྷ་འོད་ཟེར། དེ་ནས་རིམ་བཞིན་སློབ་དཔོན་བསྟན་པ་རྒྱལ་མཚན། ཆེན་པོ་ལེགས་བཟང་པ། རྟེད་ཐང་པ་ལྷ་དབང་དཔལ་འབྱོར། ཆོས་ཀྱི་གྲགས་པ། བསམ་གཏན་མཆོག གད་ཁ་པ་དཔལ་འབྱོར་རྒྱ་མཚོ། བློ་བཟང་བསྟན་འཕེལ། རྟེད་ཐང་པ་སངས་རྒྱས་རྒྱ་མཚོ། སྟག་ལུང་བྲག་པ་བློ་གྲོས་རྒྱ་མཚོ། བྱམས་གླིང་པ་ཞལ་སྔ་ནས་དཀོན་མཆོག་ཆོས་འཕེལ། ཁེ་གསུམ་ཆོས་མཛད་བློ་བཟང་བསྟན་འཛིན། དགའ་ལྡན་དང་ཉེ་བའི་ཆོས་སྡེ་དགེ་འདུན་སྒང་ནི་མཁན་ཆེན་ལྷའི་རྒྱལ་མཚན་པས་བཏབ་བོ། །དེ་བཞིན་དུ་གསང་ཕུར་དགའ་ལྡན་པའི་གྲྭ་ཚང་སྤེལ་སེར་རཾ་འཕེལ་སེར་དུ་སློབ་དཔོན་རིམ་པར་གཉལ་རྒོད་བསམ་གྲུབ། བྱང་རྣ་སྦྲེང་བ་ཤཱཀྱ་བསོད་ནམས། མཚུངས་མེད་ཆོས་རྗེ། ཆོས་དཔལ་ལྷུན་སེང་གེ །རིན་ཆེན་བྱང་ཆུབ། གཉལ་སྟོན་དཔལ་འབྱོར་ལྷུན་གྲུབ། ཆོས་རྗེ་ནེ་ཙོ་བ།

སློབ་དཔོན་ཉི་མ་གྲགས། (༩༨བ)ཐེ་རུ་མཁན་པོ། ཆེན་པོ་ཆོས་ཤེ །སློབ་དཔོན་མཁས་བཙུན་པ། ཤེས་རབ་ཉི་མ། རཏྣ་ཧྭ་ཛ། ཀུན་དགའ་རིན་ཆེན། བློ་གྲོས་རྒྱ་མཚོ། རྒྱལ་བྱེད་གྲགས་པ་རྣམས། ཉི་མ་ཐང་དུ་སློབ་དཔོན་རིམ་བཞིན་ལྷུན་མ་བློ་གྲོས་རྒྱ་མཚོ། གཉལ་ཆེན་ཤེས་རབ་རྒྱལ་མཚན། ཆོས་རྒྱལ་དགེ་རྒྱལ་བ། མཁས་མཆོག་པ། གུང་རུ་ཆོས་བཟང་། གཉལ་པ་སྟོན་བསོད། དྲུང་ཤེས་རབ་བཀྲ་ཤིས། ཆེན་པོ་དཔལ་ཤེ་བ། རྡོ་རྗེ་སེང་གེ །ཤར་ཁ་རབ་འབྱམས་པ་སངས་རྒྱས་ལེགས་པ། སློབ་དཔོན་བསོད་ནམས་རྒྱ་མཚོ། ཆེན་པོ་ལེགས་པ་དོན་གྲུབ། རྩེད་ཐང་པ་ལྷ་དབང་དཔལ་འབྱོར། གུང་རུ་བསོད་ནམས་རྒྱལ་མཚན། ཨེ་པ་བྱམས་པ་བརྟན་པ། རྩེད་ཐང་པ་དངོས་གྲུབ་རྒྱ་མཚོ། ཨེ་པ་དཔལ་འབྱོར་ལྷུན་གྲུབ། གུང་རུ་ཀུན་དགའ་རིན་ཆེན། བྱམས་གླིང་པ་འཕྲིན་ལས་རྒྱ་མཚོ། བློ་གྲོས་རྒྱལ་མཚན། ཉང་རོང་གྲྭ་ཚང་དུ་སློབ་དཔོན་རིམ་པར་བྱོན། ཆོས་རྗེ་རྒྱལ་དབང་པ། སློབ་དཔོན་གྲགས་པ་བཀྲ་ཤིས། དྲུང་ཀུན་བཟོད་པ། མངའ་རིས་རབ་འབྱམས་པ། དྲུང་བཟང་དཔལ་བ། རིན་ཆེན་དོན་ཡོད་པ། བློ་གྲོས་ལྷུན་གྲུབ་སྐྱ་སྐྱེ་པཎ་ཆེན། བཀྲ་ཤིས་ལྷུན་གྲུབ། དྲུང་ཆོས་བཀྲ་ཤིས་པ། དགེ་བཤེས་རྒྱ་མཚོ། ཆོས་འབྱུང་གནས། བློ་བཟང་བསྟན་འཕེལ། གླིང་ཨ་རྒྱ། ཤར་པ་དོན་གྲུབ་སེང་གེ །དབུ་མཛད་བསོད་ནམས་ལྷུན་པོ། འབུམ་རམས་པ་ཞལ་སྔ་ནས་བསོད་ནམས་རྣམ་རྒྱལ།

ཁམས་སྟོན་པ་སངས་རྒྱས་བསྟན་པ་རྒྱ་མཚོ། ཐང་སྐྱ་བ་དོན་གྲུབ་དཔལ་ལྡན། དྲུང་ཆེན་བཟང་པོ་རྣམ་རྒྱལ། སྐྱོར་མོ་ལུང་པ་རིན་ཆེན་བཀྲ་ཤིས།

དེ་ལྟར་གསང་སྔགས་དགེ་ལྡན་པའི་གྲྭ་ཚང་བཞི་དང་ས་སྐྱ་པའི་གྲྭ་ཚང་(༤༧ན)བདུན་ཡོད་པ་ལས། གླིང་སྟོད་པ་ལ་གྲྭ་ཚང་སྤེལ་སེར། ཉི་མ་ཐང་། དགས་པོ་གྲྭ་ཚང་། རྣམ་རྒྱལ་གསེར་ཁང་པ། ཁུ་སྡེ་བཙོ། །གླིང་སྨད་དུ་གྲྭ་ཚང་སྒྲོས་རྙིང་པ་གཞི་བ་དང་། ཉང་རོང་པ། གནས་སྒོ་བ་གསུམ། སྒྲོས་གསར་བ། ར་བ་སྟོད་སྨད་གཉིས་ཏེ་བཅུ་གཅིག་གམ། གནས་སྒོ་བ་ལ་གསུམ་དུ་ཕྱེ་ན་གྲྭ་ཚང་བཅུ་ཙམ་ཡོད་དོ། །དེ་ལྟར་བསྟན་པའི་འབྱུང་ཁུངས་གསང་སྔགས་ནེའུ་ཐོག་གི་ཆོས་སྡེ་འདི་ནི། རྗོག་ལེགས་པའི་ཤེས་རབ་ཀྱིས་བཏབ་ཅིང་། ཇོ་བོ་ཨ་ཏི་ཤ་སྙེ་ཐང་དུ་བཞུགས་དུས་ཞིག་དེར་ཕྱག་མཛུབ་གཏད་ནས། ལེགས་པའི་ཤེས་རབ་ལ་ལུང་པ་ཡ་གིའི་ཕུར་དུང་གཡས་འཁྱིལ་རང་བྱོན་དང་། ནམ་མཁར་གསེར་གྱི་འཁོར་ལོ་རྩིབས་སྟོང་དང་ལྡན་པ་འཁོར་བ་དང་། ཐུབ་དབང་དཔལ་དུ་བཞུགས་ནས། བྱམས་པ་དང་འཇམ་དབྱངས་སྐུ་གཉིས་དང་གསུམ་གྱི། དྲུང་ངེས་ལ་བསྒྲོ་བ་མཛད་སྐང་བས། དེར་ཁྱེད་ཀྱིས་གནས་གཞི་བྱས་ན་འཕྲིན་ལས་རྒྱས་པར་འགྱུར་རོ། །ཞེས་གསུངས་པས། འོ་ན་རེ་ཞིག་གསང་བར་ཞུ་ཞེས་ཞུས་པས་གསང་ཕུར་གྲགས། ཁ་ཅིག་ནི་ལུང་པ་གསང་གི་ཕུ་ཡིན་པས་གསང་ཕུར་བརྗོད་

ཟེར། གང་ལྟར་གསང་ཕུ་ནེའུ་གསིང་གི་ཐོག་ཏུ་ལྟེགས་ཕག་ལ་གཙུག་ལག་ཁང་བཞེངས། གྲྭ་པ་ལྔ་བརྒྱ་འདུས་པ་ལ་འཆད་ཉན་མཛད་ཅིང་བཞུགས། རྔོག་ལེགས་པའི་ཤེས་རབ་ཀྱི་གཙུང་པོ་ཆོས་སྐྱབས་ཀྱི་སྲས་སུ་ས་ཕག་ལ་འཁྲུངས་པའི་རྔོག་བློ་ལྡན་ཤེས་རབ་ཀྱིས་རྒྱ་གར་དུ་ཕྱིན། བླ་མ་ (༤༧བ) མང་དུ་བསྟེན། མཁས་པར་སྦྱངས་ནས་བོད་དུ་ཕེབས། ཁུ་བོ་ལེགས་པའི་ཤེས་རབ་ཀྱི་དྲུང་ཆོས་མང་དུ་བསྒྱུར་ཏེ། མཚན་ཉིད་ཀྱི་ཆོས་གྲྭ་བཙུགས་པས་མཁས་པ་གྲོ་ལུང་པ་ཆེན་པོ་བློ་གྲོས་འབྱུང་གནས་སོགས་མཁས་གྲུབ་ཀྱི་སློབ་མ་བགྲང་ལས་འདས་པ་འདུས་པས་སངས་རྒྱས་ཀྱི་བསྟན་པ་གསལ་བར་མཛད་པ་འདི་ནི། འཇམ་དཔལ་རྩ་རྒྱུད་ལས་ལུང་བསྟན་པ་སྟེ། འདི་ནས་བྱང་ཕྱོགས་ཀྱི་འགྲམ་དུ། །བློ་ལྡན་གང་ཞིག་འབྱུང་འགྱུར་བ། །ང་ཡི་བསྟན་པ་འཛིན་བཙོན་པའི། །དེ་མིང་ཤེས་རབ་མཐར་གནས་པ། །ཡི་གེ་སྦྲ་དང་ཤད་བྱ་ལ། །བློ་གྲོས་ཐོགས་པ་མེད་པ་འབྱུང་། །ཞེས་གསུངས། ཡང་འཇམ་དཔལ་རྩ་རྒྱུད་ལས། ཤར་ཕྱོགས་རྒྱ་མཚོར་བསྟེན་ནས་ནི། །དེ་འདིར་འབྲུག་གི་མཐར་ཐུག་པར། །བློ་ལྡན་ལོ་ཧི་ཏ་ལས་གཞན། །བྱང་དུ་དེ་བཞིན་ཁ་བ་ཅན། །ཞེས་པ་འདི་ཡང་ལོ་ཙྪ་བ་བློ་ལྡན་ཤེས་རབ་ཀྱི་ལུང་བསྟན་དུ་འཛིན་ཏོ། །བསྟོད་པ་ལས། རྒྱལ་བས་ལུང་བསྟན་བརྙེས་པའི་ལོ་ཙྪ་བ། །བློ་ལྡན་ཤེས་རབ་ཞབས་ལ་གསོལ་བ་འདེབས། །ཞེས་བསྟོད་དོ། །ལོ་ཆེན་བློ་ལྡན་ཤེས་རབ་ཀྱི་དགུང་ལོ་

བཅུ་བདུན་པ་ཤིང་ཡོས་ལ་རྒྱ་གར་དུ་ཐེགས་ནས་ལོ་བཅུ་བདུན་བཞུགས། ཁ་ཆེ་པཎྜི་ཏ་པཛྙཱན་དང་། པ་རི་ཧི་ཏ་བྷ་དྲ་དང་། སྐལ་ལྡན་རྒྱལ་པོ་དང་། སུ་མ་ཏི་ཀཱིརྟི་དང་། འབུམ་ཕྲག་གསུམ་པ་རྣམས་བསྟེན། བོད་དུ་ཕེབས་པ་ན་གྲྭ་པ་ཉི་ཁྲི་སུམ་སྟོང་འདུས། དགུང་ལོ་ང་གཅིག་པ་ས་གླང་ལ་གཤེགས་སོ། །དེའི་ཁུ་བོ་རྔོག་ལེགས་པའི་ཤེས་རབ་ནི་ཡར་འབྲོག་(༥༨ན)རྡོའི་ཕྱིའི་མཚོ་འགྲམ། གསང་ཕུགས་སྙིང་མའི་བླ་མ་རྡོ་རྗེ་གཞོན་ནུ་ལ་སྲས་ལྔ་བྱུང་བའི་ཆེ་བ་རྔོག་ལེགས་པའི་ཤེས་རབ། གཉིས་པ་ཀླུང་ཁྲི། གསུམ་པ་ཀླུ་བྱུང་། བཞི་པ་ཆོས་སྐྱབས། ལྔ་པ་ཐུབ་པ་སྟེ་ཆེ་བ་ལེགས་པ་ཤེས། འབྲིང་ཡེ་ཤེས་ཡོན་ཏན་ལས་རབ་ཏུ་བྱུང་། ཁམས་སུ་སེ་བཙུན་པར་སྡེ་སྟོད་མང་པོ་ལ་བསླབས། ཁུ་སྟོན་དང་དབུས་སུ་ལྷན་དུ་བྱོན། བཤད་གྲྭ་བཙུགས་པས་སློབ་མ་མང་དུ་བྱུང་། ཇོ་བོ་རྗེ་ཡབ་སྲས་བསྟེན། ཆོས་མང་དུ་གསན། ཁྱད་པར་དུ་ཡེར་པར་བཀའ་གདམས་གླེགས་བམ་ཞུས་ཏེ་གསན། ཐུགས་ཕག་གམ་ཆུ་གླང་ལ་གསང་ཕུ་ནེའུ་ཐོག་གི་གཙུག་ལག་ཁང་བཞེངས། གདན་སར་རྣལ་འབྱོར་པ་ཤེས་རབ་རྡོ་རྗེ་བྱོན། དེ་ནས་རྔོག་བློ་ལྡན་ཤེས་རབ་གསང་ཕུའི་གདན་སར་ཕེབས། རྒྱལ་བའི་བསྟན་པ་འཆད་ཉན་གྱི་སྒོ་ནས་སྤེལ་ཞིང་རྒྱས་པར་མཛད། དེའི་རྗེས་སུ་གདན་སར་ཆོས་སྐྱོང་ཆོས་ཀྱི་བླ་མས་གདན་སར་ས་གླང་ལ་ཕེབས། འདི་ཡན་ལ་གསང་ཕུ་བཏབ་ནས་ལོ་སོ་བདུན་སོང་། ཆོས་སྐྱོང་གི་

གདན་སར་ལོ་སོ་གཉིས་སོང་། དེའི་རྗེས་སུ་རིམ་བཞིན་གཉལ་པ་རིལ་ལུས་གཉིས། རྣམ་འཕར་བ་ལོ་བརྒྱད། ཕྱ་པ་ཆོས་ཀྱི་སེང་གེས་ལོ་བཅོ་བརྒྱད། འདིའི་སློབ་མ་གཙང་ནག་བརྩོན་འགྲུས་སེང་གེ་སོགས་སེང་ཆེན་བརྒྱད། སེང་ཆུང་བརྒྱད། གྲུབ་ཐོབ་མཁས་པ་མི་གསུམ་སོགས་མང་ངོ་། ཕྱ་པའི་རྗེས་སུ་གདན་སར་རྩགས་དབང་ཕྱུག་སེང་གེས་ལོ་ལྔ། གཙང་པ་འཇམ་དཔལ་ (༥༨བ) སེང་གེས་ལོ་བཅུ། གཉལ་པ་དད་པ་བཟང་པོས་ལོ་དགུ འཇམ་བཙོན་ནེས་ལོ་བདུན་མཛད། ཕལ་ཆེར་འཇམ་དཔལ་སེང་གེའི་དུས་སུ་གདན་ས་གླིང་སྟོད་སྨད་གཉིས་སུ་གྱེས་ཟེར། གླིང་སྨད་ལོ་ཙྪའི་ཁྲི་དང་གླིང་སྟོད་ཕྱ་པའི་ཁྲི་ཡིན་ཟེར་ཡང་། གླིང་སྟོད་ཇོག་ལེགས་པའི་ཤེས་རབ་དང་། གླིང་སྨད་དུ་ཇོག་བློ་ལྡན་ཤེས་རབ་ཀྱི་ཁྲི་ཡིན་ལ། གླིང་སྟོད་སྨད་དུ་གྱེས་པའི་རྐྱེན་འབྲེལ་ཡང་བྱམས་འཇམ་དབྱངས་གཉིས་བགྲོ་གླིང་མཛད་པའི་དོན་གྱིས་ཡིན་པས། གྲུབ་མཐའ་སྨྲ་བ་གཉིས་འབྱུང་བར་ལུང་བསྟན་པས། ས་དགེ་གཉིས་དང་། ར་བ་སྟོད་སྨད་གཉིས་དང་། གླིང་སྟོད་སྨད་སྟེ་ <དེ་> གཉིས་མཚན་གསུམ་པོ་དེ་ལ་འགལ་བ་མེད་དེ། བསྟན་པ་དར་བ་ལ་བཟང་འགྲན་དུ་སོང་བ་ཡིན་ནོ།

གླིང་སྟོད་ཀྱི་གདན་སར་གཙང་པ་འཇམ་དཔལ་སེང་གེའི་རྗེས་སུ་རིམ་པ་བཞིན་གཞུང་སྟོན་རྒྱལ་མོ། བློ་གྲོས་འབར། གཉལ་ཞིག་པ། རྒྱ་འཆིང་རུ་བ། ཚུ་མིག་པ་སེང་གེ་དཔལ། ལྡན་མ་གྲགས་རིན། སྟོ་

བྲག་པ་ཆོས་ཀྱི་སེང་གེ །ཉང་སྟོད་པ་ཡེ་ཤེས་མགོན་པོ། སོག་དཔོན་
བཤེས་གཉེན་མགོན་པོ། གཙང་དགོན་པ་བླ་བྲང་ཆོས་དཔལ་རྒྱལ་
མཚན། གཞོན་ནུ་རིན་ཆེན། ལྷ་སྟོན་ཞིག་པོ། ཡང་རྩེ་བ། ལྷ་ཡུལ་
བ། བན་དཔོན་པོ་ཤེས་རབ་བཟང་པོ། རིན་ཆེན་གྲགས་པ། ཡོན་
ཏན་རྒྱ་མཚོ། དཀོན་མཆོག་ཚུལ་ཁྲིམས། རིན་ཆེན་རྣམ་རྒྱལ། མདོ་
ཆེན་པ་གྲགས་པ་དཔལ། དཔེན་དགེ་བ་དཀོན་མཆོག་རྒྱ་མཚོ། མི་
ཉག་རིན་ཆེན་བཟང་པོས་བླ་བ་བདུན། དཔལ་ལྡན་(ཞ་ན)སེང་གེ །
ཚོགས་ཆེན་པ་ཀུན་དགའ་དབང་ཕྱུག །རིན་ཆེན་དབང་ཕྱུག་གྲགས།
རྩེད་ཐང་པ་ནམ་མཁའ་བསམ་གཏན་པ། ཚལ་པ་གྲགས་པ་རྒྱལ་
མཚན། གཉལ་པ་ཆོས་དཔལ་རྒྱལ་མཚན། གཙང་ཆོས་ལུང་པ་
བསོད་ནམས་ལེགས་མཆོག །ལེགས་པ་དོན་གྲུབ། ཆོས་རྗེ་རཏྣ་ཛ་ཧྣ་
སྐྱེ་རིན་ཆེན་རྒྱལ་མཚན། ཞ་ལུ་བ་བློ་གྲོས་དཔལ་ལྡན་པ། ཁུ་སྒེ་བ་
བསྟན་པ་རབ་རྒྱས། ཉི་མ་ཐང་པ་བསོད་ནམས་རྒྱལ་མཚན། དྭགས་
པོ་གྲྭ་ཚང་བ་ཀུན་དགའ་འབྱུང་གནས།

གསང་ཕུ་གླིང་སྨད་ཀྱི་གདན་རབས་ནི། འཇམ་བཙན་ནི།
བཟང་པ་དར་མ་འོད། བཟང་སྟོན་དོན་གྲུབ། སློབ་དཔོན་ཇོ་ནམ།
རོག་གིས་བླ་བ་དྲུག །སྒྲོས་རྙིང་པ་འོད་ཟེར་མགོན་པོ། འཇམ་
དབྱངས་ཤཱཀྱ་གཞོན། རྒྱ་མ་བ་བཀྲ་ཤིས་རྒྱལ་མཚན། གཉལ་པ་
ཕྱོགས་རྣམ་རྒྱལ། ཡར་འབྲོག་ཡོན་ཏན་རྒྱ་མཚོ། རྒྱས་སྟེ་བ་གཞོན་ནུ་

སེང་གེ །གཙང་དཀར་བ་བློ་གྲོས་སེང་གེ །བླ་མ་དར་དབང་། བླ་མ་ཡེ་ཤེས། ཤེས་རབ་རྒྱལ་མཚན། གཞོན་ནུ་བློ་ལྡན། བློ་གྲོས་བརྟན་པ། ཚད་མ་སློབ་དཔོན་བསོད་ནམས་འཕེལ། སེང་གེ་རྒྱལ་མཚན། བསམ་གཏན་བཟང་པོ། སངས་རྒྱས་རྒྱལ་མཚན། བརྩོན་འགྲུས་སེང་གེ །གྲ་ < གྲྭ་ > ཚུང་བ་ཡོན་ཏན་རྒྱ་མཚོ། གསང་མདའ་བ་སངས་རྒྱས་ཆོས་སྐྱོང་། གཙང་པ་སངས་རྒྱས་བཟང་པོ། ཤེས་རབ་དཔལ་ལྡན་པ། རྗེའི་དཔོན་བློ་བཟང་ཉི་མ། ཤངས་དགེ་འཕེལ་མཆོག་ལྷ་འོད་ཟེར། རྒྱ་མ་བ་ལྷ་དབང་དཔལ་འབྱོར། མངའ་རིས་པ་སངས་རྒྱས་བཀྲ་ཤིས། བྱམས་པ་གླིང་པ་ཆོས་ཀྱི་གྲགས་པ། གསང་མདའ་བ་བསམ་གྲུབ། ཤར་པ་དོན་གྲུབ་སེང་གེ་(༤༩བ) རིན་ཆེན་འབྱོར་ལྡན། འཕྲིན་ལས་དཔལ་འབྱོར། འཕགས་པ་ནོར་བུ། བྱམས་པ་གླིང་པ་ཆོས་ཀྱི་རྗེ་དཀོན་མཆོག་ཆོས་འཕེལ། གྲྭ་ཚང་བཅུ་གཅིག་ཡོད་ཚུལ་གོང་བརྗོད་ཟིན་ཏོ། །

རྗེ་བཙུན་ཙོང་ཁ་པའི་མདོ་སྔགས་ཟུང་འབྲེལ་གྱི་བསྟན་པ་དབུ་ཏུ་ཚལ་པ་ཁྲི་འོག་ཏུ་དར་རྒྱལ་བསྟན་པ།

དབུས་ཏུར་རྒྱ་འབྲི་ཚལ་གསུམ་གྱི་ཁྲི་འོག་ནས། དབུ་སྣད་ཚལ་

པའི་ས་ཆ་སྐྱིད་ཤོད་དུ་རྗེ་རིན་པོ་ཆེའི་བསྟན་པ་ཤིན་ཏུ་དར་བས། སེ་འབྲས་དགེ་གསུམ་གསང་ཕུ་གསང་སྔགས་མཁར་དང་བཅས་པའི་ལོ་རྒྱུས་དེ་བཞིན་དང་། རྩ་ཐང་། གསང་ཕུ། ཚལ་གུང་ཐང་རྣམས་སུ་རྗེ་བཙུན་བཙོང་ < ཙོང་ > ཁ་པ་ཆེན་པོས་དཀའ་བཞིའི་གྲྭ་སྐོར་མཛད་པ་རྣམ་ཐར་དུ་གསུངས་ཤིང་། དང་པོར་གུང་ཐང་དུ་གསོ་བ་རིག་པ་ལ་སྦྱངས། ཡང་བཀའ་འགྱུར་གཟིགས། གུང་ཐང་གི་ཆོས་རྗེ་མཛེས་པ་དཔལ། བླ་ཆེན་ཉན་ཤག་པ། སྟག་ཕུ་གོ་ཤྲཱི། ཧེའུ་རའི་ཆོས་རྗེ་ཡེ་ཤེས་དཔལ་དང་བཞི་ལ་དངོས་སློབ་ས་སྟེངས་མཛེས་པའི་བླ་ཆེན་བཞིར་གྲགས། བྱམས་ཆེན་ཆོས་རྗེ་ཡེ་ཤེས་ཤཱཀྱ་ཡེ་ཤེས་ཡང་ཚལ་པ་ཡིན་ནོ། །ཚལ་གུང་ཐང་འདི་མདོ་སྔེ་གདམས་ངག་འབོགས་པའི་ལུང་བསྟན་གསལ་བའི་སྒྲོན་མེ་ལས། འདི་ནས་བྱང་ཕྱོགས་མཐའ་འཁོབ་ཏུ། །ཚལ་བྱེ་མ་ཅན་ཞེས་པར། །སྐྱེ་མེད་ཅེས་ནི་གྲགས་པ་འབྱུང་། ང་ཡི་སྐུ་གཟུགས་ཆེན་པོ་བྱེད། །དེ་ནས་འཕོས་ཏེ་ལྷོ་ནུབ་ཏུ། པདྨ་འབྱུང་ཞེས་རྒྱལ་བར་འགྱུར། །ཞེས་གསུངས་པས་ཞང་གཡུ་བྲག་པ་སྐྱེ་མེད་པ་ཞང་བླ་གདགས་དང་། གྲགས་པ་འབྱུང་ཞེས་པས་མཚན་དངོས་བརྩོན་འགྲུས་གྲགས་པ་ལུང་བསྟན་ནོ། །དེ་ནི་སྐྱི་ < སྐྱིད་ > (༥༠ན) ཤོད་ཚ་བ་གྲུར་ཆུ་ཡོས་ལ་འཁྲུངས། དགུང་ལོ་ཉི་ཤུ་རྩ་དྲུག་པ་ལ་སློབ་དཔོན་གྲགས་མཁར་བ་སོགས་ལ་ < ལས་ > བསྙེན་པར་རྫོགས། མཚན་བརྩོན་འགྲུས་གྲགས་པར་གསོལ། དཔལ་རྒྱ་ལོ་དང་།

སྒོམ་པ་ཚུལ་ཁྲིམས་སྙིང་པོ་མཇལ། ཕྱག་ཆེན་ཞུས་ནས་སྒོམས་པས། དེ་ཁོ་ན་ཉིད་ཀྱི་དོན་རྟོགས། ཚལ་གུང་ཐང་དུ་གཙུག་ལག་ཁང་བཞེངས། གྲུབ་རྟགས་མང་དུ་བསྟན། དགུང་ལོ་དོན་གཅིག་པ་ཆུ་གླང་ལ་གཤེགས་སོ། །གདན་ས་རིམ་པ་བཞིན་མཉམ་མེད་ཤཱཀྱ་ཡེ་ཤེས། སློབ་དཔོན་བྱང་ཆུབ་ཡེ་ཤེས། ལྷ་དབང་ཕྱུག་མཁར་པ་ཉི་ཟླ་འོད། སངས་རྒྱས་འབུམ། སྒོམ་པ་ཡེ་ཤེས། སྙིང་པོ་སངས་རྒྱས། སངས་རྒྱས་གཞོན་ནུ། གསེར་ཁང་སྟེངས་པ་ཀུན་དགའ་རྒྱལ་མཚན། སངས་རྒྱས་རིན་ཆེན། ཤཱཀྱ་འབུམ། བྱང་ཆུབ་དཔལ། སྤྱན་སྔ་གྲགས་པ་རིན་ཆེན་བཤེས་གཉེན། འདི་ནས་སྡེ་ཚུགས་ཞིག་པ་ཡིན་ནོ། །

ཚལ་པ་ཁྲི་དཔོན་འོང་བའི་རྒྱུ་མཚན་ནི། ཞང་གི་སློབ་མ་ཡར་འབྲོག་པ་སེང་གེས་མི་ཉག་གི་ཡུལ་དུ་སྦྱིན་པ་མཛད་པས། རྒྱ་ནག་རྒྱལ་པོའི་བླ་མར་གྱུར་ཏོ། །ག་ར་དགོན་མོ་ཆེ། ཧྲ་ཧེ་སོགས་མི་ཉག་དང་། སོག་ཡུལ་དུ་འཕྲིན་ལས་རྒྱས་པའི་ཞང་གི་བསྔགས་པ་བརྗོད་པས། ཞང་གི་དཔོན་ཚང་ལ་སྐྱི་ < སྐྱིད་ > ཤོད་སྟོད་སྨད། ཆུ་ཤུལ་བཟང་སོགས་ཀྱི་ཁྲི་དཔོན་གྱི་འཇའ་ས་བྱུང་ཞིང་། དྲུང་ཆེན་སྨོན་ལམ་རྡོ་རྗེས་ཆོས་འཁོར་གླིང་བཏབ་སྟེ་བཤད་གྲྭ་བཙུགས། སི་ཏུ་དགེ་བློ། དྲུང་ཀུན་དགའ་རྡོ་རྗེ་སོགས་ཀྱིས་ཁྲིས་བདག་བྱས་སྐབས་འདིར་ཚལ་(༥༠བ) དུས་ཟེར། ཚལ་གུང་ཐང་འདི་རྗེའི་དངོས་སློབ་རྒྱལ་གྲུས་

བདེ་འབྱུང་བས་དགའ་ལྡན་པར་གྱུར་པ་ཡིན་ནོ། །དེ་ནས་ཏའི་སི་ཏུ་བྱང་ཆུབ་རྒྱལ་མཚན་པས་བོད་སྤྱི་ལ་དབང་རྒྱུགས་པས་གཞིས་ཁ་སྣེའུ་བརྩིགས་ནས་ཆེན་པོ་རིན་ཆེན་བཟང་པོ་རྫོང་དཔོན་དུ་བསྐོས། དེའི་སྲས་ནམ་མཁའ་བཟང་པོ། དེའི་སྲས་སུ་དབེན་ཤཱ། གྲགས་པ་དབང་ཕྱུག །ཕག་གྲུ་དཔོན་པོ་ནམ་མཁའ་རྒྱལ་པོ་གཉིས་བྱུང་། ཡབ་སྲས་འདི་རྣམས་ཀྱིས་རྗེ་རིན་པོ་ཆེའི་སྦྱིན་བདག་བྱས་ནས་ལྷ་ས་སྨོན་ལམ་ཆེན་མོ་བཙུགས། གྲགས་པ་དབང་ཕྱུག་མཆེད་ཀྱི་སྲས་སྣེའུ་དཔལ་འཁོར་རྒྱལ་པོ། དེའི་སྲས་ངག་དབང་བསོད་རྒྱལ། རིན་ཆེན་ལྷུན་པོ། རྣམ་རྒྱལ་བ་དང་གསུམ་བྱུང་། འདི་དུས་བཀའ་བློན་སྣང་རྩེ་བ་བློ་གྲོས་ལེགས་བཟང་བགྲོངས་པས། དེའི་ནང་ཚང་གིས་རིན་དཔུང་པས་གཡབས་ནས་སྣེའུ་ཤར། གསོལ་ལ་སྐྱུར་མོ་ལུང་བྱུང་། དེ་མཆེད་གསུམ་གྱི་ལྷུམ་སངས་རྒྱས་དཔལ་འཛོམ་བྱུང་བའི་མག་པར་སྣེའུ་གདོང་རྩེ་ནས་མི་དབང་བསོད་ནམས་རྒྱལ་མཚན་བསུས་པ་ལ་སྲས་གཅིག་བྱུང་། སྣེའུ་ངག་དབང་རྒྱལ་པོ་མཆོད་ཀྱི་བློན་པོ། དགའ་ལྡན་ཨ་བསོད་ཀྱིས་སྐྱིད་ཤོད་སྟོད་བཟུང་བས་དགའ་ལྡན་པ་བྱུང་བ་ཡིན་ནོ། །

ཚམས་ཀྱི་རོང་ངོས་སུ། ཉེ་སྡིངས་ཚོས་སྡེ་ནི། རྗེའི་དངོས་སློབ་སེམས་དཔའ་ཆེན་པོ་བློ་གྲོས་རྒྱལ་མཚན་པས་བཏབ། དེ་ནི་དབུས་ཡུལ་ཚམས་གྲོང་གསར་དུ་ཚུ་སྒྲིལ་ལ་འཁྲུངས། རྗེ་ཡབ་སྲས་

བཞི། ཤར་པ་རིན་ཆེན་རྒྱལ་མཚན། རྫོག་རིན་ཆེན་(༥༧ན)དཔལ་སོགས་བསྟེན། ལམ་རིམ་ཐུགས་ཉམས་སུ་བསྐྱར་བ་སྤྱིའི་ཀུན་སྤྱོད་དར་བ་འཕགས་པ་རྟ་ཐུལ་ལྷ་བུ། ནང་གི་ཀུན་སྤྱོད་དཀར་རྫོར་འབའ་ཞིག་མཛད་པས་རྗེས་འབྲང་རྣམས་ཀྱང་དམར་དྲི་དང་བྲལ་བ་དང་། སེམས་དཔའ་ཆེན་པོ་ཞེས་གྲགས། འདུལ་འཛིན་གྲགས་པ་རྒྱན་མཚན་ལ་ < ལས་ > བསྙེན་པར་རྫོགས། བོད་དུ་འགྱུར་ཅིག་གི་བཀའ་དང་བསྟན་བཅོས་ཐམས་ཅད་གསན། ཐང་སྐྱའི་མཆོད་ཁང་གསར་མ་དང་ལྕུགས་ཟམ་བཙུགས། ལྷ་སར་བྱམས་པ་ཁྲིམ་གཟིགས་བཞེངས། བདེ་མོ་ཐང་དང་ཉེ་སྙིངས་བཏབ་པས་བྱང་སེམས་བདེ་མོ་ཐང་པར་གྲགས། གཞན་དོན་རྒྱ་ཆེན་པོ་མཛད་དེ་དགུང་ལོ་དོན་དགུ་པ་ལྕུགས་སྟག་ཟླ་བ་བརྒྱད་པའི་ཚེས་བཅུ་གཉིས་ལ་ཉེ་སྙིངས་སུ་གཤེགས་སོ། །དེ་ནས་དངོས་སློབ་འབྲེལ་ཞུས་ཚད་ནི་བགྲང་བར་དཀའ་ལ། ཆེ་བ་ནི། རྒྱལ་སྲས་འཕགས་པ་ལྷ། བྱང་སེམས་ཤ་མི་གསོལ། རིན་ཆེན་སྨོན་ལམ་དཔལ། རྒྱུད་པ་ཀུན་དགའ་དོན་གྲུབ། ཆོས་རྗེ་པཎ་ཆེན། པཎ་ཆེན་ཡེ་ཤེས་རྩེ་མོ། གྲུ་དཀར་ཆོས་མཛད། མཁན་རིན་ཆེན་ཆོས་བཟང་། མཁན་ཆེན་སངས་རྒྱས་བཟང་པོ། གནས་བརྟན་ཆོས་སྐྱོང་བ། སྤྲོ་འབོར་བ་སེང་གེ་རྒྱལ་མཚན། ཆོས་རྗེ་ཟླ་བ་རྒྱལ་མཚན། ཉག་རོང་བསམ་གཏན་གནས་བརྟན་བྱང་ཆུབ་རྒྱལ་མཚན། རྗེ་རྫོགས་ལྡན་པ། རིན་ཆེན་རྣམ་རྒྱལ། གནས་བརྟན་

ངག་དབང་པ། བྱང་བློ་གྲོས་ཆོས་དབང་། བྱང་གཞོན་ནུ་གྲགས། བྱང་གཟིམས་ཆེན་པ། འོད་བསྲུངས་པ། ཆོས་རྗེ་བསོད་ནམས་(༥༧བ)བཀྲ་ཤིས་སོགས་མང་ངོ་། །སེམས་དཔའ་ཆེན་པོ་དེའི་སྐྱེ་བ་ནི། སེམས་དཔའ་ཆེན་པོ་སྔོན་ལམ་བློ་གྲོས་ལྷུགས་ཡོས་ལ་ཆུམས་རྩ་བརྒྱད་དུ་འཁྲུངས། དགུང་ལོ་གྱ་གསུམ་པ་ལ་གཤེགས། དེའི་སྐུ་སྐྱེ་བ་སེམས་དཔའ་ཆེན་པོ་གྲགས་པ་རྒྱལ་མཚན་ནི་ཆུ་ཚན་ཁར་ཤིང་སྟག་ལ་འཁྲུངས། དགུང་ལོ་བཅུ་དགུ་པ་ལྷུགས་སྤྲེལ་ལ་གཤེགས་སོ། །དེའི་སྐུ་སྐྱེ་བ་སེམས་དཔའ་ཆེན་པོ་ངག་དབང་གྲགས་པ་རྒྱ་མཚོ་ནི། ཆུམས་སུ་ཆུ་བྱ་ལ་འཁྲུངས། དགུང་ལོ་སོ་གཉིས་པར་གཤེགས། དེའི་སྐུ་སྐྱེ་བ་ངག་དབང་ཕྱུན་ཚོགས་རྣམ་པར་རྒྱལ་བ་དབང་པོའི་སྡེ། ས་སྤྲུལ་ལ་ཆུམས་སུ་འཁྲུངས། དགུང་ལོ་བདུན་པ་ལ། ཐམས་ཅད་མཁྱེན་པ་ཡོན་ཏན་རྒྱ་མཚོ་ལ་རབ་བྱུང་གི་མཚན་གསོལ། ཉེ་སྐོར་ངས་ཀྱི་གདན་རབས་ནི་སེམས་དཔའ་ཆེན་པོ་བློ་གྲོས་རྒྱལ་མཚན་གྱི་རྗེས་སུ་རིམ་པ་བཞིན། བྱང་སེམས་ཤཱ་མི་གསོལ། སངས་རྒྱས་བཟང་པོ། སྟག་ཁྲ་བླ་བ་རྒྱལ་མཚན། སྨྱོམ་འཁོར་བ་སེང་གེ་རྒྱལ་མཚན། ཀུན་མཁྱེན་སྟོབས་ལྡན་འོད་ཟེར། མཁན་ཆེན་རིན་ཆེན་དཔལ་བཟང་། སློབ་དཔོན་དཔལ་ལྡན་འོད་ཟེར། པཎ་ཆེན་བསོད་ནམས་གྲགས་པ། རྗེ་ཚུལ་ཁྲིམས་འོད་ཟེར། ཆོས་རྗེ་ངག་དབང་ཆོས་གྲགས། སེམས་དཔའ་ཆེན་པོ་གྲགས་པ་རྒྱལ་མཚན། ཆོས་རྗེ་ཚེ་བརྟན་རྒྱ་མཚོ། རིན་

ཆེན་ གླིང་ པ་ བློ་ བཟང་ བསྟན་ འཕེལ། སྒོམ་ སྡེ་ ནམ་ མཁའ་ རྒྱན་ མཚན། །

སེམས་དཔའ་ཆེན་པོ་ངག་དབང་ཆོས་ཀྱི་རྒྱ་མཚོ། སྨྲ་འཕོར་བ་དགེ་འདུན་རྒྱལ་མཚན། སེམས་དཔའ་ཆེན་པོ་བློ་གྲོས་རྒྱལ་མཚན་གྱི་ < གྱིས་ > བཏབ་པའི། བདེ་མོ་ཐང་གི་གདན་སར། གནས་བརྟན་ཆོས་སྐྱོང་བ་དང་། དཀའ་བཅུ་དགེ་འདུན་དཔལ་བཟང་པོ་སོགས་ཕལ་ཆེར་ (༥༢ན) ཉེ་སྙིངས་ཀྱི་བླ་མ་རིམ་པར་བྱོན་པས་བླ་མའི་གོ་ས་མཛད་དོ། །གནས་བརྟན་ངག་དབང་པས་གྲག་རྒྱབ་བཟུང་ནས་དགེ་འདུན་རྒྱུན་མི་ཆད་ཙམ་བྱུང་བ་ཡིན་ནོ། །གྲུབ་མཛད་ཆོས་མཛད་པས་སྒོ་འཕོར་དུ་འབུལ་སྣང་མཛད་དེ། ལྷ་སར་བྱམས་པ་ཁྲིམ་གཟིགས་གསེར་བཟང་ལས་གྲུབ་པ་འདི་བཞེངས། གནས་བརྟན་བྱང་ཆུབ་རྒྱལ་མཚན་པའི་སློབ་མ། རིན་ཆེན་ཀུན་དགའ་རྒྱལ་མཚན་པས་བཀའ་གདམས་ཀྱི་ལོ་རྒྱུས་ཆེན་མོ་བརྩམས། མཁན་ཆེན་སངས་རྒྱས་བཟང་པོས་ར་ཚག་ཆོས་སྡེ་བཟུང་ནས་གཞན་དོན་མཛད་པས་སློབ་མར་མཁན་ཆེན་ཡོན་ཏན་རྒྱ་མཚོ། རྗེ་དགེ་འདུན་རྒྱ་མཚོ། པཎ་ཆེན་བསོད་ནམས་གྲགས་པ་སོགས་སྐྱེས་ཆེན་མང་དུ་བྱོན་ནོ། །སེམས་དཔའ་ཆེན་པོ་བློ་གྲོས་རྒྱལ་མཚན་གྱིས། རྗེའི་ལུང་བཞིན་ལམ་རིམ་གྱི་བཤད་པ་མཛད་པ་ལས་ལམ་རིམ་གྲྭ་ཚང་འདི་ཚུགས་ཤིང་། འཆད་ཉན་པ་རིམ་པར་སློབ་དཔོན་བསོད་ནམས་རྒྱལ་མཚན། བློ་གྲོས་ཆོས་

སྐྱོང་། ཀུང་ཐུ་འོད་བསྲུངས་པ། གཟིམས་ཆུང་བ་བློ་གྲོས་ཆོས་
དབང་། མཐོང་སྨོན་དཀའ་བཅུ་པ་དོན་གྲུབ་བློ་གྲོས། རབ་གསལ་ཟླ་
བ། དཔལ་འཕེལ་བློ་གྲོས། དཔལ་འབྱོར་རྒྱལ་མཚན། ཆོས་བཀྲ་
ཤིས། ངག་དབང་བསྟན་པ། བྱེན་པ་ཤེས་རབ་དཔལ་བཟང་།
གཙང་པ་ཤེར་དཔལ། གཙང་སྟོན་ཆོས་འཕེལ་བཟང་པོ། ཀམ་ཀམ་
པ་ཆོས་དབང་གྲགས་པ། ར་ཁྲིམ་པ་རིན་ཆེན་དཔལ་བཟང་། མལ་
གྲོ་བ་ཀུན་དགའ་དོན་གྲུབ། མཁར་ཐོག་པ་དགེ་འདུན་ཆོས་གྲགས་
(༥༢བ)དཔལ་འབར་བ་བསོད་ནམས་དཔལ་བཟང་། སྟོད་ལུང་པ་
དགེ་འདུན་བཟང་། ཡང་སེམས་དཔའ་ཆེན་པོ་བློ་གྲོས་རྒྱལ་མཚན་
པས། ཐང་སྐྱའི་བླ་མ་མཛད་ནས་དགེ་ལུགས་པར་བསྒྱུར། གདན་
སར་སྤྱོ་འཐོར་བྱང་སེམས་པ། སེམས་དཔའ་ཆེན་པོ་སྨོན་ལམ་བློ་གྲོས་
པ། རབ་འབྱམས་པ་སྨོན་ལམ་དཔལ། འདར་སྟོན་བློ་བཟང་གྲགས།
ཉག་རོང་སློབ་དཔོན་བསམ་གྲུབ་བཟང་པོ། སློབ་དཔོན་ཡོན་ཏན་
འོད། ཉག་རོང་སློབ་དཔོན་བཀྲ་ཤིས་དཔལ་འབྱོར། ལོ་ཆུང་སྐུ་སྐྱེ་
ཚོགས་གཉིས་རྒྱ་མཚོ། མངའ་རིས་ཆོས་བཀྲ་ཤིས། མངའ་རིས་པ་
བཀྲ་ཤིས་སེང་གེ། ཉན་པོ་ཤཱཀྱ་རིན་ཆེན། རྒྱུད་སྟོད་པའི་སློབ་དཔོན་
ཉི་མ་བཟང་པོ། རྒྱལ་ཁང་རྩེ་པ་དཔལ་འབྱོར་རྒྱ་མཚོ། སེམས་དཔའ་
ཆེན་པོ་ངག་དབང་ཆོས་ཀྱི་རྒྱ་མཚོ། ཆོས་རྗེ་བཤེས་གཉེན་གྲགས་པ།
ཐང་སྐྱའི་གཙུག་ལག་ཁང་འདི་དང་པོར་མཐའ་འདུལ་དུ་ཆོས་རྒྱལ་

སྲོང་བཙན་སྒམ་པོས་བཞེངས། དེ་ནས་ཡུན་རིང་སོང་ནས་གླུ་མེས་ཀྱིས་ཞིག་གསོས་མཛད། དགེ་འདུན་གྱི་སྡེ་བཙུགས། དེ་ནས་ཇོ་ནང་པའི་ཆོས་ལུགས་སུ་ཡོད་པ་ལས། སེམས་དཔའ་ཆེན་པོ་བློ་གྲོས་རྒྱལ་མཚན་པས་དགེ་ལུགས་པར་བསྒྱུར་བ་ཡིན་ནོ། །གྲོགས་ཨེ་ཕུཾ་ཆོས་སྡེ་ནི་གཡག་སྡེ་པཎ་ཆེན་བརྩོན་འགྲུས་དར་གྱིས་ས་ཕག་ལ་བཏབ། དགུང་ལོ་བརྒྱད་ཅུ་པ་ས་རྟ་ལ་གཤེགས་པ་ནས་འབྲི་ཁུངས་ < གུང་ > པས་ཆོས་སྡེ་བ་བཀྲ་ཤིས་རིན་ཆེན་བ་བསྐོས། དེ་ནས་དེའི་དཔོན་པོ་དགེ་ལེགས་རྒྱ་མཚོ་དང་གྲགས་པ་རྒྱལ་མཚན་གཉིས། དགེ་ལེགས་རྒྱ་མཚོས་ཨེ་ཕུཾ་གླིང་སྨད་དུ་དགའ་ལྡན་པའི་ཆོས་ལུགས་བཙུགས་པས་ས་དགེ་གཉིས་ (༥༣ན) ཀ་འདུ། དགེ་ལེགས་རྒྱ་མཚོའི་དཔོན་པོ་ཆོས་གྲགས་པ། རབ་འབྱམས་པ་སྨོན་ལམ་དཔལ་ལ་ < ལས་ > བསྐྱེན་པར་རྫོགས། དེའི་དཔོན་པོ་ངག་དབང་རྒྱ་མཚོས་རྗེ་དགེ་འདུན་རྒྱ་མཚོ་བླ་མར་བསྐྱེན་ནས་སྐྱུངས་པ་མཛད་དོ། །

རྗེ་བཙུན་ཙོང་ཁ་པའི་མདོ་སྔགས་ཟུང་འབྲེལ་གྱི་བསྟན་པ་དབུ་སྟོད་འབྲི་ཁུང་ < གུང་ > ཁྲི་འོག་ཏུ་དར་རྒྱལ་བསྟན་པ།

རྗེ་བཙུན་བཙོང་ < ཙོང་ > ཁ་པ་ཆེན་པོའི་བསྟན་པ་རིན་ཆེན་

དབུ་སྟོད་ཕྱོགས་སུ་དར་ཚུལ་ནི། རྗེ་རིན་པོ་ཆེས་དགུང་ལོ་བཅུ་བདུན་བཞེས་པའི་ཚེ་གཉོན་རོང་ཕུ་འབྲི་ཁུང་ < གུང་ > ཐེལ་དུ་ཕེབས། སྤྱན་མངའ་ཆོས་ཀྱི་རྒྱལ་པོ་དང་མཇལ། རྡོ་རྗེ་ཕོ་བྲང་བའི་དབང་དང་ཕྱག་ཆེན་གྱི་ཁྲིད་གསན། སྨོན་ལམ་ཐོག་མཐའ་མ་ཐུགས་རྫོམ་མཛད་པས་སྤྱན་སྔའི་ཞལ་ནས་སྨོན་ལམ་འདི་ཐོག་མཐའ་བར་དུ་དགེ་བ་གཅིག་འདུག་གསུངས་པས་དེར་གྲགས། ཐེལ་ཆོས་སྡེ་བ་བཀྲ་ཤིས་རིན་ཆེན་གྱིས་སྐུལ་བས་སྤྱན་སྔ་ཉེར་གཉིས་རིན་ཆེན་ཆོས་ཀྱི་རྒྱལ་པོ་ལ་བསྟོད་པ་ཕུན་ཚོགས་མ་ཐུགས་རྫོམ་མཛད། རྗེས་སོར་སྤྱན་སྔའི་དཔོན་བཤེས་གཉེན་དོན་གྲུབ་རྒྱལ་པོ་དང་། སྤྱན་སྔའི་འདུལ་འཛིན་གྲགས་པ་རྒྱལ་མཚན་དང་། ཆོས་སྡེ་བ་བཀྲ་ཤིས་རྣམས་རྗེའི་སློབ་མར་འདུས། མདོ་ཁམས་པ་ལྷ་གཟིགས་གྲགས་པ་རྒྱ་མཚོས་འབྲི་ཁུང་ < གུང་ > ཐེལ་དང་ཉེ་བའི་ཆར་ལྷུན་པོ་ཆོས་སྡེ་བཏབ། གདན་ས་རིམ་བཞིན་ལྷ་གཟིགས་པ། བླ་མ་སེ། ཚུར་སྟོན། མཁས་མཆོག་པ། རོང་སྟོན་བློ་བཟང་གྲགས། རྗེ་བློ་གྲོས་བརྟན་པ། བསམ་གྲུབ་དཔལ་འབྱོར། ཤེས་རབ་བཟང་པོ། དྲུག་ངག་དབང་མཆོག་གྲུབ། (༥༣བ) བླ་མ་ཀུན་བཟང་པ་སོགས་བྱོན། །

ཁྱད་པར་དུ་ཡང་དབུ་སྟོད་ཀྱི་ས། བྱང་རྭ་སྒྲེང་དུ་རྗེ་རིན་པོ་ཆེས་ལན་མང་དུ་བྱོན། བྱང་ཆུབ་ལམ་གྱི་རིམ་པ་ཐུགས་ཉམས་སུ་བཞེས། ལམ་རིམ་ཆེན་མོ་དང་དེའི་རྒྱུད་པའི་གསོལ་འདེབས་སོགས་

ཐུགས་རྗེས་མ་མང་དུ་མཛད། ཆོས་ཀྱི་འཁོར་ལོ་བསྐོར་བས་རྣ་སྙིང་ཡང་དགོན་དུ་རྫེའི་ཆོས་ཁྲི་ད་དུང་ཡོད། གདན་ས་ན་འཇམ་དབྱངས་རིན་ཆེན་གྲགས། བྱང་སེམས་རྣ་སྙིང་བ་ཤཀྱ་ < ཤཱཀྱ་ > བསོད་ནམས་སོགས་སློབ་མ་མང་དུ་བྱུང་། དེ་ནས་བཟུང་སྟེ་བཀའ་གདམས་གསར་མར་དགེ་ལུགས་པའི་ཆོས་ལུགས་ལ་གནས་སོ། །རྣ་སྙིང་གི་གདན་སའི་རིམ་པ་ནི། དེབ་ཐེར་སྔོན་པོའི་ལུང་ལ། དགུང་ལོ་བཅུ་དྲུག་པ་ཆུ་ཡོས་ལ། འབྲོམ་སྟོན་པ་རྒྱལ་བའི་འབྱུང་གནས་ཀྱི་དགུང་ལོ་ང་གཉིས་པ་མེ་ཕོ་སྤྲེལ་ལོར་རྣ་སྙིང་གི་ཆོས་ཁང་དབུ་རྩེ་དང་། ཁྲིམས་སྟོད་བཏབ་ནས་བཟུང་ལོ་དགུ་བཞུགས་ཏེ་ཆོས་གསུངས། ཆོས་འབྱུང་དུ་དགུང་ལོ་ང་བཞི་པ་ས་བྱ་ལ་རྣ་སྙིང་བཏབ། དགུང་ལོ་དྲུག་ཅུ་པ་ཆུ་ཡོས་ཀྱི་དབྱར་འབྲིང་ཚེས་ཉི་ཤུ་ལ་སྐུ་གཤེགས། གདན་སར་ཨ་མེས་བྱང་ཆུབ་རིན་ཆེན་པ་ཕེབས། དེ་ནས་རིམ་བཞིན་དགོན་པ་བ་དབང་ཕྱུག་རྒྱལ་མཚན། རྡོག་ལོ། པོ་ཏོ་བ། ཤ་ར་བ། སྟབས་ཀ་བ། ཞང་སྟོན་དར་མ་གཡུང་དྲུང་། སྣང་ཐང་དཀར་བ་རྡོ་རྗེ་རིན་ཆེན། དོལ་པ་ཤེས་རབ་རྒྱ་མཚོ། ཚོད་འཛེ་དར་མ་གྲགས་སོགས་བྱོན་ནོ། །འདི་ནས་གདན་ས་སྟོད་སྨད་གཉིས་སུ་གྱེས། དེ་ནས་མཁན་པོ་གྱུར་སྟོན་བསྐོས། དེ་(༥༨ན)བཞིན་དུ་རྨ་སྟོན་ཤེས་རབ་རིན་ཆེན། མཁན་ཆེན་ཤེས་རབ་རྡོ་རྗེ། འདུལ་འཛིན་འཇམ་དབྱངས་རིན་ཆེན་གྲགས། མཁན་པོ་འཇམ་དབྱངས་པ་སོགས་བྱོན་ནོ། །ཚོད་འཛེའི་རྗེས་སུ་

གདན་སར་རྒྱ་ཡོན་ཏན་གཞོན་ནུ། གཙང་པ་ཤེས་རབ་འོད་ཟེར། དར་ཡུལ་བ་ཡོན་ཏན་གཞོན་ནུ། གུར་སྟོན་ཡོན་ཏན་ཡེ་ཤེས། སྣར་བ་བྱང་ཆུབ་རྡོ་རྗེ། ཆོས་རྗེ་ཤཱཀྱ་དབང་ཕྱུག རྭ་སྒྲེང་བ་གྲགས་པ་གཡུང་དྲུང་། རྨ་སྟོན་ཤེས་རབ་རིན་ཆེན། འདུལ་འཛིན་དཀོན་མཆོག་རྒྱལ་མཚན། ཆོས་རྗེ་དཀོན་དར་བ། སྤྲུལ་སྐུ་ཆོས་འཕེལ་རྒྱ་མཚོ། ཆོས་རྗེ་དམ་ཆོས་དཔལ་འབར། ཤར་པ་དོན་གྲུབ་སེང་གེ་སོགས་གདན་ས་སྟོད་སྨད་གཉིས་དཔོན་རྒྱུད་ཀྱིས་འཛིན་ཅིང་། རྨ་སྟོན་ཤེས་རབ་རིན་ཆེན་ནས་སྤྱི་ལྔ་རེ་བསྐོས་ཀྱང་བར་སྟོང་རེ་བྱུང་། ཕྱི་ཐོག་ཏུ། ཐམས་ཅད་མཁྱེན་པ་དགེ་འདུན་རྒྱ་མཚོ་དང་། བསོད་ནམས་རྒྱ་མཚོ་དང་། ཡོན་ཏན་རྒྱ་མཚོ་དང་། པཎ་ཆེན་བློ་བཟང་ཆོས་ཀྱི་རྒྱལ་མཚན་རྣམས་ཀྱི་ཐོག་རེ་བཞུགས། ཐམས་ཅད་མཁྱེན་པ་ཆེན་པོ་ངག་དབང་བློ་བཟང་རྒྱ་མཚོས་ཀྱང་ཕེབས་སོ། །སོག་པོའི་རྒྱལ་རྒྱུད་ལྷ་བཙུན་བློ་བཟང་བསྟན་སྐྱོང་རྒྱ་མཚོ་སྐུ་མཆེད་ཀྱིས་རྭ་སྒྲེང་གི་ཞིག་གསོས་ལོགས་བྲིས་སོགས་རྒྱ་ཆེར་མཛད་ཅིང་། བར་སྐབས་སུ་(༥༩བ) སྟག་ལུང་ཆོས་རྗེས་ཀྱང་སྤྱི་ལྔའི་ཁུར་བཞེས་པ་བྱུང་། རྗེའི་དངོས་སློབ་ཏུ་སྟག་ལུང་ཆོས་རྗེ་བཀྲ་ཤིས་དཔལ་འོད་ཐོན་ནོ། །

རྭ་སྒྲེང་པ་རིར་འཁྲུངས་པའི་བྱང་སེམས་རྒྱལ་མཚན་གྲགས་བཟང་པས་རྭ་སྒྲེང་དུ་རྗེ་རིན་པོ་ཆེ་བཞུགས་དུས་ཞིག་བསྙེན་པར་

རྫོགས་ཏེ། གླིང་ཤོད་ར་ཚག་ཆོས་སྡེ་བཏབ། ①འདི་ལ་དཔལ་འབར་གོང་ཟེར། གདན་ས་རིན་རྒྱལ་བ་གཉིས་གྲགས་སོགས་དང་། གཙང་པ་རིན་ཆེན་འོད་ཟེར། གུང་རུ་ཆོས་ཀྱི་འབྱུང་གནས། ཙོ་ནེ་བཤེས་གཉེན་གྲགས་པ། གུང་སངས་རྒྱས་བཀྲ་ཤིས། །

གླིང་ཤོད་དཔལ་འབར་སྒང་ནི། རྗེའི་དངོས་སློབ་མངའ་རིས་པ་བསོད་ནམས་རིན་ཆེན་པས་བཏབ། གདན་ས་རིམ་བཞིན་བྱང་སེམས་རྒྱལ་མཚན་གྲགས་བཟང་། བླ་མ་ཆོས་དཔལ་བ། བྱང་ཤྲཱ་རིའི་བུ། འཇམ་དབྱངས་གྲགས་པ། བྱང་ཆུབ་འོད་ཟེར། དགའ་ལྡན་ཁྲི་པ་དགེ་འདུན་རྒྱལ་མཚན། །

གསེར་གོང་པ་དགེ་འདུན་རྒྱལ་མཚན་བུ་ནི། ②དགེ་བའི་བཤེས་གཉེན་པ་སེ་ཁུན་པ་ཆོས་ཀྱི་རྒྱལ་མཚན་པས་བཏབ། གདན་ས་རིམ་བཞིན་ལྷ་ལུང་གི་དབང་ཕྱུག་འོད་ཟེར་(༥༥ན) བླ་མའམ་བྱང་ཆུབ་རིན་ཆེན། ལྷ་འགྲོ་བའི་མགོན་པོ་བྱང་ཆུབ་འོད་དམ་དབང་ཕྱུག་འོད་ཟེར། ལྷ་བྲག་ཁ་བ་བློ་གྲོས་ཡེ་ཤེས། ལྷ་ཟུར་ཁང་པ་དབང་ཕྱུག་ཡེ་ཤེས། ལྷ་བློ་གྲོས་འོད། ལྷ་རིན་ཆེན་སེང་གེ །ལྷ་ཤཱཀྱ་བསོད་ནམས་རྒྱལ་མཚན། བསོད་ནམས་ལྷུན་གྲུབ། སྤྱན་མངའ་བསོད་

① གླིང་ཤོད་འབའ་ཚག་ཆོས་སྡེ་བཏབ།

② གླིང་ཤོད་སྤྱིལ་བུ་དགོན་ནི།

ནམས་རྒྱལ་མཚན། ལྷ་ཤཱཀྱ་འོད་ཟེར། ལྷ་དཔལ་ལྡན་བཟང་པོ། ལྷ་སྙན་གྲགས་པ། ལྷ་བཤེས་གཉེན་བཟང་པོ། ལྷ་བསོད་ནམས་རྒྱལ་མཚན། ལྷ་ཆོས་རྒྱལ་དཔལ་བཟང་། ལྷ་དབང་རྒྱལ་མཚན་ཡན་ཆད་འཆད་ཁ་དང་སྒྲིལ་བུའི་གདན་ས་སྦྲགས་ནས་མཛད། དེ་ནས་འཆད་ཁའི་གདན་སར་ཙང་ཙོགས་པའི་ལྷ་ངོ་རེ་དང་། ① སྒྲིལ་བུའི་གདན་སར་རྗེ་དོན་པོ་ཆེ་པའི་ཞལ་ངོ་རེས་མཛད་པའི་སྲོལ་བྱུང་ངོ་། །དེ་རྣམས་ཆོས་རྗེའི་ས་ཡིན་ཅིང་མཁན་པོ་ནི་ཐོག་མར་སྦས་སྟོན་གཞོན་ནུ་བློ་གྲོས། དེའི་དཔོན་གཞོན་ནུ་བྱང་ཆུབ། གཞོན་ནུ་འོད། གཞོན་ནུ་ཚུལ་(༥༥བ)ཁྲིམས། སོ་སྟོན་ལྷ་དབང་བློ་གྲོས། མཁན་པོ་ཤེས་རབ་རྡོ་རྗེ། དཀོན་མཆོག་རྒྱལ་པོ། སྨུག་ཆུང་བ། དམར་སྟོན། བྱང་རྒྱལ་བ། དཔལ་ལྡན་བློ་གྲོས་བཀྲ་ཤིས། བློ་གྲོས་དབང་པོ། ངག་དབང་རྣམ་རྒྱལ། ཐར་བཟང་པ་བྱམས་པ་ཆོས་རྒྱལ། མལ་གྲོ་བ་ཆོས་གྲགས་རྒྱ་མཚོས་དགའ་ལྡན་གྱི་བློ་ཆུང་དང་སྦྲགས་ནས་མཛད་དོ། །སློབ་དཔོན་གྱི་ས་ནི། རིན་ཆེན་འོད་ཟེར། དགེ་འདུན་བཀྲ་ཤིས། དགེ་འདུན་རྒྱལ་མཚན་པ་སོགས་བྱོན་ནོ། །འཆད་སྒྲིལ་གྱི་གདན་ས་དགུ་པ་བསོད་ནམས་ལྷུན་གྲུབ་པས་རྗེ་ལ་ < ལས་ > ཆོས་གསན་ཏེ། སྐྱེ་དགུའི་སྤྱི་གཙུག་རྒྱན་སྤྱན་སྔ་བརྒྱད་ཀྱི་ནང་ཚན་ཡིན་ནོ། །

① དེ་ནས་འཆད་ཁའི་གདན་སར་ལྷུང་རྩེབས་རི་མགོའི་ལྷ་ངོ་རེ་དང་།

དཔྱེའོ་དགོན་པ་ནི། རྒྱུད་པ་ཀུན་དགའ་དོན་གྲུབ་པས་བཏབ་པར་གྲགས་ཀྱང་། ཆོས་འབྱུང་དུ་འཇམ་དབྱངས་ཤཱཀྱ་རིན་ཆེན་པས་བཏབ་པར་གསུངས། འདིས་མངའ་ཕུ་དགོན་པ་ཡང་བཏབ། དྲུང་ཚུལ་ཁྲིམས་བཀྲ་ཤིས་པ་དང་། དཔལ་འབྱོར་རྒྱལ་(༥༨ན) མཚན་པས། བྱམས་པ་གླིང་དང་། ལྷ་རྩེ་དགོན་གསར་བཏབ། །

གླུང་ཤོད་འོད་སྣའི་ཆོས་སྡེ་ནི་ཆོས་རྗེ་མགོན་པོ་ཡེ་ཤེས་ཀྱིས་བཏབ། གདན་སར་རིམ་བཞིན་ཆོས་རྗེ་གཞོན་ནུ་དཔལ། བླ་མ་གསེར་ཐུབ་པ། ཤཱཀྱ་ཤྲཱི། མངའ་རིས་རབ་འབྱམས་པ་ཆོས་རྗེ་ལེགས་ཆོས་པ། འདར་སྟོན་བློ་བཟང་པ། སློབ་དཔོན་ལྷ་རིན་པ། རྗེ་བསོད་ནམས་གྲགས་པ་སོགས་བྱོན་ནོ། །དེ་ནས་ཞྭ་དམར་སེར་གྱི་འབྲུག་རྩོད་ཀྱིས་ཞྭ་སྐྱབས་བསྒྱུར་ནས། ཆོས་རྗེ་ཀུན་དགའ་རིན་ཆེན་པས་ཕྱི་རྒྱའི་བླ་མ་དང་། དེ་ནས་ཆོས་རྗེ་རིན་ཆེན་རྣམ་རྒྱལ། གཙུང་པ་ཆེན་རྣམ་འཇོམས་ཀྱིས་ཞལ་བདག་མཛད་དོ། །དེ་ནས་ཕྲེལ་ལོ་སྡེ་གཟར་དུས་ལྕགས་པོ་རི་ནས་སོག་དམག་གིས་ལབ་ཐོབ་ནས། པན་ཆེན་རིན་པོ་ཆེ་བློ་བཟང་ཆོས་ཀྱི་རྒྱལ་མཚན་དང་། གླིང་སྨད་ཆོས་རྗེ་དཀོན་མཆོག་ཆོས་འཕེལ་གྱི་བཀའ་ཁྲས་བཅད་དེ་དབུ་སྟོད་ཀྱི་ཆོས་སྡེ་སྤྱི་དང་། འོད་སྣ་ཚུར་བླངས། བླ་མ་བཟང་པོ་རྣམ་རྒྱལ་བསྐོས་སོ། །

གཞོ་རོང་མདོར་བྱ་ཡུལ་དུ་ཡང་རྗེ་རིན་པོ་ཆེ་ཕེབས། སྤྱན་སྔ་བློ་གྲོས་རིན་ཆེན་ལ་ <ལས་> བཀའ་གདམས་གསན། དེའི་རྗེས་སུ་

སྤྱན་སྔ་རིན་ཆེན་རྒྱལ་མཚན་ནི། རྗེ་རིན་པོ་ཆེའི་དངོས་སློབ་སྐྱེ་དགུའི་གཙུག་རྒྱན་སྤྱན་སྔ་བརྒྱུད་ཀྱི་ནང་ཚན་དེ་ཡིན་ནོ། །

བྱ་ཡུལ་ནི་དགེ་བའི་བཤེས་གཉེན་སྤྱན་སྔ་བ་ཚུལ་ཁྲིམས་འབར་གྱི་དངོས་སློབ། སྤྱིལ་སྐྱ་བྱ་ཡུལ་བ་གཞོན་ནུ་འོད་ཀྱིས་བཏབ། གདན་སར་རིམ་པ་བཞིན་དགེ་བཤེས་གནས་བརྟན་པ། གཙང་པ་རིན་པོ་ཆེ་ནམ་མཁའ་རྡོ་རྗེ་རྒྱལ་མཚན། གླང་ལུང་པ་བརྩོན་འགྲུས་གཞོན་ནུ། སངས་རྒྱས་སྒོམ་པ་རྡོ་རྗེ་གཞོན་ནུ། ཐེམ་རིན་པོ་ཆེ་གྲགས་པ་སེང་གེ ། བཤེས་གཉེན་ཁམས་པ་ལུང་པ། རིན་ཆེན་སེང་གེ ། སངས་རྒྱས་རྡོ་པོ་དབང་ཕྱུག་གཞོན་ནུ། སངས་རྒྱས་སྟོན་པ་ཚུལ་ཁྲིམས་སེང་གེ ། སངས་(༥༨བ)སྒོམ་གསར་མ་ཚུལ་ཁྲིམས་ཤེས་རབ། རྒྱས་སྟེངས་སངས་རྒྱས་དཔོན་པོ་གཞོན་ནུ་སྨོན་ལམ། བཅུ་བཞི་པ་བཙན་གྲོ་ཚུལ་ཁྲིམས་མགོན་པོ། བློ་གྲོས་རྣམ་དག །གནམ་གང་པ་གཞོན་ནུ་ཡེ་ཤེས། ཆེས་བཅུ་པ་ཆོས་ཀྱི་རྡོ་རྗེ། བཅོ་བརྒྱད་པ་བློ་གྲོས་རིན་ཆེན། བཅོ་ལྔ་པ་རིན་ཆེན་རྒྱལ་མཚན། བྱམས་མགོན་ཚུལ་ཁྲིམས་དར། སྤྱན་སྔ་བ་བསོད་ནམས་རྒྱལ་མཚན། དེའི་མཆེད་ཟླ་སྤྱན་སྔ་བསོད་ནམས་ལྷ་དབང་འདིས། ཐམས་ཅད་མཁྱེན་པ་དགེ་འདུན་རྒྱ་མཚོ་ལ <ལས> ཆོས་ཞུས། དེའི་རྗེས་སུ་སྤྱན་སྔ་ངག་དབང་ཆོས་གྲགས་རྒྱལ་མཚན་པས་དགུང་ལོ་བརྒྱ་དང་བརྒྱད་བཞུགས། འདི་ཡན་སྤྱིལ་སྐྱ་བྱ་ཡུལ་བའི་དཔོན་བརྒྱུད་ཡིན། དེ་ནས་མཁན་བསྐོས་བྱས་པ་ལ། འཕྲིན་པ་ངག་

དབང་རྣམ་རྒྱལ། གཙང་པ་མི་ཏྲི་དོན་གྲུབ་རྒྱལ་མཚན། རྒྱ་རག་པ་ཆོས་ཀྱི་རྒྱ་མཚོ། སྨར་དཔོན་བརྒྱུད་ངག་དབང་བྱམས་པ་བསོད་ནམས་བཟང་པོ་དེ་ལྟར་བཞུགས་ཤིང་། གཙང་པ་ནམ་མཁའ་རྡོ་རྗེ་མན་ཆད་སྤྱན་སྔ་ཚུལ་ཁྲིམས་འབར་གྱི་གདན་ས་ལོ་དགོན་པ་དང་། སྤྲུལ་སྐུ་གཞོན་ནུ་འོད་ཀྱི་གདན་ས་བྲ་ཡུལ་ཆོས་སྡེ་གདན་ས་ན་རིམ་གཅིག་ལ། ནམ་མཁའ་རྡོ་རྗེ་ཡན་གྱི་ལོའི་གདན་སར་སྤྱན་སྔ་བ། དགེ་བཤེས་གནས་བརྟན་པ། སྡིངས་མོ་བ། སྨོན་ལམ་བློ་གྲོས། སྨར་སྡིངས་མོ་བ། གཙང་པ་ནམ་མཁའ་རྡོ་རྗེ་འདི་ནས་ལོ་དང་བྲ་ཡུལ་གྱི་བླ་མ་གཅིག་ལ་ཡིན་ཏེ། ད་ལྟར་ནི་ལོ་བྲ་ཡུལ་བ་དང་འཆད་ཁ་བ་རྣམས་ས་སྐྱ་པའི་ཆོས་ལུགས་འཛིན་ཏོ། །རྗེའི་དངོས་སློབ་སྤྱན་སྔ་བརྒྱད་ནི། ལོ་བྲ་ཡུལ་གྱི་སྤྱན་ལྔ་རིག་རྒྱལ་བ། འཆད་སྤྱིལ་གྱི་སྤྱན་སྔ་བསོད་ནམས་ལྷུན་གྲུབ། སྐམ་དགོན་དང་རིན་ཆེན་སྒང་གི་སྤྱན་སྔ་བློ་གྲོས་རྒྱལ་མཚན། རིན་ཆེན་སྒང་གི་སྤྱན་སྔ་གཞོན་ནུ་འོད། (༥༧ན) རིན་ཆེན་སྒང་གི་སྤྱན་སྔ་ཀུན་བློ་བ། རྒྱལ་སྟེངས་དང་སྤྱན་གཡས་ཀྱི་སྤྱན་སྔ་རིན་ཆེན་འཕེལ། སྤྱན་སྔ་ནམ་རྒྱལ་བ། སྤྱན་སྔ་དཔལ་བཟང་པ་རྣམས་སོ། །

སྐྱིད་ཆུ་ཤར་ཁའི་དབུ་སྟོད་སྟག་ཕུ་ནི། སྟོན་རྡོ་པོ་རྗེའི་སློབ་མ་རིན་ཆེན་སྙིང་པོས་གཙུག་ལག་ཁང་རྙིང་པ་བརྩིགས། ལོ་མངས་ <མང་> སོང་རྗེས་གུ་ཤྲི་ཀུན་དགའ་དོན་གྲུབ་པས་ཆོས་ཁང་གསར་མ་བརྩིགས།

གུ་ཤྲཱི་དེ་དབྱེ་གོང་པོར་འཁྲུངས། རྗེ་ཡབ་སྲས་བསྟེན། སྟག་ཕུ་ཆོས་སྐྱེར་གདུལ་བྱ་མང་དུ་འདུས་པ་ལ་ཆོས་གསུང་བ་ན། རྒྱ་ནག་རྒྱལ་པོས་གོ་ཤྲཱི་ལས་ཀ་གནང་བས་འཕྲིན་ལས་རྒྱས། གདན་སར་རིམ་པ་བཞིན་དུ་གུ་ཤྲཱི་དགའ་དོན་གྲུབ། དྲུང་ཆེན་ཤར་པ་བློ་གྲོས་རྒྱན་མཚན། ཀུན་དགའ་དོན་གྲུབ་ཕྱི་མ། དྲུང་དོན་གྲུབ་དཔལ་བ། མཚམས་ཁང་པ་ཀུན་དགའ་གྲགས། ཕྱུགས་འཚང་ཀུན་དགའ་དོན་གྲུབ། མཁས་པ་བློ་གྲོས་རྒྱལ་མཚན། རྗེ་བཙུན་བསོད་ནམས་ཆོས་ཀྱི་རྒྱ་མཚོ། ཆོས་རྗེ་ནོར་བུ་བཟང་པོ། དེའི་དཔོན་པོ་ཆོས་རྒྱལ་བསྟན་འཛིན་ཕྱིན་པ། དེས་སྟག་ཕུ་དང་ཞང་པོ་རྒྱ་ནང་ལྷ་རྩེ་དགོན། བྱང་ཏ་རི་ཊ་རྒྱས་ཤོད་བན་མཁར་རྣམས་ཕྱི་ཆོས་རྗེ་མཛད། སློབ་དཔོན་གྱི་ས་ནི། སློབ་དཔོན་ནམ་མཁའ་རྒྱལ་མཚན། གྲགས་པ་རྒྱལ་མཚན། ཕུན་ཚོགས་བློ་གྲོས། ཆོས་རྒྱལ་མཚན། གྲགས་ཤེ། ནམ་མཁའ་འབྱུང་གནས། ཕུན་ཚོགས་ཚུལ་ཁྲིམས། བཤེས་གཉེན་རྒྱ་མཚོ། སློབ་དཔོན་ངག་དབང་རྣམ་རྒྱལ། བསོད་ནམས་ཆོས་ཀྱི་རྒྱ་མཚོའི་སྐུའི་སྐྱེ་བ་བློ་བཟང་དར་རྒྱས་དགུང་ལོ་ཉི་ཤུ་ལ་གཤེགས་སོ། །

བར་བར་དང་། ཀམ་ཀམ་ནི་བྱ་ཡུལ་བའི་སློབ་མ་ཁྲིམ་བཤེར་ཆེན་པོ་རིན་ཆེན་འོད་ཀྱིས་བཏབ། གདན་སར་རིམ་བཞིན་སྐྱོ་རིན་ཆེན་བྱང་ཆུབ་རིན་ཆེན། ཇོ་སྲས་རིན་ཆེན་སེང་གེ །ཞིག་པོ་འདུལ་གྲྭ་པ། བསོད་ (༥༧བ) ནམས་རིན་ཆེན། ཁྲིམ་བཤེར་རིན་ཆེན་

གཞོན་ནུ། རིན་ཆེན་སེང་གེ །སངས་རྒྱས་འོད་ཟེར། མཁན་ཆེན་བརྩོན་འགྲུས་བཟང་པོ། མཁན་ཆེན་དོན་གྲུབ་དཔལ། །

མལ་གྲོ་ཆ་དཀར་ཆོས་སྡེ་ནི། རྗེའི་དངོས་སློབ་ལྷ་གཟིགས་རྒྱ་མཚོས་བཏབ། གདན་སར་རིམ་པ་བཞིན་བྱུང་གླིང་པ་གྲགས་པ་རིན་ཆེན། དྲུང་གཞོན་ནུ་ནམ་མཁའ། གཞོན་ནུ་འོད། སློབ་དཔོན་ཆོས་གྲུབ་པ། དྲུང་གཞོན་ནུ་མཛེས་པ། སློབ་དཔོན་དཔལ་ལྡན་བློ་གྲོས། ཆོས་དཔོན་བདེ་ལེགས་དཔལ་བཟང་། སློབ་དཔོན་དཔལ་ལྡན། རྒྱལ་སྲས་ཤེས་རབ་འཕེལ་བ། ཆོས་རྗེ་དཀོན་མཆོག་དར་གྱི་བར་དུ་བྱོན། འདི་དུས་ཞྭ་དམར་སེར་གྱི་འཐབ་རྩོད་ཀྱིས། འཕྲི་ཁུངས་ <གུང་ > པས་ཞྭ་སྟབས་བསྒྱུར་ཅིང་། སྣར་ལོ་གྱ་ལྔ་པ་ལྕགས་བྱ་ལ་གཙང་སོག་གི་གཡུལ་ཐོག་ཏུ་པཎ་ཆེན་བློ་བཟང་ཆོས་ཀྱི་རྒྱལ་མཚན་དཔོན་སློབ་ཀྱིས་བཀའ་ཁྲ་གནང་བའི་ཐོག་ནས་དབུ་སྡོད་ཀྱི་ཞྭ་སྟབས་བསྒྱུར་ཚད་སྣར་དགེ་ལུགས་པར་བྱས་ཐོག་ཏུ། དགའ་ལྡན་པའི་བླ་མ་རེ་བསྐོས་པ་ཡིན་ནོ། །དྲུང་ གཞོན་ ནུ་ མཛེས་ པས་ ཆ་ དཀར་ གྲྭ་ ཚང་ བཙུགས་ པ། འཆད་ཉན་པ་རིམ་བཞིན་སློབ་དཔོན་དགའ་ལྡན་པ། རྒྱལ་སྲས་ཤེས་རབ་འཕེལ་བ། ཆོས་རྗེ་དགེ་འདུན་བསྟན་པ་དང་རྒྱས་རྣམས་བྱོན། ཆ་དཀར་ཞྭ་སྟབས་བསྒྱུར་བ་ན་གྲྭ་ཚང་བར་བར་དུ་སྦྱོས་པས་བར་བར་གྲྭ་ཚང་དུ་གྲགས། དགའ་ལྡན་བྱུང་རྩེར་བཀག་རྟེན་མཛད་པ་ལ་དགེ་འདུན་བསྟན་པ་དང་བ་དགའ་ལྡན་ཁྲི་ཐོག་ཏུ་ཕེབས་ཤིང་། བར་བར་

གྲྭ་ཚང་གི་འཆད་ཉན་པར་རིམ་བཞིན་སྟག་ཕུ་བ་ཕུན་ཚོགས་བཀྲ་ཤིས། གཙང་སྟོན་དམ་ཆོས་དཔལ་འབར། སློབ་དཔོན་འཇམ་དབྱངས་འབྱུང་གནས་(པ༢ན) སྨྱུན་དྲུག་རྫོང་པའི་ཆོས་མཛད། ཐུབ་བསྟན་འཇིགས་མེད་གྲགས་པ། སྤྲུལ་སྐུ་རིན་ཆེན་བསོད་ནམས་ཡེ་ཤེས་དབང་པོ། དཔལ་འབར་བ་འཇམ་དབྱངས་བཤེས་གཉེན། གསེར་ཁོང་པ་དགེ་འདུན་རྒྱན་མཚན། དཔལ་འབར་བ་འཇམ་དབྱངས་གྲགས་པ། །

མལ་གྲོ་རྒྱལ་བཟང་ནི། དང་པོར་མ་ཅིག་ཞ་མ་ལྷུམ་གྱིས་བཏབ། ཡུན་རིང་མོ་ཞིག་སོང་བ་ན། ཐམས་ཅད་མཁྱེན་པ་བསོད་ནམས་རྒྱ་མཚོ་ལ་ཕུལ་བས་དགའ་ལྡན་ཕོ་བྲང་ནས་ཞལ་བདག་མཛད་བཞིན་པའི་ངང་ནས་ཐམས་ཅད་མཁྱེན་པ་ཡོན་ཏན་རྒྱ་མཚོས་ཡང་དབེན་རྒྱལ་བཟང་གཉིས་ཀའི་བླ་མར་རོང་པོ་ཆོས་རྗེ་ཡོན་ཏན་བསྐོས་པ་འདི་བཙུན་མོ་ཚལ་དང་སྦྲགས་ནས་བླ་མར་གྱུར་ཏོ། །

མཁར་སྐྱ་ཆོས་སྡེ་ནི། བླ་མ་སངས་རྒྱས་ཚུལ་ཁྲིམས་དང་། དྲུང་སངས་རྒྱས་བསམ་གྲུབ་དང་། རྫོང་དཔོན་བཟང་བ་མཆོད་ཡོན་ནི། ཁོང་མ་ཆོས་གཉིས་རིན་ཆེན་ལ་དགོངས་པ་ཞུས་ནས་ཟུར་ཕུག་མདར་མཁར་སྐྱ་ཆོས་སྡེ་འདི་བཏབ། རིན་ཆེན་གླིང་པའི་དབུ་མཛད་དགེ་འདུན་འཕེལ་གཅིག་མར་བསྐོས། དེ་ནས་རིམ་བཞིན་དབུ་སྟོད་པ་དགེ་འདུན་བསྟན་པ་དར་རྒྱས། དྲུང་ཕུན་ཚོགས་བཀྲ་ཤིས། སྨྱུན་

དྲུག་རྫོང་པའི་ཆོས་མཛད་བསོད་ནམས་རྣམ་རྒྱལ། དེའི་གཅུང་པོ་ཐུབ་བསྟན་འཇིགས་མེད་གྲགས་པ། གཙང་སྟོན་དམ་ཆོས་དཔལ་འབར། རྒྱལ་སྲས་དོན་ཡོད་ཆོས་ཀྱི་རྒྱ་མཚོ། འབྲོང་རྩེ་རབ་འབྱམས་པ་ཚུལ་ཁྲིམས་ཆོས་འཕེལ། སླར་རྒྱལ་སྲས་དོན་ཡོད་ཆོས་ཀྱི་རྒྱ་མཚོ། ལོ་པ་ཆོས་རྗེ་དགེ་འདུན་རྣམ་རྒྱལ། །

ཆོས་སྡེ་རིན་ཆེན་གླིང་ནི། བྱང་སེམས་འདུལ་བ་པ་དགེ་འདུན་རིན་ཆེན་པས་བཏབ། གདན་སར་དྲུང་ནམ་མཁའ་དཔལ་བཟང་བསྐོས། དེ་ནས་རིམ་བཞིན་（༥༨བ）བྱང་སེམས་འདུལ་བ་པ་དགེ་འདུན་རིན་ཆེན། བླ་མ་རབ་འབྱོར་འཕགས། ཆོས་རིན་པ་བླ་མ་སྐུ་སྐྱེ་བ། དྲུང་རང་བྱུང་བ། སླར་སྐུ་སྐྱེ་བ། ཏྲི་ཤི་དཔལ་ལྡན་ལེགས་པའི་རྒྱལ་མཚན་དཔལ་བཟང་པོ། ཆོས་རྗེ་དཀོན་མཆོག་དར། པཎ་ཆེན་བསོད་ནམས་གྲགས་པ། ཆོས་རྗེ་ངག་དབང་ཆོས་གྲགས། བདེ་བ་ཅན་པ་དགེ་ལེགས་དཔལ་ལྡན་བཟང་པོ། ཆོས་རྗེ་ཚེ་བརྟན་རྒྱ་མཚོ། རྒྱལ་ཁང་རྩེ་པ་དཔལ་འབྱོར་རྒྱ་མཚོ། ཆོས་རྗེ་སངས་རྒྱས་རིན་ཆེན། གླིང་སྨད་ཆོས་རྗེ་དཀོན་མཆོག་འཕེལ། ཡོངས་ཆོས་རྗེ་དགེ་འདུན་རྣམ་རྒྱལ། རྩ་ཐོག་དགོན་ནི་ཞང་ཚལ་པའི་དངོས་སློབ་རྟོགས་ལྡན་བདེ་བ་གཞོན་ནུས་བཏབ། དགའ་ལྡན་པའི་བླ་མ་རེ་བསྐོས། ད་ལྟ་ཆོས་སྒོ་བས་ཞལ་བདག་མཛད་དོ། །མལ་གྲོ་མདར། ལྷ་ལུང་ཤུག་གསེབ་ནི། བླ་མ་ཀུན་དགའ་དབང་ཕྱུག་གིས་བཏབ། བླ་མ་བསོད་

ནམས་གྲགས་པ་བཞུགས་སྐབས་རྗེ་རིན་པོ་ཆེས་ཀྱང་དེ་ལ་ < ལས་ > ཆོས་གསན་པ། རྗེ་ཉིད་ཀྱི་རྣམ་ཐར་དུ་སྣང་ངོ་། །

རྗེ་བཙུན་ཙོང་ཁ་པའི་མདོ་སྔགས་ཟུང་འབྲེལ་གྱི་བསྟན་པ་དབུ་རུ་རྒྱ་མའི་ཁྲི་འོག་ཏུ་དར་ཚུལ་བསྟན་པ།

རྗེ་བཙུན་བཙོང་ < ཙོང་ > ཁ་པ་ཆེན་པོའི་བསྟན་པ་རིན་པོ་ཆེ་རྒྱ་མའི་ཁྲི་འོག་གི་སར་དར་ཚུལ་ནི། རྒྱ་མ་རིན་ཆེན་སྒང་གི་སྤྱན་ལྔ་ཀུན་དགའ་བློ་གྲོས་དང་། སྤྱན་སྔ་གཞོན་ནུ་འོད་དང་། སྤྱན་བློ་གྲོས་རྒྱན་མཚན་ཏེ། སྤྱན་སྔ་རིམ་གསུམ་གྱིས་རྗེ་ལ་ཆོས་ཞུས། གནས་དེར་རྗེའི་བསྟན་པ་བཙུགས་པས་གྲྭ་ཚང་སྒྲོས་གསར་རྙིང་ལས་སྒྲོས་གསར་བ་ད་དུང་དགེ་ལུགས་པའི་ཚོ་ག་ཆོས་སྤྱོད་བྱེད་བཞིན་པ་ཡིན་ལ། རྒྱ་མའི་ཆོས་སྡེ་དེ་ནི་དང་པོར་སྣེའུ་ཟུར་པའི་དངོས་སློབ་དགེར་སྒོམ་ཆེན་པོ་གཞོན་ནུ་གྲགས་པས་བཏབ། གྲྭ་པ་བརྒྱད་བརྒྱ་ཙམ་ཚོགས། དགུང་ལོ་གྱ་གཉིས་པ་ལྷགས་ཡོས་ལ་གཤེགས། དེའི་(༥༩ན) གཙུང་པོ་བུ་སྟག་གི་སྲས་སངས་རྒྱས་དཔོན་སྟོན་གཞོན་ནུ་འབུང་གནས་གདན་སར་ཕེབས། དེ་ནི་བསྐལ་པ་བཟང་པོའི་སྐལ་ལྡན་ཤིང་རྟ་ཡི་སྤྲུལ་པ་ཡིན་ལ། ས་རྟ་ལ་འཁྲུངས་ཏེ། དགུང་ལོ་དོན་གསུམ་པ་

ལྷུགས་རྟ་ལ་གཤེགས། ཁྲུ་དཔོན་དེ་གཉིས་གདན་སར་རིམ་བཞིན་སངས་རྒྱས་ཡོན་ཏན་བདེ་གཤེགས་ཆེན་པོ། ཀམ་དགོན་པ་གཞོན་ནུ་འབུམ། སངས་རྒྱས་འོད་འབྱུང་། སངས་རྒྱས་གཞོན་ནུ་འོད། བཀྲ་ཤིས་རྒྱལ་པོ་ཀུན་མཁྱེན་བཟང་པ། < པོ་ > གཞོན་ནུ་སེང་གེ་བསོད་རྒྱལ་བ། སངས་ཡོན་པ། སངས་རྒྱས་བྱུང་བ། སྤྱན་སྔ། ཀུན་དགའ་བློ་གྲོས། གཞོན་ནུ་འོད། བློ་གྲོས་རྒྱལ་མཚན། བློ་གྲོས་རྒྱལ་མཚན་གཉིས་པ། བློ་གྲོས་འཇིགས་མེད། འཇམ་དབྱངས་འོད་ཟེར། འདིའི་དུས་སུ་འབྲི་ཁུང་ < གུང་ > པས་རྒྱ་མ་ཕྲོགས་ཏེ། ལྷས་གྲགས་དགོན་གཏོན། འབྲི་ཁུང་པས་སྤྱན་སྔའི་ཕྱི་རྒྱ་མཛད། དེ་ནས་རྒྱང་རྩེའི་ཞལ་ངོ་རྗོ་རྗེ་བདུད་འཇོམས་ཀྱི་དཔལ་འཁོར་བདེ་ཆེན་དང་། གླང་ཐང་དང་། རྒྱ་མའི་སྤྱི་བླ་མཛད། དེ་ནས་སོག་པོའི་ལྷ་བཙུན་གྱི་རབ་འབྱམས་པ་ཚལ་སྒློག་བསམ་གཏན་བཟང་པོ་བསྐོས་སོ། །སྤྱན་སྔ་འཇམ་དབྱངས་འོད་ཟེར་གྱི་དཔོན་པོ་བསོད་ནམས་འོད་ཟེར། དེའི་སྐུ་མཆེད་བསོད་ནམས་རྒྱལ་པོའི་བསོད་ནམས་རབ་བརྟན་འདིས་ཐམས་ཅད་མཁྱེན་པ་ཡོན་ཏན་རྒྱ་མཚོའི་དྲུང་འཁོར་མཛད་དོ། །

དཕྱེར་སྒློམ་ཆེན་པོའི་དུས་སུ་ཉེར་གནས་ལ་ཁྲི་དོན་གྱི་འཇའ་ས་བྱུང་ཁྲི་འོད་དུ་སྐྱེ་ < སྐྱིད་ > ཤོད་སྟོད། འཕན་ཡུལ་གྱི་མངའ་འབངས་ལ་ལུང་རྒྱུགས་པ་ཡིན། ཁྲི་དཔོན་ཟླ་བ་རྒྱལ་མཚན་པས་སྟོན་ཁྲི་ཁང་དང་། འཕན་ཡུལ་ཁར་རྩེ་བརྩེད། དེའི་བརྒྱུད་པ་འཇིགས་བྱེད་རྒྱལ་

པོ་དང་། ལྷམ་རིན་ཆེན་རྒྱལ་མོ། འཛིགས་(༥༨བ)བྱེད་རྒྱལ་པོའི་ལྷམ་དངོས་གྲུབ་རྒྱལ་མོ་མཆེད་གཉིས་བྱུང་ཡང་། རྒྱལ་བུ་མེད་པས་འབྲི་ཁུང་ <གུང་> པ་ལ་སྐྱུར་བ་ཡིན་ནོ། །

སྟོན་དུ་རྒྱ་མ་དུམ་བུ་རི་ནི་དང་པོར་དགེ་བའི་བཤེས་གཉེན་ཟླ་བ་རྒྱལ་མཚན་གྱིས་བཏབ། དུས་ཕྱིས་ནི་ཞང་རོང་གྲྭ་ཚང་གིས་ཞལ་བདག་མཛད་པས། གྲྭ་ཚང་དང་བླ་མ་གཅིག་གོ །

ལ་མོར་བཙུན་མོ་ཚལ་ནི། དང་པོར་པོ་ཏོ་བས་བཏབ། རིང་སར་བླ་མ་ཏོང་པོ་ཡོན་ཏན་རྒྱ་མཚོ་བཞུགས། རྒྱ་མའི་མས་ཁ་སྐྱིད་ཚུའི་འགྲམ་དུ། བཙུན་མོ་ཚལ་ནི། ཆོས་རྗེ་འདུལ་འཛིན་གྲགས་པ་རྒྱལ་མཚན་གྱིས་བཏབ། ཆོས་རྗེ་འདུལ་འཛིན་འདི། སྟོན་གྲམ་ཟེའི་ཁྱིའུ་གོང་འཕང་ཞེས་བྱ་བར་གྱུར་དུས་རང་སངས་རྒྱས་གཅིག་ལ་མཆོད་ནས་སེམས་སྐྱེད། <བསྐྱེད་> མཉམ་མེད་ཐུབ་པའི་དབང་པོ་སྤྱོན་དུས་དགེ་སློང་འདུལ་བའི་ཏོག་ཏུ་གྱུར། དེ་ནས་ལྷའི་བུ་ཞི་བའི་ཏོག་དང་། དེ་ནས་དབུ་སྟོད་སྦྲང་བུ་ཤིང་སྟག་ལ་འཁྲུངས། ཐེལ་དུ་སྤྱན་སྔ་ཆོས་ཀྱི་རྒྱལ་པོའི་གཟིམ་དཔོན་མཛད་ཅིང་འདུལ་བ་ལ་མཁས་པས། འདུལ་འཛིན་གྲགས་པ་རྒྱལ་མཚན་དུ་གྲགས། རྗེ་རིན་པོ་ཆེ་ལ་ <ལས་> ཆོས་ཞུས། འདི་དང་རྒྱལ་ཚབ་དར་མ་རིན་ཆེན་ལ། རྗེའི་སྲས་ཀྱི་ཐུ་བོ་གཉིས་སུ་གྲགས། འདུལ་ཊཱི་ཀ་གི་བསླབ་བྱ་དང་ཚིག་སྒྲིགས་མང་དུ་བརྩམས། བཙུན་མོ་ཚལ་བཏབ་ནས་དགེ་

འདུན་མང་དུ་འདུས་པ་ལ་ཆོས་གསུངས། དགུང་ལོ་རེ་གཅིག་པ་ཤིང་སྟག་ལ་གཤེགས་སོ། །གདན་སར་རིམ་པ་བཞིན་མཚུངས་མེད་ཆོས་རྗེ་རྒྱལ་མཚན་བཟང་པོ། གླིང་པ་བསྟན་པ་རྒྱལ་མཚན། རྒྱལ་ཁང་རྩེ་པ་དཔལ་འབྱོར་རྒྱལ་མཚན། སེམས་དཔའ་ཆེན་པོ་བཞི་པ་ངག་དབང་ཆོས་ཀྱི་རྒྱ་མཚོ། ཆོས་རྗེ་སངས་རྒྱས་བཀྲ་ཤིས་རིན་ཆེན། རོང་པོ་ཡོན་ཏན་རྒྱ་མཚོ། ཆོས་རྗེ་འདུལ་བ་འཛིན་པའི་སྐུ་ཚེ་ཕྱི་(༨༠ན)མ་ནི། དགའ་ལྡན་གནས་སུ་ལྷའི་བུ་ཞི་བའི་སྙིང་པོ་ཞེས་བྱ་བར་སྟོན་གྱི་སྐྱེས་རབས་དང་བཅས་པ་དཔལ་ཕྱུག་ན་རྡོ་རྗེས་དགེ་འདུན་ནམ་མཁའ་རྒྱལ་མཚན་ལ་གསུངས་སོ། །སྟོན་པ་རིན་པོ་ཆེ་དགའ་ལྡན་དུ་ལྷའི་བུ་དམ་པ་ཏོག་དཀར་དུ་གྱུར་ནས་འཛམ་བུ་གླིང་དུ་སངས་རྒྱས་འོད་སྲུངས་དུས་སུ་བྲམ་ཟེའི་ཁྱེའུ་བླ་མར་གྱུར་པའི་དཔེ་བཞིན་དུ་ལྷ་སྲས་ཞི་བའི་སྙིང་པོ་མདོ་ཁམས་སྟོང་འཁོར་དུ་ཆོས་རྗེ་བླ་བ་རྒྱལ་མཚན་དུ་མི་སྲིད་ལ་འཁྲུངས་བསྟན་པ་རྒྱས་པར་མཛད་དེ། གྱ་གཅིག་པ་ལ་གཤེགས། དེའི་སྐུ་སྐྱེ་སྟོང་འཁོར་སྤྲུལ་སྐུ་ཡོན་ཏན་རྒྱ་མཚོ་མི་སྤྲུལ་ལ་འཁྲུངས། དགུང་ལོ་སོ་གཅིག་པ་མེ་ཕག་ལ་གཤེགས་སོ། དེའི་སྐུ་སྐྱེ་བ་འཇམ་དབྱངས་རྒྱ་མཚོ་དང་། སྤྲུལ་སྐུ་རྒྱལ་བ་རྒྱ་མཚོ། ཀྱེའོ་སར་གཉིས་བྱུང་བ་དེ་ས་ཁྱི་ལ་འཁྲུངས། སྟོང་འཁོར་དང་། སྔ་མས་སོག་ཡུལ་མཐིལ་དང་། རྗེས་མས་མཚོ་ཁར་རྗེ་རིན་པོ་ཆེའི་བསྟན་པ་སྤེལ་ལོ། དགེ་འཕེལ་དང་དབེན་སའི་གདན་སར་ཕེབས་པའི་ཆོས་རྗེ་

སྐྱབས་མཆོག་དཔལ་བཟང་པོའི་སྐྱེ་རབས་སུ་ཡང་སློབ་དཔོན་ཡོན་ཏན་འོད་དང་། ནག་ཚོ་ཚུལ་ཁྲིམས་རྒྱལ་བ་དང་། གཙང་པ་རྒྱ་རས་དང་། འདུལ་བ་འཛིན་པ་གྲགས་པ་རྒྱལ་མཚན་དང་སྐུའི་སྐྱེ་བ་བཞེས་པ་དྲན་ཚུལ་གསུངས་སོ། །

ལོ་མདའ་ཕག་མོ་ཆོས་རྗེ་ནི། བྲི་ཡུལ་ནས་ཕག་མོའི་རྫོང་དཔོན་དུ་བསྐོས་པ་དཔོན་བསོད་ནམས་རྒྱལ་པོས་བུ་ཚབ་ཏུ་སེམས་དཔའ་ཆེན་པོ་བློ་གྲོས་རྒྱལ་མཚན་ལ་དགོངས་པ་ཞུས་ནས་སྟོ་འཕྲེའི་ཐེག་བཏབ་སྟེ། གཙུག་ལག་ཁང་བཞེངས། རབ་བྱུང་གི་སྡེ་བཙུགས། གཉལ་ཆེན་ཤེས་རབ་རྒྱལ་མཚན་གསང་ཕུ་ནས་སྤྱན་དྲངས་གདན་སར་བསྐོས། དེ་ནས་རིམ་བཞིན་ཀླུ་འབུམ་རབ་འབྱམས་པ་གྲགས་པ་འོད་ཟེར། ལྷན་མ་(༨༠བ)ཡེ་ཤེས་བཟང་པོ། རྟོག་པ་བྱམས་ཆེན་པ་བསོད་ནམས་རྒྱ་མཚོ། འཇམ་དབྱངས་ཤེས་རབ་དར། ཆོས་རྗེ་ལེགས་པ་དོན་གྲུབ། ཁྲི་ཐོག་ངག་དབང་ཆོས་གྲགས། མངའ་རིས་པ་ཉི་མ་བཟང་པོ། བདེ་བ་ཅན་པ་དགེ་ལེགས་དཔལ་བཟང་། ཉན་པོ་ཤཱཀྱ་རིན་ཆེན། རྒྱལ་ཁང་རྩེ་བ་དཔལ་འབྱོར་རྒྱ་མཚོ། ཟུར་བཞུགས་པ་སངས་རྒྱས་རིན་ཆེན། རྒྱལ་ཁང་རྩེ་པའི་སྐུ་སྐྱེ་ཆོས་འབྱོར་རྒྱ་མཚོ། ཉི་མ་ཐང་པ་བློ་བཟང་ཉི་མ། དཔོན་བསོད་ནམས་རྒྱལ་པོས་རང་གི་སྲས་མོ་ལ་འབྲི་ཁུང་ <གུང་> ཆོས་རྗེ་སྙོམ་པ་མག་པར་བསུས་པ་ལ་སྲས་བསོད་ནམས་རིན་ཆེན་འཁྲུངས། དེ་ལ་བྲག་དཀར་ནས་ལྷམ་

གཅིག་བླངས་པ་ལ་ཆོས་རྗེ་རིན་ཆེན་རྣམ་རྒྱལ་མཆེད་འབྲུངས། དེ་དུས་རྫོག་པ་བྱམས་ཆེན་པ་བསོད་ནམས་རྒྱ་མཚོ་དང་མཆོད་ཡོན་བཀའ་བགྲོས་ནས་བྱམས་པའི་གསེར་སྐུ་རྒྱབ་མཐོང་ཞེ་ལྔ་པ་དང་སོགས་བྲིས་ཞིབ་ཚགས་མཛད་དོ། །

རྗེ་བཙུན་ཙོང་ཁ་པའི་མདོ་སྔགས་ཟུང་འབྲེལ་གྱི་བསྟན་པ་འཕན་ཡུལ་དུ་དར་ཚུལ་བསྟན་པ།

རྗེ་རིན་པོ་ཆེའི་བསྟན་པ་འཕན་ཡུལ་དུ་དར་ཚུལ་ནི། རྗེའི་དངོས་སློབ་ཉན་པོ་བ་ཤཱཀྱ་རྒྱལ་མཚན་པས་སྟག་ལུང་ཆོས་རྗེ་བཀྲ་ཤིས་དཔལ་འོད་ལ་དགོངས་པ་ཞུས་ནས་སྲུས་རིན་ཆེན་བྲག་གི་ཆོས་སྡེ་བཏབ། གདན་སར་རིམ་པ་བཞིན་འཇམ་དབྱངས་རིན་ཆེན། བཀའ་བཞི་པ་ལེགས་པ་ཆོས་འབྱོར། མི་ཉག་རྡོ་རྗེ་བཟང་པོ། ཕྱོགས་ལེགས་འོད་ཟེར། གཙང་པ་སྣ་ཡུ། གཙང་པ་བློ་ཁྲི། གཙང་པ་ཚུལ་ཁྲིམས་འབྱུང་གནས་རྒྱ་མཚོ། ཆོས་རྗེ་ཉི་མ་བཀྲ་ཤིས། ཆོས་གྲགས་འོད་ཟེར། སེར་ཆེན་པ་གྲགས་པ་དོན་གྲུབ། གུང་རུ་དོན་གྲུབ་སེང་གེ། ཙོ་ནེ་རིན་ཆེན་རྡོ་རྗེ། དྲུང་ཆེན་བཟང་པོ་རྣམ་རྒྱལ། ཤར་པ་གྲགས་པ་རྒྱ་མཚོ། འཕན་ཡུལ་འབྲོམ་སྟེངས་ཀྱང་། ཉན་པོ་ཤཱཀྱ་རིན་ཆེན་པས་བཏབ། ཆོས་འབྱུང་དུ་སློབ་དཔོན་ཤཱཀྱ་བཟང་པོས་བཏབ་པར་

བཤད། གདན་སར་རིམ་བཞིན་བླ་མ་རྡོ་སྟན་པ། མི་ཉག་(༥༧ན) རྡོ་རྗེ་བཟང་པོ། ཚུལ་ཁྲིམས་འབྱུང་གནས། རིན་ཆེན་ཚུལ་ཁྲིམས། སེར་ཆེན་པ་གྲགས་པ་དོན་གྲུབ། ཐར་དགོན་པ་གྲགས་པ་རྒྱལ་མཚན། གྲུབ་སྐྱ་ཆོས་མཛད་འཕྲིན་ལས་རྒྱ་མཚོ། རིན་ཆེན་བྲག་གི་ཤར་དུ་པོ་ཏི་དགོན་པར་བཙུན་མའི་གླིང་དུ་དགེ་ལུགས་པའི་བླ་མ་རེ་བསྐོས་ནས་ཆོས་ལུགས་ཀྱང་དགའ་ལྡན་པའོ། །

དུང་ཁ་ནི་བླ་མ་ཡེ་ཤེས་མགོན་པོས་བཏབ། ཡུང་ང་མདར་སྡེངས་དགོན་ས་དང་། ལྷ་རྩེ་ཡང་དེའི་དགོན་པ་ཡིན་ནོ། ཐེག་ཆེན་རྩེ་ནི་སྤྱན་སྔ་བློ་གྲོས་རྒྱལ་མཚན་གྱིས་བཏབ། འཕན་ཡུལ་སྟོད་དུ་རྒྱལ་ལྷ་ཁང་ཡང་། དེང་སང་དགའ་ལྡན་པའི་ཆོས་ལུགས་བྱེད་ཅིང་། འབྲས་སྤུངས་པའི་གྲྭ་ཚང་རྒྱལ་བ་ཐོས་བསམ་གླིང་པའི་བླ་རབས་ནི་འབྲས་སྤུངས་རང་གི་སྐབས་སུ་བརྗོད་ཟིན་ཏོ། །

རྒྱལ་ལྷ་ཁང་ནི་སྟོན་སྔ་ནམ་རྡོ་རྗེ་དབང་ཕྱུག་གིས་བཏབ་ཅིང་། བསྟན་པ་དངས་ < དྭངས་ > སྐྱིགས་འབྱེད་པའི་ལེའུ་ལས། རྒྱལ་ཞེས་བྱ་བའི་གཙུག་ལག་ཁང་། །མི་ཕམ་མགོན་པོའི་སྤྲུལ་པས་བཞེངས། །ཞེས་ལུང་བསྟན་ཏོ། །སྟོད་ལུང་ཡབ་ཕུའི་ར་ཚག་ཀྱང་སྔ་ནམ་རྡོ་རྗེ་དབང་ཕྱུག་གིས་བཏབ། གདན་སར་སླན་ཚུལ་བྱང་། འབྲིང་སྟོན། སྔ་རབས་རྒྱལ་ཚ་བྱང་ཡེ། འགྲོང་སྟོན་དགེ་བཤེས་ཨར། ཚུལ་འཕགས། ཁྱུང་ཐོད་དམར། ལག་འཐོག་པ། སོ་སྟོན། ཞང་ལྷ་

ཕོས། གནས་བརྟན། སངས་རྒྱས་དཔོན་གྱི་དངོས་སློབ་ཟླུང་འཇུ་མི་པས། འཕན་ཡུལ་དུ་ཟླུང་འཇུ་མོའི་དགོན། < བཏབ་ > ཕྱིས་འཕན་ཡུལ་མདར་སྤྱོས་པས་གསལ་ཁང་ཆོས་སྡེ་བྱུང་། ཞོགས་ཕུར་འོད་གསལ་ནི། ཟེམ་གྱི་སློབ་མ་རིན་ཆེན་སེང་གེས་བཏབ། ཞོགས་གུར་སྨོན་ནི་དང་པོར་བྱེ་རི་སྟག་རྩེའི་གོང་དུ་ཆོས་སྡེ་རིན་ཆེན་སྒང་ཞེས་བྱ་བ་ལས་ཆོས་རྗེ་མངོན་དགའ་བ་བྱམས་ (༤༧བ) པ་རྒྱ་མཚོས་བླ་མ་མཛད་དུས། སྟག་རྩེ་འབྲི་ཁུང་ < གུང་ > པ་ལ་ཕྱོར་བས། གུར་སྨོན་དུ་ཆོས་སྡེ་སྤྱོས་པ་ཡིན་ལ། བླ་མ་རྒྱུད་པ་སྨད་པའི་བླ་མ་ན་རིམས་ཀྱི་ཞལ་བདག་མཛད་ཅིང་། རྒྱུད་པའི་ཆོས་ཐོག་ཀྱང་ཟླ་རེ་འཛུགས་པ་ཡིན་ནོ། །

རྗེ་བཙུན་ཙོང་ཁ་པའི་མདོ་སྔགས་ཟུང་འབྲེལ་གྱི་བསྟན་པ་སྟོད་ལུང་དུ་དར་ཚུལ་བསྟན་པ།

རྗེ་བཙུན་བཙོང་ < ཙོང་ > ཁ་པའི་བསྟན་པ་རིན་པོ་ཆེ་སྟོད་ལུང་དུ་དར་ཚུལ་ནི། སྟོད་ལུང་མདར། སྐྱུར་མོ་ལུང་གི་ཆོས་སྡེ་མཁན་ཆེན་བློ་གསལ་བ་ལ་ < ལས་ > འདུལ་བ་ལེགས་པར་གསན། དེའི་དཔོན་པོ་ཆོས་རྒྱལ་བས་སྐྱུར་མོ་ལུང་གི་མཁན་ཐོག་དང་། དེའི་གོང་དུ་རྗེ་རིན་པོ་ཆེ་བླ་མར་བསྟེན་ནས་ཆོས་གསན། ཆོས་སྡེ་དགེ་ལུགས་པར་གཙང་སང་ངེར་མཛད་དོ། །ཆོས་སྡེ་དེ་ནི་དང་པོར་དགྲ་བཅོམ་པ་སྤྲུལ་ཏིས་བཏབ། དེ་དང་ཉེ་བའི་ཆར་ཨོ་རྒྱན་རིན་པོ་ཆེའི་སྒྲུབ་ཆུ་སྟོད་ལུང་གཞོང་པ་ལྷ་ཆུ་ཡོད། རྗེའི་བླ་མ་བཀའ་བཞི་པ་བློ་གསལ་ཡན་ལ་བཀའ་གདམས་པའི་བླ་མ་མང་དུ་ཕེབས། བློ་གསལ་བའི་རྗེས་སུ་གདན་སར་རིམ་པ་བཞིན་མཁན་ཆེན་ཆོས་རྒྱལ་དཔལ་བཟང་། ལེགས་པ་བཟང་པོ། རིན་ཆེན་དབང་རྒྱལ། ཁང་མོ་ཆེ་པ་བློ་གྲོས་དཔལ་བཟང་། པཎ་ཆེན་བསོད་ནམས་གྲགས་པ། རྒྱལ་ཁང་རྩེ་པ་དཔལ་འབྱོར་རྒྱ་མཚོ། སྤྲུལ་སྐུ་རིན་པོ་ཆེ་བསོད་ནམས་ཡེ་ཤེས་དབང་པོ། ཆོས་རྗེ་རིན་ཆེན་ཤེས་གཉེན། སྟག་ལུང་བྲག་པ་བློ་གྲོས་རྒྱ་མཚོ། གླིང་སྨད་ཆོས་རྗེ་དཀོན་མཆོག་ཆོས་འཕེལ། སྤྲུལ་པའི་སྐུ

གྲགས་པ་རྒྱལ་མཚན། ཡང་དགའ་བ་གདོང་དུ་བླ་མ་དབུ་མ་པ་དཔའ་
བོ་རྡོ་རྗེ་ལ་ < ལས་ > འཇམ་དབྱངས་ཆོས་སྐོར་མང་དུ་གསན། དེ་
ལ་སྒྲུབ་ཐབས་ཞུས་པས་རྒྱས་པར་རྣམ་ཐར་ལས་བྱུང་བ་བཞིན་འཇམ་
དབྱངས་ཞལ་གཟིགས། གསུང་གི་སྣང་བ་ཐོབ། དགའ་བ་གདོང་
དང་སྐྱིར་མོ་ལུང་གི་བར་དུ་ཡང་རྒྱལ་བ་བྱམས་པ་དང་། སངས་རྒྱས་
ཚེ་དཔག་མེད་ཞལ་གཟིགས་ (༤༢ན) པས། ཟབ་ཡངས་མ་དང་ཉེ་
གནོན་འཆར་ཁ་མའི་བསྟོད་པ་མཛད་དོ། །དགའ་བ་གདོང་འདི་དང་
པོར་ཞིག་བུ་ཤེས་རབ་པས་བཏབ། དེང་སང་བླ་མ་འབྲས་སྤུངས་ཤག་
བསྐོར་བས་སྐྱོང་བ་ཡི། སྟོད་ལུང་ཆུ་བཟང་ནི། རྗེའི་
དངོས་སློབ་ཤེར་འབྱུང་བློ་གྲོས་ཀྱིས་བཏབ། ད་རབས་ནི་འབྲས་
སྤུངས་སྒོ་མང་པས་ཞལ་བདག་དང་རྒྱུད་པའི་སྨད་པའི་དབྱར་ཆོས་
ཀྱང་དེར་འཛུགས་སོ། སྟོད་ལུང་སྡིངས་ཀ་ནི། གསེར་ཕུའི་བླ་མ་རོགས་
ཀྱིས་བཏབ། ཧཱུ་རི་ནི་བླ་མ་དགེ་འདུན་འོད་ཟེར་གྱིས་བཏབ་ཅིང་
དགེ་ལུགས་པའི་ཚུགས་མ་ཤོར་བར་ཡོད་དོ། །སྟོད་ལུང་ཨེ་པ་ནི།
དགེ་བའི་བཤེས་གཉེན་སྟོད་ལུང་པ་ཆེན་པོ་རིན་ཆེན་སྙིང་པོས་བཏབ།
འདིས་བཙན་གྲོ་དགོན་ཡང་བཏབ། དགེ་བའི་བཤེས་གཉེན་འདིས་
དགུང་ལོ་བཅུ་གཅིག་བཞེས་དུས། ཇོ་བོ་རྗེ་བོད་དུ་ཕེབས་པ་ལ་ཤམ་
ཐབས་ཁྲལ་གྱི་གསེར་ཞོ་གང་ཕུལ། དངོས་སུ་ནི་མ་མཇལ། ཕྱིས་རྣལ་
འབྱོར་པ་ཆེན་པོ་དང་། སྤྱན་སྔ་བ་ལ་ < ལས་ > ཆོས་གསན། ལམ་

རིམ་དང་བདེན་གཉིས་ལ་མཁས། དགུང་ལོ་གྱ་ལྔ་པ་མེ་སྤྲེལ་ལ་བཙན་ཁྲོར་གཤེགས་སོ། །

སྟོད་ལུང་ར་ཚག་ནི་དགེ་བའི་བཤེས་གཉེན་ཁྲམ་བཤེར་ཆེན་པོས་བཏབ་པོ། །རྗེ་རིན་པོ་ཆེས་སྐྱིད་ཤོད་སྨད་དུ་སྐེ་ཐང་བདེ་བ་ཅན་དུ། བཀྲ་ཤིས་སེང་གེ་དང་། གཙུགས་པ་དགེ་སྐྱོངས་པ་ལ་<ལས>ཆོས་གསན། ཆོས་རྫོང་དུ་དཔལ་ལྡན་བླ་མ་དམ་པ་ལ་<ལས>ཆོས་གསན། ཁྲིམས་བཟང་གྱི་དོ་གྲུ་ལུང་དུ་མཁས་པ་མང་པོ་ལ་ཆོས་གསུངས་སོ། །དགྱེར་སྨད་དུ་བླ་མ་ལྷ་པས་རྗེའི་བསྟན་པ་སྤེལ་བ་ནི་གྲུབ་ཆེན་ནག་པོ་སྤྱོད་པའི་དཔོན་རྒྱུད་ལྷ་རིན་ཆེན་དབང་གི་རྒྱལ་པོས་སྐྱིད་སྨད་དུ་གཙུག་ལག་ཁང་བཞེངས། གདན་རིམས་(༤༢བ)ནི་སྟོ་སྟོམ་རྗེ་རྗེ་མ་སྤྱན་སྔ་ནམ་མཁའ་དཔལ། ཀུན་དགའ་རིན་ཆེན། འདིས་རྗེ་ལ་<ལས>ཆོས་ཞུས། དེའི་ཅུང་ཆོས་འཁོར་རྒྱ་མཚོ། བསམ་གཏན་མཆོག་མངའ་རིས་པ་ཕུན་ཚོགས་པ། ལྷ་རིན་པོ་ཆེ་ལྷ་དབང་རྒྱ་མཚོ། ལྷ་དཔལ་འཁོར་བསོད་ནམས་དབང་པོ། རབ་འབྱམས་པ་ཐུབ་བསྟན་རྣམ་རྒྱལ་ཆེས་གསུམ་ཆོས་མཛད། དེ་བཞིན་དུ་བླ་མ་ལྷ་པས་མོན་ཡུལ་དུ་ཡང་རྗེའི་བསྟན་པ་སྤེལ་ལོ། །སྨད་དགྱེར་འདི་དང་། སྟོད་དགྱེར་ནི་རྗེའི་སློབ་དགེ་རེ་བཀའ་བཞི་པས་གསང་ཕུགས་ཕོ་བྲང་དང་། དགེ་རི་དགོན་པར་<པ>བཏབ་ཅིང་། སྟོད་ལུང་ལམ་པ་བཟུང་ནས་རྗེའི་བསྟན་པ་སྤེལ་ལོ། །

རྗེ་བཙུན་ཙོང་ཁ་པའི་མདོ་སྔགས་ཟུང་འབྲེལ་གྱི་བསྟན་པ་གཡོ་རུའི་ཕྱོགས་སུ་དར་ཚུལ་བསྟན་པ།

གཡོ་རུའི་ཕྱོགས་སུ། རྗེ་རིན་པོ་ཆེའི་བསྟན་པ་དར་ཚུལ་ནི། ཕག་གྲུའི་འོག་ཡར་སླུང་ <སླུངས> སྣེའུ་གདོང་རྩེའི་ཚོགས་ཆེན་པ་ཚུལ་ཁྲིམས་རིན་ཆེན་དང་། བྱེ་རྫིང་མཁན་པོ་ཤེས་རབ་མགོན་པོ་མཁན་སློབ་སོགས་ལས་བསྙེན་པར་རྫོགས་པ་དང་། རྩེད་ཐང་དུ་བཀའ་བཞིའི་གྲྭ་སྐོར་དང་། ངམ་ཤོད་ཕག་གྲུར་སྤྱན་སྔ་གྲགས་པ་བྱང་ཆུབ་ལ་ <ལས> ཕྱག་ཆེན་གྱི་ཁྲིད་སོགས་ཆོས་མང་དུ་གསན། སྤྱན་སྔ་གྲགས་བྱང་པའི་རྣམ་པར་བྱིན་བརླབས་ཀྱི་ལྷུན་པོ་དང་། བསྟོད་པ་སྙན་ངག་གི་སྒོ་ནས་གཉིས་བརྩམས། ཐེལ་གྱི་མཁས་པ་གྲོག་ལྷོག་པ་སོགས་མཁན་སློབ་ཕལ་ཆེར་དགའ་ལྡན་པའོ། །

ཟངས་རི་རི་ཕུག་ཏུ། དགྲ་ནག་གི་དཀྱིལ་མཆོག་དང་། རྗེས་སོར་དྭགས་པོ་བཀའ་བཅུ་བ་དང་འབྲེལ་གཏམ་མཛད་པས་མཁས་བཙུན་གྱི་གྲགས་པ་ཐོབ། འོན་གྱི་ལྷ་ཁང་ཀེ་རུ་དང་། བཀྲ་ཤིས་དོ་ཁར་ཡུན་རིང་དུ་བཞུགས། ཐུགས་སྒོམ་ <སྒོམས> མང་པོ་དང་། ཚ་ཁོ་དཔོན་པོ་སོགས་ལ་ཆོས་གསུངས་པས་རྩེད་ཐང་གི་ཆེན་པོ་བློ་འཕེལ་བ་ཐུགས་དད་འཁྲུངས་(༥༣ན)པའི་གཏམ་རྒྱུད་མང་པོ་ཡོད།

རྗེའི་རྗེས་འཇུག་གི་དབང་དུ་བྱས་ན་ཚོགས་མཁན་པོ་སངས་རྒྱས་བློ་གྲོས་དང་། བྱང་ཆུབ་བཟང་པོ་སོགས་མཁན་པོ་དང་། ཚོགས་པ་ཡང་པ་དགེ་གཉིས་ཁ་ཚོགས་ཡོད། གོང་མ་ཆེན་པོ་གྲགས་པ་རྒྱལ་མཚན་པས་རྗེའི་སྦྱིན་བདག་གི་མཐིལ་མཛད་ཆོས་མང་དུ་ཞུས། དེའི་མཆེད་ཡ་དགོན་སར་བུ་དྲུག་ལས། གཉིས་པ་རྩེད་ཐང་གི་ཆོས་རྗེ་རིན་ཆེན་བྱང་ཆུབ་རྡོ་རྗེ། གསུམ་པ་བཞི་པ་ལྔ་པ་ཐེལ་གྱི་སྤྱན་སྔ་དཔལ་ལྡན་བཟང་པོ། བསོད་ནམས་བཟང་པོ། ལྷ་གཟིགས་རས་པ་བསོད་ནམས་རྒྱལ་མཚན། འབྲི་ཁུང་ < ཤུང་ > ཆོས་རྗེ་དོན་གྲུབ་རྒྱལ་པོ། སྟག་ལུང་ཆོས་རྗེ་བཀྲ་ཤིས་དཔལ་འོད་དང་དྲུག་ལ། རྗེའི་དངོས་སློབ་ས་སྐྱོང་བཀྲ་ཤིས་དཔལ་འོད་དང་དྲུག་ལ། རྗེའི་དངོས་སློབ་ས་སྐྱོང་མིའི་དབང་པོར་གྱུར་པའི་ཆོས་དྲུག་ཏུ་གྲགས། དྲུག་པ་ཆེ་ས་སངས་རྒྱས་རྒྱན་མཚན་གྱིས་ཀྱང་ཆོས་ཞུས་སོ། རྩེད་ཐང་དུ་རྗེའི་རྗེས་འཇུག་དགའ་ལྡན་ལྔ་མཆོད་པ་དང་། བྱང་མ་ཁང་གསར་བའི་ཞལ་ངོ་ན་རིམས་ཀྱིས་རྗེའི་བསྟན་པ་འཛིན་པ་སྟེ། དགེ་སློང་རང་སངས་རྒྱས་མཚན་ དངོས་ སངས་ རྒྱས་ བསོད་ ནམས་ དགེ་ ལེགས་ དཔལ་ འབྱོར། དཔལ་འབྱོར། ལེགས་པ། ཆོས་དབང་དཔལ་འབྱོར། མཁྱེན་རབ་དཔལ་འབྱོར། གསུང་རབ་དཔལ་འབྱོར། ཆེན་པོ་དཔལ་འབྱོར་བསོད་ནམས་ལྷུན་གྲུབ་རྣམས་ཀྱི་རྗེའི་བསྟན་པ་ལ་བྱ་བ་ཆེར་མཛད་དོ། །

ཆོས་གྲྭ་ཆེན་པོ་རྡོར་ཐང་གི་ལོ་རྒྱུས་ནི། ཧའི་སི་ཏུ་བྱང་ཆུབ་རྒྱན་མཚན་པས་ལྷུགས་ཡིས་ལ་གཙུག་ལག་ཁང་གི་རྨང་གཏིང་། རྒྱ་འབྲུག་ལ་ཕྱོགས་ཀྱི་ཆོས་སྡེ་སོ་སོ་ནས་འཆད་ཉན་པའི་དགེ་འདུན་མང་པོ་སྤྱན་དྲངས། ཆོས་གཞིས་རྒྱ་ཆེན་པོ་སྦྱར། གོང་མ་ཆེན་པོའི་ཞལ་ངོ་རེ་གདན་སར་བསྐྱོ་བའི་སྲོལ་(༨༣བ)བཙུགས། འཇམ་དབྱངས་ཤཱཀྱ་རྒྱན་མཚན་དགུང་ལོ་བཅུ་གསུམ་པ་གདན་སར་ཕེབས་ནས་བཀའ་ཁོད་བཞི་ལ་ཐུགས་བཤད་མཛད། དགུང་ལོ་ཉེ་ཤུ་རྩ་དྲུག་པ་ལ་རྗེའི་ཁྲིར་ཐེགས། དེ་ནས་རིམ་བཞིན་རྒྱལ་སྲས་གྲགས་པ་རིན་ཆེན། འཇམ་སྟོན་པ། ཆོས་རྗེ་བསོད་ནམས་གྲགས་པ། གྲགས་པ་རྒྱན་མཚན། དྲུང་བྱང་ཆུབ་རྡོ་རྗེ། འཇམ་དབྱངས་གྲགས་པ་འབྱུང་གནས། ཀུན་དགའ་ལེགས་པའི་འབྱུང་གནས། ཆེ་ས་སངས་རྒྱས་རྒྱན་མཚན་རྡོ་རྗེ་རིན་ཆེན་དབང་གི་རྒྱན་མཚན། དཔལ་ངག་གི་དབང་པོ། གོང་མ་བཀྲ་ཤིས་གྲགས་པ་རྒྱན་མཚན། དེ་ནས་ཀརྨ་པ་དབང་ཕྱུག་རྡོ་རྗེ་རྡོར་ཐང་གི་ཆེན་པོའི་གོ་ས་ལྷོ་བྱང་གཉིས་ལས་ལྷོ་མ་བ་ལ་ཆེན་པོ་ཆོས་ཡེ། སྟོར་ཐོག་པ་བྱང་རིན། མཁར་ཐོག་པ། རྒྱལ་བཟང་པ། ཚུལ་བློ། རིན་ཆེན་དཔལ་བཟང་རྒྱལ། དྭགས་པོ་འོད་ཟེར་སེང་གེ། བློ་རྒྱལ་བ། དཔལ་འབྱོར་བ། བཀྲ་ཤིས་བཟང་པོ། ཆེན་པོ་བྱང་མ་བར་ཆེན་པོ་སངས་རྒྱས་རྒྱན་མཚན། གྲགས་པ་རྒྱན་མཚན། ཡོན་ཏན་རིན་ཆེན། བློ་གྲོས་འཕེལ། གྲགས་པ་བཟང་པོ།

དཔལ་བཟང་། ཆོས་འཕེལ། གོ་ཡལ་བ། །

ཁྲ་འབྲུག་གི་ལྟག་གི་རི་བོ་ཆོས་གླིང་ནི། རྗེའི་དངོས་སློབ་སྤྱན་གཡས་པ་ཆོས་རྗེ་དོན་གྲུབ་དཔལ་བས་བཏབ་ནས་སྟགས་གྲྭ་བཙུགས། གདན་སར་ཕོང་རང་གི་དཔོན་པོ་རབ་འབྱམས་སྨོན་ལམ་དཔལ་བསྐོས། དེ་ནས་རིམ་པ་བཞིན་གོང་སྟོང་ཆོས་ཀྱི་སེང་གེ །བྱང་ཆུབ་ཚེ་བརྟན། ཚ་བ་གྲུའི་ཆོས་མཛད་བསོད་ནམས་བཟང་པོ། ལྷ་རི་རྩེ་པ། ཁེ་གསུམ་པ་ཆོས་ཀྱི་རྣམ་རྒྱལ། ཆོས་རྗེ་དཔལ་འབྱོར་རྒྱན་མཚན། ཟུར་ཤག་པ་ནམ་མཁའ་བྱམས་པ། ཚོགས་ཁེན་རིན་ཆེན་རྒྱ་མཚོ། ཚུ་བཟང་རབ་འབྱམས་པ་བསོད་ནམས་བསམ་གྲུབ། འཕྱོངས་རྒྱས་བཀྲ་ཤིས་བདེ་ཆེན་ཀུང་ཆོས་རྗེ་དོན་གྲུབ་དཔལ་གྱི་དཔོན་པོ་སྨོན་ལམ་དཔལ་གྱིས་བཏབ། བླམ་(༨༦ན) བློ་གྲོས་རིན་པ་ད་ལྟར་བཞུགས།

ཡར་ཀླུང་གི་ <ཀླུངས་ཀྱི་> ཕུ་འཕྱོངས་རྒྱས་རི་བོ་བདེ་ཆེན་ནི། མཁན་ཆེན་ཉི་ཁྲི་པ་བློ་གྲོས་དཔལ་བཟང་དང་། ས་སྐྱོང་རྡོ་རྗེ་ཚེ་བརྟན་ཡོན་མཆོད་ཀྱིས། གཙུག་ལག་ཁང་དང་། སྤྱིལ་མིག་བརྒྱ་རྩ་བཏབ། ཁྲེལ་བཙུན་མང་པོ་བསྡུས་ནས་དགེ་ལུགས་པའི་ཚོ་ག་ཆོས་སྤྱོད་བཙུགས། གདན་སར་རིམ་པ་བཀའ་བཅུ་བ་ཆོས་འཕེལ་རྒྱན་མཚན། འཇམ་དབྱངས་ཕྱོགས་ལྷ་འོད་ཟེར། ཆོས་རྗེ་ངག་དབང་གྲགས་པ། དགོན་དམར་བ་ཟླ་བ་རྒྱན་མཚན། ཁེ་གསུམ་ཆོས་ཀྱི་རྣམ་རྒྱལ། བྱང་མ་ཁང་སར་ <གསར་> གསུང་རབ་དཔལ་འབྱོར།

ཐང་པོ་ཆེ་པ་འཕྲིན་ལས་རྒྱ་མཚོ། འཕྱོངས་རྒྱས་རབ་འབྱམས་པ་ནམ་མཁའ་རྒྱ་མཚོ། འདུལ་བ་ཆོས་རྗེ་ལེགས་གྲུབ་རྒྱ་མཚོ། ཚོགས་ཁེན་རིན་ཆེན་རྒྱ་མཚོ། བྱང་མ་ཁང་གསར་ནས་ཆེན་པོ་དཔལ་འབྱོར་བསོད་ནམས་ལྷུན་གྲུབ། ཆོས་རྗེ་བྱམས་པ་བསྟན་པ། དགའ་ལྡན་ཁྲི་པ་ཚུལ་ཁྲིམས་ཆོས་འཕེལ། རྗེའི་བསྟན་པ་དར་བ། སྤྱན་གཡས་པ་ཆོས་སྐྱེ་ནི། དང་པོ་གྲྭ་པ་མངོན་ཤེས་ཀྱིས་བཏབ། གདན་སར་རིམ་པ་བཞིན་གནས་བརྟན་དར་མ་བཀྲ་ཤིས། ཁ་ཆེ་མེས་སྟོན་ཆོས་འབར། ཁུ་ཤེས་རབ་བརྩོན་འགྲུས། སྟོ་བྲག་པ་དར་མ་སེང་གེ དགེ་བཤེས་འོད་འཇོ་མཁས་བཙུན་དད་པ། སྦྱང་བྲན་ནམ་མཁའ་གཞོན་ནུ། བླ་མ་ནམ་མཁའ་དཔལ། རྒྱལ་ཚ་གཞོན་ནུ་གྲགས། མཁན་ཆེན་སངས་རྒྱས་གྲགས། སངས་རྒྱས་རྒྱན་མཚན། གཞོན་ནུ་དཔལ། དབང་ཕྱུག་དཔལ། བྱང་ཆུབ་དཔལ་གཞོན་ནུ་དཔལ། སངས་རྒྱས་འབུམ་དཔལ། ཆོས་མཆོག་པ། ཡང་བྱང་ཆུབ་དཔལ། གཞོན་ནུ་འོད། བརྩོན་འགྲུས་རྒྱན་མཚན། སངས་རྒྱས་མགོན་པོ། བཀྲ་ཤིས་ལེགས་པ། བློ་གྲོས་ཕུན་ཚོགས། རྣམ་རྒྱལ་ལྷ་དབང་། ཤེས་རབ་ཡེ་ཤེས། སངས་རྒྱས་དོན་གྲུབ། འཕྲིན་ལས་རྒྱ་མཚོ། རྩེད་ཐང་པ་དངོས་གྲུབ་རྒྱ་མཚོ། རྗེ་(༨༩བ)ཡིད་བཟང་རྩེ་པའི་འགྲོས་ལོ་གཞོན་ནུ་དཔལ་བཟང་ཡང་སྤྱན་གཡས་པའི་དགེ་བཤེས་ཡིན་ཏེ། རྒྱལ་སྨན་དུ་ཚུ་སྤྲེལ་ལ་འཁྲུངས། སྤྱན་གཡས་ཀྱི་སྟོན་པ་དང་། རྩེད་ཐང་དུ་གྲལ་འཛིན་

མཛད། ཛྷེ་ཡབ་སྲས་དང་། པཎ་ཆེན་ནགས་ཀྱི་རིན་ཆེན་སོགས། བླ་མ་དྲུག་ཅུ་ཙམ་བསྟེན། མཁས་པའི་ཕུལ་དུ་ཕྱིན། དེབ་ཐེར་སྔོན་པོ་སོགས་མང་དུ་བརྩམས། འཕྲིན་ལས་ཆེ། ཆག་ལོ་གསུམ་པ་སོགས་སློབ་མ་ཡང་མང་། དགུང་ལོ་དགུ་བཅུ་པ་ལྕགས་གླང་ལ་འོན་མདར་གཤེགས་སོ། །

ཡར་སྟོད་ཤར་དུ་ཛྷེའི་དངོས་སློབ་སེམས་པ་ཆེན་པོ་གཞོན་ནུ་རྒྱན་མཚན་གྱི་སློབ་མ་མི་གཡོ་བ་མགོན་པོ་བསོད་ནམས་དཔལ་བཟང་པོས་སྤྱིལ་སྐུ་ལུང་གི་དགོན་པ་བཏབ། དེང་སང་ཡང་དགེ་ལུགས་པའི་ཆོས་སྤྱོད་འདོན་པའི་སྲོལ་ཡོད་དོ། །ཆོས་རྗེ་བློ་གྲོས་བརྟན་པས་དྭགས་པོ་གྲྭ་ཚང་དང་བཅས་སྐྱེ་ནས་གཡའ་བཟང་དུ་ཕེབས་ནས་སྤྱ་ཇོ་ཛྷེ་རྒྱན་མཚན་དང་དེ་རེར་དགེ་ལུགས་པ་བར་སྐབས་སུ་ཚུགས་པ་བྱུང་ངོ་། །

ཡར་སླུང་ < སླུངས་ > པ་ཕྱོགས་སུ་སྡེ་པ་ཆོས་རྒྱལ་བས་སྦྱིན་བདག་བྱས་ཏེ། ཐར་མ་ཆོས་མཛད་རྒྱུད་པ་ཚུལ་བཟང་བར་གྲགས་པས། ཤེལ་བྲག་དང་ཉེ་བའི་ཆར་འཕྱོངས་རྒྱས་ལམ་རིམ་ཐེག་ཆེན་གླིང་བཏབ། གདན་ས་རིམ་པ་བཞིན་དུ་མཁན་ཆེན་གྲགས་པ་རྒྱན་མཚན། ནམ་མཁའ་བཟང་པོ། གཙང་སྟོན་གྲགས་པ་དབང་ཕྱུག་བསོད་ནམས་སངས་རྒྱས། རི་བོ་ཆོས་གླིང་པ་དགེ་འདུན་གྲུབ། བྱམས་གཞུང་ཆོས་གྲགས་རྒྱ་མཚོ། ང་རྒྱལ་བ་བཀྲ་ཤིས་རྣམ་རྒྱལ།

གཙང་སྟོན་གྲགས་པ་བཀྲ་ཤིས། དགེ་འདུན་སྐྱབས་མཆོག །རི་བོ་རྣམ་རྒྱལ་ཡོན་ཏན་རྒྱ་མཚོ། ཆ་མལ་ཆོས་མཛད་ཆོས་སྐྱོང་རྒྱ་མཚོ། རྗེད་(༥༥ན) ཐང་པ་དངོས་གྲུབ་རྒྱ་མཚོ། ཡང་ཡོན་ཏན་རྒྱ་མཚོ། བླ་མ་བློ་གྲོས་རིན་ཆེན་པ། དངོས་སློབ་གནས་བརྟན་གཞོན་ནུ་སངས་རྒྱས་ཀྱིས་འཕྱོངས་རྒྱས་སུ་ལམ་རིམ་མང་དུ་གསུངས། རྗེའི་དངོས་སློབ་བླ་མ་བསོད་ནམས་རིན་ཆེན་པས་འཕྱོངས་རྒྱས་བྱམས་པ་གླིང་བཏབ། བྱིང་བསམ་གཏན་རྩེ་ནི། བྱིང་པའི་ཞལ་ངོ་ཀུན་དགའི་མཚན་ཅན་པས་བཏབ། འབྲི་མཚམས་པ་དཔལ་ལྡན་བླ་མ་བློ་གྲོས་རིན་པོ་ཆེའི་ཞལ་སྔ་ནས་ཡན་ལ་བླ་རབས་བཅུ་ཙམ་སོང་ངོ་། །

མོན་མཁར་བཀྲ་ཤིས་གདོང་དུ་རྗེ་རིན་པོ་ཆེས་བཞུགས་སྐབས་ཤིག་སློབ་མ་རྣམ་རྒྱལ་གསོལ་བ་བཏབ་པས་མཁས་པ་མང་པོ་འདུས་པ་ན། གཞུང་ཆེན་བཅོ་ལྔའི་རྒྱ་གར་སྐད་ནས་དབུ་བཙུགས་ཏེ་རྒྱལ་འགྲེལ་གསུངས། སླར་གཞུང་ཚང་བ་གཉིས་མནན་ཏེ་འཇུག་རྫོགས་པར་གསུངས་པ་འདི་ནི་རྣམ་ཐར་ཐུན་མོང་བ་གཅིག་ལ་ཡ་མཚན་པར་བྱེད་དོ། །

རྗེ་བཙུན་ཙོང་ཁ་པའི་མདོ་སྔགས་ཟུང་འབྲེལ་གྱི་བསྟན་པ་སྨྲ་བྲག་དང་གཉལ་དུ་དར་རྒྱལ་བསྟན་པ།

བྲེ་རྗིང་དུ་ཡང་མཁན་པོ་དགའ་ལྡན་པ་མང་རབ་བྱུང་། རྗེའི་དངོས་སློབ་གནས་བརྟན་དགེ་འདུན་རྒྱལ་པོས་གྲྭ་རི་བོ་རྣམ་རྒྱལ་གྱི་དགོན་པ་བཏབ། རྗེ་རིན་པོ་ཆེའི་བསྟན་པ་སྨྲ་བྲག་ཏུ་དར་ཚུལ་ནི། རྗེ་དགུང་ལོ་ཉེ་ཤུ་རྩ་བདུན་བཞེས་དུས་སྨྲ་བྲག་ཏུ་ཕྱིན། གྲུབ་ཆེན་ནམ་མཁའ་རྒྱལ་མཚན་པ་དགུང་ལོ་བཅུ་བདུན་བཞེས་པ་ལ། བཀའ་གདམས་ཀྱི་ཆོས་སྐོར་དང་། ཕྱག་ན་རྡོ་རྗེའི་མན་ངག་མང་དུ་ཞུས། སྨྲ་བྲག་སྟོང་རི་ཉེ་ཤར་དུ་བྱམས་པའི་བསྟོད་པ་ཚངས་པའི་ཅོད་པཎ་སོགས་ཐུགས་བརྩམས་ < རྩོམ་ > མང་དུ་མཛད། ཚུར་ལ་ཡང་དབྱངས་ཅན་མའི་རྗེས་གནང་སོགས་གསན། དགེ་བཤེས་བློ་བཟང་གྲགས་པའི་ལུང་རྟོགས་ཀྱི་ཡོན་ཏན་ནི་ཕོ་བོ་ལག་ན་རྡོ་རྗེ་ཡང་དཔག་པར་དཀའ་འོ་ཞེས་གྲུབ་ཆེན་ལ་གསུངས། གྲུབ་ཆེན་ནམ་མཁའ་རྒྱན་མཚན་དེ་ནི་སྨྲ་བྲག་ཏུ་མེ་(༨༥བ)སྟག་ལ་འཁྲུངས། དགུང་ལོ་བཅུ་གསུམ་པ་ལ་ཁྲོའི་རྒྱལ་སྲས་བཟང་པོ་ལ་ < ལས་ > རབ་ཏུ་བྱུང་། བཅུ་དགུ་པ་ལ་རིན་ཆེན་སྒང་གི་བླ་མ་བཀྲ་ཤིས་རྒྱལ་པོ་སོགས་ལ་ < ལས་ > བསྙེན་པར་རྫོགས། བདུན་ཅུ་པ་ལ་རྗེ་དང་མཇལ། དོན་བདུན་པ་རྒྱུ་

ཏའི་ཚེ་འཕྲུལ་ཟླ་བའི་ཉི་ཤུ་ལྔ་ལ་ཐེག་ཕྱིར་སྐུ་གཤེགས་སོ། །ཐྲན་པ་ཐེག་ཕྱི་ནས་སྤྲོས་པའི་ཁྲུང་ཚང་ཆོས་སྡེ་ལ་བླ་མ་དྭགས་སོགས་བརྩོན་འགྲུས་བཟང་པོ། རྩེད་ཐང་པ་དངོས་གྲུབ་རྒྱ་མཚོ། རྩེད་ཐང་པ་བློ་བཟང་བརྟན་པ། རབ་འབྱམས་པ་བློ་བཟང་ཉི་མ། གདང་དགོན་གསར་ནི། སྡེ་པ་གདང་ཁྲའི་ཞལ་ངོ་ནང་སོ་བདེ་བར་གཤེགས་པས་བཏབ། ལྷ་ཐྲག་བཙན་གྲོང་འཐོག་དོ་དགོན་དང་། གཏམ་ཤུལ་དུ་བཀྲ་ཤིས་ཆོས་གླིང་ནི། རྗེའི་དངོས་སློབ་ཡར་འབྲོག་པ་མགོན་པོ་བྱང་ཆུབ་པས་བཏབ། བཀྲ་ཤིས་ཆོས་གླིང་གི་བླ་རབས་ནི། བྱང་སེམས་མགོན་པོ་བྱང་ཆུབ། གཙང་པ་དོན་གྲུབ་དཔལ་བས་ཆོས་སྡེ་བཏབ། །

གནས་བརྟན་འོད་ཟེར་བཀྲ་ཤིས་པས་གྲ་བདེ་བ་གླིང་བཏབ། གྲ་བྱམས་པ་གླིང་ནི་རྗེའི་དངོས་སློབ་ཡར་རྒྱབ་དཔོན་པོ་ཆོས་རྗེ་བསོད་ནམས་རྣམ་རྒྱལ་གྱིས་བཏབ། ས་དགེ་གཉིས་ཁ་འདུས། ཚོགས་ཆོས་སུ་ཆོས་རྗེ་བསོད་ནམས་རྣམ་རྒྱལ་ཉིད་ཀྱིས་བསྒྲིགས་པའི་ཆོས་སྤྱོད་བྱེད་པ་ཡར་རྒྱབ་པའི་ཞལ་ངོ་དེ་དང་། དུས་འཁོར་མཆོད་རྟེན་པ། ཆོས་འཁོར་ལྷུག་པ། འབྲས་བུ་ཚལ་པ་དང་། གྲྭ་ཚང་གསུམ་པོ་སོ་སོར་སློབ་དཔོན་རེ་བསྐོ་བའི་སྲོལ་ཡོད་དོ། །བྱང་ཁར་ཟུང་མཁར་དུ་མདོ་སྔགས་གླིང་ནི། རྗེའི་དངོས་སློབ་བྱང་སེམས་ཀུན་དགའ་བཟང་པོས་བཏབ། བྱང་སེམས་ཀུན་དགའ་བཟང་པོ་ཟུང་མཁར་དུ་མེ་ཏ་(༤༤༨) ལ་འཁྲུངས། ལྷ་ཐྲག་གྲུབ་ཆེན་ནམ་མཁའ་རྒྱན་མཚན་

དང་། ཛྫེ་རིན་པོ་ཆེ་བསྟེན། རྗེད་ཐང་དུ་ཁང་རྙིང་པའི་འཆད་ཉན་མཛད། སློབ་མ་ནི་འཇམ་དབྱངས་ཆོས་ཛྫེ། ཆོས་པ་ཆོས་ཛྫེ་བསོད་ནམས་རིན་ཆེན། ཆོས་ཛྫེ་བློ་གྲོས་རྣམ་རྒྱལ། དགེ་སློང་བསོད་གྲགས། དགེ་སློང་ཐུབ་པ། དགེ་སློང་རང་སངས་རྒྱས་སོགས་ཆེ་དགུ་འདུས། མདོ་སྔགས་གླིང་བཏབ། དགུང་ལོ་དོན་དགུ་པ་ཆུ་བྱི་ལ་གཤེགས། མཁན་པོ་ནི་མངའ་རིས་གྲྭ་ཚང་གི་བླ་མ་མཛད་ཅིང་། སློབ་དཔོན་ནི་སྟོད་སྨད་གཉིས་རེ་བསྐོ་བའི་སྲོལ་ཡོད་དེ། རྣམ་རྒྱལ་གྲྭ་ཚང་གི་བླ་མ་བློ་གྲོས་རིན་ཆེན་པ་དང་། རྒྱལ་ལེ་ཆོས་མཛད་ཀྱིས་ཐུགས་ཁུར་བཞེས་ནས་རྗོ་ཕུར། རྣམ་རྒྱལ་གྲྭ་ཚང་གི་གཞིས་དགོན་བཏབ། ཛྫེའི་དངོས་སློབ་སྨན་ལམ་པས་འབྲོག་མུ་ཏིག་དགོན་བཏབ་ནས་ཡར་འབྲོག་ཏུ་བསྟན་པ་སྤེལ་ལོ། །ཕྲག་དགོན་པའི་ས་ཕུག་ཏུ་ཆོས་འཆད་ཉན་མཛད་པ་ན། ས་ཕུག་དེ་དིབ་ < རིབ་ > ནས་དགེ་འདུན་མང་པོ་གྲོངས་པས་ཐུགས་སྐྱོ་དེ་གཉལ་རོང་དུ་ཕྱིན་པས་ན་སྤྲིན་བདག་ཞིག་ < ཅིག་ > གི་བཙུན་མའི་དགོན་དུ་ཞུགས་པར་གསོལ་བས། མི་ཏུང་གསུང་བ་ལ་བཙུན་རྣམས་ཟུར་དུ་ཕུད་པས་ཟུར་ཕུད་དགོན་པ་ཕྱུང་། ཕྱིར་གྱི་དགོན་ཤུལ་དུ་ཆོས་སྡེ་བཏབ་པ་ལ་དགེ་འདུན་མང་དུ་འདུས་པའི་ཡུལ་མིས་ཚོགས་བཟང་ཆེན་པོ་ཕུལ་ནས་སྤྱི་ཐབ་མཛད་པས་ཟངས་པོ་ཆེར་གྲགས། དེར་མ་ཤོང་བར་གྲོག་པོ་ཕར་གར་ཡང་ཆོས་སྡེ་ཆགས། གདན་སར་མཁན་ཆེན་བསོད་ནམས་སེང་གེ་བསྐོས། དེ་

ནས་ཚུལ་ཁྲིམས་རྣམ་པར་དག་པའི་དྲི་ངར་རྒྱ་ཆེན་ལྡང་བའི་བཟངས་ཆེན་པ་དར་མ་བསོད་ནམས་གདན་སར་ཕེབས་ནས། ལྷ་འགྲོ་(༤༤བ) བའི་མགོན་པོ་སྤྱན་དྲངས་ཏེ། དགོན་མ་བུ་ལག་དང་བཅས་ཕུལ། འདི་ལ་གྲྭ་ཚང་བཞི་ཡོད་པ། ལྷག་ཚང་པ་དང་། ཆོས་འཕེལ་གླིང་། དཔལ་འབྱོར་གླིང་། རིན་ཆེན་གླིང་རྣམས་སོ། །བཟངས་ཆེན་པའི་བུ་ཆེན་བཞི་ནི། དགེ་བའི་བཤེས་གཉེན། མཚོ་སྣ་པ། རྩེ་དཀར་བ། དར་མ་སྣང་བ། བྱར་ཁང་པ་སླེ་པོ་སོ་སོ་འཕྲིན་ལས་སྐྱུངས། བཟངས་པོ་ཆེའི་མཁན་སར་བྱ་བའི་ཞལ་ངོ་མཁན་ཆེན་ཚུལ་ཁྲིམས་བཟང་པོ། དཀོན་མཆོག་བཟང་པོ། ཤཱཀྱ་དཔལ་མགོན། སྐལ་བཟང་ཆོས་རྗེ་སོགས་བྱུང་། ཤཱཀྱ་དཔལ་མགོན་དང་རྗེ་རིན་པོ་ཆེ་དུས་མཉམ་ཡིན། སྐལ་བཟང་ཆོས་རྗེ་བསོད་ནམས་དབང་པོའི་སྐྱེས་སངས་རྒྱས་ཀྱི་མཛད་པ་འཕྲུལ་མེད་བརྩོམས་ < བརྩམས་ > པ་སོགས་མཁས་པ་ཆེན་པོ་ཡིན་ནོ། །གྲྭ་ཚང་བཞི་པོ་སོ་སོར་སློབ་དཔོན་རེ་བསྐོ་བ་ཡིན་པ་ལ། རྒྱུན་གྱི་ཡོན་བསྡུ་བ་ནི་བུམ་བདག་པ་རྣམས་ཀྱིས་མཛད་དོ། །

བྲ་གོར་ཆོས་སྡེ་ནི། པོ་ཏོ་བའི་དངོས་སློབ་གཉལ་སྟོན་ཆོས་འབར་གྱིས་བཏབ། འདི་ལ་གྲྭ་ཚང་བཞི་ཡོད་པ། ཤར་པ་བ། སྟོ་པ་བ། ཐབ་པ་བ། འདུལ་བ་པ་རྣམས་ཡོད། མཚོ་སྣ་པ་ཡན་གྱི་མཁན་པོའི་མཚན་འཆད་རྒྱུ་མི་སྣང་། བཟངས་ཆེན་པའི་དངོས་སློབ་འདུལ་བ་

མཁས་པའི་མཚོ་སྣ་པ་ཤེས་རབ་བཟང་པོ་བྲག་གོར་དུ་ཡུན་རིང་དུ་བཞུགས། དེ་ནས་གདན་སར་རིམ་པ་བཞིན་མོན་གྲྭ་པ་ཚུལ་ཁྲིམས་བཀྲ་ཤིས། མཁན་ཆེན་ཆོས་སྐྱབས་བཟང་པོ། ཆོས་དཔལ་བ། བྲག་པ། བསོད་ནམས་དཔལ་ལྡན། བསམ་ཤེ་བ། རྡོ་རྗེ་ཤེས་རབ། ཡོན་དབང་བ། ཆོས་རྗེ་བ། ཆོས་རྒྱལ་བཟང་པོ། དབུ་ནག་པ་ཆོས་བཟང་། བརྩོན་འགྲུས་བཟང་པོ། གཙང་པ་ཡོན་ཏན་འོད་ཟེར། མཁས་(༤༧ན) པ་སྐལ་བཟང་ཆོས་རྗེ། བཟད་པ་མཁན་ཆེན་ངག་དབང་གྲགས་པ། མཁན་ཆེན་རྩ་པ། མཁན་ཆེན་སྤྱངས་སྤྱིལ་བ། མཁན་ཆེན་བསོད་ནམས་རྒྱན་མཚན། མཁན་ཆེན་སངས་རྒྱས་བསྟན་འཛིན་རྣམས་སོ། །

རི་སྟེངས་ནི་མཚོ་སྣ་པའི་དངོས་སློབ། ཆོས་དཔལ་རྒྱན་མཚན་བཟང་པོས་བཏབ་པས་རི་པ་རྒྱན་མཚན་དུ་གྲགས། དེ་ནས་ཆོས་རྗེ་རིན་ཆེན། ཀུང་སྟོང་ཤེས་རབ་རྡོ་རྗེ། སྐུ་འབུམ་བ། ཆོས་རྒྱལ་བ། དཔལ་བཟང་བ། སྔོ་གཅིག་པའི་སྐྱེ་བ་པདྨ་ཧ་མཆོག་རྒྱལ་པོ། དེའི་ཚ་དཔོན་འཇམ་དབྱངས་ཆོས་ཀྱི་གྲགས་པ། དེའི་སྐུ་མཆེད་མཆེད་བྱ་བ་བཀྲ་ཤིས། རྣམ་རྒྱལ་གྱིས་གཉལ་ཕྱོགས་ཕལ་གྱི་བླ་མར་གྱུར་ཅིང་རྒྱ་མཚོ་བཞིའི་བསྟན་བཅོས་བརྩམས་སོ། །རི་པ་རྒྱན་མཚན་པས་གསེར་ཆེ་འབུམ་པའི་ཧག་ཏུ་དགེ་སློང་བཞི་སྡེ་རེ་སྨན་བླའི་ཆོ་ག་འདོན་པ་ལ་བཞག་པ་དང་། དེ་དང་ཉེ་ས་སེང་གེ་རྫོང་པའི་རྫོང་དཔོན་གྱིས་ཡང་

ཡང་སྤྱན་དྲངས་པས། སླར་རི་སྟེངས་ནས་དགེ་འདུན་པ་འགའ་ཐོས་པ་མང་དུ་ཡོང་བ་ལ་ཆོས་སྡེ་ཆགས་པས་ལུང་རའི་སྐབས་སུ་སེང་རི་གཉིས་སྒྲིལ་ནས་བྱེད་དོ། །དེ་ལྟ་ནི་བླ་མ་སྣང་ཙོག་པ་བཞུགས། གསེར་ཕྱེ་འབུམ་པ་འདི་ལྷ་རྗེ་དགེ་བ་འབུམ་གྱི་བཞེངས། འདིར་དགེ་བའི་བཤེས་གཉེན་སྟེའུ་ཟུར་པའི་ཕྱག་ངར་བཞུགས་སོ། །

གཞལ་གྱི་ངང་རྒྱལ་ནི་འབྲི་ཁུང་ <གུང་> པའི་དཔོན་སློབ་གྲུབ་ཐོབ་གཙང་ཞིག་པས་བཏབ། གདན་སར་ཞང་དང་། རྒྱལ་བའི་མཚན་ཅན་གཟི་བརྗིད་རིན་ཆེན། གཞལ་ཞིག་པ་རྒྱལ་བ་རི་ཁྲོད་སེང་གེ །དེ་ནས་བླ་མ་གསལ་བ་དང་། མཁས་གྲུབ་རིན་ཆེན་རྒྱལ་མཚན་སོགས་དྲུག ཆོས་རྗེ་ཆོས་རྒྱལ་རིན་ཆེན། རིན་ཆེན་བློ་གྲོས། རིན་ཆེན་དཔལ་བཟང་སོགས་བྱོན་ནོ། །གཙང་ཞིག་པ་ཚང་ལ་དགྲིས་(༤༧བ) པས་སྐུ་འདྲ་ལ་ཚང་མཆོད་བྱེད་པ་ནི། གཙང་ཞིག་པའི་སྐུ་དགེ་སློང་ཟ་ར་བ་ཚང་གི་གཟི་འོང་ཟེར་བའི་གཏམ་རྒྱུད་སྣང་ངོ་། །

རྗེ་བཙུན་ཙོང་ཁ་པའི་མདོ་སྔགས་ཟུང་འབྲེལ་གྱི་བསྟན་པ་ཤེའི་ཕྱོགས་སུ་དར་ཚུལ་བསྟན་པ།

རྗེའི་བསྟན་པ་ཨེའམ་དབྱེའི་ཕྱོགས་སུ་དར་ཚུལ་ནི། མཁན་ཆེན་ངག་དབང་གྲགས་པས་རྒྱ་རི་ཆོས་རྫོང་གི་བླ་མ་མཛད་པའི་ཚེ།

ཆོས་སྡེ་ཕེལ་ཆེར་དགེ་ལུགས་པར་བསྒྱུར་བ་ཡིན་ལ། རྒྱ་རི་ཆོས་རྫོང་འདི་སྤྲུལ་སྐུ་བྲ་ཡུལ་བའི་དངོས་སློབ་དབྱེ་རུ་མེར་ཆེན་པོས་བཏབ། རྗེ་ཕག་གྲུའི་དུས་སུ་ངམ་ཤོད་དུ་ཚ་རོང་བརྩད་པོ་དང་འགྲས་པས་ཉེ་གནས་ཀྱི་གཏེར་མ་འཕངས་པས་བརྩད་པོ་ཕབ་པ་ན། རྗེ་ཕག་གྲུས་ཉེ་གནས་ལ་ཁྱོད་ཀྱི་གཏེར་མ་མ་འཕངས་ན་ངེད་རང་གི་སྦྱིན་བདག་བྱེད་རྒྱུ་ཡིན་ཀྱང་། ད་དེས་རྩ་རྒྱ་བ་སྐྱེ་བའི་རི་ལ་གནས་བཅས་ནས་ཆོས་གཞིས་ལ་གནོད་པར་འགྱུར་ཞེས་གསུངས། ཚ་རོང་བརྩད་པོའི་བརྒྱུད་པ་ལྷ་འཇིག་རྟེན་དབང་ཕྱུག་དང་། དགྲ་ལས་རྣམ་རྒྱལ་གྱི་དུས། ཆོས་རྗེ་བློ་གྲོས་བརྟན་པ་དང་། རྗེ་དགེ་འདུན་རྒྱ་མཚོའི་སྦྱིན་བདག་མཛད། རྒྱ་རི་ཆོས་རྫོང་གི་བླ་རབས་ནི། ངག་དབང་གྲགས་པ། བསོད་ནམས་བཟང་པོ། དེའི་དཔོན་པོ་བསོད་ནམས་དབང་ཕྱུག ། ཆོས་རྒྱལ་བ་རྣམས་སོ། །

དབྱེའི་ཀློག་ནི་བྲ་སའི་ཞལ་ངོ་ཡོན་ཏན་མཆོག་གིས་བཏབ། དབྱེ་སེའོ་གནས་གཞི་ནི་ཆོས་རྒྱལ་བྲ་ནག་ཆེན་པོ་རིན་ཆེན་འོད་ཀྱིས་བཏབ། ད་ལྟ་གདན་སར་རབ་འབྱམས་པ་དུང་མཁན་བཞུགས་སོ། དབྱེ་ཟངས་མདོའི་མདོངས་དཀར་ཆོས་སྡེ་ནི། སྐྱབས་སྟོན་ཤེས་རབ་གྲགས་པས་བཏབ། རི་སྔོ་ཆོས་སྡེ་ནི་གཙང་སྟོན་ངག་དབང་གྲགས་པས་བཏབ་(༥༢ན) བླ་རབས་ནི། མགར་པ་ཚུལ་ཁྲིམས་པ་དང་། ངོ་མཚར་ཆོས་དབང་བས་རྒྱ་བསྐྱེད། འཆད་དཀར་ཆོས་སྡེ་ནི། ལྷ་

བྱམས་པ་རབ་བརྟན་ཡབ་སྲས་དང་། རྗེ་བྱམས་པ་བསྟན་པ་འདིས་དབྱེ་ཕྱོགས་ཀྱིས་ཆོས་སྡེ་ཕལ་ཆེར་གྱི་བླ་མར་གྱུར་ཏོ། །དེ་ནས་དབྱེ་ཕྱོགས་ཀྱི་དགོན་པ་ཕལ་ཆེ་བའི་གདན་ས་བྱམས་པ་གླིང་པ་རྗེ་ཞལ་སྔ་ནས་བྱམས་པ་མཆོག་གིས་མཛད་དོ། །

ཐུབ་དབང་བསྟན་པའི་སྐྱེད་ཚལ་ཁྱོན་ཡངས་པར། །བློ་བཟང་པད་དཀར་མཁྱེན་པའི་འདབ་སྟོང་ཅན། །བརྩེ་བའི་དྲི་བཟང་ཅི་ཡང་འཕྲོ་བ་ལ། །སྐལ་ལྡན་བུང་བའི་རེ་སྐོང་དེ་ལ་འདུད། །རབ་དཀར་གངས་ཀྱི་ས་འཛིན་ཁོར་ཡུག་ཅན། །ཡུལ་ལྗོངས་མར་གད་ལྟར་ལྗང་ཡིད་དུ་འོང་། །ཨིནྡྲ་ནི་ལའི་ཁུ་བ་འབབ་འདྲའི་ཆུ། །སྙན་པའི་སྒྲ་སྒྲོག་ལྡུ་བའི་འཛུམ་དཀར་སྟོན། །སྐྱེ་བོས་ཡོངས་གང་གྲོང་མང་ཆོས་སྡེར་བཅས། །ཁ་བའི་མདངས་འཛིན་སུམ་རྗེན་གཉིས་པ་འདིར། །རྗེ་ཡི་གསུང་རབ་བཤད་སྒྲུབ་རབ་དར་མ། ལྷ་ཡུལ་འོལ་ཁ་དར་ཞིང་རྒྱས་གྱུར་ཅིག །

རྗེ་བཙུན་ཙོང་ཁ་པའི་མདོ་སྔགས་ཟུང་འབྲེལ་གྱི་བསྟན་པ་འོལ་ཁའི་ཕྱོགས་སུ་དར་ཚུལ་བསྟན་པ།

དེ་ཡང་རྗེ་བཙུན་བཙོང་ <ཙོང་> ཁ་པ་ཆེན་པོའི་བསྟན་པ་རིན་པོ་ཆེ་ཕྱོགས་ཐམས་ཅད་དུ་ཁྱབ་པ་ལས། འོལ་ཁ་ལུང་པར་མཛད་

པ་འཕྲིན་ལས་རྒྱས་པའི་ལོ་རྒྱུས་ནི། རྗེ་བཙུན་འཇམ་དཔལ་དབྱངས་ཀྱིས་རྗེ་རིན་པོ་ཆེ་ལ་སྒྲུབ་པ་མཛད་ན་རང་གཞན་ཐམས་ཅད་ཀྱི་དོན་འགྲུབ་ནས་འོང་། བསྟན་པ་ལའང་དེ་ཕན་ཐོགས་ཆེ། ཞེས་གསུངས་པས་འཁོར་དག་པ་རྣམ་པ་བརྒྱད་དང་ལྷན་དུ་འོལ་ཁའི་ཆོས་ལུང་དུ་ཕེབས། བསགས་སྦྱོང་ལ་འབད་པ་མཛད་པས། སངས་རྒྱས་སུམ་ཅུ་རྩ་(༤༨༥) ལྷ་ཞལ་གཟིགས། དེང་སང་ཡང་དགེ་སློང་སུམ་ཅུ་ཙམ་རེ་བཞུགས། རྫོང་དཔོན་བཀྲ་ཤིས་རྒྱལ་མཚན་པས་ཀྱང་རྗེའི་སྦྱིན་བདག་མཛད་དེ་རྫིང་ཕྱིའི་ཞིག་གསོས་ཆེན་མོ་གནང་བས་འབྲི་འབུར་གྱི་ལྷ་ཐམས་ཅད་ལ་ཡེ་ཤེས་པ་དངོས་སུ་ཐིམ། ལྷོ་བྲག་ནས་གྲུབ་ཆེན་ནམ་མཁའ་རྒྱལ་མཚན་གྱིས་ནམ་མཁར་སངས་རྒྱས་བྱང་སེམས་མང་པོ་རྫིང་ཕྱིའི་རབ་གནས་ལ་འགྲོ་བ་ཡིན་གསུངས་ཞལ་གཟིགས། བདེ་བ་ཅན་དུ་སྐྱེ་བའི་སྨོན་ལམ་ཞིང་མཆོག་སྒོ་འབྱེད་སོགས་བརྩམས། སངས་རྒྱས་ཀྱི་ཆོས་འཁོར་དུས་ཆེན་ལ་དམིགས་པའི་སྒྲུབ་མཆོད་བཙུགས། གྲོལ་སྟོན་ལ་མེ་ཏོག་མཆོད་པར་གྲགས་པ་ལ། རྩེ་ནས་ཚེབས་རགས་དང་བཅས་ཡུལ་མི་རྣམས་ཀྱི་ཁྲོམ་པས་རྟེན་མཇལ་དང་། རྗེ་བོ་ལ་ཞལ་གསེར་གསོལ་ཞིང་། སྲུང་མ་རྒྱལ་པོ་ཆེན་པོ་ལ་ཡང་གཏོར་གསོས་དང་གསེར་སྐྱེམས་ཞུས་ནས་སྒོ་ལྷགས་དམ་ཁས་མནན་ནས་ལོ་ཕྱི་མའི་མེ་ཏོག་མཆོད་པ་ལ་རྟགས་རྟེན་འབྲེལ་ལ་བརྟག་གོ། རྒྱལ་ཆེན་འདི་ནི་གསུང་གི་རྒྱལ་པོ་སྟེ། སྟོན་ཁྲིམ་ལ་འཆམ་པའི་སྲོལ་

ཡོད་ཀྱང་། རྗེ་རིན་པོ་ཆེས་རྫིག་པར་གྱི་གཙང་ཁང་དུ་བཞུགས་སུ་གསོལ་ཞིང་རྟེས་དང་ཡོན་མཆོད་ཀྱིས་གསོལ་མཆོད་ཟབ་ < གཟབ་ > བཀྲམས་བྱས་ནས་སྐར་དམ་ཆོས་ཁས་མནན་སྡེ་ཕྱིའི་རྟགས་མཚན་མ་གསལ་བར་འོང་བ་དང་། གར་མིས་གཙུག་ལག་ཁང་འདིའི་སྲུང་མར་བསྐོས་ཤིང་། དེང་སང་ནི་ཆོས་སྐྱོང་པེང་ཕྱུག་ཞལ་དང་ལྷ་མོ་སོགས་ལ་གསོལ་མཆོད་ཇེ་རྒྱས་སུ་ཡོད་ལ། རྗེ་ཉིད་ཀྱིས་མགོན་པོ་ཕྱུག་བཞི་པ་དང་། པེང་ལྷ་མོ་རྣམ་གསུམ་ཆོས་རྒྱལ་ཆེན་པོ་རྣམས་ལ། རང་རང་གི་ཕོགས་ཕྲིས་ཀྱི་མདུན་ (༤༠ན) དུ་གསེར་གཏོར་བཙུགས་ནས་དགོན་པ་གཉེར་གཏད་མཛད་པས། ཕྱིས་གནོད་པར་སེམས་པ་རྣམས་ལ་གདེངས་པ་ཙམ་གྱིས་ཐལ་བར་བརླག་པའི་ལོ་རྒྱུས་མང་དུ་ཡོད་ཅིང་། མེ་ཏོག་མཆོད་པར་རྒྱལ་པོས་གཏོར་གསོས་འབུལ་བའི་སྲོལ་ད་ལྟ་ཡང་ཡོད། །

གནས་གཞི་ཆེན་པོ་འདི་ནི། གར་མི་ཡོན་ཏན་གཡུང་དྲུང་གིས་བཏབ་པ་ཡིན་ཏེ། དེ་ཡང་མདོ་ཁམས་སྨད་ནས་བླ་ཆེན་པོ་དགོངས་པ་རབ་ཀྱིས་ལི་ཡུལ་ནས་རྒྱལ་པོ་ཧྲི་ཀ་ཀླུ་བའི་སྙིང་པོས་སྦྱིན་བདག་མཛད་ནས་རིན་པོ་ཆེ་རྡོར་ཁྲིམ་ལས་གྲུབ་པའི་རྒྱལ་བ་བྱམས་པའི་སྐུ་རང་བྱོན་གསུམ་ལྡན་ཏེ་རྡོར་ཁྲིམ་འདི་ཡི་ཐུགས་ཀར་ཙནྡན་གྱི་བྱམས་པ་ཁྲུ་གང་པ། དེའི་ཐུགས་ཀར་ཤེལ་གྱི་བྱམས་པ་འཕྲུད་གང་པ་ཐིམ་པའི་ལོ་རྒྱུས་དང་བཅས་གར་མི་ལ་གནང་ནས་དབུས་གཙང་དུ་འགྲོ་བ་དང་

བསྟན་པ་ལ་ཕན་ཐོགས་ཀྱིས་ཤིག་ཅེས་གསུངས་ནས་རྫོང་སྐར་མཛད་པས་ཞིང་པོ་རྒྱུགས་མདའ་རྫས་ཀྱི་ལྷ་ཁང་དང་། ཡེར་སྒྲམ་གྱི་ལྷ་ཁང་དང་ཡར་ཀླུངས་བྲོ་ས་སེང་གེའི་ལྷ་ཁང་དང་། རོང་མདའ་བ་གསང་སྔགས་ལྷ་ཁང་སོགས་བཞེངས། གར་མིས་བྲག་ལྷ་གསེར་ཁང་དུ་རྗེ་བཙུན་བྱམས་པ་ལ་མཆོད་ཅིང་བཞུགས་པ་ན། གྲུབ་ཐོབ་བྱེ་དཀར་བ་དང་། བསམ་གྲུབ་ནག་པོས་ཇ་གོས་དར་མང་པོ་བཀལ་ཏེ་ཕུལ་ནས་རྒྱུ་ཆ་འདི་ལ་གཙུག་ལག་ཁང་བཞེངས་པར་གསོལ་བ་བཏབ་པས། རྫིང་མ་གེའི་ཕྱིར་རྩིགས་ཤིག་ཅེས་གསུངས་པས་རྫིང་ཕྱིར་གྲགས། ཇ་སྤྱན་རྩེ་ལྷེལ་སློང་གི་གང་ཁྲབ་ལ་གྲུང་ཐེན་གཙུག་ལག་ཁང་(༥༩བ)དུ་རྒྱལ་པོ་ལུགས་ཀྱི་རྒྱལ་བ་རིགས་ལྔ་དང་། སེམས་དཔའི་སྐུ་བཅུ། ཁྲོ་བོ་གང་གིང་གཉིས་ཁྱམས་ཡོགས་བྲིས་དང་བཅས་པ་བཞེངས། ལྷ་རྣམས་ཀྱི་ཐུགས་ཁར་རིང་བསྲེལ་དང་རིན་པོ་ཆེ་མང་པོ་བཞུགས། ཆོས་མངོན་པའི་བཤད་གྲ་ < གྲྭ > བཟང་པོ་ཡང་བཙུགས། གདན་སར་བླ་མ་རིམ་པར་བསྐོས་པ་ནི་ཁུ་བརྩོན་འགྲུས་ཤེས་རབ། ར་ཁྲི་བཟང་པར། རྒྱ་རྒྱལ་བུ་ཚུལ་ལེགས། བྲང་ཏི་དར་མ་སྙིང་པོ་སོགས་བྱུང་། རྗེས་མ་འདིས་གཙང་གི་རོང་དུར་སྒྲིག་སོགས་ཀྱི་ཞལ་བདག་ཀྱང་མཛད། དེ་ནས་གར་མིའི་དགོན་རྒྱུད་ཀྱིས་འཛིན་སྐབས། རྗེ་རིན་པོ་ཆེ་ཕེབས་ནས་ཞིག་གསོ་མཛད། བླ་མ་རིམ་པ་བཞིན། མཁན་པོ་བསམ་གཏན་རྒྱལ་མཚན། གཙང་སྟོན་བསྟན་པ་བཟང་པོ། མདོ་

སྣད་པ་བློ་གྲོས་སེང་གེ །ཀ་ཏུ་བཟང་སྐྱོང་། དབུ་སྟོད་པ་ནམ་མཁའ་རིན་ཆེན། གདན་ཏུ་བ་ཆོས་རྒྱལ་མཚན། ཚུམས་པ་བླ་བ་རྒྱལ་མཚན། གཙང་གནས་རྙིང་པ་བསྟན་པ་རྒྱལ་མཚན། ཞལ་ངོ་ནོར་འཛིན་ཆོས་རྒྱལ་ནེལ་པ། སངས་རྒྱས་ཚུལ་ཁྲིམས། རྗེ་དགེ་འདུན་རྒྱ་མཚོ། དེའི་དཔོན་པོ་བློ་བཟང་དཔལ་འབྱོར། དན་འབག་པ་པི་ལིང་དབང་ཕྱུག་བཟང་པོ། ས་སྐྱོང་དོན་ཡོད་རྒྱ་མཚོ། གཙང་སྟོན་ཀུན་དགའ་ཤེས་རབ། གཙང་འབྲི་མཚམས་པ་ཆོས་འཕེལ་བཟང་པོ། འོལ་ཁ་ཆོད་པས་མཁན་ཆེན་བློ་བཟང་རྒྱ་མཚོ། འོལ་ཁ་སྤྱི་སྟོན་ནས་ཞལ་སྔ་ནས་འབུམ་རབ་འབྱམས་པ་མཁན་ཆེན་བསོད་ནམས་རྣམ་རྒྱལ། གླིང་སྨད་ཆོས་རྗེ་མཁན་ཆེན་དཀོན་མཆོག་ཆོས་འཕེལ། ལྷུངས་རབ་འབྱམས་པ་མཁན་ཆེན་དགེ་འདུན་རིན་ཆེན་རྒྱལ་མཚན། ཞི་པ་མཁན་ཆེན་དགེ་འདུན་རྣམ་རྒྱལ། ཚུ་བཟང་པ་མཁན་ཆེན་བྱམས་པ་རྣམ་རྒྱལ། གདན་ས་(༧༠ན) བ་མཁན་ཆེན་རིན་ཆེན་བློ་གྲོས། གྲབ་གཙང་ཁ་བསམ་གྲུབ་གླིང་པ་མཁན་ཆེན་བྱམས་པ་རྒྱལ་མཚན། དབྱེར་མེད་ཀོ་བ་མཁན་ཆེན་བྱམས་པ་རིག་འཛིན་ཚུལ་ཁྲིམས་དར་རྒྱས། །

འོལ་ཁ་བསམ་གཏན་གླིང་ནི་རྗོགས་ལྡན་མི་བདུན་གྱིས་བཏབ། གདན་ས་ཐེལ་གྱི་དགོན་ལག་ཡིན་པས་འགྲོ་མགོན་རིན་པོ་ཆེའི་འདྲ་མང་དུ་བཞུགས་ཤིང་། རྗེ་རིན་པོ་ཆེ་ཕེབས་ནས་བསམ་གླིང་གི་ཆོས་དུ་བཞུགས། བྱམས་འཛམ་དབྱངས་ཞལ་གཟིགས། བུ་སྟོན་རིན་པོ་

ཆེས་འདུས་པའི་གླེགས་བམ་གནང་ནས་འདིའི་བདག་པོ་བགྱིས་གསུངས་པ་སོགས་ངོ་མཚར་བའི་ལྟས་ཁྱད་པར་ཅན་གཟིགས། འདིས་མཚན་ཉིད་གྲྭ་ཚང་བཙུགས། དེ་ནས་ནེལ་པ་བྱམས་པ་རང་བྱུང་མཐའ་ཡས། རྒྱགས་པ་དཔལ་ལྡན་ལེགས་པ། ཏེའུ་ར་པ་ཐར་པ་བཟང་པོ། སྨམ་ཐུག་པ་བློ་བཟང་དབང་པོ། རྩེད་ཐང་པ་ཚུལ་དཔལ་བ། སྨར་པ་བསྟན་པ་རབ་གསལ། རི་སྦུག་པ་དགེ་འདུན་ནོར་བཟང་། མཁན་ཆེན་བློ་བཟང་རྒྱ་མཚོ། དྲུང་མཁས་བཙུན་པ། རབ་འབྱམས་པ་བསྟན་པ་རྒྱ་མཚོ། །

ཚུ་བཟང་ནི་ལྷོ་བྲག་ཕྱུག་རྫོར་བའི་བུ་ཆེན་ཡིན་པ། རྗེའི་དངོས་སློབ་ཡིན་པའི་སྨམ་ཆེན་བསོད་ནམས་བློ་གྲོས་ཀྱིས་བཏབ། དེ་ནས་གདན་སར་རིམ་བཞིན། དོ་པ་ཤེས་རབ་དཔལ་བཟང་། ན་ཁ་བ་བློ་བཟང་པ། ཟས་དཀར་བློ་གྲོས་འཕེལ། གཙང་པ་ཆོས་ཉི་མ། སླེབ་རི་བ་བསོད་ནམས་མཐའ་ཡས། ཐོན་པ་བསྟན་པ་ཡར་འཕེལ། གུང་རུ་གཞོན་ནུ་བྱང་ཆུབ། སྨམ་ཐུག་པ་བློ་བཟང་དབང་པོ། སྐྱུང་པ་དཀོན་མཆོག་དཔལ། སླེབ་རི་བ་བསོད་ནམས་རིན་ཆེན། ལྷོ་ནེ་བ་དགེ་འདུན་བསམ་གྲུབ། སྤྱི་མདའ་བ་བླ་མ་བྱམས་པ་བློ་བཟང་། (༧༠བ) བཀའ་བཅུ་བ་ཤེས་རབ་ཆོས་འཕེལ། རབ་འབྱམས་པ་བསྟན་པ་རྒྱ་མཚོ། །

ཉི་མ་གླིང་ནི། རྗེ་བཙུན་ཙོང་ཁ་པའི་འཁོར་དག་པ་རྣམ་

བརྒྱུད་ཀྱི་ནང་ཚན་རྣལ་འབྱོར་བྱང་ཆུབ་སེང་གེ་དང་། རྒྱལ་སྲས་བཟང་སྐྱོང་བས་བཏབ། རྗེ་རིན་པོ་ཆེ་ལ་རབ་གནས་ཞུས་པས་ལམ་ཁ་ནས་ཕྱག་ནས་གནང་བས་ཉི་མ་གླིང་དུ་དངོས་སུ་སླེབས་པ་སོགས་ལྷས་ཁྱད་པར་ཅན་བྱུང་། བླ་མ་རིམ་པ་བཞིན། རྣལ་འབྱོར་བྱང་སེང་། རྒྱལ་སྲས་བཟང་སྐྱོང་། སྲྫིང་མདའ་བ་དགེ་འདུན་བཟང་པོ། ལ་སྟོད་པ་བསམ་གཏན་བཀྲ་ཤིས། འཕན་ཡུལ་རྒྱལ་པ། འོལ་ཁ་བ་བསོད་ནམས་རབ་བརྟན། ཞོགས་པ་སངས་རྒྱས་རྒྱལ་པོ། ལྱུང་པ་བ་བསོད་ནམས་མཐའ་ཡས། ཐོན་པ་བསྟན་པ་ཡར་འཕེལ། བྱང་གསར་བ་བསོད་ནམས་རྒྱ་མཚོ། སངས་རྒྱས་ལེགས་པ་སྤྲུལ་སྐུ་ཆོས་འཕེལ་རྒྱ་མཚོ། སྔ་ནེ་བ་དགེ་འདུན་བསམ་གྲུབ། ཆོས་རྗེ་བསམ་གཏན་རྒྱ་མཚོ། ལྷུག་ར་ཆོས་རྗེ་བསོད་ནམས་རྣམ་རྒྱལ། བཀའ་བཅུ་བ་ཤེས་རབ་ཆོས་འཕེལ། རི་པོ་དཔོན་ཆུང་། །

རི་བོ་གསེར་གླིང་ནི། རྗེའི་གསོལ་ཇ་བ་ཡོན་ཏན་བློ་གྲོས་པས་བཏབ། གདན་སར་རིམ་བཞིན་གསང་སྔགས་མཁར་པ་ཀུན་དགའ་རྡོ་རྗེ། གྲུབ་ནས་རྒྱལ་བཟང་པ། དོ་པ་ཀུན་དགའ་སེང་གེ །གྲོག་པ་བཀྲ་ཤིས་རྣམ་རྒྱལ། བྲག་བདེ་བ་བློ་བཟང་རྒྱ་མཚོ། འབག་བཀའ་བཅུ་བ་བསོད་ནམས་དཔལ་ལྡན། དེ་ནས་དྲུང་པ་བསྟན་པ་དར་རྒྱས། བཀའ་བཅུ་བ་ཤེས་རབ་ཆོས་འཕེལ། འབུམ་རབ་འབྱམས་པ་ཞལ་སྔ་ནས་བསོད་ནམས་རྣམ་རྒྱལ། གསེར་གླིང་སྐུ་སྐྱེ། དཔོན་པོ་ཡོན་ལག །

རིན་ཆེན་སྣང་ནི་དཔལ་ཆོས་ཀྱི་གྲགས་པས་དང་པོར་ཀུན་ར་བཏབ། རྗེ་ནས་ཞལ་ངོའི་བླ་མར་གྱུར། (༧༡༨) དེ་ནས་མཁས་གྲུབ་ནོར་བཟང་རྒྱ་མཚོ་ཕྱིན་ནས། དུས་འཁོར་རྗེས་སོགས་གསན། མཁས་གྲུབ་ནོར་བཟང་རྒྱ་མཚོ་དེ་ནི་གཙང་ཏ་ནག་ཏུ་ཚུ་ཡོས་ལ་འཁྲུངས། རྗེ་དགེ་འདུན་གྲུབ་པ། ཆོས་རྗེ་བློ་གྲོས་ཆོས་སྐྱོང་། རོང་སྟོན་བློ་བཟང་གྲགས་པ་སོགས་བསྟེན། དགུང་ལོ་སོ་བདུན་པ་ལ་འོལ་ཁར་ཐེབས། དཔལ་ཆོས་ཀྱི་གྲགས་པ་བསྟེན། གྲུབ་པའི་རྒྱལ་མཚན་བརྩུགས། དཔོན་སློབ་ཀུན་གྱི་བླ་མར་གྱུར། དགུང་ལོ་གོ་གཅིག་པ་ཆུ་བྱ་ལ་རིན་ཆེན་སྣང་དུ་གཤེགས་སོ། །གདན་སར་རིམ་པ་བཞིན། བྲའོ་བཀའ་བཅུ་བློ་གྲོས་པ། གཉལ་པ་ནམ་མཁའ་དཔལ་ལྡན། བཀའ་བཅུ་བ་བཀྲ་ཤིས་རྣམ་རྒྱལ། རྗེད་ཐང་པ་ཆོས་ཀྱི་ཚེ་དབང་། རྗེའི་དཔོན་པོ་བློ་བཟང་དཔལ་འབྱོར། འབྱོངས་རྒྱས་ལམ་རིམ་པ་སྣར་པ་བསྟན་པ་རབ་གསལ། རིན་ཆེན་གླིང་པ་ངག་དབང་རྣམ་རྒྱལ། ཏའུ་ར་པ་ནམ་མཁའ་བཟང་པོ། ལྷའི་ཞལ་ངོ་ངག་དབང་ཕྱུག་རྗོར། གཉལ་པ་སྐུ་སྐྱེ་ངག་དབང་ཆོས་སྐྱོང་བློ་བཟང་། སྤྲུལ་སྐུ་རིན་པོ་ཆེ་གྲགས་པ་རྒྱལ་མཚན། དེ་དང་ཉེ་བར་བྱམས་པ་གླིང་དུ་རྗེ་རིན་པོ་ཆེ་བཞུགས་པ་ན། མཁས་པ་དང་གྲུབ་པ་མང་པོ་འདུས་པ་ལ་ཆོས་གསུངས། ལྷ་ཆེན་པོ་འོ་དེ་གུང་རྒྱལ་གྱི་ཞལ་བསྟན་བཀའ་བཞིན་དུ་བསྐྲུབས། དགེ་ལྡན་གྱི་བཅའ་ཁྲིམས་ཀྱི་ཡིག་ཆ་མཛད། གསང་

འདུས་ཀྱི་བསྐྱེད་རྫོགས་ཀྱི་ཏེ་ཀ་སོགས་རྩོམ་པ་མཛད། དེ་ནས་ལོ་ཤས་སོང་བ་ན། བླ་མ་ཁམས་པ་བསྟན་པ་རྒྱལ་མཚན་གྱིས་ཞིག་གསོས་ལེགས་པར་མཛད་ཅིང་མཆོད་ཐེབས་སྒྱུར་ནས་སྒྲུབ་པ་མཛད། དགེ་འདུན་མང་དུ་འདུས་པ་ལ་གཞི་གསུམ་གྱི་ཕྱག་ལེན་ཡང་ཚུགས་སོ། །

(༧༡༨)

གར་ཕུ་འདིར་ཡང་རྗེ་རིན་པོ་ཆེས་ཡུན་རིང་དུ་བཞུགས་ཤིང་། གྲྭ་ཚོགས་འདུས་པ་ལ་ཆོས་མང་དུ་གསུངས། འདི་ནི་དང་པོར་ཨུ་རྒྱན་རིན་པོ་ཆེས་ཟླ་བ་གཅིག་བཞུགས། གནས་བྱིན་གྱིས་བརླབས། ཡུམ་གཏེར་ཆ་གཅིག་སྦས། རྗེ་སྐམ་པོ་པས་མཁའ་འགྲོ་མ་གར་བྱེད་པ་གཟིགས་པས་གར་ཕུག་ཏུ་གྲགས། དེར་སངས་རྒྱས་དྭགས་པོས་དགོན་སྡེ་བཏབ་པའི་ཤུལ་ད་དུང་ཡོད་ཅིང་། དུས་ཕྱིས་བླ་མ་དབུ་སྟོད་པ་ཆོས་དཔལ་བཟང་པོ་དང་། དྲུང་མཁས་བཙུན་པ་དང་། གྲུབ་ཆེན་བརྒྱ་བ་བློ་བཟང་རྒྱ་མཚོ་དང་། གྲུབ་པ་བ་ནོར་བུ་བཟང་པོ་དང་། དཔལ་ལྡན་བླ་མ་ལྷ་དབང་དཔལ་འབྱོར་དཔོན་སློབ་སོགས་སྒྲུབ་པ་ལ་རྩེ་གཅིག་ཏུ་བཞུགས་ནས། གཞི་གསུམ་གྱི་ཕྱག་ལེན་ཡང་ཚུགས་ཤིང་། ཆོས་པ་རྣམ་དག་མང་དུ་འདུས་པས་སྒྲུབ་པའི་རྒྱལ་མཚན་ཚུགས་པར་གྱུར་ཏོ། དེ་བཞིན་དུ་མོའི་བྲག་གདོང་དུ་རྗེ་རིན་པོ་ཆེ་བཞུགས་ཤིང་ཐུགས་རྩོམ་མང་དུ་མཛད། དགེ་ལུགས་དུ་ཡང་དྲུང་མཁས་བཙུན་པས་སྒྲུབ་པ་ལ་རྩེ་གཅིག་ཏུ་བཞུགས་ཤིང་། ད་ལྟ་ཡང་གྲུབ་པ་བ་རེ་

བཞུགས་སོ། །

སློབ་རི་ནི་སེམས་དཔའ་ཆེན་པོའི་སློབ་མ་བསམ་གཏན་བཀྲ་ཤིས་ཀྱིས་བཏབ། གདན་སར་རིམ་བཞིན་ཆོས་རྗེ་རྒྱལ་པ་བ་གེ་ནམ་མཁའ་བཟང་པོ། བླ་མ་བསོད་ནམས་མཐའ་ཡས། ལབ་པ་ཐར་པ་བཟང་པོ། གུང་གསར་བ་བསོད་ནམས་རྒྱ་མཚོ། འཇང་རབ་བརྟན་པ། དཀར་ལེགས་པ་དཔལ་འབྱོར་རྒྱ་མཚོ། རི་ཕྲུག་པ་དགེ་འདུན་ནོར་བཟང་། རྒྱལ་བྱེད་ཚལ་པ་དྲུང་རྒྱལ་མཚན་རིན་ཆེན། ཁེ་གསུམ་པ་བློ་བཟང་བསྟན་འཛིན། རྗེ་གདན་མཁན་པོ། བླས་སྟོ་བ (༧༢ན) ཞལ་སྔ་ནས་ངག་དབང་རིན་ཆེན། སྟོད་ལུང་པ་ཞལ་སྔ་ནས་བསྟན་པ་རྒྱལ་མཚན། ཡོག་ལྷ་ལུང་པ་ཞལ་སྔ་ནས་རྣམ་རྒྱལ་རྒྱལ་མཚན། སྟོད་ལུང་འབོག་མོ་བ་ཞལ་སྔ་ནས་ངག་དབང་བཀྲ་ཤིས། ཚོ་ནེ་ཆོས་རྗེ་མཁན་རིན་པོ་ཆེ་རྗེ་བཙུན་ཚུལ་ཁྲིམས་དར་རྒྱས།

འོ་དེ་གུང་རྒྱལ་གྱི་ལྷ་ཞོལ་འོལ་དྭགས་གཉིས་ཀྱི་མཚམས་རྒྱ་སོག་དང་ལྷ་སྡིངས་སུ་རྗེ་རིན་པོ་ཆེ་ཡུན་རིང་དུ་སྒྲུབ་པ་མཛད། སངས་རྒྱས་བྱུང་སེམས་མང་པོ་དང་། རྒྱན་དྲུག་མཆོག་གཉིས་སོགས་པཎ་གྲུབ་དུ་མ་ཞལ་གཟིགས། དབུ་མ་ཐལ་འགྱུར་བའི་ལྟ་བ་ཇི་བཞིན་པ་རྟོགས། རྟེན་འབྲེལ་བསྟོད་པ་སོགས་ཐུགས་རྩོམ་མང་པོ་མཛད། སྒྲུབ་པ་མཛད་མཁན་རྒྱུན་མི་འཆད་པར་བྱུང་ཞིང་། ཕྱིས་སྒྲུབ་པ་མཛད་མཁན་མང་དུ་འདུས་པ་ལ་རྒྱལ་སྲས་དོན་ཡོད་ཆོས་ཀྱི་རྒྱ་མཚོས

ས་ཞིང་མང་པོ་སྨིན་པར་གྱུར་ཏོ། །འོལ་དྭགས་གཉིས་ཀྱི་མཚམས་སྣས་ཡུལ་དཀར་པོ་སྔོངས་ཀྱི་བྱེ་བྲག རྒྱལ་མེ་ཏོག་ཐང་ལེགས་པར་སྒྲོག་པའི་དགའ་ཚལ་འདི་ནི། མདོ་སྡེ་གདམས་ངག་འབོག་པའི་ལུང་བསྟན་གསལ་བའི་སྒྲོན་མེའི་ལེའུ་ལས། རྒྱལ་ཞེས་བྱ་བའི་གཙུག་ལག་ཁང་། །མི་ཕམ་མགོན་པོའི་སྤྲུལ་པ་བཞེངས། །དེར་ནི་ཁྲིམ་པ་ཐམས་ཅད་དང་། །རབ་ཏུ་བྱུང་བ་དགའ་ལྡན་ནི། །ལྷ་ཡི་གནས་སུ་འགྲོ་བར་འགྱུར། །ཞེས་གསུངས་པ་འདི་འཕན་ཡུལ་རྒྱལ་དུ་ངོས་འཛིན་ཀྱང་། རྒྱལ་མེ་ཏོག་ཐང་གི་ལུང་བསྟན་དུ་འོས་ཏེ། མི་ཕམ་མགོན་པོའི་སྤྲུལ་པ་བཞེངས་ཞེས་པ་བྱམས་པའི་སྐུ་གཟུགས་གསེར་གྱི་ལྷུན་པོ་(༧༢བ) ལྟ་བུ་འདི་བཟོ་བོ་སྤྲུལ་སྐུ་ཡིན་པའི་ཕྱིར་དང་། སྣས་ཡུལ་དཀར་པོ་སྔོངས་ཀྱི་གནས་ཡིག་ཏུ། ཕོ་སྐྱེས་ཐམས་ཅད་དཔའ་བོ་དང་། །མོ་སྐྱེས་ཐམས་ཅད་དཔའ་མོར་གསུངས་པ་བཞིན། ཁྲིམ་པ་དེར་སྐྱེས་ཐམས་ཅད་ལྷ་ཡི་གནས་སུ་སྐྱེ་བ་དང་། རབ་ཏུ་བྱུང་བ་རྣམས་དགའ་ལྡན་དུ་རྗེ་བཙུན་བྱམས་པའི་དྲུང་དུ་སྐྱེ་བ་ཡིན་ནོ། །དེས་ན་གཞན་དུ་ཉིན་མཚན་སྤྲེལ་བའི་དགེ་བ་ལས་འདིར་བཏང་སྙོམས་སུ་བསྡད་པ་ཕན་ཡོན་ཆེ་ན། དགེ་ལ་བརྩོན་པ་རྣམས་ལྟ་ཅི་སྨོས་ཏེ་གནས་ཀྱི་ཁྱད་པར་འཕགས་ཚུལ་ལོ། །

ཡང་བཀའ་གདམས་གླེགས་བམ་དུ་ར་སྒྲེང་ལུང་བསྟན་པའི་རྗེས་སུ། ཨོ་རྒྱན་མཁའ་འགྲོ་བྱེ་བ་དཔག་མེད་ཀྱང་། །སྒྲ་སྐད་ཐུན་

ཚོང་མ་ཡིན་གནས་དེར་སྒྲོག །དེ་ནི་བདག་པོས་མ་གཟུང་གང་གིས་ཀྱང་། །སྤྱི་མིང་ཙམ་ཟད་སྔོས་ཀྱི་མིང་མ་བཏགས། །འོན་ཀྱང་ཆུ་ལ་མིང་བཏགས་ཙམ་ཞིག་འདོད། །རྒྱལ་བ་རྒྱ་མཚོའི་འབྱུང་གནས་རྒྱལ་གྱི་དཔལ། །གནས་དེ་བྱིན་གྱིས་བརླབ་ཅིང་ལྷུན་པོར་གནས། །ཞེས་གསུངས་པ་མཁའ་འགྲོ་ལེགས་བཤད་དམ། ཡང་ན་སྒྲ་སྐད་སྤྱི་དང་ཐུན་མོང་མ་ཡིན་པ་ནི་ལེགས་བཤད་ཡིན་པས། ཆུ་ལ་མིང་བཏགས་ཞེས་པ་ཆུ་སྐྱེས་ཏེ་མེ་ཏོག་ཐང་བསྟན། རྒྱལ་བ་རྒྱ་མཚོའི་འབྱུང་གནས་ཞེས་པ། འཁྲུལ་སྟོན་པའི་མཚན། དབུས་སུ་རྗེ་དགེ་འདུན་རྒྱ་མཚོ་སོགས་རྒྱ་མཚོའི་མཚན་ལྡན་རིམ་པར་བྱོན་པ་རྣམས་བསྟན། རྒྱལ་ཞེས་པའི་མིང་དངོས་དང་དཔལ་འཁྲུལ་གྱི་སྤྲུལ་པ་རྣམས་གནས་དེའི་དཔལ་དུ་འགྱུར། གླེགས་བམ་(༧༣༩)དུ་རྫིང་བུ་བརྒྱ་ཕྲག་གཅིག་དང་བཅུ་གསུམ་ཡོད། གང་གིས་དེ་འཐུངས་རྒྱལ་བ་གཉིས་སུ་ངེས། །ཞེས་མཚོ་ཆེ་ཆུང་ཅི་ཡོད་ལུང་བསྟན་ནས། ཕ་ཆོས་ལེའུ་བཅུ་གཅིག་པར་མཚོ་མོ་རྫིང་བུ་དགུར་དུས་ཆེ། །གཡུ་ཡི་མཇལ་གསེར་བྱུས་བརྒྱན། །དགུན་དུས་ཞལ་གྱི་མཇལ་ཏེ། །འཁོར་ལོ་བྱེ་བ་དབུས་ནས་འཁྱིད། །ཐ་རླབས་ཆེན་པོ་མཐའ་ནས་གཡོ། །རང་ལས་བྱུང་ཞིང་རང་ལ་ཐིམ། །སྒྲ་མེད་དམ་ཆོས་སྟོན་པ་ཡོད། །དེ་ལྟ་བུའི་གནས་མཆོག་ཐམས་ཅད་མཁྱེན་པ་དགེ་འདུན་རྒྱ་མཚོས་དགུང་ལོ་སོ་བཞི་བཞེས་དུས་ས་མོ་སྦྲུལ་ལོར་ཆོས་འཁོར་རྒྱལ་གྱི་གཙུག་ལག་ཁང་

བཞེངས། དགུང་ལོ་ཞེ་དགུ་པ་བྱམས་ཆེན་གྱི་གསེར་སྐུ་རྒྱབ་ཐོ་དྲུག་ཅུ་པ་འདི་བཞེངས། དགེ་འདུན་རྣམས་ལ་ཆོས་ཐེབས་བཟང་པོ་སྒྲུར་ནས་གཞི་གསུམ་གྱི་ཕྱག་ལེན་ལེགས་པར་བཙུགས། འོལ་ཁ་གདན་ཏུ་བ་བྱམས་པ་རང་བྱུང་མཐའ་ཡས། ཨེ་པ་དགེ་འདུན་ལྷུན་གྲུབ། ཡོད་ཁང་པ་རིན་ཆེན་གྲགས་པ། ཀོང་པོ་ཤེས་རབ་དབང་ཕྱུག །དབུ་སྡོད་པ་འཇམ་དབྱངས་འབྱུང་གནས། གཙང་པ་མགོན་པོ་འོད་ཟེར། འོལ་ཁ་ཆོད་པ་བློ་བཟང་རྒྱ་མཚོ། མདོ་ཁམས་པ་ཆོས་རྗེ་བཀྲ་ཤིས་འབྱུང་གནས། འོལ་ཁ་མཐོང་སྨོན་པ་ཆོས་རྗེ་བསོད་ནམས་རྣམ་རྒྱལ། གྲྭ་མདའ་ཆོས་མཛད་བློ་བཟང་བསྟན་པའི་ཉི་མ། མཁས་མཆོག་སྐུ་སྐྱེ་བློ་བཟང་བསྟན་པ་རྒྱ་མཚོ། རྗེ་ཚོགས་ཆེན་པ་གཞོན་ནུ་ཚུལ་ཁྲིམས། གྲྭ་མདའ་སློབ་དཔོན་པ་བཀྲ་ཤིས་འོད་ཟེར། བྱམས་པ་གླིང་(༧༣བ)པ་ཆོས་རྗེ་བྱམས་པ་ཆོས་མཆོག །ཡང་བྱམས་གླིང་པ་ཀུན་དགའ་རྒྱལ་མཚན། འོལ་ཁ་ཆུ་བཟང་པ། ཆོས་སྡེ་འདི་ལ་གྲྭ་ཚང་ལྔ་ཡོད་པ་ལས། གཞི་བ་གྲྭ་ཚང་གི་བླ་མ་ནི་མཁན་ས་རིམ་པར་བྱོན་པ་རྣམས་ཀྱི་འཆད་ཉན་མཛད་དོ། །

གཉིས་པ་དྭགས་པོ་གྲྭ་ཚང་ནི་འཇམ་དབྱངས་བདུན་བརྒྱུད་ཀྱི་དྲུག་པ་མཁས་པ་བློ་གྲོས་བརྟན་པས་བཙུགས་ཏེ་ཕྱོགས་སུ་ཆོས་བར་བཏེག་ནས། དབྱེ་དྭགས་ལྷོ་བརྒྱུད་ཡར་ཀླུངས་འོལ་ཁ་སོགས་སུ་སྦྱིན་བདག་བཙལ་ནས་འཆད་ཉན་ལེགས་པར་མཛད་པ་ཡིན་ནོ། །བླ་

རབས་ནི། ཆོས་རྗེ་བློ་གྲོས་བརྟན་པ། མཁན་ཆེན་ངག་དབང་གྲགས་པ། དྭགས་པོ་ཆོས་དཔལ་བ། ཆོས་རྗེ་དྭགས་ཉག་ཆེན་པོ་བློ་གྲོས་འཕེལ། ཨོར་པ་ཆོས་མཛད་བློ་གསལ་བཤེས་གཉེན། གཙང་སྟོན་དགེ་ལེགས་བཤེས་གཉེན། དྭགས་སྟོན་མཁས་མཆོག་རྒྱ་མཚོ། ཨེ་པ་དགེ་འདུན་ལྷུན་གྲུབ། གླུང་པ་སྐལ་བཟང་རྒྱ་མཚོ། ཨེ་ཧེཝུ་ར་པ་དགེ་འདུན་བསམ་གྲུབ། ཀོང་སྟོན་ཕུན་ཚོགས་རྣམ་རྒྱལ། ཡར་གླུངས་པ་སངས་རྒྱས་བློ་གྲོས། མཁན་ཆེན་བློ་བཟང་རྒྱ་མཚོ། གྲོ་མདའ་བ་བློ་བཟང་པ། འཕྱོངས་རྒྱས་པ་ནམ་མཁའ་རྒྱ་མཚོ། ཆོས་རྗེ་བྱམས་པ་བསྟན་པ། རྒྱལ་སྲས་དོན་ཡོད་ཆོས་ཀྱི་རྒྱ་མཚོ། འབུམ་རམས་པ་བྱམས་པ་བསོད་ནམས་རྣམ་རྒྱལ། བྱམས་པ་སླིང་པ། བྱམས་པ་ཆོས་མཆོག །གཉལ་ཟངས་ཆེན་པ་ངག་དབང་ཚུལ་ཁྲིམས་ཆོས་འཕེལ། སླར་ཡང་བྱམས་པ་ཆོས་མཆོག །གྲོ་མདའ་བ་བསྟན་པ་རྒྱལ་མཚན། འཕྱོངས་རྒྱས་པ་བསྟན་པ་རྒྱ་མཚོ། འདིའི་རབ་བྱུང་གི་མཚན་བློ་བཟང་མཁས་བཙུན་ཡང་ཞུ། གྲྭ་ཚང་འདི་རྒྱལ་དུ་རྗེ་དགེ་འདུན་རྒྱ་མཚོ་ལ་ཨོར་པ་ཆོས་མཛད་བློ་གསལ་བཤེས་གཉེན་པས་ཕུལ་བ་(༧༨ན) ཡིན་ནོ། །

གསུམ་པ་མངའ་རིས་གྲྭ་ཚང་ནི། རྗེ་དགེ་འདུན་རྒྱ་མཚོས་དགུང་ལོ་རེ་དྲུག་བཞེས་སྐབས། མངའ་རིས་ནས་ཆོས་རྒྱལ་འཇིག་རྟེན་དབང་ཕྱུག་པད་དཀར་ལྡེ་དང་། བཀའ་བློན་ངག་དབང་རྣམ་

རྒྱལ་གྱིས། རིན་པོ་ཆེ་ད྄་མ་དང་བཅས་རབ་བྱུང་ངང་ཁྲྀ་འདྲ་བ་མང་ད྄་བརྫངས་པ་ལ་རྒྱལ་ད྄་གྲྭ་ཚང་བཙུགས། འབུལ་བ་རྣམས་ཀྱིས་མཆོད་གཞིས་མང་པོ་སྦྱར། འཆད་ཉན་སློབ་དཔོན་རིམ་པར་བྱོན་པ་ནི། པཎ་ཆེན་ཤཱཀྱ་པ་བློ་གྲོས་རྒྱལ་མཚན་གྱི་དངོས་སློབ་སྡེ་སྣོད་འཛིན་པ་བསྟན་པ་དར་བཟང་བསྐྱེས། དེ་ནས་ཧ་ནག་པ་ཀུན་དགའ་ཤེས་རབ། ཤངས་སྟོན་ཆོས་དཔལ་རྒྱ་མཚོ། ཧ་ནག་པ་བསམ་གྲུབ་དཔལ་བཟང་། ཉང་སྟོད་པ་ལྷ་དབང་བློ་གྲོས། གླུངས་པ་བསྟན་པ་རྣམ་རྒྱལ། ཧ་ནག་པ་དོན་གྲུབ་ལེགས་པ། ཡང་ཧ་ནག་པ་ངོ་མཚར་རྒྱ་མཚོ། ཚ་བ་དགེ་འདུན་དར་རྒྱས། སླར་སློབ་དཔོན་དོན་གྲུབ་ལེགས་པ། མངའ་རིས་གུ་གེ་བ་བློ་གྲོས་རྒྱ་མཚོ། ཆ་མལ་ཆོས་མཛད་ཆོས་སྐྱོང་རྒྱ་མཚོ། ཚ་བ་ཐོ་གཉིས་པ་བྲམས་པ་རྒྱལ་མཚན་བཀྲ་ཤིས། རབ་འབྱམས་པ་གཙྪ་ཞེས་པ་ཆོས་དཔལ་འབྱོར། མངའ་རིས་མང་ཡུལ་བ་སངས་རྒྱས་དཔལ་བཟང་། ཟུར་མཁར་བ་བློ་བཟང་ཆོས་འཕེལ། དྲུང་ཆེན་བཟང་པོ་རྣམ་རྒྱལ། ཀློ་བྲག་རབ་འབྱམས་པ་བྱམས་པ་ཡེ་ཤེས། མངའ་རིས་རབ་འབྱམས་པ་བསྟན་པ་རྒྱ་མཚོ། དཔལ་ལྡན་རྒྱལ་མཚན། བསྟན་པའི་ཉི་མ། བསྟན་འཛིན་འཕྲིན་ལས། དཔལ་འབྱོར་བཟང་པོ། བརྩོན་འགྲུས་རྒྱལ་མཚན། ཆོས་དབང་རྒྱ་མཚོ། ཚུལ་ཁྲིམས་བཤེས་གཉེན། རྒྱལ་བའི་སྲས། བློ་བཟང་རྣམ་རྒྱལ། ཀུན་དགའ་བསྟན་འཛིན། བློ་བཟང་ནོར་བུ། བློ་

བཟང་ཡར་འཕེལ། བློ་བཟང་བསྟན་འཕེལ། བཞི་པ་སྐར་པ་གྲྭ་ཚང་ནི། རྡོ་རྗེ་འཆང་སྦྱིན་པ་དཔལ་བའི་དངོས་སློབ་བླ་མ་རྒྱལ་ཚབ་པ་སངས་རྒྱས་རིན་ཆེན་གྱིས་བཙུགས་ནས་རྗེ་དགེ་འདུན་རྒྱ་མཚོ་ལ་ཕུལ། བླ་མ་རིམ་པར་བྱོན་པ་ནི། རྒྱལ་ཚབ་པའི་རྗེས་སུ་བླ་མ་དཔལ་འབྱོར་རིན་ཆེན། མགར་པ་ཚུལ་ཁྲིམས་བཀྲ་ཤིས། ངོ་མཚར་ (༧༥༨) ཆོས་དབང་། བསྟན་པ་རབ་གསལ་དགེ་འདུན་སྐྱེས་མཆོག །ནམ་མཁའ་བྱམས་པ། བསོད་ནམས་བཟང་པོ། ནམ་མཁའ་བཟང་པོ། རིན་ཆེན་རྒྱ་མཚོ། དབང་ཕྱུག་ལྷུན་གྲུབ། ནམ་མཁའ་སངས་རྒྱས། ཆོས་འབྱོར་དཔལ་བཟང་། བསོད་ནམས་བསམ་གྲུབ། དྲུང་མཁན་ཆེན་སྐལ་བཟང་རྒྱ་མཚོ། ཕྲུགས་རམས་པ་བསྟན་པ་རྒྱ་མཚོ། འཕྱོངས་རྒྱས་པ། མངའ་རིས་དཔོན་ཚུང་། བག་སྣ་ཆོས་མཛད། ནམ་མཁའ་བྱམས་པའི་སྐུ་སྐྱེ། །

ལྔ་པ་རྣམ་རྒྱལ་གྲྭ་ཚང་ནི། རྗེ་བཙུན་ཐམས་ཅད་མཁྱེན་པ་བསོད་ནམས་རྒྱ་མཚོའི་སྐུ་རིམ་དུ་གཙུག་ཏོར་རྣམ་རྒྱལ་གྱི་ཆོ་ག་སོགས་ཐུགས་དམ་གང་མང་དང་། གསང་བ་འདུས་པའི་བསྐྱེད་རྫོགས་ཀྱི་ཕྱགས་གྲྭ་བཙུགས། སློབ་དཔོན་དུ་རི་སྲུག་བཀའ་བཅུའི་དགེ་འདུན་ནོར་བཟང་བསྐོས། རྗེ་བསོད་ནམས་རྒྱ་མཚོ་སོག་ཡུལ་དུ་ཕེབས་པའི་ཞབས་ཕྱིར་ཐེགས། སླར་བོད་དུ་བྱོན། རབ་འབྱམས་པ་སྟ་རི་ཁ་དགེ་འདུན་ཆོས་གྲགས། རྒྱལ་སྲས་བློ་གྲོས་རིན་ཆེན། ད་ལྟ་ཏའུ་རི་པ་

ཕུན་ཚོགས་བཟང་པོ་བཞུགས་སོ། །

རྗེ་བཙུན་ཙོང་ཁ་པའི་མདོ་སྔགས་ཟུང་འབྲེལ་གྱི་བསྟན་པ་དྭགས་ཕྱོགས་སུ་དར་ཚུལ་བསྟན་པ།

རྗེ་བཙུན་ཙོང་ཁ་པ་ཆེན་པོའི་བསྟན་པ་དྭགས་ཕྱོགས་སུ་དར་ཚུལ་ནི། རྗེའི་སློབ་མར་དགྱེར་སྟོད་ནས་དགེ་སློང་གཞོན་ནུ་སངས་རྒྱས་ཀྱི་དཔོན་རྒྱུད་ཆེན་པོ་དྭགས་པོ་ཀུན་དགའ་བཀྲ་ཤིས་པས་རྗེ་ལ་ < ལས་ > ཆོས་མང་དུ་གསན། དགའ་ལྡན་གྱི་བྱང་རྩེར་ཆོས་ཟུར་འཆད་མཛད། དེའི་གཅེན་པོ་ཀུན་མཁྱེན་བཀྲ་ཤིས་རྣམ་རྒྱལ་གྱིས་ཀྱང་རྗེ་ལ་ < ལས་ > བསྙེན་པར་རྫོགས་པ་མཛད་དེ། ན་ལེནྡྲའི་གདན་སར་ཕེབས། ཁྱད་པར་དུ་དྭགས་པོ་གྲྭ་ཚང་དང་སྐར་པ་གྲྭ་ཚང་གིས་ལོ་རེ་བཞིན་དབྱེ་དྭགས་སུ་རྗེའི་བསྟན་པ་སྤེལ། གོང་དུ་བཤད་པ་བཞིན་རྗེ་རིན་པོ་ཆེས་རྒྱ་སོག་དང་ལྷ་སྡིངས་ (༧༥ན) སུ་ཡུན་རིང་དུ་བཞུགས། ལྷག་པའི་ལྷ་མང་པོ་ཞལ་གཟིགས་ཐུགས་རྫོམ་མང་དུ་མཛད། སངས་རྒྱས་དྭགས་པོས་བཏབ་པའི་སྨན་ལུང་དགོན་པར་ཡར་དགའ་ལྡན་པའི་བླ་མ་རེ་བསྐོ་བའི་སྲོལ་ཡོད་དོ། །

འགར་བསམ་གཏན་གླིང་ནི། སྐར་པ་གྲྭ་ཚང་གི་བླ་རབས་གསུམ་པ་འགར་པ་ཚུལ་ཁྲིམས་བཀྲ་ཤིས་པས་བཏབ། གདན་སར་

རིམ་པ་བཞིན་ཨེ་པ་ཇོ་མཚར་ཆོས་དབང་། ལྕང་ར་ཆོས་མཛད་ལུང་རིགས་རྒྱ་མཚོ། རྩེ་རེ་ཆོས་རྗེ་སྐལ་ཕྱུག ཆོས་རྗེ་བློ་བཟང་དབང་པོ། རི་བོ་གསེར་གླིང་པ་བསོད་ནམས་དཔལ་ལྡན། འཕྲོངས་རྒྱས་རབ་འབྲུམས་པ་ནམ་མཁའ་རྒྱ་མཚོ། རྒྱལ་སྲས་རིན་པོ་ཆེ་དོན་ཡོད་ཆོས་ཀྱི་རྒྱ་མཚོ། སེམས་དཔའ་ཆེན་པོ་ངག་དབང་ཆོས་འཕེལ། །

རབ་ཏུ་བྲ་སྟེངས་དགོན་པ་ནི། བྲ་ཞིང་གི་ཤུལ་དུ་ཤངས་པ་བཀའ་རྒྱུད་རིན་ཆེན་རྡོ་རྗེས་བཏབ་པས་འབྲི་ཁུང་ < གུང་ > པའི་ཆོས་ལུགས་འཛིན་པའི་བླ་རབས་རིམ་པ་བཞིན། སློབ་དཔོན་རིན་ཆེན་དཔལ། སྐལ་བཟང་པ། ཀོང་པོ་བླ་མ། བླ་མ་གཡང་ཁ་བ་བྱུང་རྗེས། འགར་པ་ཚུལ་ཁྲིམས་བཀྲ་ཤིས་པས་དགེ་ལུགས་པར་བསྒྱུར་ནས། བླ་མ་ཆོས་སྐྱོང་རྒྱ་མཚོ། བླ་མ་དོན་གྲུབ་པ། འཕྲོངས་རྒྱས་པ་ནམ་མཁའ་རྒྱ་མཚོ། གཉལ་པ་ངག་དབང་ཆོས་འཕེལ།

ལྕང་ར་མཁར་ཐོག་ཆོས་སྡེ་ནི། ལྷ་སྟེངས་ནས་དགེ་འདུན་འགའ་རེ་སྐྱ་རིམ་ལ་(༧༥བ)གདན་དྲངས་པ་ལ་ཆགས་ཏེ། ལྕང་ར་སྡེ་པས་ཆོས་སྡེ་བཏབ། བླ་མ་རིམ་བཞིན་གཉལ་སྟོན་དགེ་འདུན་ཕུན་ཚོགས། ཏའུ་ར་པ་ནམ་མཁའ་བཟང་པོ། འཕྲོངས་རྒྱས་ནམ་མཁའ་རྒྱ་མཚོ། ངག་དབང་ཚུལ་ཁྲིམས། རྫམས་ཀྱི་ལྷ་ས་སྟེངས་ནི། བླ་མ་ཞང་གི་དངོས་སློབ་ཡེ་ཤེས་བློ་གྲོས་པས་བཏབ། །སེ་ལུང་ལ་ཁ་ནི། རྗེ་ནམ་མཁའ་འོད་ཟེར་གྱིས་བཏབ་ལ། དེང་སང་དགེ་ལུགས་པའི་བླ་མ་

རེ་བསྐོས་ནས་ཆོས་སྐྱོང་ཀུང་དགའ་ལྷུན་པའོ། །

གྲུ་མདའ་གསན་གཞི་ནི།① བྱ་བའི་ཞལ་ངོ་མཁན་པོ་ཡོན་ཏན་མཆོག་གིས་བཏབ། དེ་ནས་བྱ་བ་བཀྲ་ཤིས་དར་རྒྱས་ཀྱི་སྐབས་སུ་རོང་གཞིས་ཀ་བརྩིགས། སྡེ་པ་གྲུ་མཐའ་པ་རྫོང་དཔོན་དུ་བསྐོས་པས་གཞི་ཁའི་འོག་ཏུ། གྲུ་མདའ་དགོན་བཏབ། དགེ་ལྡན་པའི་ཆོས་ལུགས་ལ་བླ་མ་རིམ་པ་བཞིན་དོན་གྲུབ་རྒྱ་མཚོ། གཉལ་པ་ཚུལ་ཁྲིམས་ལྷུན་གྲུབ་པ། ཚོགས་མཁན་ཆེན་བློ་གྲོས། ཆོས་རྗེ་བསམ་གྲུབ། ཁེ་གསུམ་པ་ཆོས་ཀྱི་རྣམ་རྒྱལ། གྲུ་མདའ་ཆོས་མཛད། བླ་མ་བཀྲ་ཤིས་ཆོས་འཕེལ། གྲུ་མདའ་ཆོས་མཛད་བློ་བཟང་བསྟན་པའི་ཉི་མ། ཏུང་མཁན་འགབ་རྒྱལ།②

དཔྱེར་སྨད་དུ་བསྟན་པའི་སྦྱིན་བདག་བང་རིམ་པ་ཆོས་སྡེ་དང་བཅས་པའི་ལོ་རྒྱུས་ནི། བང་ རིམ་ མཁན་ ཆེན་ སངས་ རྒྱས་ དཔོན་གཞོན་ཞེས་བྱ་བ་ཐུགས་རྗེ་ཆེན་པོའི་རྣམ་སྤྲུལ་དེ་དཔྱེར་གྱི་གདུང་རྒྱུད་དུ་འཁྲུངས། མང་ཡུལ་བློ་ལྡན་ལ་ < ལས་ > རབ་ཏུ་བྱུང་། སྤེལ་ཏི་ཆེན་པོ་ལ་ < ལས་ > བསྙེན་པར་རྫོགས། ཕྱག་ན་རྡོ་རྗེ་དང་རྣམ་སྲས་ཞལ་གཟིགས། རྒྱ་མ་རིན་ཆེན་སྒང་དུ་སངས་རྒྱས་དཔོན་སྟོན་ལ་

---

① སྒྲོལ་མདའ་གནས་གཞི།

② ཏུང་མཁན་རབ་འབྱམས་པ་བསྐལ་བཟང་རྒྱ་མཚོ།

< ལས་ > བཀའ་གདམས་རྫོགས་པར་གསན། (༧༨ན) དགུང་ལོ་སོ་བཞི་པ་ཤིང་ཕྱི་འབྲུག་ཟླ་བའི་ཉི་ཤུ་དགུ་ལ་གཤེགས་སོ། །གདུང་རྟེན་བྱུང་ཆེན་གསེར་སྐུ་བཞེངས། གདན་སར་སངས་རྒྱས་དགེ་སློང་གི་སྐུ་མཆེད་སློབ་དཔོན་ཡོན་ཏན་ཤཱཀྱ་དང་། གཙུང་ཟླ་བའི་རྒྱལ་མཚན་རིམ་པར་བསྐོས། སྤུ་མས་རོང་ཀའི་སྐུ་འབུམ་ཆེན་མོ་དང་། རྫེས་མས་གསེར་འབུམ་ཆེན་མོ་དང་། གསེར་མང་དུ་བཞེངས། དེ་རྣམས་ཀྱི་གཙུང་པོ་དགེ་བར་སྲིད་བསྐྱངས། སྲས་སུ་མཁས་ཆེན་རྒྱ་མ་བ་ཕྱུག་ན་རྡོ་རྗེའི་སྤྲུལ་པ་དེ་འཁྲུངས། གདན་སར་མཁན་པོ་རྒྱ་ནག་པ་ཆེན་པོ་བསྐོས། དྭགས་ཀོང་བྱར་གསུམ་ཕལ་ཆེར་མངའ་འོག་ཏུ་བཙུད། ཕྱིས་རྫོ་མོ་དཀར་འོད་ལ་སྲས་མཁན་ཆེན་གཞོན་དབང་དང་། རྒྱལ་སྲས་བསོད་ནམས་གཉིས་འཁྲུངས། རྫོ་མོ་སློག་མོ་ལ་མཁན་པོ་གཞོན་རྒྱལ་དང་། རྫོ་བོ་ཧོར་རྒྱན་ལ་སྲས་དཀོན་མཆོག་བཟང་པོ་དང་། སྒྲ་དཀར་སྲས་མོ་ལ་སློབ་དཔོན་བཀའ་གདམས་པ་འཁྲུངས། དེ་ཡན་དྭགས་སུ་འབྲི་ཁྲུངས < གུང་ > པས་དམག་གཏོང་བ་ལ། ས་སྐྱ་པ་དང་སྲིད་སྦྲེལ། འབྲི་ཁྲུང < གུང་ > གླིང་ལོག་དང་ལྷན་དུ་དྭགས་ནས་འབྲི་ཁྲུང < གུང་ > པ་བཏོན། ས་སྐྱ་པས་བང་རིམ་པ་དྭགས་ཀྱི་སྤྱི་དཔོན་དུ་བསྐོས། མཁན་པོ་རྒྱ་ནག་པ་གཤེགས་ནས། ཟླ་མའི་གདན་ས་དང་། མི་སྡེ་དཔོན་གྱི་གདན་ས་གཉིས་སུ་སོང་། མཁན་པོར་གཞོན་དབང་བསྐོས། རྒྱལ་ས་རྒྱལ་སྲས་བསོད་ནམས་ཀྱིས་

བྱུས། དྭགས་སྟོད་ཀྱི་དཔོན་དུ་སློབ་དཔོན་བཀའ་གདམས་པ་བསྐོས།
གཙུང་དབང་རིམ་པས། ཇོ་མོ་དཀར་མོ་ཁབ་ཏུ་བཞེས་པ་ལ། སློབ་
དཔོན་ཚུལ་ཁྲིམས་དབང་ཕྱུག །དཔོན་པོ་ལྷུགས། མཁན་(༧༨བ)
པོ་དབུ་མ་པ། དཔོན་དར་པོ་རྣམས་བྱུང་། སློབ་དཔོན་ཚུལ་ཁྲིམས་
པ་དབང་ཕྱུག །དཔོན་པོ་ལྷུགས། ཀླུག་གི་ས་གཞིས་ལ་དགོན་སོགས་
ཀྱི་བདག་པོ་མཛད། དཔོན་པོ་ལྷུགས་ཀྱི་སྲས་སུ་སློན་ཤཱཀྱ་བྱང་ཆུབ་
དང་། དཔོན་པོ་ཇོ་དར་གཉིས་བྱུང་། དཔོན་དར་པོའི་སྲས་སུ་
མཁན་པོ་འབྱུང་གནས་པ། དཔོན་རྒྱལ་དཔོན་ཚུལ་བཀྲ་ཤིས།
དཔོན་ཡོང་དར་སོགས་བྱུང་། མཁན་པོ་འབྱུང་གནས་པས། གནས་
གཞི་དུམ་བུ་ས་དཀར་དང་། བང་རིམ་ཟླ་བྲང་ཤར་མ་དང་གོང་པོ་
གསུམ་ཕྲིག་སོགས་ཀྱི་བདག་མཛད། གདན་སར་དཔའ་བོ་ཆོས་རྒྱ་
མཚོ། ཨེ་པ་ངོ་མཚར་ཆོས་དབང་། འཕྱོངས་རྒྱས་རབ་འབྱམས་ནམ་
མཁའ་རྒྱ་མཚོ། ཇོ་གདན་གཞོན་ནུ་ཚུལ་ཁྲིམས། ཞྭ་མོ་སྐུ་སྐྱེ་ཕུན་
ཚོགས་རྒྱ་མཚོ། བྱམས་པ་གླིང་པ་རབ་འབྱམས་པ་བྱམས་པ་ཆོས་
མཛད། ཞྭ་མོ་སྐུ་སྐྱེ་རིན་ཆེན་བློ་གྲོས། བྱམས་པ་རྒྱལ་མཚན། རྗེ་
རིན་པོ་ཆེ་བསྟན་པ་བསམ་གྲུབ། །

རྗེ་བཙུན་ཙོང་ཁ་པའི་མདོ་སྔགས་ཟུང་འབྲེལ་གྱི་བསྟན་པ་ཉང་ཡོང་ཀོང་གསུམ་དུ་དར་ཚུལ་བསྟན་པ།

ཉང་ཡོང་ཀོང་གསུམ་དུ་དར་ཚུལ་ནི། རྗེ་བཙུན་བཙོང་ <ཚོང་> ཁ་པས་ཉང་པོ་མདངས་མདོར་ཕེབས། འབྲིང་ལ་སྦྱིན་པས། དབུ་ཞྭ་ཚུ་ལ་ལྷུང་བས། ཚུ་བརྒྱུད་འདིར་ངའི་བསྟན་པ་ཚུ་བོའི་རྒྱུན་བཞིན་འོང་ལ། ཞྭ་དེ་གང་དུ་ཆགས་པ་དེར་དབུ་མའི་བཤད་སྲོལ་ལེགས་པར་འབྱུང་ཞེས་ལུང་བསྟན་པ་ལྟར། ཉང་པོ་སང་སིང་དུ་ཆགས་པས། རྗེའི་དངོས་སློབ་སེམས་དཔའ་ཆེན་པོ་ཆོས་འཕགས་པས་སང་སིང་སྒང་། ཐེག་ཆེན་ཆོས་འཁོར་གླིང་གསར་དུ་བཏབ་ནས། ཀོང་པོར་ཡང་བཀྲ་ཤིས་རབ་བརྟན་ཡང་འདིས་བཏབ། (༧༧ན) གདན་ས་བ་གསུམ་པ་ནི། བསྟན་པའི་གསལ་བྱེད། ཆོས་རྒྱལ་མཚན་གྱིས་སང་སིང་གི་སྤྱངས་སྐྱེད་དབུ་མའི་བཤད་གྲྭ་བཙུགས། དེའི་རྗེས་སུ་གདན་སར་སྟགས་འཚང་ནོར་བུ་བ་སྦྱིན། མགོན་ཁང་གསར་བཞེངས་སུ་ཡི་དམ་བཅུ་གསུམ་མ་ཞལ་ཕྱག་ཡོངས་རྫོགས་དང་། མགོན་པོ་ཕྱག་དྲུག་པ་གཙོ་འཁོར་མགོན་དཀར་དང་ལྷ་མོ་རེ་མ་ཏི། དམ་ཅན་ཆོས་རྒྱལ་

གཙོ་འཁོར་བཞེངས། དེའི་རྗེས་སུ་གདན་སར་སློབ་དཔོན་ངག་དབང་མཆོག་གྲུབ་པ་ཕྱིན། དེས་ཉང་པོ་རྒྱ་ནང་བྲག་དཀར་ལྷ་ཆུའི་འདམས་དང་ཉེ་བར་སླ་རུ་དགོན་བཏབ། རྒྱལ་བ་བྱམས་པའི་སྐུ་འདྲ་བཞེངས་པའི་ཐུགས་ཀར། རྗེའི་དབུ་ཞྭ་སང་སེང་དུ་ཆགས་པ་དེ་བཞུགས་སོ། །འདིའི་སློབ་མ་རྣམས་ཀྱི་འབྲུ་ལ་དཔུང་དཀར་སང་དགོན་གྲྭ་ཚང་མགོན་ཁང་བཏབ་པས་འཕྲིན་ལས་ཆེ། སླ་རུ་གདན་སར་སྟག་ཕུ་གོ་ཤྲིའི་དཔོན་རྒྱུད་ཆོས་རྒྱལ་བསྟན་འཛིན་དཔལ་ལྟར་བཞུགས་ཏེ། བྱང་ཏ་རི་ཊ། རྒྱས་ཤོད་བན་དཀར། ནགས་ཤོད། གཡག་ཀྲབ་དགོན། སྟག་ཕུ་རྣམས་ཀྱི་གདན་ས་སྤྲེལ་ནས་མཛད་སྐབས་སོ། །དེའི་རྗེས་སུ་རྒྱ་བྲག་ཆོས་རྗེ་བསྐོས། འདིས་ཆོས་ཁང་གསར་མ་དང་། དུས་གསུམ་སངས་རྒྱས་ཀྱི་སྐུ་འདྲ་བཞེངས། དེ་ནས་གདན་སར་རིམ་པ་ལྟར། ཆོས་རྗེ་དཀར་རྒྱལ་ལེགས་པ་འཕེལ། སློབ་དཔོན་འཇམ་དབྱངས་ཆོས་རྗེ་དགེ་ལེགས་འཕེལ། རྗེ་སངས་རྒྱས་རྒྱལ་མཚན། སོང་པོ་ཆོས་མཛད་ལྷ་རི་མགོན་པོ། ཆོས་རྗེ་འཆད་ཁ་བ་སློབ་དཔོན་(༧༧བ) བསམ་གྲུབ་རིན་ཆེན་པ། །

སང་སེང་གི་གྲྭ་ཚང་དུ་བླ་རབས་ནི་སེམས་དཔའ་ཆེན་པོ་ཆོས་འཕགས་པ། མཁན་ཆེན་ཆོས་རྒྱལ་མཚན། སློབ་དཔོན་ནོར་བུ་བ། ངག་དབང་མཆོག་གྲུབ། ཆོས་རྗེ་ལེགས་པ་འཕེལ། ལ་མོ་ཆོས་ལྡན་

རིན་ཆེན། དགེ་ལེགས་འཕེལ། ཡོན་ཏན་ལེགས་པ། དགེ་བ་རིན་ཆེན། དགེ་ལེགས་འཕེལ། ཡོན་ཏན་རྒྱལ་མཚན། སངས་རྒྱས་རྒྱལ་མཚན། འཇམ་དབྱངས་རྒྱལ་མཚན། འཇམ་དབྱངས་སེང་གེ ། ཞང་སྟོད་ཀྱི་རི་ཁ་ཆོས་སྡེ་ནི། པོ་ཏོ་བའི་དངོས་སློབ་དགེ་བཤེས་རི་ཁ་བས་བཏབ། དེ་ནས་རྗེའི་དངོས་སློབ་གྲགས་པ་འོད་ཟེར་གྱིས་བླ་ཐོབ་ནས་དགའ་ལྡན་པའི་ཆོས་ལུགས་བཟུང་བ་ནས་བླ་མ་རིམ་པར་བྱོན་པ་ནི། རྗེ་གྲགས་འོད་པ། ཡབ་ཆོས་རྗེ། རྒྱལ་མཚན་ལེགས་པ། ཆོས་རྗེ་དགེ་འདུན་འཕེལ། ཆོས་རྗེ་ཞང་སྟོན་པ། ཆོས་རྗེ་དགའ་བ་གདོང་པ། སློབ་དཔོན་འཕགས་པ་འོད་ཟེར། རྫོ་མགོ་ལྷུག་པ་རྒྱལ་མཚན། འཕན་ཡུལ་བ་ཚུལ་ཁྲིམས་དར་རྒྱས། རིན་ཆེན་རྒྱ་མཚོ། ཆོས་རྗེ་དུང་དཀར་འབྲུག་གྲགས་དོན་གྲུབ་རྒྱ་མཚོ། ཞང་སྟོད་འབྲས་དགེ་འདུན་སྒང་ནི། སེམས་དཔའ་ཆེན་པོ་ཆོས་འཕགས་པས་བཏབ། ཡོང་པོར་རྗེའི་བསྟན་པ་དར་ཚུལ་ནི། བན་མཁར་སྒང་དང་ཉེ་བའི་སར། རྒྱལ་བ་འཕགས་པ་ལྷས་བཀྲ་ཤིས་ཆོས་ལུང་བཏབ་ཅིང་། དེར་འཕགས་པ་ལྷའི་སྐུ་གདུང་རིལ་བུ་བཞུགས། བྱམས་ཆེན་གྱི་སྨན་སྐུ་སོགས་རྟེན་མཆོད་ཤིན་ཏུ་བཟང་། དེའི་གདན་སར་བླ་རབས་ནི། སློབ་དཔོན་རིན་ཆེན་གསལ། ཀོང་སྟོན་ཤེས་རབ་རྒྱལ་མཚན། ཡོང་བཙུན་སངས་རྒྱས་འོད་ཟེར། བླ་རུ་བ་བརྩོན་འགྲུས་གྲགས། རི་ཁ་དཔལ་

ལྡན་འོད་ཟེར། རི་ཁ་བ་ལྷ་དབང་རྒྱལ་མཚན། སླ་ཏུ་བ་དཀོན་མཆོག་གྲགས་པ། ཉང་པོ་སངས་རྒྱས་རྒྱལ་མཚན། （༧༢ན）ཕོང་པོ་ཆོས་རྗེ་རིན་ཆེན། ཀོང་པོ་དགེ་འདུན་རྣམ་རྒྱལ། བཀྲ་ཤིས་རབ་བརྟན་པ། བཀྲ་ཤིས་ཆོས་ལུང་པ། བསྐལ་བཟང་རྒྱ་མཚོ། སློབ་དཔོན་དགེ་འདུན་འཕེལ། ཕོང་པོ་བྲག་གསུམ་གྱི་མཚམས་སུ་བ་ལུ་རྣམས་ཚལ་དང་། དཔུང་དཀར་ནི་རྒྱ་ནང་པ་དྲུང་རྒྱལ་མཆོག་པས་བཏབ་ཅིང་གདན་ས་དཔོན་རྒྱུད་ཀྱིས་འཛིན་ནོ། །

འབྲུ་ལ་ནི་འཕགས་པ་ལྷའི་དཔོན་པོ་བླ་བ་བཟང་པོས་བཏབ་ཅིང་། ཡབ་ཆོས་རྗེའི་སྐུ་སྐྱེ་བས་གདན་ས་མཛད་དོ། །དེ་ལྟར་ཉང་ཕོང་བྲག་གསུམ་རྣམས་སུ་རྒྱ་བྲག་ཆོས་རྗེ་དང་། རྒྱལ་བ་འཕགས་པ་ལྷའི་སྐུ་སྐྱེ་བ་དང་བཅས་པས། རྗེ་རིན་པོ་ཆེའི་བསྟན་པ་རྒྱས་པར་མཛད།

རྗེ་བཙུན་རྒྱལ་བ་གཉིས་པ་བློ་བཟང་གྲགས་པའི་བསྟན་པ་ཀོང་ཡུལ་དུ་དར་ཚུལ་ནི། རྗེའི་དངོས་སློབ་ཀོང་པོ་ཛ་གདན་བསྟན་པ་དར་རྒྱས་ཀྱི་ཀོང་སྨད་དུ་རྒྱ་བསྐོར་ཆབ་ནག་རི་པོ་དགའ་ལྡན་བཏབ། རྗེའི་ལུགས་བཟང་བཙུགས། གདན་སར་རིམ་པ་བཞིན། བླ་མ་རིན་ཆེན་རྣམ་རྒྱལ། ལྡན་ནག་པ་ཀུན་དགའ་བློ་ལྡན། འདུལ་འཛིན་ཚུལ་ཁྲིམས་བཟང་པོ། སྐུས་དཀར་བ་བློ་གྲོས་རབ་བརྟན། ལྷ་བ་རབ་

འབྱམས་པ། ཆོས་རྗེ་ཆོས་རྒྱལ་མཚན། བློ་གྲོས་དཔལ་བརྩེགས། སློབ་དཔོན་དགེ་བ་རིན་ཆེན། ཆོས་རྗེ་བྱང་ཆུབ་རིན་ཆེན། རིན་ཆེན་གྲགས་པ་ཚུལ་ཁྲིམས། ཆོས་རྗེ་དོན་གྲུབ་པ། བླ་མ་སངས་རྒྱས་བཟང་པོའོ། །

ཆབ་ནག་རི་བོ་དགེ་ལྡན་དང་། ཉང་པ་སང་སེང་གཉིས་ཀྱི་གདན་ས་མཛད་པ་ཆོས་རྗེ་རིན་ཆེན་རྣམ་རྒྱལ་གྱིས་གོང་སྟོད་དུ་བཀྲ་ཤིས་རབ་བརྟན་བཏབ་ལ་དབུ་ཕར་(༧༨བ)གྱི་འཆད་ཉན་བཙུགས། གདན་སར་གོང་པོ་བཀའ་བཅུ་བ་བློ་གྲོས་དབང་པོ། ཆོས་རྗེ་དཔལ་ལྡན་བློ་གྲོས། སློབ་དཔོན་རིན་ཆེན་འོད་འབྲོ། པཎྜི་ཏ་རིན་ཆེན་དབང་པོ། ཆོས་རྗེ་རིན་ཆེན་ཆོས་བཟང་། ཤེས་རབ་དབང་ཕྱུག ། ཆོས་རྗེ་ཕུན་ཚོགས་རྣམ་རྒྱལ། ཆོས་རྗེ་ཀུན་དགའ་དཔལ། སློབ་དཔོན་ཆོས་རྒྱལ་མཚན། ཊཱགས་པོ་རབ་འབྱམས་པ། ཆོས་རྗེ་སངས་རྒྱས་བསྟན་འཛིན། སློབ་དཔོན་བློ་བཟང་བསྟན་འཛིན། ཆོས་རྗེ་དཔལ་ལྡན་རྒྱལ་མཚན། སློབ་དཔོན་བཟོད་པ་བཟང་པོ།

ཀོང་པོ་དང་ཁམས་སྤྱི་བོའི་མཚམས་སུ་དེ་མོ་ལ་ཁའི་ཆོས་སྡེ་ནི། རྒྱལ་བ་འཕགས་པ་ལྷས་བཏབ། གདན་སར་བླ་མ་རིམ་པ་བཞིན། བླ་མ་ཀོང་སྨད་དཀོན་མཆོག་འབྱུང་གནས། སློབ་དཔོན་སྤྲུལ་སྐུ་བ། རྗེ་གདན་ཤཱཀྱ་རྒྱལ་མཚན། མངའ་རིས་པ་བསྟན་པ་བཟང་པོ། སློབ་

དཔོན་དཔལ་འབྱོར་རྒྱ་མཚོ། ཨེ་པ་ཚུལ་བློ། རྟོ་མགོ་ལྡོག་པ། ཆོས་རྗེ་སངས་རྒྱས་རྒྱལ་མཚན། དཀོན་མཆོག་འབྱུང་གནས་ཀྱི་སྐུ་སྐྱེ། དེ་མོ་སྤྲུལ་སྐུ་ལྷ་དབང་ཕྱོགས་ལས་རྣམ་རྒྱལ། གྲུ་མཐའ་ཆོས་རྗེ། བློ་བཟང་བསྟན་པའི་ཉི་མ། རབ་འབྱམས་པ་བྱང་ཆུབ་བཟང་པོ། ཆོས་རྗེ་ཤེས་རབ་རྒྱལ་མཚན། ཟུར་འཆད་པ་ཆོས་ཀྱི་བློ་གྲོས། ཆོས་རྗེ་ཤེས་རབ་དཔལ་བརྟེགས། ཚུར་སྟོན་ནམ་མཁའ་དཔལ། རབ་འབྱམས་པ་ཆོས་དབང་གྲགས་པ། ཀོང་ལོང་ཉང་གསུམ་མདོ་ཁམས་སྟོད་དང་བཅས་པར། རྗེ་བཙུན་ཙོང་ཁ་པའི་བསྟན་པ་སྤེལ་བ་ལ། སེམས་དཔའ་ཆེན་པོ་བློ་གྲོས་རྒྱལ་མཚན་པའི་དངོས་སློབ་རྒྱལ་བ་འཕགས་པའི་ལྷར་གྲགས་པ་འདི་སྟོབས་ཆེ་བར་གྱུར་ཏེ། དེ་ཡང་ལོང་པོར་ས་ལུག་ལ་(༧༡ན)འཁྲུངས། དགུས་སུ་ཕྱིན་ནས། ཆོས་རྗེ་ཆོས་སྐྱོང་བྱམས་པ་གླིང་པ། སེམས་དཔའ་ཆེན་པོ་བློ་གྲོས་རྒྱན་མཚན་སོགས་བརྟེན་ནས་མཁས་པར་སྦྱངས། བ་སོ་ཆོས་ཀྱི་རྒྱན་མཚན་དང་། རོང་སྟོན་བློ་བཟང་པ་ལ་ < ལས་ > བསྙེན་པར་རྫོགས་ཉང་ལོང་ཀོང་གསུམ་དང་། ཁམས་སུ་ཕྱིན་ནས་རྗེའི་བསྟན་པ་སྤེལ། ལོང་པོར་བཀྲ་ཤིས་ཆོས་ལུང་དང་། ཉི་ཟླ་ཐང་། ཀོང་པོ་བདེ་མོ་ལ་ཁ་དང་། ཁམས་སུ་འོ་ཆུ་མདོ་དང་། ཆོས་ཁྲི་ཐང་སོགས་བཏབ། ཞྭ་སེར་ལ་བསྟགས་པ་མཛད་ཅིང་། རྗེ་འབྲངས་རྣམས་ལ་ཞལ་སྔ་བཀའ་བརྒྱུད་

དུ་གྲགས། དགུང་ལོ་ཞེ་དགུ་པ་མེ་ལུག་ལ་གཤེགས། དེའི་སྐུའི་སྐྱེ་བ་འཕགས་པ་སངས་རྒྱས་ཀྱི་ཞིང་ཁར་ཕན་བདེ་བཏབ། དེའི་དཔོན་པོ་དཀོན་མཆོག་འབྱུང་གནས་དང་། སངས་རྒྱས་དཔལ་འབྱོར་གཉིས་ལས། ཕྱི་མའི་སྐུ་སྐྱེ་ལྷ་དབང་ཕྱོགས་ལས་རྣམ་རྒྱལ་དང་། རྗེས་མའི་སྐུ་སྐྱེ་དཔོན་པོ་བྱུང་པ་སངས་རྒྱས་འབྱུང་གནས་ཏེ། གཉིས་ཀ་འཕྲིན་ལས་ཆེའོ། །འཕགས་པ་སངས་རྒྱས་ཀྱི་སྐུ་སྐྱེ་པ་འཕགས་པ་མཐོང་བ་དོན་ལྡན་བསོད་ནམས་རྣམ་པར་རྒྱལ་བ་མཆོག་གི་སྡེ་མི་ཕམ་ཆོས་ཀྱི་རྒྱལ་པོ་འདིས་སྤྱི་བོ་ཆུ་མདོ་དང་ཁམས་ཆབ་མདོ་སོགས་ཀྱི་བླ་མར་གྱུར་པས་འཕྲིན་ལས་ཆེའོ། དེའི་སྐུ་སྐྱེ་བ་ནི། ཉང་པོར་ཆུ་ཡོས་ལ་འཁྲུངས་པས་འཕགས་པ་ཕྱོགས་ལས་རྣམ་རྒྱལ་བ་རྒྱ་མཚོའི་སྡེ་མི་ཕམ་དགའ་བའི་བཤེས་གཉེན་ཆབ་མདོ་བྱམས་པ་གླིང་གི་བླ་མར་ཕེབས་ནས་འཕྲིན་ལས་ཆེའོ། །

རྗེ་བཙུན་ཙོང་ཁ་པའི་མདོ་སྔགས་ཟུང་འབྲེལ་གྱི་བསྟན་པ་ཁམས་ཕྱོགས་སུ་དར་ཚུལ་བསྟན་པ།

ཁམས་ཆབ་མདོ་བྱམས་པ་གླིང་ནི་རྗེའི་དངོས་སློབ་བྱང་སེམས་ཆོས་རྗེ་ཤེས་ (༧༡བ) རབ་བཟང་པོས་མེ་མོ་སྦྲུལ་ལོར་བཏབ། དེ་

ཡང་རྗེ་རིན་པོ་ཆེ་དབུས་ཕྱོགས་སུ་འབྱོན་དུས་ཆབ་མདོར་ཞག་བཞུགས་མཛད་པས་ལམ་འགྲོགས་པ་རྣམས་ཀྱིས་འདིར་ཆོས་སྡེ་ཆགས་ན་དགོན་པ་ལེགས་ཞུས་པས། འདི་འཕགས་པ་ཟླ་ཀུ་ལས་བདག་ཏུ་བཟུང་བས་མྱུར་དུ་ཆོས་སྡེ་ཆེན་པོ་འོང་གསུངས་པ་བཞིན། དགའ་ལྡན་བཏབ་ནས་ལོ་ཉི་ཤུ་རྩ་དགུ་པ་ལ། ཆབ་མདོ་བྱམས་པ་གླིང་གི་རྨང་གཏིང་ནས་ལེགས་པར་གྲུབ་པོ། །དེར་གྲྭ་ཚང་ཡར་གླིང་པ། མར་གླིང་པ། ནུབ་གླིང་པ། ལྷགས་ར་ཁ་པ། ཁྲུ་ཡུག་པ་དང་ལྷ་པོའི་སློབ་དཔོན་སོ་སོར་བསྐོས་ནས་འཆད་ཉན་བྱེད་དོ། །གདན་སའི་ཁྲི་ཐོག་རིམ་པ་ནི། བྱང་སེམས་ཆོས་རྗེ་ཤེས་རབ་དཔལ་བཟང་པོ། མཚུར་སྟོན་ནམ་མཁའ་དཔལ། ཞང་ཞུང་པ་ཆོས་དབང་གྲགས་པ། དཔོན་ཤེས་རབ་དཔལ་རྩེགས། ཆོས་རྗེ་ཀུན་དགའ་དཔལ་ལྡན། བྱང་སེམས་ཀུན་དགའ་དཔལ། རྗེ་ཀུན་དགའ་བློ་གྲོས། རྗེ་དྲུང་དགེ་འདུན་བཀྲ་ཤིས། རྗེ་དྲུང་མི་གཡོ་སྙིང་པོ། རྗེ་དྲུང་ཤེས་རབ་དབང་པོ། ཆོས་རྗེ་འཇམ་དབྱངས་པ། སྔར་རྗེ་དྲུང་ཤེས་རབ་དབང་པོ། བ་སོ་ཆོས་རྗེ་ལྷ་དབང་ཆོས་ཀྱི་རྒྱན་མཚན། འཕགས་པ་མཐོང་བ་དོན་ལྡན། དཔོན་དྲུང་སངས་རྒྱས་འབྱུང་གནས། འཕགས་པ་ཕྱོགས་ལས་རྣམ་རྒྱལ་བ་རྒྱ་མཚོ་སོགས་བྱོན། བ་སོ་ཆོས་རྗེ་ལྷ་དབང་ཆོས་ཀྱི་རྒྱན་མཚན་གྱི་སྐུ་སྐྱེ་ལྷ་དབང་ཆོས་ཀྱི་དབང་ཕྱུག་བསྟན་པའི་རྒྱན་མཚན་

དཔལ་བཟང་པའོ། །

ཇོ་བཙུན་བཙོང་ < ཙོང་ > ཁ་པ་ཆེན་པོའི་བསྟན་པ་ཁམས་ཕྱོགས་སུ་དར་ཚུལ་ནི། སྔོ་བོ་ཆུ་མདོ་འདི། དང་པོ་འགར་དམ་(༨༠ན)པས་བཏབ་པའི། ཕུ་ལུང་དགོན་དུ་བཤད་གྲ་ < གྲྭ་ > དང་སྒྲུབ་གྲ་ < གྲྭ་ > གཉིས་སུ་ཡོད་པ་ལ་སྒྲུབ་གྲྭས་བཤད་གྲྭ་ཕུད་པ་དང་སྔོ་བོའི་ཆུ་མདོར་གནས་བཅས་པའི། ཕྱོགས་དེར་སྐྱེ་བོ་རྣམས་དད་ནས་སྦྱིན་བདག་བྱས་རྒྱལ་བ་འཕགས་པ་ལྷ་ལ་ཞུས་ནས་ཆོས་སྡེ་བཏབ་དགའ་ལྡན་པའི་ཆོས་ལུགས་བཟུང་། བླ་མ་རིམ་པ་བཞིན་དུ། ཀུན་སྨོན་བློ་གྲོས་རྒྱ་མཚོ། སློབ་དཔོན་འོལ་ཁ་བ། ཆོས་རྗེ་ངག་གི་དབང་པོ། ཚ་བ་རབ་འབྱམས་པ་དགེ་འདུན་དར་རྒྱས། འཕགས་པ་མཐོང་བ་དོན་ལྡན། སློབ་དཔོན་བཀྲ་ཤིས་རབ་བརྟན། བླ་མ་དཔལ་ལྡན་ཚུལ་ཁྲིམས། །

སྔོ་བོའི་ཆོས་རྫོང་ནི། བླ་མ་ཆོས་གྲགས་པས་བཏབ། གདན་སར་རིམ་པ་བཞིན། བླ་མ་ཚ་བ་རབ་འབྱམས་པ། སློབ་དཔོན་འོལ་ཁ་བ་སྤྲུལ་སྐུ་ངག་གི་དབང་པོ། རྗེ་དྲུང་མི་གཡོ་སྙིང་པོ། བླ་མ་ཨ་མདོ་བ། དཔོན་དྲུང་སངས་རྒྱས་འབྱུང་གནས། དེ་མོ་སྤྲུལ་སྐུ་ལྷ་དབང་ཕྱོགས་ལས་རྣམ་རྒྱལ། བཀའ་བཅུ་སྨྲ་བ་དར་རྒྱས། །

སྔོ་བོ་གསུམ་འཛོམ་ནི། འབྲུ་ལ་བ་བྱང་ཆུབ་རྒྱན་མཚན་གྱིས་

བཏབ། གདན་སར་རིམ་བཞིན། བླ་མ་བློ་གྲོས་རྒྱ་མཚོ། སློབ་དཔོན་འོལ་ཁ་བ། སྤྲུལ་སྐུ་ངག་གི་དབང་པོ། དཔོན་དྲུང་སངས་རྒྱས་འབྱུང་གནས། དེ་མོ་སྤྲུལ་སྐུ་ལྷ་དབང་ཕྱོགས་ལས་རྣམ་རྒྱལ། རབས་འབྱམས་པ་དཔལ་འབྱོར་རྒྱ་མཚོ། །

སྦྲོ་བོ་ཆུ་བརྒྱུད་ནི། བྱང་ཏ་ཊ་དང་། འཛམ་ནེ་རྫོང་ཁ་དང་། ཨ་རིག་ཐང་དང་། སྦྲོ་བོ་ཆུ་མདོ་ནས་རྒྱ་ལ་རྩེ་སྨུམ་གྱི་རྒྱབ་ནས་གཙང་པོར་བབ་སྟེ། ཀློ་ཡུལ་དང་། རྒྱ་གར་ཤིང་གི་(༨༠བ)རི་དང་། ཀྂ་ཏུ་ཀྂ་རྣའི་གཞུང་དུ་ཏ་པོ་ཙ་མཆོག་གྲོང་གི་མཆོད་རྟེན་གྱི་འགྲམ་དུ་འབབ་པ་ལས་ཆུའོ་ལོ་ཧི་ཏ་ཟེར་འདུག་ལ། བདག་གིས་ཀྱང་མཐོང་བ་ཡིན། དེ་ནས་ཟླ་ག་ལར་འབབ་ཡོད་ཟེར།

སྦྲོ་བོ་ཕན་གྱི་ཆུ་ནི། ལྷོངས་པ་ཞབས་ནས་རྒྱ་ནག་ཏུ་འབབ་པ་ལས་དང་པོ་བྱང་གི་མཚོ་སྐྱ་ནག་ནས་འབབ་པའི་ནགས་ཆུ་རྒྱུད་དུ། རྗེ་རིན་པོ་ཆེའི་རྗེས་འཇུག་གི་ཆོས་སྡེ་ཆགས་ལུགས་ནི། རྗེའི་དངོས་སློབ་རྣམ་དཔྱོད་ཕུལ་དུ་བྱུང་བའི་མཁས་པ་ཆོས་དབང་གྲགས་པ་འདི་ཞང་ཞུང་གི་ཡུལ་མངའ་རིས་གུ་གེར་འཁྲུངས། དབུས་སུ་ཕྱིན་ནས་རྗེ་ཡབ་སྲས་བསྟེན་ནས་མཁས་པར་སྦྱངས་པས་མདོ་སྔགས་དང་། ཁྱད་པར་དུ་སྙན་ངག་ལ་མཁས་པས། ལོ་ཆེན་རིན་ཆེན་བཟང་པོའི་བསྟོད་ཚོགས་དང་། རྗེ་ཡབ་སྲས་དང་། མི་ལའི་བསྟོད་པ་སོགས་མང་དུ་

བསྐུས་འཁོར་ཏེ་ཀ་ཆེན་གྱི་འགྲོ་མ་ལུས་པ་བརྩམས། ཁམས་ཆབ་མདོའི་བླ་མ་དང་། དེ་ནས་ནགས་ཤོད་མདར་ཁྲི་ཏུ་དགོན་སྡེ་དང་། ནགས་ཤོད་སྟུས་མདའ་བཏབ། དགུང་ལོ་རེ་བརྒྱད་པ་ལ་སྟུས་མདའ་〔ཏུ་〕གཤེགས་སོ། །དེའི་གདན་སར་རིམ་པ་བཞིན། དཔོན་པོ་ཀུན་དགའ་རྒྱལ་མཚན། ལ་མོ་ཀུན་དགའ་སྙིང་པོ། མངའ་རིས་པ་ཚེ་སྟོན་བློ་གྲོས། རྒྱལ་བ་འཕགས་པ་ལྷ། མང་ར་བ་གྲགས་པ་ཚུལ་ཁྲིམས། གཙང་སྟོན་ལེགས་བཟང་དཔལ་འབྱོར། མཐར་རྒྱས་པ་ཀུན་དགའ་རྒྱ་མཚོ། དཔའ་ཤོད་པ་དཀོན་མཆོག་རིན་ཆེན། ཧོར་སྟོན་འཁོར་རྩ་དཔོན་པོ་བློ་བཟང་པ། ཏ་ནག་པ་དགེ་འདུན་བཟང་པོ། ཡོང་པོ་ཆོས་(༢༧ན)མཛོད་ལྷ་རི་མགོན་པོ། མཁར་ནག་ཆོས་མཛོད་རྒྱ་ཤར། ཏ་ནག་དཔོན་པོ། རྗེ་དྲུང་ཤེས་རབ་དབང་པོའི་སྐུ་སྐྱེ་བློ་བཟང་ཡེ་ཤེས་དབང་པོ་རྣམས་སོ། །སྟུས་མདའ་ཆོས་སྡེ་ལ་འཕགས་པ་ལྷས་རྣམ་རྒྱལ་དཔལ་དུ་བཏགས་སོ། །

ནགས་ཤོད་ཕུའི་ཆོས་སྡེ་ཏ་མོས་ནི་རྒྱ་མོ་བཟས་བཏབ། དེང་སང་བླ་མ་གུ་རུ་འོད་ཟེར་བཞུགས་སོ། ནགས་ཤོད་ཀྱི་སྲིབས་ཕྱོགས་ལ། ལྷ་རྗེ་རབ་འབྱམས་པས་བཏབ་པའི་དར་ཁྲིམ་དགའ་ལྡན་རབ་རྒྱས། དྲུང་བློ་གྲོས་པས་བཏབ་པའི་འབྲོང་དགོན། རྒྱ་སྟོན་བློ་བཟང་གྲགས་པས་བཏབ་པའི་ཤུལ་དུ་དགོན། ནགས་ཤོད་ཉིན་ལ་ཀུན་དགའ་སྙིང་

པོས་བཏབ་པའི་གཡག་བཀྲབ་དགོན། སྐྱེའུ་ཟླུར་པས་བཏབ་པའི་བར་ལག་དགོན་ནི་འབྲི་ཁུངས་ < གུང་ > པས་འཛིན་པ་ལ། སོག་པོ་ལྷ་བཙུན་གྱིས་དགེ་ལུགས་པར་བསྒྱུར། གཞན་ཡང་དགྲོག་ཁྱིམ་སྟག་ཚང་རྣམས་ཡོད་དོ། །ནག་ཆུ་ལ་སོག་ཟེ་ཁའི་ཆུ་འདྲེས་པ་ནས་དངུལ་ཆུ་ཟེར། དེ་ནས་ཆབ་མདོའི་ཐད་དུ་ངོམ་ཆུ་ཟེར། དེར་རྫ་ཆུ་དང་འདྲེས་ནས། སླ་རོང་བརྒྱུད་དུ་བབ་པས་སླ་ཆུ་ཟེར་བ་དང་། ལྗོངས་སུ་འབྲི་ཆུ་དང་འཛོམས་ཏེ་རྒྱ་ནག་ཏུ་འབབ་བོ། །

རྒྱས་ཤོས་ཏུ་སེམས་དཔའ་ཆེན་པོའི་དངོས་སློབ་བྱིའུ་གནས་པས་བཙན་ཁར་བཏབ། འབྲོང་ཐང་སོགས་ཡོད། དཔའ་ཤོད་དགོན་པ་ནི། ལྷ་མ་རྒྱལ་མཚན་སེང་གེས་བཏབ་པའི་ཁྲུག་དགོན་གནས་ཐང་ཡང་དེའི་དཔོན་པོ་དཔལ་འབྱོར་བཟང་པོས་བཏབ། གདན་(༡༧བ)སར་རིམ་པར་ཆོས་རྗེ་བཀྲ་ཤིས་པ། ཆོས་རྗེ་དཔལ་ལྡན་བསོད་ནམས་འོད་ཟེར། ཆོས་རྗེ་ཚུལ་ཁྲིམས་རྒྱལ་པོ། སློབ་དཔོན་ཚུལ་ཁྲིམས་སེང་གེ །ཆོས་རྗེ་དཀོན་མཆོག་རིན་ཆེན། སློབ་དཔོན་བསོད་ནམས་རིན་ཆེན། ཆོས་རྗེ་དཀོན་མཆོག་འབྱུང་གནས། སློབ་དཔོན་ཚུལ་ཁྲིམས་བཀྲ་ཤིས། ཆོས་རྗེ་རིན་ཆེན་བློ་གྲོས། མཁན་ཆེན་བཀྲ་ཤིས་རྒྱ་མཚོ། བྱང་ཤོད་དུ་དགེ་ལུགས་པའི་ཆམ་རྫོང་རྫོང་ཆུང་དིང་མགོ་དགོན། མཛའ་ཤོད་དུ། མོང་རོང་མགོ་གོང་ཨེ། དིང་ཐང་

དགོན་པར། རས་བྲིས་དགོན་རྣམས་ཡོད། དན་ལི་དགོན། སྒོམ་སྡེ་ཀམ་མདའ་དགོན། ན་ལི་དགོན། དཔའ་ཤོད་དུ་ལྷ་རྩེ་དགོན། འོག་ཆོས་རྫོང་། རྒྱ་ཤོད་དུ་རྗེ་དྲུང་ཤེས་རབ་དབང་པོས་བཏབ་པའི་དར་རྒྱས་དགོན། སྣང་དགོན་གྱི་རོག་སྣང་གདོང་ཁར་དགོན། ར་ཚག་དགོན། རོང་པོ་དགོན།

གུང་ཐུ་དཔལ་འབར་ཆོས་སྡེ་ནི་སྟོན་འགྲོ་མགོན་ཆོས་རྒྱལ་འཕགས་པས་བཏབ། གུང་ཐུ་རིན་ཆེན་བྱང་ཆུབ་པས་དགེ་ལུགས་པར་བསྒྱུར། དེ་ནས་བླ་མ་རིམ་བཞིན། ཆོས་དབང་གྲགས་པ་སྣང་ཞིག་པ་ཀུན་དགའ་བཀྲ་ཤིས། ཀོང་སྟོན་བསྟན་པ་དཔལ་གྲུབ། ཁོད་ཁང་པ་རིན་ཆེན་གྲགས། དེའི་དཔོན་ཆོས་རྗེ་དཀོན་མཆོག་རྒྱ་མཚོ། ཡོང་པོ་ལེགས་དཔལ་ཤེས་རབ། མངའ་རིས་པ་བློ་གྲོས་རྒྱ་མཚོ། གུང་ཐུ་ཆོས་སྡེ་པོ་ཏི་མ་ནི། མཁས་གྲུབ་བསྟན་པའི་ཉི་མ་བཏབ། འདིར་མཚན་ཉིད་འཆད་ཉན་ཡང་བཙུགས། གདན་སར་རིམ་བཞིན། རྗེ་དྲུང་ཤེས་རབ་དབང་པོ། མཁས་པ་བློ་གྲོས་རབ་གསལ། ཆོས་རྗེ་(༨༢ན)སངས་རྒྱས་བཀྲ་ཤིས། རྗེ་ཆོས་མཆོག་རྒྱ་མཚོ། དྭགས་པོ་རབ་འབྱམས་པ། རབ་འབྱམས་པ་སྦྱིན་པ་དཔལ་རྣམས་སོ། །

བྱ་ཡུག་ཆོས་སྡེ་མདོ་སྔགས་དར་རྒྱས་གླིང་ནི། ཆོས་རྗེ་བསྟན་པ་དཔལ་གྲུབ་པས་བཏབ། གདན་སར་རིམ་བཞིན། ཨ་མདོ་བ་རྗེ་

ཀུན་དགའ་བཀྲ་ཤིས། ཇོ་རིན་ཆེན་བློ་གྲོས། གུང་ཐུ་བ་སློབ་དཔོན་རིན་ཆེན་རྒྱན་མཚན། དགེ་སྦྱོང་པ་ཆོས་རྗེ་ངག་དབང་ཤེས་རབ། བ་སོ་སྤྲུལ་སྐུ་ལྷ་དབང་ཆོས་ཀྱི་རྒྱན་མཚན། གུང་ཐུ་བ་ཆོས་རྗེ་དཀོན་མཆོག་རྒྱ་མཚོ། སྐྱོར་མོ་ལུང་པ་ཆོས་རྗེ་ཡོན་ཏན་ནོར་བུ། རབ་འབྱམས་པ་དཔལ་འབར་བ། མཁས་པ་ཡོན་ཏན་གྲགས་པ། གུང་ཐུ་བ་ཆོས་རྗེ་དཀོན་མཆོག་རྒྱན་མཚན། གུང་ཐུ་བ་སློབ་དཔོན་གྲགས་པ་བཟང་པོ། །

ཇི་ཏོ་ཆོས་སྡེ་ནི། སྟོན་ཆོས་རྒྱལ་རྗེ་རཏྣ་བཛྲ་ཡིས་བཏབ། ཆོས་སྡེ་གཉིས་ཡོད་པ་ཆོས་རྗེ་དཀོན་མཆོག་རྒྱ་མཚོས་སྤེལ་བ་ཡིན། ཡང་ཇི་ཏོ་དགོན་པར་ཡང་ཡོད་དོ། །

རྫ་ཆུ་བརྒྱུད་ཀྱི་ཟེ་ཤོད་དུ་མཁས་གྲུབ་རྗེའི་དངོས་སློབ་ཀུན་དགའ་རྒྱན་མཚན་གྱིས་བཏབ་པའི་བསམ་གྲུབ་དགོན། སེ་རོང་དགོན་འགྲོ་མགོན་འཕགས་པས་བཏབ་པའི་སྣ་ཆེ། ཧོར་དཔོན་པོས་བཏབ་པའི་སྣ་ཆེ་དགོན་པར་གམ་ཆེ། ཤུ་ཡུར་དགོན། གོ་ཁྲི་དཔལ་ལྡན་པའི་དངོས་སློབ་ཡེ་ཤེས་བླ་མས་གམ་རྫེ་དགོན་དུ། རྗེའི་ཆོས་ཚོགས་བཙུགས། ཀྲི་ཤོད་དུ་ཁང་དམར་དགོན་ལག་སྲུས་མཁར་དགོན་སོགས་ཡོད། ཤེལ་སྨྲ་དམར་གཉྫ་པའི་སྐུ་གདུང་བཞུགས་པར། ཤར་བྱང་ཆུབ་གླིང་ཁུ་རྒྱུ་ན། སྟོང་འཁོར་དུ་དེའི་སྤྲུལ་སྐུས་བཏབ་པའི་སྟོང་

འཁོར་ཕན་ཚུན་(༤༢༧)གཉིས། འབྲི་ཆུ་རྒྱུད་དུ་ཆོས་སྡེ་ཆེ་བ་ལ་ཆུ་འགྲམ་དུ་ཉག་རེ་རྫོ་རྗེ་རྒྱལ་མཚན་གྱི་ < གྱིས་ > བཏབ་པའི་ལྷ་ཆོས་འཁོར་གླིང་ཡོད། དེའི་གདན་སར་རིམ་བཞིན། ཉག་རེ་རྫོ་རྗེ་རྒྱན་མཚན། སེམས་དཔའ་ཆེན་པོ་ཆོས་ཀྱི་བློ་གྲོས། ཚལ་པ་བཀྲ་ཤིས་དོན་གྲུབ། ངམ་པ་ཆོས་ཀྱི་རྒྱལ་མཚན། ཚ་བ་སངས་རྒྱས་ཚུལ་ཁྲིམས། པོང་ཚོ་བ་དཀོན་མཆོག་ལྷུན་གྲུབ། རྒྱ་མ་བ་བློ་གྲོས་ལྷུན་གྲུབ། གཙང་པ་ཀུན་དགའ་དཔལ་ལྡན། གཙང་སྟོན་ཡེ་ཤེས་འོད་ཟེར། །

འབྲུ་ལ་བ་བློ་བཟང་པ། ཨ་ཏྲི་ལུང་རིག་རྒྱ་མཚོ། སེ་ར་ནམ་མཁའ་འོད་ཟེར། མཁས་མཆོག་སྐུ་སྐྱེ་བློ་བཟང་བསྟན་པ་རྒྱ་མཚོ། གུང་ཐུ་དགེ་འདུན་བཀྲ་ཤིས། འདར་སྟོན་ངག་དབང་རྣམ་རྒྱལ། ཆོས་འཁོར་གླིང་པ་ཆོས་རྗེ་ངག་དབང་རྒྱ་མཚོ་རྣམས་སོ། །

རྗེའི་དངོས་སློབ་ལྡན་མ་ཡོན་ཏན་དཔལ་ནི་ཤིན་ཏུ་སྐུ་ཡོན་ཆེ་བས། ཁོང་ཁམས་སུ་བཞུད་དུས་རྒྱལ་ཚབ་ཆོས་རྗེས་ཁོང་ལ་རྗེའི་སློབ་མ་ཁམས་ཕྱོགས་སུ་འགྲོན་པ་ལ་ཁྱོད་སྐུ་ཡོན་ཆེ་བས། བསྟན་པ་ལ་ཕན་ཐོགས་མཛོད་གསུངས་པས། ཁོང་ཞུར་ཏེ་དེང་སང་གཟིམས་ཁང་དཀར་པོ་བ་མ་རྙོགས་སུ་ཡོད་གསུང་ཞིང་། < གསུངས་ཤིང་ > ལྡན་མའི་ཡུལ་དུ་ལབས་དགོན་སོགས་བཏབ་ནས་དགེ་འདུན་གྱི་སྡེ་བཙུགས། སངས་རྒྱས་ཀྱི་བསྟན་པ་སྤེལ་ལོ། ཆོས་རྗེ་རྣམ་རྒྱལ་གྲགས་

པས་ལྷན་སྐྱོད་ཚ་དཀར་ཆོས་སྡེ་བཏབ་གཞུང་བཤད་མཛད། རྗེའི་བསྟན་པ་སྤེལ་ལོ། །

དེའི་ཤེར་འོད་པས་འབྲོང་སྡེ་མགོ་དང་། མཚོ་དམར་ཁ་ཙན་དགོན། ཤ་ཁ་མོའི་ཆོས་སྡེ། ཀམ་མདའ། ལྕམ་མདའ། དཔའ་ཤོད་(༤༣ན) སོག་ཡུལ་གཞན་དུའང་རྗེའི་ལུགས་བཟང་བཙུགས། ཤག་རེ་སོགས་རྒྱར་ཁམས་སྨད་དུ་ཡང་བསྟན་པ་དར་རྒྱས་གྱུར། བླ་མ་ཡོན་ཏན་བློ་གྲོས་པས་གླིང་སར་རྗེའི་བསྟན་པ་སྤེལ། གཞན་ཡང་ཡང་སྟེ་པ་རིན་པོ་ཆེས་རང་ཡུལ་དང་། ཆོས་རྗེ་རབ་འབྱམས་པས་སྨུ་ཏི་འགྲམ་དང་། རྒྱ་སྟོན་པ་དང་། སངས་རྒྱས་ཡེ་ཤེས་པའི་གུང་ཏུ་སར་བསྟན་པ་སྤེལ། ཀ་ཐོ་རྫེ་ཐོ་གཉིས། ཀོ་རེ། ཚ་བ་སྒང་། གོ་ཕར། ཕོད་ཁང་པའི་ཡུལ་དང་། དཔལ་འབར་ལ་སོགས་པར་དགེ་འདུན་གྱི་སྡེ་མང་པོ་ཚུགས་པས། རྗེའི་བསྟན་པ་རྒྱས་པར་གྱུར་ཏོ། །

ལྷུ་ལ་བཀའ་བཅུ་བས་ཚུལ་ཁང་པའི་ས་དང་། རྗེའི་དངོས་སློབ་སངས་རྒྱས་དཔལ་བས། སྤོ་འབོར་སྒང་དུ་སྐྱི་ཏི་སྒང་གི་ཆོས་སྡེ་བཏབ་པ་སོགས་དང་། ཕྱིས་སྤོ་འབོར་གྱི་ས་ལི་ཐང་དུ། རྗེ་ཐམས་ཅད་མཁྱེན་པ་བསོད་ནམས་རྒྱ་མཚོ་ཡབ་སྲས་ཀྱི < ཀྱིས >། མཐུན་རྐྱེན་ཆོས་འཁོར་གླིང་བཏབ་ནས། གཞི་གསུམ་གྱི་ཕྱག་ལེན་བཙུགས་ལྷངས་ཞབས་སུ་དགེ་ལུགས་པའི་ཆོས་སྡེ་ཡོད་པ་ལ། བཀྲ་ཤིས་ཆོས་

ལུང་། བྲག་ལྷོག་མགོ །བྲག་ཆ་དགོན། བྱམས་སྙིངས་དགོན། ཚེ་དགོན་པ། ཀྲེ་ཐག་རི་མགོ །རྫོང་ལ། ཤོ་སྦྲེ་དོན། ཐྲེ་ཧྲི་སྒང་། སངས་རྒྱས་རྒྱ་མཚོས་བཏབ་པའི་ལྷ་ཁང་། རྗེའི་སློབ་མ་ལ་སྤྱ་བ། ཤར་རྒྱལ་མོ་རོང་གི་རྒྱལ་པོའི་སྲས་ཚ་ཁོ་ངག་དབང་གྲགས་པས། རྒྱལ་མོ་རོང་དུ་དགེ་འདུན་གྱི་སྡེ་མང་དུ་བཙུགས་སངས་རྒྱས་ཀྱི་བསྟན་པ་དང་། ཁྱད་པར་དུ་རྗེའི་ལུགས་(༢༣བ) བཟང་དར་བར་མཛད། རྗེ་རིན་པོ་ཆེས། དེ་ལ་གདམས་པ་མང་དུ་གནང་། ཚ་ཁོ་བ་དེའི་དཔོན་པོ་དཔལ་འབྱོར་ཆོས་ཀྱི་གྲགས་པས་ཀྱང་། མཁས་གྲུབ་རྗེ་ལ་བསྙེན་ནས་བསྟན་པའི་སྲོལ་བསྐྱོད་པར་མཛད་དོ། །རྗེའི་དངོས་སློབ་བྱང་དར་མས། རྒྱ་ནག་རྒྱལ་པོའི་བླ་མ་ཐོབ་སྟེ། བྱམས་ཆེན་ཆོས་རྗེ་དང་། འདི་གཉིས་ཀྱི་རྒྱ་ནག་ཏུ། རྗེ་བཙུན་ཙོང་ཁ་པའི་བསྟན་པ་བཙུགས། ས་སྐྱོང་གཙུག་གི་རྒྱན་དུ་གྲགས། ཁྱད་པར་དུ་ཡང་དར་མས་བྱང་ཕྱོགས་ཀྱི་རྒྱལ་ཁམས་སུ། རྗེའི་བསྟན་པ་དར་བར་མཛད་དོ། །རྒྱ་ཟུང་ཧུ་ཆོས་སྡེ་དང་། མིན་ཧུ་ཆོས་སྡེ་གཉིས་སུ་ཡང་། དེང་སང་དར་རྒྱས་ཆེ་བར་ཡོད་ཅིང་། སྤྱ་མ་དེ་ཉུ་ཚང་ཆོས་རྗེས་བཏབ། རྗེས་མ་འདིར་རྒྱ་བླ་མ་བསོད་ནམས་བཟང་པོ་བཞུགས་ཤིང་འདིས་རྒྱ་ནག་རི་བོ་རྩེ་ལྔར་རྗེའི་བསྟན་པ་སྤེལ་ལོ། །

རྗེ་བཙུན་ཙོང་ཁ་པའི་མདོ་སྔགས་ཟུང་འབྲེལ་གྱི་བསྟན་པ་མདོ་སྨད་དུ་དར་ཚུལ་བསྟན་པ།

ཀྱི་དང་ཉེ་བའི་ཆབ་མདོ་ཁམས་སྨད་ཨ་མདོ་སར། རྗེའི་བསྟན་པ་དར་ཞིང་། རྗེ་རིན་པོ་ཆེའི་འཁྲུངས་ཡུལ་བཙོང་ <ཙོང་> ཁར། རྗེའི་སྐུ་ལྟེ་ཁྲག་ལས་ཙན་དན་སྐྱེས་པ་དེས་སྒྲོག་ཤིང་བྱས་ནས་མཆོད་རྟེན་བཞེངས་པ་ལ་སྐུ་འབུམ་ཐང་དུ་གྲགས། དེར་ཡང་དགེ་འདུན་གྱི་སྡེ་དཔག་ཏུ་མེད་པ་ཚོགས། རྨ་ཆུའི་འཁྲིས་སུ་སྤྱིལ་པའི་ལྷ་བཟོ་ཀོང་ཙེ་འཕྲུལ་གྱི་ <གྱིས་> བཞེངས་པའི་བྱམས་པ་འབུམ་གླིང་དུ་རྗེ་རིན་པོ་ཆེའི་བསྟན་པ་དར་ཞིང་ཁྲི་ཐོག་དཔོན་པོས་སྨོན་ལམ་ཆེན་པོ་བཙུགས་སོ། །རྗེ་ཐམས་ཅད་མཁྱེན་པའི་བསོད་ནམས་རྒྱ་མཚོའི་རྣམ་པར་དཀར་བའི་འཕྲིན་ལས་ཀྱི་སོག་ཡུལ་མཚོ་ཁར་(༡༩ན) ཆུ་བཟང་བྱམས་གླིང་སོགས། སོག་ཡུལ་སྟེང་དུ་ཡང་ཕུན་ཚོགས་དར་རྒྱས་གླིང་སོགས་ཆོས་སྡེ་མང་པོ་དང་། སྟོང་འཁོར་སྤྲུལ་སྐུ་སོགས་བཤེས་གཉེན་དམ་པ་རྣམས་ཀྱི་སྤྱིར་སངས་རྒྱས་ཀྱི་བསྟན་པ་དང་ཁྱད་པར་དུ་རྗེ་རྒྱལ་བ་གཉིས་པའི་བསྟན་པ་དར་བར་མཛད་པ་ནི། ཤེར་ཕྱིན་གྱི་མདོ་ལས་སྟོན་པ་སངས་རྒྱས་ཀྱི་ལུང་བསྟན་པར་ཤེར་ཕྱིན་བྱང་ནས་བྱང་ཕྱོགས་སུ་རྒྱས་པར་འགྱུར་རོ། །ཞེས་གསུངས་པ་བཞིན་དུ་ཤེས་པར་བྱའོ། །

རྗེ་བཙུན་ཙོང་ཁ་པའི་མདོ་སྔགས་ཟུང་འབྲེལ་གྱི་བསྟན་པ་སྟོད་མངའ་རིས་སྐོར་གསུམ་དུ་དར་རྒྱལ་བསྟན་པ།

ཐུབ་དབང་བསྟན་པའི་ཉིན་བྱེད་བཙོང་ < ཙོང་ > ཁ་པས། ལེགས་བཤད་འོད་བརྒྱའི་འཕྲེང་བ་རབ་སྤྲོས་ཏེ། །ལོག་སྨྲ་མུན་པའི་ཚོགས་རྣམས་མཐར་བསྐྲད་ནས། །བསྐལ་བཟང་པད་ཚལ་སྐྱོང་མཛད་དེར་ཕྱག་འཚལ། །འཕགས་ཡུལ་བྱང་ཕྱོགས་བསྟན་པ་དར་བའི་ས། །ཁྱད་པར་གངས་དཀར་ཏི་སེའི་འབབ་འབྲེལ་དུ། །ཆུ་བོ་བཞི་འབབ་བརྒྱུད་ཀྱི་ཡུལ་ལྗོངས་སུ། །བློ་གསལ་སྐྱེ་བོས་གང་བའི་མངའ་རིས་ཞེས། །སྐོར་གསུམ་ཤཱཀྱའི་རྒྱལ་བརྒྱུད་གདན་ཆགས་པ། །འདོད་དགུའི་གཏེར་དང་ལས་སྨོ་བྱེ་བ་དེར། །བློ་བཟང་རྒྱལ་བ་གཉིས་པའི་ལུགས་བཟང་འཛིན། ལོ་རྒྱུས་སྙན་པར་གྲགས་པ་འདི་སྒྲོག་གོ །

དེ་ཡང་རྗེ་བཙུན་ཆོས་ཀྱི་རྒྱལ་པོ་རྒྱལ་བ་བཙོང་ < ཙོང་ > ཁ་པ་རིན་པོ་ཆེའི་མཛད་འཕྲིན་བཟང་པོ་ཕྱོགས་བཅུར་ཁྱབ་པའི་རྒྱུན་ལས། སྟོད་མངའ་རིས་སྐོར་གསུམ་དུ་བསྟན་པ་རིན་པོ་ཆེ་ཀུན་ཏུ་དར་རྒྱས་སུ་གྱུར་པའི་ལོ་རྒྱུས་ནི། རྗེའི་དངོས་སློབ་སྟོད་ཤེས་བཟང་དང་།

གུ་གེ་ངག་དབང་གྲགས་པ་སོགས་བསྟན་ (༡༩༨) པ་ཕྱོགས་མཐར་སྐྱོང་བ་དྲུག་དང་། གུ་གེ་སངས་རྒྱས་རྒྱན་མཚན་སོགས་བསྟན་འཛིན་གྱི་སྐྱེས་བུ་བརྒྱད་དང་། གཞན་ཡང་སྐྱེས་ཆེན་དམ་པ་རྣམས་ཀྱི་སློབ་མ་དང་། ཡང་སློབ་སོགས་ཀྱི་ < ཀྱིས་ >། རྗེ་རིན་པོ་ཆེའི་བསྟན་པ་དར་བར་མཛད་པ་ལས། གུ་གེ་ངག་དབང་གྲགས་པས་དབུས་གཙང་དུ་ཕྱིན། རྗེ་བཙུན་ཙོང་ཁ་པ་ཡབ་སྲས་དང་མཇལ། ཆོས་མང་དུ་གསན། གསུང་རབ་ཀྱི་དཔྱད་པ་ཡོངས་སུ་རྫོགས་ནས། སླར་མངའ་རིས་སུ་ཕེབས། གུང་དཀར་ས་སྙིང་དུ་བཞུགས། དཔལ་རྡོ་རྗེ་འཇིགས་བྱེད་ཞལ་ཕྱག་ཡོངས་སུ་རྫོགས་པའི་སྐུ་བཞེངས་ཤིང་། ཀུན་སྤྱོད་རྣམ་པར་དག་ཅིང་ལེགས་བཤད་ཀྱི་དགའ་སྟོན་འགྱེད་པའི་སྣན་པ། གུ་གེའི་བདག་པོ་བཀྲ་ཤིས་འོད་ལྡེ་དང་། ཁྲི་རྣམ་རྒྱལ་འོད་དང་། ཤཱཀྱ་འོད་དང་མཆེད་གསུམ་གྱི་སྣན་དུ་ལྗོངས་པས། ཆོས་གསན་པར་བཞེད་དེ། སྤྱན་འདྲེན་ལ་བཏང་བས། མཁས་པ་ངག་དབང་གྲགས་པའི་ཞལ་ནས། རྒྱལ་པོ་ལ་ཆོས་གསན་པར་བཞེད་ན། སྟན་དམའ་བ་ལ་བཞུགས་ཏེ། སྟོད་ཀྱི་སྐྱོན་གསུམ་སྤོང་། འདུ་ཤེས་དྲུག་བསྟེན་དགོས་ཚུལ་སོགས་ཆོས་གསན་པའི་ཀུན་སྤྱོད་འདི་མཛད་ན་ཡོང་མཆི། དེ་ལྟ་མིན་ན་རྗེ་མི་ཐོག་གོ་ཞེས་གསུངས་པས། དེ་དུས་ས་སྐྱ་པའི་དགེ་བཤེས་ཆེན་པོ་སྤྱིལ་སྐུ་བཞུགས་པ་ལ། ངག་དབང་གྲགས་པའི་གསུང་

ལུགས་རྣམས་བརྗོད་པས། ཆོས་ཉན་པ་ལ་དེ་དགོས་ཚུལ་ལུང་ནས་བཤད་ཟེར་བས། འོ་ན་ཁྱོད་དེ་ལྟ་(༢༥ན)མི་མཛད་པ་ཅི་ཡིན་དྲིས་པ་དང་། རྒྱལ་པོ་མ་དགྱེས་དོགས་པས་སོ་ཟེར་བ་ལ་ཆོས་ཉན་པ་ལ་དེ་ལྟར་བྱེད་དགོས་པར་དགོངས་ནས། ཆོས་རྗེ་ངག་དབང་གྲགས་པ་སྤྱན་དྲངས། ཆོས་ཞུས། མཐོ་ལྡིང་དང་། ལྷོས་ཏང་གི་གདན་སར་བསྐོས་པས། རྗེ་རིན་པོ་ཆེའི་ཆོས་ལུགས་བཙུགས། མངའ་རིས་གུ་གེའི་ཕྱོགས་སུ་བསྟན་པ་དཀར་འཛམ་དུ་མཛད་པ་ཡིན་ལ། མཐོ་ལྡིང་གསེར་གྱི་ལྷ་ཁང་འདི་ནི་ཆུ་བོ་གང་གའི་ལྷོ་འགྲམ་དུ་ཡོད། ལོ་ཆེན་རིན་ཆེན་བཟང་པོས་གཉྫི་ནམ་མཁར་འཕངས་ནས་དམོད་སྨྲར་དགོན་པ་བརྒྱལ་བས་ནམ་མཁའ་ནས་མཐོན་པོར་ལྡིང་ཞིང་དེར་བབས་པའི་སར་གཙུག་ལག་ཁང་དང་ཆོས་སྡེ་བཏབ་པས་མཐོ་ལྡིང་སྒྲ་ཚུགས་ཏེ་དེང་སང་ཐོ་ལིང་དུ་གྲགས། དེར་ལོ་ཆེན་དང་། ཇོ་བོ་རྗེ་མཇལ་ཏེ་མཉེན་བཤེས་མཛད་པའི་གཏམ་རྒྱུད་ཀྱང་སྣང་ངོ་། །དེར་བླ་མ་མང་དུ་བྱོན་པ་ལ་གུ་གེ་ངག་དབང་གྲགས་པ་ནས་བླ་རབས་རིམ་པ་ལྟར་ཆོས་རྗེ་ཚུལ་ཁྲིམས་བཤེས་གཉེན། ཀུན་སྤངས་པ་ནམ་མཁའི་མཚན་ཅན། རྗེ་ཀུན་དགའ་དཔལ་བཟང་། རྗེ་རིན་པོ་ཆེ་དཔལ་བཟང་། པཎ་ཆེན་ཤཀྱི་པ་བློ་གྲོས་རྒྱལ་མཚན། སློབ་དཔོན་སེང་གེ་རྒྱ་མཚོ། ཆོས་རྗེ་ཕྱུག་རྫོར་དཔལ་བཟང་། ཆོས་རྗེ་བདེ་ལེགས་དར། ཆོས་རྗེ་

དཔལ་བཟང་། གྲགས་པ་འོད་ཟེར། ཚུལ་ཁྲིམས་རྒྱལ་མཚན། ལྷ་བཙུན་བློ་བཟང་བསྟན་པའི་ཉི་མ། ལྷ་བཙུན་བློ་བཟང་ཡེ་ཤེས་འོད་རྣམས་སོ། །ཁུ་དཔོན་འདི་རྣམས་ཀྱི་པཎ་ཆེན་བློ་བཟང་ཆོས་ཀྱི་རྒྱལ་མཚན་དཔོན་སློབ་ (༤༥བ) སྤྱན་དྲངས་ནས་མཆོད་ཅིང་ཆོས་ཀྱི་འཁོར་ལོ་བསྐོར་ཚུལ་དང་བཅས་པ་རྒྱས་པར་ནི་བདག་གིས་པཎ་ཆེན་རིན་པོ་ཆེའི་རྣམ་ཐར་དུ་བཤད་ཡོད་དེ། སྔོན་ལྷ་བླ་མ་ཁུ་དཔོན་གྱིས་དཔལ་ལྡན་ཨ་ཏི་ཤ་སྤྱན་དྲངས་ནས་བསྟན་དཀར་ལམ་དུ་མཛད་པ་བཞིན་ནོ། །

ཙ་རང་དུ་ཆོས་སྡེ་བྲེ་ལྡན་དང་བློ་སྐྱང་ནི། སྔོན་ཏ་སེ་འཕགས་པ་ཡེ་ཤེས་བརྩོན་འགྲུས་ཀྱིས་བཏབ་ཅིང་། དེ་གཉིས་དབྱར་ས་དགུན་སའི་ཁྱད་པར་ཡིན་ལ། རྒྱལ་པོའི་ཕོ་བྲང་དང་ཉེ་བའི་གློས་སུ་ས་འབུར་ཁའི་སྟེང་དུ་ཆོས་སྡེ་བཏབ་པས་བློ་སྟེངས་ཟེར་ཡང་དེང་སང་བློ་སྐྱང་དུ་འབོད་དོ། །ཏ་སེ་འཕགས་པ་ནི། ལྷ་བླ་མ་ཡེ་ཤེས་འོད་ཀྱི་དབུ་བླ་ཡིན་ཅིང་། དེ་ནས་མི་རབས་དུ་མ་ཞིག་སོང་རྗེས་ཆོས་རྒྱལ་བུདྡྷའི་སྲས་བློ་བཟང་རབ་བསྟེན་པས། ཆོས་རྗེ་ངག་དབང་གྲགས་པའི་ཞབས་པད་སྤྱི་བོས་བསྟེན། བློ་བཟང་རྒྱལ་བའི་རིང་ལུགས་རབ་མཛད་དོ། །དེའི་བཙུན་མོ་དོན་གྲུབ་མས་ཆོས་ཁང་དམར་པོ་ཀ་བ་སུམ་ཅུའི་ཁྱོན་དང་ལྡན་པ་བཞེངས་སོ། །དེར་ཐུབ་དབང་བྱམས་པ་

རིགས་གསུམ་མགོན་པོ་དང་། རྗེ་ཡབ་སྲས་ཀྱི་སྐུ་འདྲ་དང་གསུང་རབ་མང་པོ་བཞེངས། ཡབ་ཡུམ་དེ་གཉིས་ཀྱི་སྲས་འཕགས་པ་ལྷ། དེའི་སྲས་ཤཱཀྱ་འོད་དང་། ཤཱཀྱ་རིན་པོ་ཆེ་མཆེད་ཀྱི་སྲས་འཇིག་རྟེན་དབང་ཕྱུག་པད་དཀར་ལྡེ་དང་། འཇམ་དབྱངས་པ་དང་ཕྱུག་རྡོར་དང་གསུམ་འབྱུང་། སྐུ་མཆེད་འདི་རྣམས་ཀྱི་ཆོས་ཁང་དཀར་(༢༨ན)པོ་དང་། འཇིགས་བྱེད་ལྷ་ཁང་སོགས་སྐུ་གསུང་ཐུགས་རྟེན་མང་དུ་བཞེངས། ཐམས་ཅད་མཁྱེན་པ་རྗེ་དགེ་འདུན་རྒྱ་མཚོ་ལ་འབུལ་ཆེན་དང་། མངའ་རིས་གྲྭ་ཚང་འཛུགས་པའི་མཐུན་རྐྱེན་བསྐྲུར། འཇིག་རྟེན་དབང་ཕྱུག་གི་སྲས་ངག་གི་དབང་ཕྱུག་དང་། ལྷ་བཙུན་ཤེས་རབ་འོད་ཟེར་དང་། ངག་གི་དབང་ཕྱུག་དེའི་སྲས་ཁྲི་ནམ་མཁའི་དབང་ཕྱུག་དང་། ལྷ་བཙུན་བློ་བཟང་བསྟན་པའི་ཉི་འོད་མཆེད་ཀྱི་བྲི་ལྷུན་དུ་གྲུང་ནས་གཡས་སུ་རིམ་པར། དུས་འཁོར། གསང་འདུས། མི་བསྐྱོད་པ། འཇམ་དཔལ་རྡོ་རྗེ། འཇིག་རྟེན་དབང་ཕྱུག །གཤིན་རྗེ། དམར་ནག་འཇིགས་གསུམ། མི་འཁྲུག་པ། ཚེ་དཔག་མེད། གཡོན་ཕྱོགས་སུ་འོད་མཆོག་ལོ་དྲིལ་ནག་གསུམ། དགྱེས་རྡོར། འཁོར་ཆེན། འབྱུང་འདུལ། ཀུན་རིག རྣམ་སྣང་དང་བཅས་པའི་དཀྱིལ་འཁོར་ལྷ་ཁང་། སྟེང་དུ་སྨན་བླའི་ཕོ་བྲང་དང་བཅས་པར། ཚེ་འཕྲུལ་ཟླ་བར་བསྒྲུབ་མཆོད་ཟླ་རེ་ལྷག་ཙམ་དུ་ཆོག་གྲ་ <གྲྭ་> སོ་སོར་ཞབས་ཏོག་

བཟང་པོས་མཛད་པའི་རྒྱན་བརྩེགས། ཁྲི་ནམ་མཁའི་དབང་ཕྱུག་གི་སྲས་ཁྲི་ཉི་མའི་དབང་ཕྱུག དེའི་སྲས་ཁྲི་གྲགས་པའི་དབང་ཕྱུག་ལྡེ་དང་། ལྷ་བཙུན་བློ་བཟང་ཡེ་ཤེས་འོད། སྔ་མའི་སྲས་ཁྲི་རྣམ་རྒྱལ་གྲགས་པ་བཟང་པོའི་ལྡེ་ཁུ་དཔོན་འདི་རྣམས་ཀྱི་ཆོས་གྲྭ་སར་ཆོས་སྡེ་གསར་པ་བཏབ་ལ་པཎ་ཆེན་ཐམས་ཅད་མཁྱེན་པ་ཡབ་སྲས་〔ཀྱིས་〕མཆོད་དོ། །བློ་སྟང་སོགས་ཀྱི་བླ་རབས་(༢༨བ) སྔ་མོ་རྣམས་ནི་མང་བས་བརྗོད་དུ་མ་ལང་། ཆོས་རྗེ་ངག་དབང་གྲགས་པ་ནས་བཟུང་སྟེ་བླ་རབས་ནི། སྟོང་དཔལ་བཟང་། རིན་ཆེན་དཔལ་བཟང་། པཎ་ཆེན་ཤཱཀྱ་པ་དང་། རྗེ་སངས་རྒྱས་དཔལ་བཟང་། གྲགས་པ་འོད་ཟེར། སློབ་དཔོན་ཡིད་བཞིན་ནོར། ལྷ་བཙུན་ཤེས་རབ་འོད་ཟེར། ཆོས་རྗེ་ཚེ་དབང་དཔལ་བཟང་། ལྷ་བཙུན་བློ་བཟང་བསྟན་པའི་ཉི་འོད། ལྷ་བཙུན་བློ་བཟང་ཡེ་ཤེས་འོད། །

ཕྱི་དཀར་དུ་ཆོས་སྡེ་རྣམ་རྒྱལ་རྩེ་ནི། གྲུབ་ཆེན་དབང་ཕྱུག་དཔལ་ལྡན་པས་བཏབ། བར་སྐབས་སུ་འབྲི་ཁུང་ < གུང་ > པའི་ཆོས་ལུགས་དར། དེ་ནས་ཆོས་རྗེ་ངག་དབང་གྲགས་པའི་སློབ་མ་སློབ་དཔོན་གྲགས་པ་བཟང་པོས་དགའ་ལྡན་པར་བསྒྱུར་གདན་སར་རིམ་པ་བཞིན་དུ། སངས་རྒྱས་མགོན་པོ། ཆོས་བཟང་མགོན་པོ། ལྷ་བཙུན་ཤེས་རབ་འོད་ཟེར། ཆོས་རྗེ་ཚེ་དབང་དཔལ་བཟང་། ལྷ་བཙུན་བློ་

བཟང་ཡེ་ཤེས་འོད་ཀྱི་ཆོས་སྡེ་རི་དང་། བློ་སྟེང་རྣམས་ཀྱིས་ཞལ་བདག་ཀྱང་མཛད། མ་ནང་བྱང་ཆུབ་གླིང་ནི། སྟོན་ལྷ་བླ་མ་བྱང་ཆུབ་འོད་ཀྱིས་བཏབ། དེར་རྗེ་བཙུན་བླ་མ་རྡོ་རྗེ་ཡུན་རིང་དུ་བཞུགས། དབུ་སྐྲ་སྒྲུབས་དང་སྐུ་ཆོས་སོགས་ཡོད་དེང་སང་བླ་མ་ནི་ལྷ་བཙུན་བློ་བཟང་ཡེ་ཤེས་འོད་བཞུགས་སོ། །

གུ་གེའི་བྱེ་བྲག་མདའ་བར། པཎ་ཆེན་ཤཱཀྱ་པ་བློ་གྲོས་རྒྱལ་མཚན་གྱིས་བཀྲ་ཤིས་ལྷུན་པོ་བཏབ། གདན་ས་རིམ་པ་བཞིན་(༡༧ན) ཤཱཀྱ་པ་དགོན་པོ་དཔལ་འབྱོར་བཟང་པོ། ཆོས་རྗེ་དཔལ་ལྡན་བཟང་པོ། ཚུལ་ཁྲིམས་རྒྱལ་མཚན། ལྷ་བཙུན་བློ་བཟང་བསྟན་པའི་ཉི་འོད། ལྷ་བཙུན་བློ་བཟང་ཡེ་ཤེས་འོད།

ཤང་དཀར་ཆོས་རྫོང་ནི། མཁས་གྲུབ་རྗེའི་དངོས་སློབ་གྲུབ་ཆེན་དཀོན་མཆོག་དཔལ་གྱིས་བཏབ། བླ་རབས་ནི་སློབ་དཔོན་དབང་ཕྱུག་དཔལ་བཟང་། སངས་རྒྱས་དཔལ་བཟང་། སྟོང་ང་དཔལ་བཟང་། རིན་ཆེན་དཔལ་བཟང་། ལྷ་བཙུན་ཤེས་རབ་འོད་ཟེར། ཚེ་དབང་དཔལ་བཟང་། ལྷ་བཙུན་བློ་བཟང་ཡེ་ཤེས་འོད། ཡང་མ་ནང་གི་གྲུབ་ཆེན་རྡོ་རྗེ་འབུམ་གྱིས་རི་རྩེར་སེང་གེ་རྫོང་བཏབ། དེང་སང་བླ་མ་རྡོ་རྗེ་འབུམ་གྱིས་སྐྱེ་བ་དཔལ་འབྱོར་རྒྱལ་མཚན་བཞུགས་སོ། །

ཕི་ཕྱིར། སྟོན་ལོ་ཆེན་རིན་ཆེན་བཟང་པོས་རྡ་སོ་ཆོས་སྡེ་བཏབ། དེ་ལས་མཆེད་པའི་དཀྱིལ་ཆོས་སྡེ་མདོན་དགའ་དང་། དེ་ལས་མཆེད་པ་སངས་རྒྱས་འོད་ཟེར་གྱིས་བཏབ། དེའི་གཙུང་པོ་སྣྲ་བཟང་བསྟན་པའི་རྒྱལ་མཚན་ནི། ཆོས་རྗེ་ཚུལ་ཁྲིམས་ཆོས་ཀྱི་རྒྱལ་མཚན་པའི་སྐུའི་སྐྱེ་བའོ། །

ཆུ་བོ་གནྡའི་བྱང་ཕྱོགས་སུ། གུ་གེའི་བྱེ་བྲག་དུང་དཀར་དུ་ཆོས་སྡེ་བཀྲ་ཤིས་གླིང་སྟོན་ལྷུམ་ལྷའི་མེ་ཏོག་གིས་ཆོས་སྡེ་བཏབ། དགེ་སློང་རྣམ་དག་སུམ་ཅུ་ལ་ཞབས་ཏོག་རྒྱུན་འཛུགས་མཛད། སངས་རྒྱས་མཚན་སྒྲོག་པ་གཙོ་བོར་གནང་བ་མི་རབས་དུ་མར་དར་བ་དང་། ཁྲི་དབང་ཕྱུག་ལྡེ་དང་། ཁྲི་རྣམ་རྒྱལ་ལྡེས་ཆོས་སྡེ་བཙུགས། ཆོས་རྗེ་ངག་དབང་གྲགས་པ་ལ་ཕུལ། ད་ལྟ་བླ་མ་བཀྲ་ཤིས་དཔལ་འབར་བ་བཞུགས་སོ། །

གུ་(༨༧བ)གེའི་ཤངས་ཕུར་ཆོས་སྡེ་དགའ་ལྡན་ལྷུན་པོའི་སློབ་དཔོན་སེང་གེ་རྒྱ་མཚོས་བཏབ། གདན་སར་ཆོས་རྗེ་ཕྱུག་རྫོར་དཔལ་བཟང་། རིན་ཆེན་དཔལ་བཟང་སོགས་ལས། ད་ལྟ་སློབ་དཔོན་དཔལ་འབྱོར་རྒྱལ་མཚན་བཞུགས་སོ། །རིན་ཆེན་དཔལ་བཟང་གིས་བྱམས་ཆེན་གྱི་སྐུ་བཞེངས། །

ཤངས་རྩེར་རྒྱལ་སྲས་མི་ཏྲི་པས་ཡང་དཀར་ཆོས་སྡེ་བཏབ།

གདན་སར་ཆོས་རྗེ་ལེགས་གྲུབ་དཔལ་བཟང་བསྐྱོས་པ་རྒྱལ་པོ་འཛིག་རྟེན་དབང་ཕྱུག་གི་དབུ་བླར་གྱུར། ཆོས་སྡེ་ཤངས་རྩེའི་ཕོ་བྲང་འཁྲིས་སུ་སྤྱི་དགོས་ཚུལ་ཞུས་པས་སྤྱིས་ནས་ཤངས་རྩེའི་གཙུག་ལག་ཁང་བཞེངས། ཆོས་སྡེའི་མིང་རབ་བརྟན་བྱམས་པ་གླིང་དུ་བཏགས། བླ་མ་རིམ་པ་བཞིན་མི་ཏྲི་པའི་དཔོན་པོ་ཤཱཀྱི་པ་བློ་གྲོས་རྒྱལ་མཚན། རྣམ་རྒྱལ་བ། བློ་གསལ་བ། བྱམས་པ་རྒྱ་མཚོ། དྲུང་དཀར་རབ་བརྟན། རྡོ་རྗེ་རིན་ཆེན། ལྷ་བཙུན་ཤེས་རབ་འོད་ཟེར། ཆོས་འཁོར་རྒྱ་མཚོ། བཀྲ་ཤིས་དཔལ་འབར། དགོན་པ་སངས་རྒྱས་འོད་ཟེར། ལྷ་བཙུན་བློ་བཟང་ཡེ་ཤེས་འོད། མངའ་རིས་གུ་གེ་འདི་དང་པོར་མཚོ་ཆེན་གྱི་ཤུལ་ཡིན་པས། སའི་སྙིང་པོ་གསེར་གྱི་འབྱུང་ཁུངས་ཡིན་ལ་བར་སྐབས་བོན་པོ་དར་བས་ཞང་ཞུང་གི་ཡུལ་ཟེར། དེ་ནས་བོད་ཆོས་རྒྱལ་གྱི་བརྒྱུད་པས་བཟུང་བ་དང་། དམ་པའི་ཆོས་དར་བ་པཎྜི་ཏ་སྨྲྀ་པྲ་ལ་སོགས་དང་། ལོ་ཆེན་རིན་ཆེན་བཟང་པོ་སོགས། ལོ་ཙཱ་བ་མང་པོ་བྱོན། ཁྱད་པར་དུ་ལྷ་བླ་མ་ཁུ་དཔོན་གྱིས་ཇོ་བོ་རྗེ་(༢༢ན)ཨ་ཏི་ཤ་སྤྱན་དྲངས་ནས་མཆོད་དེ། སངས་རྒྱས་ཀྱི་བསྟན་པ་ཉིན་མོ་ལྟར་གསལ་བ་མཛད་ཅིང་། རྗེ་རིན་པོ་ཆེའི་དངོས་སློབ་གུ་གེ་ངག་དབང་གྲགས་པ་དང་། མང་ཡུལ་བ་སྟོད་ཤེར་བཟང་དང་། རྣམ་དཔྱོད་ཕྱུལ་དུ་བྱུང་བ་ཞང་ཞུང་བ་ཆོས་དབང་གྲགས་པ་སོགས་མཁས་

གྲུབ་མང་དུ་བྱོན་པ་རྣམས་ཀྱི་རྗེའི་རིང་ལུགས་བཟང་པོ་ཡང་དག་པར་སྤེལ་བར་མཛད་དོ། །

ཡང་ཚུ་ཁོ་སི་ཏའི་ཆུ་རྒྱུད་མངའ་རིས་མང་ཡུལ་དུ་རྗེའི་བསྟན་པ་དར་ལུགས་ནི། རྗེ་རིན་པོ་ཆེས་ཚུ་ཁོ་སི་ཏའི་གཡས་ཕྱོགས་སུ། ངའི་བསྟན་པ་རྒྱས་པར་འགྱུར་རོ། །ཞེས་ལུང་བསྟན་པ་བཞིན་དུ། རྗེ་རིན་པོ་ཆེའི་དངོས་སློབ་ཤེས་རབ་བཟང་པོས་ལྷག་མོ་ཆོས་སྡེ་བཏབ། དེའི་དཔོན་པོ་དཔལ་ཤེས་རབ་པས་ཁྲི་སེའི་ཆོས་སྡེ་བླ་བྲང་དང་བཅས་པ་བཏབ་ཅིང་། དེའི་མི་ཆོས་པ་མང་དུ་རྒྱལ་པོའི་སློན་ཆེན། སྡེ་ཁ་ལོ་བསྐྱུར་མཁན་ཡིན་པས་ཆོས་སྡེ་དར་རྒྱས་ཆེ་ཞིང་། གདན་སར་རང་གི་དཔོན་པོ་འཇམ་དབྱངས་བློ་གྲོས་བསྐོས། དེ་ནས་བླ་རབས་རིམ་པ་ནི། དཔོན་པོ་དཔལ་འབྱོར་བ། དེའི་དཔོན་པོ་འཇམ་དབྱངས་རིན་ཆེན་འདེགས། ཁྲི་སེའི་གཙུག་ལག་ཁང་ཆེན་མོ་བཞེངས། གདན་ས་རིམ་པ་བཞིན། བློ་གྲོས་རབ་བརྟན། བློ་གྲོས་ཆེ་བརྟན། འཇམ་དབྱངས་རྒྱ་མཚོ། དྲུང་སྐྱབས་ཤེས་རབ་རྒྱལ་མཚན། འཇམ་དབྱངས་ཚེ་རིང་། སངས་རྒྱས་བློ་གྲོས། བསོད་ནམས་རྒྱལ་མཚན། བསོད་ནམས་རྒྱ་མཚོ་རྣམས་བྱོན། རྗེའི་ལུགས་བཟང་བསྐྱངས་སོ། །

དཔེ་ཐུབ་ཆོས་སྡེ་ནི། སྟོན་དགྲ་བཅོམ་པ་(༤༤བ)ཉི་མ་གུང་པ་དང་། ལོ་ཆེན་རིན་ཆེན་བཟང་པོས་ཕྱོགས་དེར་དཔེ་ཐུབ་པ་གཅིག་

འབྱུང་ཞེས་པ་དང་། ད་ལྟ་དཔེ་ཐུབ་ཏུ་གྲགས་ཤིང་། ཕྱོགས་དེ་ཉིད་དུ་ལྷ་བླམ་བྱང་ཆུབ་ཀྱི་གཅེན་པོ་འོད་སྡེ་ཞེས་བྱ་བས་དགུང་ལོ་སུམ་ཅུ་པ་བྱི་ལོར་མང་ཡུལ་དུ་ཐེབས། དཔེ་ཐུབ་ཀྱི་ལྷ་ཁང་བཞེངས་དགེ་འདུན་གྱི་སྡེ་བཙུགས་ཀྱང་། དུས་ཡུན་རིང་སོང་བས་ཐོགས་པའི་སྐབས་སུ། མཁས་གྲུབ་རྗེའི་དངོས་སློབ་གསང་ཕུའི་དགེ་བཤེས་ལྷ་དབང་བློ་གྲོས་པས། དཔེ་ཐུབ་ཞིག་དང་། བར་སྐྱ་ཆོས་སྡེ་དང་། ལི་དཀར་ཆོས་སྡེ་རྣམས་བཏབ། མང་ཡུལ་ཕྱོགས་ལ་འཕྲིན་ལས་ཆེ། དཔེ་ཐུབ་ཀྱི་བླ་རབས་ནི་མཁས་པ་ལྷ་དབང་བློ་གྲོས་པ། དྲུང་པ་བློ་བཟང་དཔལ་འདྲེན། ཆོས་རྗེ་ནམ་མཁའ་དཔལ་བཟང་། དྲུང་བསོད་ནམས་རྒྱ་མཚོ། ཆོས་རྗེ་རྒྱ་ལེགས་པ། དྲུང་རབ་འབྱོར་པ། རྗེ་སངས་རྒྱས་བསྟན་པ། རྗེ་གྲགས་པ་དོན་གྲུབ། རྗེ་བསྟན་པ་རྒྱལ་མཚན། འབུམ་རབ་འབྱམས་པ་བསྟན་པ་རྒྱ་མཚོ། རྗེ་རིན་པོ་ཆེ་དཔལ་འབྱོར། དྲུང་ཤེས་རབ་པ། རྗེ་བློ་བཟང་ཆོས་སྐྱོང་། ཆོས་རྗེ་བསྟན་པ་རྒྱ་མཚོ། མང་ཡུལ་སྟོད་པའི་རྒྱལ་པོ་བློ་གྲོས་མཆོག་ལྡན་པས། མཁས་གྲུབ་ལྷ་དབང་བློ་གྲོས་པའི་སྦྱིན་བདག་མཛད། གཙང་དུ་རྗེ་དགེ་འདུན་གྲུབ་པ་ལ་འབུལ་ཆེན་ཕུལ། དེའི་དཔོན་རྒྱུད་མངའ་རིས་ལྷ་བཙུན་པ་བསོད་ནམས་དཔལ་བཟང་པོས། བཀྲ་ཤིས་ལྷུན་པོར་སློབ་གཉེར་དང་། རྩེད་ཐང་དུ་རབ་འབྱམས་གྲྭ་སྐོར་མཛད། ཐམས་

ཅན་མཁྱེན་པ་བསོད་ནམས་རྒྱ་མཚོའི་ཞབས་ཕྱིར་(༢༨ན) བཞུགས་བསྙེན་པར་རྫོགས་པའི་གསང་སྔགས་སྟོན་པ་ཡང་ཡིན་ནོ། ། ལི་གིར་ཆོས་སྡེ་ཡང་མཁས་གྲུབ་ལྷ་དབང་བློ་གྲོས་པས་བཏབ་ཅིང་། དེང་སང་གདན་སར། སློབ་དཔོན་སེང་གེ་རྒྱ་མཚོ། དཔལ་འབྱོར་བཟང་པོ་སོགས་བྱོན། །

མང་ཡུལ་གྱི་བྱེ་བྲག་ཟངས་དཀར་དུ་དཀར་ཆ་དང་། ཕུག་ཏ་ཆོས་སྡེ་གཉིས་ནི། དང་པོར་དཀར་བཟང་ལོ་ཙཱ་བ་འཕགས་པ་ཤེས་རབ་ཀྱིས་བཏབ་པ་དེ། སློབ་དཔོན་མདོ་སྔགས་དར་རྒྱས་སུ་མཛད་ཅིང་། སྟོད་ཤེས་རབ་བཟང་པོས་རྗེའི་བསྟན་པ་བཙུགས། གདན་སར་སློབ་དཔོན་བློ་བཟང་རྣམ་རྒྱལ་བ་བཞུགས། ཕི་ཝི་ལིའི་སློབ་དཔོན་བློ་བཟང་རྣམ་རྒྱལ་བས། ཚུ་བོ་སི་ཏའི་བྱང་དུ། དགའ་ལྡན་ཆོས་འཁོར་གླིང་བཏབ། ཚུ་བོ་སི་ཏ་འདི། སོག་པོ་མགོ་དཀར་གྱི་ཡུལ་ནས། བྱང་ཤམྦྷ་ལར་འབབ་པར་གསུངས་སོ། ཀྱུ་ནེ་ཆོས་སྡེ་ནི། བྲུང་རབ་བརྟན་པས་བཏབ། ཀྱུ་ནེ་དང་། ཕུག་ར་གཉིས་གར། དེང་དུས་སློབ་དཔོན་བཀྲ་ཤིས་རྒྱ་མཚོ་བཞུགས་སོ། མར་པ་གླིང་ནི། སྟོན་རྗེ་མར་པས་བཏབ་ཅིང་། དེང་དུས་བླ་མ་རྒྱལ་མཚན་པ་ཀླུ་སྐྱབ་དཔལ་བཟང་པོ། དགའ་ལྡན་པའི་བསྟན་པ་འཛིན་ནོ། །བྲུང་མདོ་སྡེ་རིན་ཆེན་པས་ཟངས་དཀར་ཆོས་སྡེ་བཏབ། །

བྲུང་ནམ་མཁའ་དཔལ་བས་ལི་ཀིར་ཆོས་སྡེ་བཏབ། གདན་སར་རིམ་པ་བཞིན། བྲུང་ལྷ་དབང་བློ་གྲོས་པ། བློ་མ་ཚུལ་བཟང་པ། ཀྲི་ཀིར་ལྷ་བཙུན་པ་སོགས་བྱོན། མཁས་གྲུབ་ལྷ་དབང་བློ་གྲོས་པ་དེས་བར་སྐྱིག་དང་(༤༡༨) པུ་རང་སེར་ཚུང་དགོན་པ་དང་། ཁབ་གྲུང་ཐང་བཏབ་ནས། དགའ་ལྡན་པའི་བསྟན་པ་སྤེལ་བར་གྱུར་ཏོ། །

པུ་རངས་གངས་ཀྱིས་བསྐོར་བ། ཏི་སེའི་ལྷོ་ཕྱོགས་སུ་ཡོད་ཅིང་། དེར་ཆུ་བོ་སིནྡྷུ་འབབ་ཅིང་། མོན་ཡུལ་དང་རྒྱ་གར་རྒྱུད་ཀྱི་རྒྱ་མཚོར་འབབ་བོ། པུ་རངས་ནི་སྐྲ་ཚུགས་པ་ཡིན་ཏེ། བོད་ཆོས་རྒྱལ་གྱི་གདུང་བརྒྱུད་སྟོད་ཀྱི་ལྡེ་གསུམ་གྱི་གཅིག་གིས་ས་བདག་གངས་རི་སྤུ་ལངས་པ་འདྲ་བ་ཕ་གིར་རྒྱལ་རྒྱུད་འཛིན་ཟེར་བས་སྤུ་ལངས་ཟེར་མོད། དེང་སང་པུ་རངས་སུ་གྲགས་སོ། །གཅིག་གིས་བདག་སྦྲིན་པ་གུ་གེར་ཡོད་པ་ཕ་གིར་རྒྱལ་རྒྱུད་འཛིན་ཟེར་བས་གུ་གེར་གྲགས་ཤིང་གུ་གེར་གཡས་བསྐོར་བ་དེ་གངས་ཏི་སེའི་ནུབ་ཕྱོགས་སུ་ཡོད་ཅིང་། ཐག་སྣང་ཆེན་འདྲ་བའི་ཁ་ནས་ཆུ་བོ་གཙྭ་ཏི་སེའི་ཤར་ལྷོ་ནས་མ་ཕམ་གཡུ་མཚོའི་གཞུང་བཤགས་ནས་མངའ་རིས་གུ་གེ་ནས་མོན་ཁུ་ནེ་བརྒྱུད་དེ་རྒྱ་གར་དུ་འབབ་པ་ལས་ནུབ་ཕྱོགས་ནས་ཆུ་བོ་ཡ་མུ་དང་རྒྱ་གར་བ་གར་འཛོམ་སྟེ་རྒྱ་གར་རྒྱ་མཚོར་འབབ་བོ། །གཅིག་གིས་བདག་ས་དམར་ཡུལ་ལེར་འདུག་པ་ཕ་གིར་རྒྱལ་རྒྱུད་འཛིན་ཟེར་བས་དམར་

ཡུལ་སྒྲ་འཆུགས་ཏེ་མར་ཡུལ་ལམ་མང་ཡུལ་དུ་གྲགས་སོ། །མང་ཡུལ་ཆུ་བསྐོར་བ་འདི་གངས་ཏེ་སེའི་ནུབ་བྱང་དུ་ཡོད་ཅེར་ཆུ་བོ་སི་ཏ་འབབ་པས་སྟོད་སོགས་ནས་ཤཱཀྱ་ལར་བརྒྱུད་དེ་རྒྱ་མཚོར་འབབ་བོ། །ཆུ་བོ་པཀྵུ་ནི་གངས་(༡༠ན) ཏེ་སེའི་ཤར་བྲག་རྟ་འདྲ་བའི་ཁ་ནས་མངའ་རིས་རྫོང་ཤོད་གཞུང་དང་དབུས་གཙང་། ཀོང་སློད་ཡུལ་དང་རྒྱ་གར་ཤར་ཕྱོགས་བརྒྱུད་དེ་རྒྱ་མཚོར་འབབ་བོ། །མང་ཡུལ་སྨད་པའི་རྒྱལ་པོ་ཚེ་དབང་རྣམ་རྒྱལ་དང་། འཇམ་དབྱངས་རྣམ་རྒྱལ་གྱི་སྲས་སེང་གེ་རྣམ་རྒྱལ་དང་། ནོར་བུ་རྣམ་རྒྱལ་སྐུ་མཆེད་ནི། ལ་དྭགས་ཕྱོགས་ནས་ཕྱི་པའི་རྒྱལ་རྒྱུད་ཞིག <ཅིག> ཡར་ལ་འཆུགས་པ་ཡིན་རུང་དེང་སང་དགེ་ལུགས་པ་ལ་གུས་པར་ཡོད་དོ། །

རྗེ་བཙུན་ཙོང་ཁ་པའི་མདོ་སྔགས་ཟུང་འབྲེལ་གྱི་བསྟན་པ་གཙང་ཕྱོགས་སུ་དར་ཚུལ་བསྟན་པ།

རྗེ་རིན་པོ་ཆེའི་བསྟན་པ། གཙང་ཕྱོགས་སུ་དར་ཚུལ་ནི། རྗེ་བཙུན་བཙོང་ <ཙོང> ཁ་པ་ཆེན་པོས་གཙང་ཕྱོགས་སུ་ཡང་ཡང་ཕེབས། བུ་སྟོན་རིན་པོ་ཆེའི་དངོས་སློབ། ཁྱུང་པོ་ལྷས་པ་གཞོན་ནུ་བསོད་ནམས་དང་། ལོ་ཙྪ་བ་རིན་ཆེན་རྣམ་རྒྱལ་དང་། ཉ་དབོན་

ཀུན་དགའ་དཔལ་དང་། དེའི་དངོས་སློབ། རྗེ་རེད་མདའ་བ་གཞོན་ནུ་བློ་གྲོས་དང་། དཔལ་ལྡན་ས་སྐྱའི་ཞལ་ངོ་། དཔལ་ལྡན་བླ་མ་དམ་པ་བསོད་ནམས་རྒྱལ་མཚན་སོགས་ལ་ < ལས་ > ཆོས་གསན། གནས་རྙིང་ས་སྐྱ་མདར་ཆོས་རྫོང་། ངམ་རིང་ཆོས་སྡེ་ལ་སོགས་པར། བཀའ་ཆེན་བཞིའི་གྲྭ་སྐོར་མཛད། རྒྱས་པར་རྣམ་ཐར་ཆེན་མོ་ལས་བྱུང་བ་བཞིན་དང་། ཁ་གཏམ་དུ་ངམ་རིངས་ནས་ཡར་ཞག་བརྒྱད་ཙམ་འགྲོ་དགོས་པའི་གཙང་དང་མངའ་རིས་ཀྱི་མཚམས་ཀླུ་མེས་ཀྱི་གཙུག་ལག་ཁང་ཡོད་པའི་ས། ཛས་མགོ་མན་དུ་ཞབས་ཀྱི་ < ཀྱིས་ > བཙུགས་ཟེར། ཛས་མགོར་དེང་སང་དགེ་ལུགས་པའི་ཆོས་སྡེ་ཞིག་ཀྱང་འདུག །རི་བོ་(༡༠༨) དགའ་ལྡན་གྱི་ཁྲི་མཛེས་པར་བྱེད་པའི་རྒྱལ་ཚབ་དར་མ་རིན་ཆེན་དང་། མཁས་གྲུབ་དགེ་ལེགས་དཔལ་བཟང་སོགས། འཇམ་དབྱངས་བདུན་རྒྱུད་དང་། མདར་སྟོན་བློ་བཟང་གྲགས་པ་སོགས་ཀྱང་གཙང་ནས་བྱོན་པ་ཡིན་ནོ། །

རྗེ་རིན་པོ་ཆེའི་གྲུབ་མཐའ་འཛིན་པའི་ཆོས་སྡེ་དར་རྩལ་ཡང་། གཙང་སྨད་བྱང་ཁ་གཞུ་དང་། སྣེ་མོའི་མཚམས་སུ། སྡེ་པ་ཐོན་པའི་ཞལ་ངོ་། ཐོན་མི་སཾ་བྷོ་ཊའི་དཔོན་རྒྱུད་མཁས་བཙུན་ཡོན་ཏན་རྒྱ་མཚོས་བཏབ་པའི་རྒྱལ་བྱེད་ཚལ་དུ་གྲགས་པའི་ཆོས་སྡེ་ཆེན་པོ། གྲྭ་ཚང་གསུམ་གྱིས་བཟུང་བ་ཡོད། དེའི་ཕྱུར་གྲུབ་ཆེན་རྫིང་བུ་བ་དང་།

རྗེ་དུས་གསུམ་མཁྱེན་པའི་སྒྲུབ་གནས་དང་། དེ་དང་ཉེ་བར་མཁས་བཙུན་ཡོན་ཏན་རྒྱ་མཚོའི་ཐུགས་དམ་མཛད་པའི་དབེན་གནས་ཡོད་ལ། འདིའི་བླ་རབས་ནི། རྗེ་མཁས་བཙུན་ཡོན་ཏན་རྒྱ་མཚོ། དེའི་དཔོན་པོ་བློ་གྲོས་རྒྱན་མཚན། ཆོས་རྗེ་དགེ་ལེགས་རྣམ་རྒྱལ། རྗེ་རིག་པའི་སེང་གེ་པཎ་ཆེན་ཐམས་ཅད་མཁྱེན་པའི་བློ་བཟང་ཆོས་ཀྱི་རྒྱན་མཚན་དཔལ་བཟང་པོས་ཞལ་བདག་གནང་ལ་བླ་བྲང་ཡོང་སྒོ་བཟང་བས། སྡེ་པ་ཐོན་པའི་ཞལ་ངོས་བཟུང་ཕྱིར། ཐོན་རྒྱལ་བྱེད་ཚལ་དུ་གྲགས། ས་ཆའི་སྐབས་ཀྱི་གཞུ་དང་སྐྱེ་མོ་རྒྱལ་བྱེད་ཚལ་ཀྱང་ཟེར་རོ། །

ཐོན་དུ་མཁས་བཙུན་ཡོན་ཏན་རྒྱ་མཚོས་བཏབ་པའི་ཆོས་སྡེ་ལྷ་རི་སྨུག་མོ་ལུང་བྱམས་ཚལ་སྟེང་དང་རྒྱས་སྟང་སོགས། དགོན་ཚུང་རེ་ཡོད་དོ། །གཙང་གཡག་སྡེ་སོག་པོར་ཆོས་སྡེ་དགའ་ལྡན་ལྷུན་པོ་ནི། འབྲོང་རྩེ་ལྷ་བྲིས་པའི་དཔོན་པོ་བློ་བཟང་རྣམ་རྒྱལ་གྱིས་བཏབ་དེའི་བླ་
(༡༧ན) རབས་ནི། ལྷ་བཙུན་བློ་བཟང་རྣམ་རྒྱལ། ཐོན་པ་བཀྲ་ཤིས་རྒྱལ་མཚན། སོག་པོའི་ཞལ་ངོ་། །རྗེ་དྲུང་བློ་བཟང་བསྟན་འཛིན། དེ་ནས་ལ་གཅིག་རྒྱབ་པ་ན་རོང་ཆེན་ཡོད། དེར་རོང་བྱམས་ཆེན་གྱི་ཆོས་སྡེ་ནི། རིན་སྤུངས་པའི་ཞལ་ངོ་ནོར་བུ་བཟང་པོ་དང་། རྗེའི་དངོས་སློབ་སེམས་དཔའ་གཞོན་ནུ་རྒྱལ་མཆོག་པས་བཏབ། འདུ་

ཁང་ཀ་བ་བརྒྱད་ཅུའི་ས་དང་། རྒྱལ་བ་བྱམས་པའི་སྐུ་ཁྲུ་དོན་ལྔ་པ་བཞེངས། འདི་དང་སྐུ་ཚད་མཚུངས་པ་ངམ་རིངས་ཆོས་སྡེར། བྱང་པ་བདག་པོ་དཀོན་མཆོག་བཟང་པོ་དང་། སེམས་དཔའ་ཆེན་པོ་གཞོན་ནུ་རྒྱལ་ཆོག་པས་བཞེངས་སོ། །རོང་བྱམས་ཆེན་འདིར་སྤྱི་ལྷའི་རབས་ནི། ཆོས་རྒྱལ་ཆེན་པོའི་སྐུ་སྐྱེར་གྲགས་པ་བདེ་གཤེགས་ཆེན་པོ་བསོད་ནམས་ཆོས་ཀྱི་ཀུན་དགའ་བཀྲ་ཤིས་དཔལ་བཟང་པོ། བྱམས་ཆེན་རབ་འབྱམས་པ་སངས་རྒྱས་འཕེལ། པོ་དོང་བ་འཕགས་མཆོག་ཆོས་རྗེ། ཀུན་མཁྱེན་སྣ་ཚོགས་རང་གྲོལ། རྗེ་བཙུན་དམ་པ་ཀུན་དགའ་གྲོལ་ཆོག་གི་བར་བྱུང་། དེར་གྲྭ་ཚང་བདུན་བྱུང་བ་ལས། ས་ལུགས་ཀྱི་གྲྭ་ཚང་སྡེ་བརྒྱད་དང་། དཔལ་འཁོར་སྣང་གཉིས་གཅིག་ཏུ་འགྲེལ། ཤར་ཆེན་པ་དང་། ལྷུམ་ར་སྡིངས་གཉིས་གཅིག་ཏུ་འགྲེལ། བོ་དོང་བའི་གྲྭ་ཚང་ནོར་བུ་གླིང་དང་ཆེན་ཁང་པ་གཉིས། དགེ་ལུགས་པའི་བདེ་བ་ཅན་པ་དང་བཅས་པ་ཡོད། བདེ་བ་ཅན་པའི་ བླ་རབས་ནི། ཆོས་རྗེ་སྐྱབས་མཆོག་དཔལ་བཟང་། ཐོན་པ་རྗེ་དྲུང་བློ་གྲོས་རྒྱལ་མཚན། སེ་ར་(༡༧༨)རྗེ་བཙུན་པ་བཅས་བྱོན་ནོ། །

རྗེ་རིན་པོ་ཆེས་རོང་ཆེན་གྱི་ནུབ་ཆོས་ལུང་དུ་བཞུགས་པ་ན། རིན་ཆེན་སྤུངས་པའི་ཞལ་ངོ་ནམ་མཁའ་རྒྱལ་པོས་སྤྱན་འདྲེན་གྱི་ཞུ་ཚོག་ལན་རྗེའི་བཀའ་འབུམ་དུ་ཡོད་ཅིང་། རིན་སྤུངས་པའི་བྲག་རྒྱ

འོས་ཀྱང་བཙུན་པ་མཛད་ནས་ཕག་གྲུ་དང་དགའ་ལྡན་གྱི་ཚོགས་ཆུ་ལེན་པའང་གནང་ངོ་། རོང་གི་ལྷན་པ་སོ་ཆོས་སྡེ་ནི་མཁས་གྲུབ་ཆོས་རྗེའི་གཙུང་པོ་ཆོས་ཀྱི་རྒྱལ་མཚན་གྱི་དབེན་གནས་མཛད་པས། བ་སོ་ཆོས་རྗེར་གྲགས། དགེ་འདུན་བཙུ་ཕྲག་ལྷག་ཙམ་རྒྱུན་པར་བྱུང་ངོ་། །

དེ་ནས་ཡར་ཙམ་དུ་ལྷ་སྐྱུད་ཀྱི་དབེན་རྩ་ཆོས་སྡེ་ནི་མཁས་གྲུབ་ཆོས་རྗེ་དང་ཐུགས་རྒྱུད་གཅིག་པའི་དངོས་སློབས་རིག་པའི་དབང་ཕྱུག་བསོད་ནམས་ཕྱོགས་ཀྱི་གླང་པོས་བཏབ། དེ་ཡང་ལྷ་ཁུད་ཀྱི་དབེན་རྩར་ཕུར་ཆོས་དབུ་སྡིངས་ཀྱི་དགོན་པ་བཏབ། འདབ་ཆགས་བྱ་དང་གླིང་མོ་མཛད་ཚུལ་སྣན་ངག་གིས་གསུངས་སོ། །དེའི་གདན་སར་ཕྱིན་པའི་བླ་མ་སྐྱབས་མཆོག་དཔལ་བཟང་ནི། ལྷ་ཕུའི་བླ་ར་གཞོངས་སུ་འཁྲུངས། དགུང་ལོ་བཅུ་གསུམ་པར་རི་བོ་དགེ་འཕེལ་དུ། མཁས་གྲུབ་གྲགས་པ་བསམ་གྲུབ་པའི་དྲུང་དུ་རབ་བྱུང་མཛད་ཆོས་གསན་གྲྭ་ཆེན་མོར་པཎ་ཆེན་བློ་གྲོས་རིན་ཆེན་པའི་དྲུང་དུ་མཚན་ཉིད་གསན། གངས་ཅན་ཆོས་འཕེལ་དུ། ཆོས་རྗེ་སློབས་ལྡན་འོད་ཟེར་ལ་ <ལས་> ཕར་ཚད་གསན། བཀྲ་ཤིས་ལྷུན་པོར་པཎ་ཆེན་ཡེ་ཤེས་རྩེ་མོ་དང་ཆོས་རྗེ་རབ་(༡༢༩)འབྱོར་བ་ལ་ <ལས་> བསྙེན་པར་རྫོགས། རྗེ་སངས་རྒྱས་རྒྱ་མཚོ་ལ་ཡང་ <ལས་ནས་ཀྱང་> ཆོས་གསན། རི་བོ་

དགེ་འཕེལ་གྱི་གྲྭ་ཚང་ཚུལ་ཁྲིམས་སྣང་གི་བླ་མར་ཕེབས། འདུལ་བ་འཛིན་པ་གྲགས་པ་རྒྱལ་མཚན་དང་། སློབ་དཔོན་ཡོན་ཏན་འོད། ནག་ཚོ་ཚུལ་ཁྲིམས་རྒྱལ་བ་དང་། གཙང་པ་རྒྱ་རས་རྣམས་དང་ཐུགས་རྒྱུད་གཅིག་པར་གསུངས། དགུང་ལོ་གྱ་ལྔ་པ་ལ་དབེན་ཙ་ཆོས་སྡེར་སྐུ་གཤེགས་པའི་འདྲ་སྐུ་བྱིན་རླབས་ཅན་ལེགས་པར་བཞུགས་སོ། །དེའི་རྗེས་སུ་དབེན་ཙ་ཆོས་སྡེའི་གདན་སར་ཕེབས་པ་ནི། རྒྱལ་བ་བློ་བཟང་དོན་གྲུབ་སྟེ། དེ་ཡང་དབེན་ཙར་ཡབ་བསོད་ནམས་རྡོ་རྗེ་དང་། ཡུམ་དཔལ་འཛོམས་གཉིས་ཀྱི་སྲས་སུ་ཤིང་མོ་གླང་ལོ་ཟླ་བ་དང་པོའི་ཚེས་བཅུ་ལ་འཁྲུངས་མ་ཐག་ཏུ་མ་ཎི་གསུངས། དགེ་འཕེལ་གྱི་མཁན་ཆེན་ལེགས་བློ་བས་མཚན་མགོན་པོ་སྐྱབས་སུ་གསོལ། དགུང་ལོ་བཅུ་གཅིག་བཞེས་ཚེ། ལྷ་རི་རྩེ་པ་གྲགས་པ་དོན་གྲུབ་སོགས་ལས་རབ་བྱུང་མཛད། མཚན་བློ་བཟང་དོན་གྲུབ་ཏུ་གསོལ། ཚུལ་ཁྲིམས་སྣང་པའི་མཁན་ཆེན་རིན་ཆེན་པའི་ཕྱག་ཕྱིར་དབུས་ཕྱོགས་སུ་ཕེབས། ལྷ་ས་དང་། འབྲས་སྤུངས་དང་། དགའ་ལྡན་སོགས་ལ་ཕེབས་ནས་མཇལ། སྣར་གཙང་དུ་རི་བོ་དགེ་འཕེལ་དུ་ཆོས་རྗེ་བློ་གྲོས་རྒྱལ་མཚན་དང་། བཀྲ་ཤིས་ལྷུན་པོར་འཇམ་དབྱངས་བཤེས་གཉེན་དང་། དབེན་ཙ་ཆོས་སྡེར་རྗེ་སྐྱབས་མཆོག་དཔལ་བཟང་དང་། མཁས་གྲུབ་རྗེ་དང་བསོ་ཆོས་རྗེའི་སློབ་མ་འཇའ་ལུས་བརྙེས་པ་(༡༢༥)གྲུབ་ཆེན་ཆོས་ཀྱི་

རྡོ་རྗེ་ཞེས་བྱ་བ་ཇོ་བོ་བླ་མ་ཨ་ཞ་ཧྲུ་ཏི་པ་དང་། འགྲོ་མགོན་ཆོས་རྒྱལ་འཕགས་པ་དང་ ཐུགས་རྒྱུད་གཅིག་པ་དེ་སོགས་ལ་ < ལས་ > ཆོས་གསན། པཎྜ་ཙན་སོགས་སུ་སྤྲུལ་པ་མཛད། ཡང་དགུང་ལོ་སོ་གསུམ་པ་ལ་དབུས་སུ་བྱོན། འབྲས་སྤུངས་སུ། ཐམས་ཅད་མཁྱེན་པ་དགེ་འདུན་རྒྱ་མཚོ་དང་། སློབ་དཔོན་ལྷ་དབང་རིན་ཆེན་པ་སོགས་ལ་ < ལས > བསྙེན་པར་རྫོགས་ཆོས་གསན། གསེར་སྡིངས་སུ་པཎ་ཆེན་བྱང་ཆུབ་བློ་གྲོས་ལ་ < ལས་ > ཆོས་གསན། མཆོག་གི་དངོས་གྲུབ་བརྙེས་པས་གསུང་མགུར་དུ། གངས་ཅན་ལྗོངས་ཀྱི་སྐལ་ལྡན་མཆོག །བློ་བཟང་དོན་གྲུབ་ཅེས་པས་ཀྱང་། །ལམ་མཆོག་འདི་ཉིད་ཉམས་སུ་བླངས་པས། །ཚེ་འདི་ཉིད་ལ་སངས་རྒྱས་ཐོབ། ཞེས་ < ཅེས་ > སོགས་གསུངས། ཆོས་རྗེ་སྐྱབས་མཆོག་དཔལ་བཟང་གི་རྗེས་སུ་དབེན་ཙ་ཆོས་སྡེའི་གདན་སར་ཕེབས། ལེགས་བཤད་དགའ་སྟོན་བཀྱེ་བ་ལ་སློབ་མ་ཀུན་མཁྱེན་ལེགས་དོན་ལ་བྱང་སྟོན་བསམ་གཏན་འོད་ཟེར། ཆོས་རྗེ་བློ་གྲོས་རྣམ་རྒྱལ། ཐོན་པ་ཆོས་རྗེ་དགེ་ལེགས་རྣམ་རྒྱལ། ཐོན་པ་བཀྲ་ཤིས་རྒྱལ་མཚན། སངས་རྒྱས་རྒྱལ་མཚན། ངག་དབང་གྲགས་པ། ཀོང་སྟོན་འཇམ་དབྱངས་རྒྱལ་པོ། པཎ་ཆེན་དམ་ཆོས་ཡར་འཕེལ། ཆོས་རྗེ་སངས་རྒྱས་ཡེ་ཤེས་སོགས་བྱོན། དབུས་རིའི་ཙར། དབེན་ས་ཆོས་སྡེ་བཏབ་པས་མ་ལས་བུ་དགའ་བ་འདི་བྱུང་།

དགུང་ལོ་རེ་གཅིག་པ་ཤིང་སྣང་ཚ་འཕྲུལ་ཟླ་བའི་ཉི་ཤུ་གསུམ་ལ་གཤེགས་སོ། །

དེའི་གདན་སར་ཕེབས་པའི་ཆོས་རྗེ་སངས་རྒྱས་ཡེ་ཤེས་ནི་གཡག་སྡེ་པཎ་ཆེན་དང་གདུང་རུས་གཅིག་པར་(༡༣༩) ལྟན་དུ་ཡབ་བླ་མ་རིན་ཆེན་དང་། ཡུམ་ཆོས་བསྟན་གྱི་སྲས་སུ་ཤིང་བྱར་འཁྲུངས། བ་སོ་ཆོས་སྡེར་ཆོས་རྗེ་གྲགས་པ་བསམ་གྲུབ་པ་ལ་རབ་ཏུ་བྱུང་། མཚན་སངས་རྒྱས་ཡེ་ཤེས་སུ་གསོལ། བཀྲ་ཤིས་ལྷུན་པོར་སློབ་དཔོན་བརྩོན་འགྲུས་རྒྱལ་མཚན་ལེགས་གྲུབ་གྲྭ་ཚང་དུ་སློབ་དཔོན་དགེ་འདུན་བློ་བཟང་དང་། གངས་ཅན་དུ་པཎ་ཆེན་དོན་ཡོད་རྒྱལ་མཚན་དང་། དབུས་སུ་རྒྱུད་སྨད་པའི་བླ་མ་ནམ་མཁའ་གྲགས་སོགས་ལ་ < ལས > ཆོས་གསན། དེ་ནས་དབེན་ས་ཡང་དགོན་དུ་རྒྱལ་བ་བློ་བཟང་དོན་གྲུབ་ལ་ < ལས > ཟབ་ཆོས་གསན། རི་བོ་དགེ་འཕེལ་གྱི་ཆོས་རྗེ་ཕྱོགས་ལས་རྣམ་རྒྱལ་སོགས་ལ་ < ལས > བསྙེན་པར་རྫོགས། རི་བོ་དགེ་འཕེལ་དང་དབེན་ས་ཆོས་སྡེའི་གདན་སར་ཕེབས། རྒྱལ་བ་བློ་བཟང་དོན་གྲུབ་ཀྱི་སྐུ་འདྲ་བཞེངས། ཐམས་ཅད་མཁྱེན་པ་བསོད་ནམས་རྒྱ་མཚོ་ཕེབས་དུས་རབ་གནས་ཞུས། དགུང་ལོ་ང་གསུམ་པ་ལ་རྗེ་ཐམས་ཅད་མཁྱེན་པ་བསོད་ནམས་རྒྱ་མཚོ་སོག་ཡུལ་དུ་ཕེབས་ཁར་དབུས་སུ་མཇལ་བར་ཕྱིན། དགུང་ལོ་ང་བརྒྱད་པ་ལ་དགེ་འཕེལ་གྱི་

གདན་སར་གནས་སྙིང་① ཆོས་རྗེ་འཇམ་དབྱངས་པ་བསྐོས་ནས་དཔོན་ས་ཆོས་སྡེར་རྩེ་གཅིག་ཏུ་སྒྲུབ་པ་ལ་བཞུགས་ཏེ། དགུང་ལོ་རེ་བདུན་པ་ལྷུགས་ཡོས་ཟླ་བ་བཅུ་གཅིག་པའི་ཚེས་བཅུ་གཅིག་ལ་གཤེགས་སོ། །དེ་ནས་དཔོན་ས་ཆོས་སྡེ་གདན་སར་པཎ་ཆེན་རིན་པོ་ཆེ་བློ་བཟང་ཆོས་ཀྱི་རྒྱལ་མཚན་ཕྱོགས་ཐམས་ཅད་ལས་རྣམ་པར་རྒྱལ་བའི་སྡེ་དམ་པའི་ཆོས་ཐམས་ཅད་ཀྱི་ <ཀྱིས་> མཛད་དོ། །

ཐམས་(༡༣བ) ཅད་མཁྱེན་པའི་ཞལ་སྔ་ནས་འདི་ཕེབས་པ་ཡིན་ཏེ། དེ་ཡང་རོང་གི་ལྷུན་དུ་སྐྱེ་པ་གྲུབ་སྐྱ་བའི་ཞལ་ངོ་ཡབ་ཀུན་དགའ་དཔལ་འབྱོར་དང་། ཡུམ་མཚོ་རྒྱལ་གྱི་སྲས་སུ་ལྷུགས་རྟ་ལ་འཁྲུངས་མ་ཐག་ནས་ཨ་ལིའི་སྒྲ་སྒྲོག་པ་དང་། ཞལ་འཛུམ་པ་དང་། སྤྱན་རིང་པོས་གཟིགས་པ་བྱུང་། དེའི་གོང་དུ་ཡང་ཡབ་ཡུམ་དེ་གཉིས་ལ་མེ་སྟག་ལོར་བལྟམས་པ་ཡིན་ཏེ། དགུང་ལོ་གསུམ་ཙམ་ནས་ཞིང་བརྗེས་ནས། སླར་ཡང་འདིར་འཁྲུངས་པ་ཡིན་ནོ། །དེ་ནས་དགུང་ལོ་བཅུ་བཞི་བཞེས་ཚེ་ཁྲུ་བོ་ཆོས་རྗེ་སངས་རྒྱས་ཡེ་ཤེས་པས། དཔོན་

---

① སྤྱིར་ན་དག་ཡིག་ཀུན་དང་ཡོངས་གྲགས་རྣམས་སུ་གནས་རྙིང་ཞེས་འབྱུང་ཡང་ཆོས་འབྱུང་འདིའི་ནང་[ཨ་མེས་ཞུར་དགོན་གྱིས་གནས་སྙིང་དུ། ཇོ་བོས་ཕྱག་ནས་གནང་སྟེ། འདི་གནས་ཀྱི་སྙིང་པོར་འདུག་གསུངས་པས་གནས་སྙིང་དུ་གྲགས།] ཞེས་གསལ་བས་རང་སོར་བཞག་པ་ལགས།

སར་སྨྲིན་དྲངས། རབ་ཏུ་བྱུང་མཚན་བློ་བཟང་ཆོས་ཀྱི་རྒྱལ་མཚན་དུ་གསོལ། བཀྲ་ཤིས་ལྷུན་པོའི་ཕོས་བསམ་གླིང་དུ་ཐལ་ཕྱིང་བརྩེ་བ་མཛད་པས་ལེགས་པར་དགོངས་ཏེ་མཁས་པའི་བྱ་བ་གསུམ་གྱི་ < གྱིས > དུས་འདའ་བར་གྱུར་ཅིང་། ཆོས་རྗེ་སངས་རྒྱས་ཡེ་ཤེས་པས། དགེ་བཤེས་དཔལ་འབྱོར་རྒྱལ་མཚན་ལ། སྤྲུལ་པའི་སྐུ་འདི་མཁས་གྲུབ་རིན་པོ་ཆེ་དང་། ཕྱུགས་རྒྱུད་གཅིག་པས་མཁས་གྲུབ་དགེ་ལེགས་དཔལ་དང་། ཆོས་འཇིག་རྟེན་གང་ས་ནས་འཕྲིན་ལས་ཆེ་བར་འོང་གསུངས་སོ། །

དེ་ནས་དགུང་ལོ་ཉི་ཤུ་བཞེས་ཚེ། བཀྲ་ཤིས་ལྷུན་པོར་པཎ་ཆེན་དམ་ཆོས་ཡར་འཕེལ་སོགས་ལ་ < ལས > བསྙེན་པར་རྫོགས་ཏེ་འདུལ་བ་འཛིན་པའི་མཆོག་ཏུ་གྱུར། དེ་ནས་དགུང་ལོ་ཉི་ཤུ་རྩ་བདུན་པ་ལ་གངས་ཅན་ཆོས་འཕེལ་གྱི་གདན་སར་ཕེབས། གཞུང་ལུགས་(༡༥ན) ཀྱི་འཆད་ཉན་ཡང་དག་པར་མཛད། དགུང་ལོ་སུམ་ཅུ་པ་ལ་བཀྲ་ཤིས་ལྷུན་པོའི་ཁྲི་ཐོག་ཏུ་ཕེབས། ཁྲི་གཙང་ཁང་གི་ཐུབ་དབང་གི་དབུ་ཐོག་ཏུ་གསེར་གྱི་གན་ཛི་ར་ཆེན་པོ་དང་། བྱམས་ཆེན་གྱི་སྟེང་དུ་གསེར་ཐོག་དང་། ལི་མ་ཁང་གསར་བཞེངས་དང་། དགེ་འདུན་དབྱེན་ཟླུམ་གྱི་མཆོད་རྟེན་གསར་བཞེངས་སོགས་དང་། མཛད་པ་རྣམ་ཐར་ཤིན་ཏུ་བཟང་ཞིང་། དགུང་ལོ་སོ་བཞི་པ་ཆུ་ཡོས་ལ།

ཐམས་ཅད་མཁྱེན་པ་ཡོན་ཏན་རྒྱ་མཚོ་སོག་ཡུལ་ནས་དབུས་ཕྱོགས་སུ་ཕེབས་པ་ན་མཇལ་བ་ལ་འབྲས་སྤུངས་སུ་ཕེབས། རྗེ་ཐམས་ཅད་མཁྱེན་པས་དབང་ལུང་གདམས་ངག་ཐམས་ཅད་པཎ་ཆེན་རིན་པོ་ཆེ་ལ་ < ལས་ > གསན། རྒྱལ་བ་ཡབ་སྲས་ལྷན་ཅིག་ཏུ་ཆོས་འཁོར་རྫིང་ཕྱི་དང་། ཆོས་འཁོར་རྒྱལ་དུ་ཕེབས་ཆོས་གསུངས། དེ་ནས་ཡར་ལམ་ཟངས་རི་ཁང་དམར་དང་། གདན་ས་ཐེལ་དང་། རྩེད་ཐང་གི་གནས་མཇལ་དང་། མཁར་ཐོག་ཏུ་དཔོན་ས་ཕུན་ཚོགས་རྒྱལ་མོས་སྤྱན་དྲངས་ཏེ་མཆོད། དེ་བཞིན་དུ་གྲྭ་ཕྱམས་པ་གླིང་དང་། གོང་དཀར་ཆོས་སྡེ་དང་། ཆུ་བོ་རི་སོགས་ཀྱི་གནས་གཟིགས་དང་། ཐོན་དང་། དཔེན་ས་དང་། བཀྲ་ཤིས་ལྷུན་པོར་ཕེབས། དགུང་ལོ་སོ་བརྒྱད་པ་མེ་ལུག་ལ་ཐམས་ཅད་མཁྱེན་པ་ཡོན་ཏན་རྒྱ་མཚོ་གཙང་ཕྱོགས་ལ་སྤྱན་དྲངས་ཏེ་མཆོད་དབང་ལྷག་མ་རྣམས་ཀྱང་ཞུས། རྗེ་དྲུང་བློ་བཟང་པ་སོགས་ཀྱིས་མོན་ཕག་རི་ལ་སོགས་པར་ (༡༨བ) སྤྱན་དྲངས་ཏེ་མཆོད། དེ་ནས་དགུང་ལོ་ཞེ་ལྔ་པ་ཤིང་སྟག་ལ་འབྲས་སྤུངས་སུ་སྤྱན་དྲངས། རྗེ་ཐམས་ཅད་མཁྱེན་པ་ཡོན་ཏན་རྒྱ་མཚོ་བསྙེན་པར་རྫོགས་པའི་མཁན་པོ་མཛད། དེ་བཞིན་དུ་སྤྲུལ་སྐུ་རིན་པོ་ཆེ་ངག་དབང་བསོད་ནམས་དགེ་ལེགས་དཔལ་བཟང་པོ་དང་། སྟོང་འཁོར་སྤྲུལ་པའི་སྐུ་འཛམ་དབྱངས་རྒྱ་མཚོ་བསྙེན་པར་རྫོགས་པའི་ཁྲི་

ཕྲག་ལྷག་ཙམ་གྱི་མཁན་པོ་མཛད། དགུང་ལོ་ཞེ་བདུན་པ་མེ་འབྲུག་གི་གཞུག་ལ་རྗེ་ཡོན་ཏན་རྒྱ་མཚོ་སྐུ་མེ་ཏོག་འཛོར་བའི་དགོངས་རྫོགས་ལ་འབྲས་སྤུངས་སུ་ཕེབས། མེ་སྦྲུལ་ཤར་ནས་སེ་འབྲས་གཉིས་ཀའི་ཁྲི་ཐོག་ཏུ་ཕེབས་ནས་ཆོས་འཁོར་བསྐོར། དེ་ནས་དགུང་ལོ་ཞེ་དགུ་པ་ས་རྟ་ལ་མངའ་རིས་གུ་གེའི་རྒྱལ་པོ། ཁྲི་གྲགས་པ་དབྱུག་ལྡེ་དང་བློ་བཟང་ཡེ་ཤེས་འོད་སྐུ་མཆེད་དང་། སྤྱི་མའི་སྲས་ཁྲི་རྣམ་རྒྱལ་གྲགས་པ་དཔལ་བཟང་པོ་ཁུ་དཔོན་གྱི་ < གྱིས་ > སྤྱན་དྲངས་ཏེ་མཆོད། འདིའི་ཞབ་རྒྱུས་སོགས་རྗེ་འདི་ཡི་རྣམ་པར་ཐར་པ་རྒྱས་ཤིང་སྙན་ངག་གི་བརྒྱན་པ་ཞིག ། བདག་དཔལ་འབྱོར་རྒྱ་མཚོས་བརྩམས་ཡོད་པས་དེར་གཟིགས་འཚལ། དེ་ནས་དགུང་ལོ་ལྔ་བཅུ་པ་ལ་སླར་དབུས་གཙང་དུ་ཕེབས། དེ་ནས་ས་སྦྲུལ་ལ་ལྷུགས་པོ་རིར་གཙང་དཔུང་རྣམས་སོག་དམག་གི་བཀར་བས། གསང་ཕུ་གླིང་སྨད་ཆོས་རྗེ་དཀོན་མཆོག་ཆོས་འཕེལ་དང་། རྗེ་འདིས་གཙང་པ་དང་སོག་པོའི་ཆིངས་བྲན་མཛད། བཀའ་ཁྲ་བོད་དུ་གཟི་བརྗིད་ཆེ་བ་གནང་ (༩༥ན) ཐོག་ནས། དབུས་སྟོད་སོགས་དབུས་གཙང་གི་དགེ་ལུགས་པའི་གྲུབ་མཐའ་གཞན་ཕྱོགས་པ་ལ་ཡོད་པ་རྣམས་སོར་བཙུད་དེ། ཨུ་རྒྱན་རིན་པོ་ཆེའི་ལུང་བསྟན་དུ། ལྷུགས་ཀྱི་རི་ལ་སྐྱེ་བོ་སྲོག་མགར་བྱེད། ། སྣང་བ་མཐའ་ཡས་སྤྲུལ་པས་ཡོངས་སུ་སྐྱོབ། ། ཞེས་ < ཅེས་ > གསུངས་

པ་བཞིན་ཐོག་ཏུ་བབ་པའོ། །དེ་ནས་དགུང་ལོ་ང་བཞི་པ་ལ་སོག་པོ་ལྷ་བཙུན་བློ་བཟང་བསྟན་འཛིན་རྒྱ་མཚོ་དང་། མཆོད་ཡོན་ལྷན་དུ་བྱང་ར་སྒྲིང་དུ་བཞུགས་ཆོས་ཀྱི་འཁོར་ལོ་བསྐོར་རོ། །

དགུང་ལོ་ང་བཞི་པ་བསམ་གྲུབ་དགའ་ལྡན་པས། བྱང་ངམ་རིང་དུ་སྤྱན་དྲངས་ཏེ་མཆོད། མངའ་རིས་ལྷ་བཙུན་པ་བློ་བཟང་ཡེ་ཤེས་འོད་དཔོན་སློབ་ཀྱང་ཞབས་དྲུང་དུ་མཇལ་བར་ཕེབས་པ་སོགས་ལེགས་ཚོགས་མཆོག་ཏུ་ཆེའོ། །པཎ་ཆེན་རིན་པོ་ཆེའི་འཁྲུངས་རབ་ཀྱི་ཕྲེང་བ་མཚར་དུ་མངའ་བ་ནི། ཐུབ་དབང་གི་དྲུང་དུ་འཕགས་པ་རབ་འབྱོར། བྱང་ཤཱཀྱ་ལར་འཇམ་དབྱངས་གྲགས་པ་ཀླུ་སྒྲུབ་ཀྱི་སྲས་སློབ་དཔོན་ལེགས་ལྡན་འབྱེད། རྡོ་རྗེ་གདན་ས་ལ་ཨ་བྷི་ཀ་ར་འགོས་ལོ་ཁུག་པ་ལྷས་བཙས། ས་སྐྱ་པཎྜི་ཏ་ཀུན་དགའ་རྒྱལ་མཚན། གསང་སྔགས་རྙིང་མའི་རྣལ་འབྱོར་དབང་ཕྱུག་ཆེའི་རིག་འཛིན། རྗེ་བཙུན་ཙོང་ཁ་པ་ཆེན་པོའི་ཐུགས་སྲས་མཁས་གྲུབ་དགེ་ལེགས་དཔལ་བཟང་པོ། དངོས་སློབས་རིག་པའི་དབང་ཕྱུག་བསོད་ནམས་ཕྱོགས་གླང་། རྒྱལ་བ་དབེན་ས་པ་བློ་བཟང་དོན་གྲུབ། དེ་ནས་འདིར་པཎ་ཆེན་ཐམས་ཅད་མཁྱེན་པ་བློ་བཟང་ཆོས་ཀྱི་(༡༥བ)རྒྱལ་མཚན་དུ་འཚོ་ཞིང་བཞེས་ལ་ཆོས་ཀྱང་སྟོན་ནོ་ཞེས་བརྗོད་དོ། །དེའི་བླ་མ་སངས་རྒྱས་ཡེ་ཤེས་ཀྱི་སྐྱེ་བ། སྔེ་པ་ཐོན་པའི་ཞལ་ངོར་འཁྲུངས་པ་ཡེ་ཤེས་རྒྱ་

མཚོ་ནི་ཆུ་འབྲུག་ལ་འཁྲུངས། དགུང་ལོ་བཅུ་གསུམ་པ་ཤིང་འབྲུག་ལ་གཤེགས་སོ། །དེའི་སྐུ་སྐྱེ་ལྷ་ཁྱུད་པའི་ཞལ་ངོར་འཁྲུངས་པ་སྤྲུལ་སྐུ་བློ་བཟང་བསྟན་འཛིན་རྒྱ་མཚོ་ནི། པཎ་ཆེན་རིན་པོ་ཆེ་ལ་ < ལས་ > རབ་ཏུ་བྱུང་། བཀྲ་ཤིས་ལྷུན་པོར་ཐུགས་གཉེར་མཛད་པས་སྐུ་ཡོན་སྦྱངས་སླ་ཞིང་། དགུང་ལོ་བཅུ་པ་ནི་ཤིང་ཡོས་ལ། དབེན་ས་ཆོས་སྡེའི་བླ་མར་བསྐོས་ཏེ་ད་ལྟ་འཚོ་ཞིང་བཞེས་སོ། །

གཙང་པོ་བྱང་ཁའི་ཤངས་རི་བོ་དགེ་འཕེལ་ནི། ཤངས་པ་ཀུན་མཁྱེན་པ་ཤེས་རབ་བཟང་པོས་བཏབ། འདི་ཤངས་སུ་འཁྲུངས་མཁས་པར་སྦྱངས་པས་ཤངས་པ་ཀུན་མཁྱེན་པར་གྲགས། སྨུག་གི་དགོན་ཆུང་ཞིག་ཏུ་ཐུགས་དམ་མཛད། དེ་ནས་ཡར་ལ་ཤངས་སུ་དགོན་པ་འཚོལ་བ་ལ་ཕེབས་པ་ན། རྟ་པ་དཀར་པོ་ཞིག་དང་མཇལ་ཏེ་དེས་ཁྱེད་གར་ཕྱིན་ཟེར་བ་ལ། དགོན་པ་འཚོལ་དུ་འགྲོ་གསུངས་པས། འོ་ན་མགྱོགས་པར་བཞུད་དང་། རི་ཡ་གིའི་ངོས་སུ་འཕགས་པའི་གནས་བརྟན་བཅུ་དྲུག་གསོ་སྦྱོང་ལ་ཕེབས་འདུག་མཇལ་ཤས་ཆེ་ཞེས་བརྗོད་པ་བཞིན་ཕྱིན་པས། གནས་བརྟན་བཅུ་དྲུག་ཞལ་མཇལ། དེར་ཆོས་སྡེ་བཏབ་པས་ཤངས་རི་བོ་དགེ་འཕེལ་བྱུང་། གདན་སར་རྗེའི་དངོས་སློབ་སེམས་དཔའ་ཆེན་པོ་ཚུལ་ཁྲིམས་དཔལ་བཟང་བསྐོས། དེ་ནི་གཙང་གི་སྨུག་ཏུ་འཁྲུངས་ (༡༤ན) ཀུན་མཁྱེན་ཤེས་རབ་དཔལ་

བཟང་དང་། རྗེ་རིན་པོ་ཆེ་བསྟེན་ནས་སྦྱངས་པ་མཛད། རི་བོ་དགེ་འཕེལ་གྱི་གདན་སར་ཕེབས། དེ་བཞིན་དུ་གདན་སར་རིམ་པ་ལྟར། མཁས་མཆོག་ཚུལ་ཁྲིམས་རིན་ཆེན་ཆོས་རྗེ་རིན་ཆེན་བཤེས་གཉེན། འདིས་གྲུབ་ཐོབ་དབུས་སྨྱོན་པ་དང་གྲུབ་རྟགས་འགྲན། དེ་ནས་གཡང་ས་གྲགས་པ་བསམ་གྲུབ། འཇམ་དབྱངས་ལེགས་པའི་བློ་གྲོས། ཆོས་རྗེ་ཐུབ་བསྟན་རྣམ་རྒྱལ། ཐོན་པ་བློ་གྲོས་རྒྱ་མཚོ། པཎ་ཆེན་ཕྱོགས་ལས་རྣམ་རྒྱལ། རྗེ་སངས་རྒྱས་དཔལ་བཟང་། ཞོག་ཆོས་པ་བློ་གྲོས་རྣམ་རྒྱལ། ཆོས་རྗེ་སངས་རྒྱས་ཡེ་ཤེས། ཆོས་རྗེ་དཔལ་འབྱོར་རྒྱ་མཚོ། གནས་སྙིང་པ་འཇམ་དབྱངས་པ། པཎ་ཆེན་རིན་པོ་ཆེ་བཞུགས་སོ། །

ཤངས་དགེ་འཕེལ་གྲྭ་ཚང་གསུམ་ཡོད་པ་ལས་ཚུལ་ཁྲིམས་སྣང་པའི་བླ་མ་ཐོག་མར་རིན་ཆེན་བཤེས་གཉེན་པས་མཛད། དེ་ནི་བདེ་ཡངས་པའི་བླ་མ་ཡང་ཡིན་གསུངས་པ་ནོར་སྐྱེང་པའོ། །ཤངས་འབྲས་སྤུངས་ནི་བཟང་པོ་རྒྱལ་མཚན་གྱིས་བཏབ། ཤངས་ཕུར། ཤེར་སྦྱོར་ཐོག ཤངས་ཡོལ་དཀར་ནི་དང་པོར་ཞང་ཚལ་པས་བཏབ། དེ་ནས་ཡུན་རིང་སོང་ནས། ཞོག་ཆོས་རྗེ་དྲུང་བློ་གྲོས་རྣམ་རྒྱལ་གྱི་སྟེགས་དགོན་ཞིག་གི་ཤུལ་དུ་མར་ལ་སྤོས་ཏེ། བཤད་སྒྲུབ་དར་གླིང་དུ་རྟགས་དེང་སང་དར་བ་ཡོད། །

ཐོག་གཉིས་ལས་སྤྱིར་ཐོག་ཏུ་རྒྱལ་བ་བྱམས་པའི་སྟོན་བྲམ་ཟེ་སྐྱེ་བ་བདུན་པའི་དབུ་ཐོད་སྣང་ཁྱེན་མ་དེ། པཎ་ཆེན་ཕྱོགས་ལས་རྣམ་རྒྱལ་བས། ཐམས་ཅད་མཁྱེན་པ་བསོད་ནམས་རྒྱ་མཚོ་ལ་ཕུལ་བ་ཞེལ་(༡༩བ) གཙང་པོ་སྟོ་ཁའི་ཆོས་གྲྭ་ཆེན་མོར་གྲགས་པ། སྐྱིང་སྣོད་བཀྲ་ཤིས་ལྷུན་པོ་ནི། རྗེ་ཐམས་ཅད་མཁྱེན་པ་དགེ་འདུན་གྲུབ་པས་བཏབ། དེ་ཡང་ཤབ་སྟོད་དུ་ལྕགས་མོ་ལུག་ལོར་འཁྲུངས། སྣར་ཐང་དུ་མཁན་པོ་གྲུབ་པ་ཤེས་རབ་ལ་ < ལས་ > རབ་ཏུ་བྱུང་བ་དང་བསྙེན་པར་རྫོགས། དགུང་ལོ་ཉི་ཤུ་རྩ་ལ་དབུས་སུ་ཕྱིན། འོན་བཀྲ་ཤིས་དོ་ཁ། རྗེ་རིན་པོ་ཆེ་དགུང་ལོ་ང་དགུ་བཞེས་དུས་མཇལ་ཆོས་གསན། སེམས་དཔའ་ཆེན་པོ་ཀུན་བཟང་པ་དང་། རྒྱལ་ཚབ་དར་མ་རིན་ཆེན་དང་། རྗེ་ཤེས་རབ་སེང་གེ་དང་། དམར་སྟོན་ཁྱུ་དབོན་སོགས་བསྟེན་ནས་གཞུང་ལུགས་ལ་སྦྱངས་པས་མཁས་པ་ཆེན་པོར་གྱུར། ཡང་གསང་ཕུར་འཆད་ཉན་ཐུང་ཙམ་མཛད། དེ་ནས་གཙང་དུ་ཕེབས་བྱ་བྲལ་འཆད་ཉན་གནང་། ཡང་དགུང་ལོ་ཞེ་བརྒྱད་པ་ལ་དབུས་སུ་ཕེབས། ཧོར་སྟོན་ནམ་མཁའ་དཔལ། མཁས་གྲུབ་རྗེ། ལྷ་བསོད་ནམས་ལྷུན་གྲུབ། སྤྱན་སྔ་རིན་ཆེན་འཕེལ། འཇམ་དབྱངས་རིན་ཆེན་རྒྱལ་མཚན་རྣམས་ལ་ < ལས་ > ཆོས་གསན། སླར་དགུང་ལོ་ལྔ་བཅུ་པ་ལ་གཙང་དུ་ཕེབས་ནས། སྣར་ཐང་བྱང་ཆེན་དུ་སྒྲུབ་པ་

མཛད། དགུང་ལོ་ང་བདུན་པ་མེ་ཡོས་ལ་བཀྲ་ཤིས་ལྷུན་པོ་དཔལ་གྱི་བདེ་ཆེན་ཕྱོགས་ཐམས་ཅད་ལས་རྣམ་པར་རྒྱལ་བའི་གླིང་བཏབ། སྡེ་སྣོད་འཛིན་པ་ཕལ་ཆེར་སློབ་མར་འདུས་པ་ལ། རྗེ་ཡབ་སྲས་ཀྱི་དགོངས་པ་བཞིན་ཆོས་གསུངས་ནས་བསྟན་(༡༧ན)པ་གསལ་བར་མཛད། རྗེ་རོང་པ་ཀུན་བཟང་གིས་ཕྲག་དོག་གི་རྣམ་པ་མཛད་པ་ལ། རེ་བོ་དགུ་འདུས་ཀྱི་རྩེ་མོར་ཕྱིན་ནས། ཤར་གངས་རི་མའི་མགུར་གསུངས། སྤྱི་དོན་ལ་རིགས་རྒྱན། རྣམ་འགྲེལ་ཊི་ཀ་ཆུང་། འདུལ་ཊི་ཀ་ཆེན་མོ། འདུལ་བའི་གླེང་འབུམ་སོགས་བརྩམས། སྐུ་གསུང་ཐུགས་ཀྱི་རྟེན་མང་པོ་བཞེངས་ཏེ། དགུང་ལོ་གྱ་བཞི་པ་ཤིང་རྟ་རྒྱལ་ཟླའི་ཚེས་བརྒྱད་ལ་གཤེགས་སོ། །དེ་ལ་དངོས་སློབ་རབ་འབྱམས་པ་སྨོན་ལམ་དཔལ། འདུལ་འཛིན་བློ་གྲོས་པ། འདུལ་ནག་པ་དཔལ་ལྡན་བཟང་པོ། བྱ་བཏང་སེམས་དཔའ་ཆེན་མོ། པཎ་ཆེན་བཟང་པོ་བཀྲ་ཤིས། ཤངས་སྟོན་དྲི་མེད་བཤེས་གཉེན། དྲུང་པ་དཔལ་ཚུལ་མཁན་ཆེན་བཟོད་པ་དཔལ། ཆོས་རྗེ་བཟང་པོ་རྒྱལ་མཚན། རབ་འབྱམས་པ་བཀྲ་ཤིས་བཟང་པོ། མཁས་པ་དཔལ་ལྡན་ཆོས་སྐྱོང་། རྒྱུད་པ་སྦྱིན་པ་དཔལ། རྒྱུད་པ་གྲགས་བཟང་པོ། རྒྱུད་པ་ཀུན་དགའ་དོན་གྲུབ། འཕགས་པ་འཆར་ཀ །མངའ་རིས་པ་རྒྱལ་མཆོག །པཎ་ཆེན་ཀུན་རིག །འདར་སྟོན་བྱང་ཆུབ་དཔལ། དྲུང་ཤཱ་རི་བུ་བླ་མ་

བྱང་གླིང་པ་ཆོས་དཔལ། བཀའ་བཅུ་བ་སྨྲ་བའི་སེང་གེ་རྣམས་སྔ་ཚར་དང་། བར་ཚར་ནི། མཁན་ཆེན་ཤེས་རབ་རྒྱལ་མཚན། པཎ་ཆེན་ལུང་རིགས་རྒྱ་མཚོ། ཆོས་རྗེ་གྲགས་པ་བསམ་གྲུབ། སྟོབས་ལྡན་འོད་ཟེར། ཆོས་འཁོར་དཔལ་བཟང་། འཇམ་དཔལ་གྲགས་པ་གནས་སྙིང་འོད་ཟེར། བྱམས་ཆོས་པ་གྲགས་ཡོན། རབ་འབྱམས་རྒྱལ་དབང་། བྱང་པ་(༡༧༨)བློ་གྲོས་མགོན། བཀའ་བཞི་པ་དགེ་འདུན་བསམ་གྲུབ། ཐོགས་སངས་རྒྱས་དཔལ་རིན། སོ་པ་དོན་གྲུབ་དཔལ། བཀའ་བཅུ་བ་ཀུན་དགའ་དཔལ་རིན། དབང་ཕྱུག་དཔལ། དཔལ་ལྡན་བཟང་པོ། དོན་ཆོས་པ་རིན་ཆེན་རྒྱལ་མཚན་རྣམས་སོ། །

ཕྱི་ཚར་ནི། གནས་སྙིང་རིན་ཆེན་ཀུན་དགའ་བདེ་ལེགས། རྗེ་བློ་བཟང་ཉི་མ། ཆོས་རྗེ་ཤེས་རབ་དར། མཁན་ཆེན་གྲགས་ཤེ་ར་ནག་ཆོས་མཛད། པཎ་ཆེན་ཡེ་ཤེས་རྩེ་མོ། འབྲོང་རྩེ་ཆོས་རྗེ་ཆོས་ཀྱི་བློ་གྲོས་བཀའ་བཅུ་བ་ཡེ་ཤེས་བཟང་པོ། གངས་ཅན་པ་རྒྱལ་བ་བསམ་གྲུབ་འཇམ་དབྱངས་བློ་གྲོས། བླ་མ་རྣམ་རྒྱལ་གྲགས་པ། རབ་འབྱམས་པ་འཇམ་དཔལ་བཟང་པོ། བླ་མ་ལྷུན་རྩེ་བ། སྨན་ལུང་པ་ཡོན་ཏན་དཔལ་འབྱུང་ཤེས་རབ་དཔལ་ལྡན་སྨོན་ལམ་པ། མཁན་ཆེན་ཐྲག་པ་ས་སྐྱ་པ་སངས་རྒྱས་བྱང་ཆུབ། ཨུ་རི་བ་ཤེས་རབ་དཔལ།

ཚུལ་ཁྲིམས་བཟང་པོ། བཀའ་བཅུ་བ་ཆོས་འཕེལ་རྒྱལ་མཚན་སོགས་མཁས་གྲུབ་ཀྱི་སློབ་མ་མང་དུ་བྱོན། །

དེ་དག་གི་ནང་ནས་ཀྱང་། བཀྲ་ཤིས་ལྷུན་པོའི་གདན་སར་ཕེབས་པ་ནི། པཎ་ཆེན་བཟང་པོ་བཀྲ་ཤིས་ཏེ་དེ་ནི་ལ་སྟོད་བྱང་དུ་ལྕགས་ལུག་ལ་འཁྲུངས། རྗེ་ཤེས་རབ་སེང་གེ །རྗེ་དགེ་འདུན་གྲུབ་པ། ཆོས་རྗེ་བློ་གྲོས་ཆོས་སྐྱོང་། དྭགས་པོ་ཀུན་དགའ་བཀྲ་ཤིས་སོགས་བསྟེན་མཁས་པར་སྦྱངས། གངས་ཅན་ཆོས་འཕེལ་བཏབ་ནས་ཚོགས་བསྐྱངས། དགུང་ལོ་རེ་དྲུག་པ་ལ་བཀྲ་ཤིས་ལྷུན་པོའི་ཁྲི་ཐོག་ཏུ་ཕེབས། དེའི་རྗེས་སུ་ཁྲིར་པཎ་(༡༢བ)ཆེན་ལུང་རིགས་རྒྱ་མཚོ། དེ་ནས་རིམ་པ་བཞིན་པཎ་ཆེན་ཡེ་ཤེས་རྩེ་མོ། རྗེ་ཐམས་ཅད་མཁྱེན་པ་དགེ་འདུན་རྒྱ་མཚོ། མངའ་རིས་ལྷུན་གྲུབ་བློ་བཟང་བསྟན་པའི་ཉི་མ་རྒྱལ་མཚན་དང་པཎ་ཆེན་ཤན་ཏི་པ་བློ་གྲོས་རྒྱལ་མཚན། པཎ་ཆེན་དོན་ཡོད་རྒྱ་མཚོ། ཤར་སྟོན་བློ་གྲོས་ལེགས་བཟང་། གནས་སྙིང་ཆོས་རྗེ་ཆོས་ཀྱི་རྒྱལ་མཚན། ཤངས་སྟོན་ཆོས་དཔལ་རྒྱ་མཚོ། ཕྲུག་གཞུང་པ་བསོད་ནམས་རྒྱལ་མཚན། ཤངས་སྟོན་པ་བསམ་གྲུབ་དཔལ་བཟང་། སྒྲུང་སྟོན་དམ་ཆོས་ཡར་འཕེལ། སྒྲུང་སྟོན་ལྷ་དབང་བློ་གྲོས། པཎ་ཆེན་ཐམས་ཅད་མཁྱེན་པ་བློ་བཟང་ཆོས་ཀྱི་རྒྱལ་མཚན་དཔལ་བཟང་པོ། བཀྲ་ཤིས་ལྷུན་པོར་འཆད་ཉན་གྱི་གྲྭ་ཚང་ཆེན་པོ་གསུམ་བྱུང་བ་

ལས། དང་པོར། ཤར་རྩེ་གྲྭ་ཚང་དུ་འཆད་ཉན་སློབ་དཔོན་རིམ་པ་ལྟར་ནི། ཤངས་སྟོན་དྲི་མེད་བཤེས་གཉེན། སྟོབས་ལྡན་འོད་ཟེར། ཚུལ་ལེགས་པ། ཆོས་རྗེ་དགེ་འདུན་བསམ་གྲུབ། བྱང་སྟོན་ཆོས་གྲགས་མཁས་པ་བློ་གྲོས་རྒྱ་མཚོ། ལེགས་པ་དོན་གྲུབ། བྱང་སྟོན་པ་བསམ་གཏན་འོད་ཟེར། ཉན་སྟོན་ཤཱཀྱ་ཡེ་ཤེས། པཎ་ཆེན་དམ་ཆོས་ཡར་འཕེལ། ལྷ་དབང་བློ་གྲོས། དགྲ་འདུལ་ཆོས་མཛད། ཤཱཀྱ་མཆོག་གྲུབ། དགེ་འདུན་འོད་ཟེར། བསམ་པ་ལྷུན་གྲུབ། གཉིས་པ། དཀྱིལ་ཁང་གྲྭ་ཚང་དུ་འཆད་ཉན་སློབ་དཔོན་རིམ་པར་བྱོན་པ་ནི། མཁས་པ་དཔལ་ཆོས་པ། འཕགས་པ་འཆར་ཁ་སངས་རྒྱས་དཔལ་རིན། སངས་རྒྱས་དབང་ཕྱུག་དྲུང་ཆོས་(༡༨བ)གྲགས། ལྷ་བཙུན་བློ་བཟང་བསྟན་པའི་ཉི་མ་རྒྱལ་མཚན། ཤཀྟི་པ་བློ་གྲོས་རྒྱལ་མཚན། སེ་ར་རྗེ་བཙུན་པའི་དཔོན་པོ་གྲགས་ཆེན་དཔལ་བཟང་འབར། སྡེ་སྣོད་འཛིན་པ་བསྟན་པ་དར་བཟང་། མཁས་པ་བློ་གྲོས་ལེགས་པ། ཆོས་རྗེ་ཆོས་དཔལ་རྒྱ་མཚོ། ཆོས་རྗེ་བསམ་གྲུབ་བཟང་། ཆོས་རྗེ་ཀུན་ཤེའི་དཔོན་པོ་ནོར་བཟང་རྒྱ་མཚོ། ཆོས་རྗེ་སངས་རྒྱས་རྒྱ་མཚོ། རྗེ་མོ་རྫོང་པའི་རྗེ་དྲུང་བློ་བཟང་བསྟན་པའི་རྒྱལ་མཚན། མངའ་རིས་དཔེ་ཐུབ་པ་རབ་འབྱམས་སྨན་བླ་སངས་རྒྱས་དཔལ་བཟང་། གྲྭ་ཚང་གསུམ་ལ་ཐོས་བསམ་གླིང་དུ་འཆད་ཉན་སློབ་དཔོན་རིན་པར་བྱོན་པ་

ནི། ཀུན་མཁྱེན་ཆོས་འཁོར་དཔལ་བཟང་། འཇམ་དབྱངས་ཆོས་རྗེ་བློ་བཟང་བཤེས་གཉེན། སྤྱི་ལུང་པ་བློ་གྲོས་ཆོས་གྲགས་རིན་ཆེན། ཁྱུང་ཕྲུག་བྱམས་པ་བཀྲ་ཤིས། བྱང་སྟོན་བརྩོན་འགྲུས་རྒྱལ་མཚན། ཆོས་རྗེ་བློ་གྲོས་རྒྱལ་མཚན། ཆོས་རྗེ་དགེ་འདུན་བློ་བཟང་། པཎ་ཆེན་བསོད་ནམས་རྒྱལ་མཚན། ཆོས་རྗེ་འཇམ་དབྱངས་བཀྲ་ཤིས། བྱམས་པ་བཤེས་གཉེན། མཁས་པ་དཔལ་འཁོར་རྒྱ་མཚོ། མང་ཐོས་ནོར་བཟང་རྒྱ་མཚོ། སློབ་དཔོན་ཕུན་ཚོགས་རྒྱ་མཚོ། བསམ་གྲུབ་ཆོས་འཕེལ། སྒྲུང་སྟོན་ལེགས་བཤད་དཔལ་ལྡན། བཀྲ་ཤིས་ལྷུན་པོར་པཎ་ཆེན་ཐམས་ཅད་མཁྱེན་པ་བློ་བཟང་ཆོས་ཀྱི་རྒྱལ་མཚན་གྱིས་ཕྱག་ས་གྲྭ་ཆེན་མོ་བཙུགས། ཉིད་ཀྱི་བརྩམས་པའི་དུས་འཁོར་ཊཱི་ཀ་ཆེན་དང་། གསང་བ་འདུས་པའི་བསྐྱེད་རྫོགས་ཊཱི་ཀ་ཆེན་གྱི་ཐོག་ནས་འཆད་ཉན་སློབ་དཔོན་དུ། རྗེ་དྲུང་བློ་བཟང་བསྟན་པའི་རྒྱལ་མཚན་བསྐོས། དེ་ནས་བླ་མ་མགོན་(༡༡ན)པོ་རྒྱལ་མཚན། སློབ་དཔོན་ཤེས་རབ་རིན་ཆེན་རྣམས་བཞུགས། ཡང་བཀྲ་ཤིས་ལྷུན་པོའི་དགོན་ལག་ཏུ། སྟག་ལ་ནུབ་ཏུ་གངས་ཅན་ཆོས་འཕེལ་འདི་པཎ་ཆེན་བཟང་པོ་བཀྲ་ཤིས་པས་བཏབ། གདན་སར་བླ་རབས་ནི། ཆོས་རྗེ་སྟོབས་ལྡན་འོད་ཟེར། རྒྱལ་བ་བསམ་གྲུབ། མཁས་བཙུན་ཚུལ་ཁྲིམས་སྟོབས་འབར། དྲུང་བྱང་ཆུབ་བློ་གྲོས། ནག་པ་ཚུལ་ཁྲིམས་འོད་ཟེར།

རྗེ་བཀྲ་ཤིས་འཕགས། གསང་བདག་བསྟན་པའི་སྒྲོན་མེ། རྗེ་ཚུལ་ཁྲིམས་དོན་གྲུབ། པཎ་ཆེན་དོན་ཡོན་རྒྱལ་མཚན། འཇམ་དབྱངས་ནམ་མཁའ་བཟང་པོ། ཁྱད་པར་བཤེས་གཉེན། པཎ་ཆེན་རིག་པ་སེང་གེ །རྒྱུད་ཆེན་སངས་རྒྱས་རྒྱ་མཚོ། དཔལ་འབྱོར་རྣམ་རྒྱལ། པཎ་ཆེན་བསོད་ནམས་རྩེ་མོ། པཎ་ཆེན་ཐམས་ཅད་མཁྱེན་པ་བློ་བཟང་ཆོས་ཀྱི་རྒྱལ་མཚན། བློ་བཟང་ནོར་བུ་འོད་ཟེར། རྗེ་རྒྱལ་བ་རིན་ཆེན། སྦྱང་གཞུང་དུ་འབྲོང་རྩེ་ཆོས་སྡེ་ཐར་པ་གླིང་ནི། མཁས་གྲུབ་རྗེའི་དངོས་སློབ། འབྲོང་རྩེ་ལྷ་སྲས་པ་རིན་ཆེན་རྒྱ་མཚོ་བློ་གྲོས་པས་བཏབ། །

སྦྱང་སྟོད་དུ་དཔལ་འཁོར་བདེ་ཆེན་གླིང་ནི། རྒྱལ་ཁར་རྩེ་པའི་བདག་པོ་རབ་བརྟན་ཀུན་བཟང་འཕགས་དང་། མཁས་གྲུབ་རྗེ་མཆོད་ཡོན་གྱིས་བཏབ། མཁས་གྲུབ་རྗེའི་གཟིམ་ཁང་མ་གཏོགས་ཐམས་ཅད་ལ་ས་ཁྲ་གསོལ། བདག་པོས་ཀུན་མཁྱེན་རོང་སྟོན་སྤྱན་འདྲེན་གྱི་གྲབས་མཛད། བརྗོད་ཡིག་བཀྱི་ནས། དཔང་པོར་མཁས་པ་མང་པོ་གདན་དྲངས་པས་སྐབས་མ་འགྲིག །མཁས་གྲུབ་རྗེའི་ཞལ་སྔད་ཀྱི་རྩོམ་པ་ཡང་མཛད་པ་བཀའ་འབུམ་ནང་དུ་ཐེབས་ཡོད། དེ་(༡༡༨)ནས་སྦྱང་སྟོད་ལྷུང་ར་ཆོས་སྡེ་དང་། རི་བོ་གངས་ཅན་གྱི་དགོན་པར་བཞུགས་ཏེ། ཐུགས་རྩོམ་མང་དུ་མཛད། ལྷུང་ར་ཆོས་

རྗེར་གྲགས། རྗོད་པ་སོགས་མཁས་པའི་བྱ་བ་གསུམ་ལ་མཁས་པ་ལགས། རྒྱལ་ཚབ་ཆོས་རྗེ་གནས་སྙིང་དུ་ཕེབས་པ་ན་མཇལ་བར་ཕྱིན་པ་ནི། རྒྱལ་ཚབ་རིན་པོ་ཆེའི་ཕྱག་ཕྱིར་དབུས་སུ་ཕེབས་ནས་དགའ་ལྡན་གྱི་ཁྲིར་བཀོད་དོ། །དཔལ་འཁོར་བདེ་ཆེན་དུ་གྲྭ་ཚང་། དགེ་ལུགས་པ། ལྷ་ཁང་པ། ནོར་བུ་དགའ་ལྡན་པ་ལེགས་གྲུབ་པ། གསེར་ཁང་གོང་མ། ཞི་གནས་པ། གྲང་མོ་ཆེ་པ། བདེ་འཁྱོར་བ་རྣམས་སུ། རྗེ་རིན་པོ་ཆེའི་ལུགས་བཟང་བསྐྱངས་སོ། །ས་ལུགས་ཀྱི་གྲྭ་ཚང་། ཁང་གསར་བ། གུར་པ། བདེ་བ་ཅན་པ། མདོན་དགའ་བ་དང་བཞི་ཞ་ལུ་བའི་གྲྭ་ཚང་བཞི་ཡོད། ས་དགེ་ཐུན་མོང་དུ་གསེར་ཁང་འོག་མ་རྣམས་དང་ཡོངས་སྒྲིལ་བཅུ་དྲུག་ཡོད། དཔལ་འཁོར་བདེ་ཆེན་གྱི་སྤྱི་བླའི་རིམ་པ་ནི། མཁས་གྲུབ་རྗེ་དགེ་ལེགས་དཔལ་བཟང་། གཟད་པ་བློ་གྲོས་རྒྱ་མཚོ། རྗེ་སེང་གེ་བཟང་པོ། རྗེ་བསོད་ནམས་གྲགས་པ། །

མྱུང་སྟོད་གནས་སྙིང་པའི་ལོ་རྒྱུས་ནི། རྒྱ་འཇམ་དཔལ་གསང་བ་ཞེས་བྱ་བ། གཤིན་རྗེ་གཤེད་ཀྱི་གྲུབ་ཐོབ་དེ། ཨོ་རྒྱན་རིན་པོ་ཆེས་རྒྱལ་པོ་ཁྲི་སྲོང་ལྡེ་བཙན་དང་སློབ་དཔོན་འགོས་ཀྱི་བླ་མར་གནང་ངོ་། །ལ་སྟོད་ཐབ་མདོར་ནས་གནས་སྙིང་དུ་ཕེབས། ལ་སྟོད་པ་དཀོན་མཆོག་མཁར་གྱིས་མཇལ་ཏེ་ཐང་ཀར་ཞབས་རྗེས་ཞུས་པས་པདྨ་འདབ་མ་གྱ

བརྒྱུད་འབྲུངས་(༡༠༠ན)པ་ལ་ལུང་བསྟན་པ། བུ་སྐལ་ལྡན་ཁྱོད་ཀྱི་གདུང་རྒྱུད་ལ། །སྤྱན་རས་གཟིགས་ཀྱི་སྤྲུལ་པ་ནི། །བརྒྱུད་ཙུ་ཙ་བརྒྱུད་རིམ་པར་འབྱོན། །འགྲོ་བའི་བསོད་ནམས་དཔལ་དུ་ཤར། །ཞེས་གསུངས། རྫོག་པ་ཟེ་ཐང་དགོན་མཆོག་འཁར་ལ་གནང་། ཨ་མེས་ཕུར་མགོན་གྱིས་གནས་སྙིང་དུ། རྗེ་བོས་ཕྱག་ནས་གནང་སྟེ། འདི་གནས་ཀྱི་སྙིང་པོར་འདུག་གསུངས་པས་གནས་སྙིང་དུ་གྲགས། གདན་སར་དགོན་མཆོག་འཁར་དང་། འབྲི་ཤེས་རབ་འབར་སོགས་བྱོན། ཐུགས་རྗེ་ཆེན་པོའི་གདུང་བརྒྱུད་ < རྒྱུད་ > ཞི་གཉིས་པ། འཇམ་དབྱངས་རིན་ཆེན་རྒྱལ་མཚན། དེ་ལ་རྒྱ་ནག་ནས་སྐུ་བསྙུངས་པའི་ལས་མཚན་དང་འབུལ་བ་གནང་། འདི་དུས་རྗེ་བཙོང་ < ཙོང་ > ཁ་པས་གནས་སྙིང་དུ་བཀའ་བཞིའི་གྲྭ་སྐོར་མཛད་པ་ལ་ཞབས་ཏོག་ཞུས་རིན་ཆེན་རྒྱལ་མཚན་གྱི་དཔོན་པོ་འཇམ་དབྱངས་རིན་ཆེན་གྲུབ་པ་དང་། རྒྱལ་མཚན་རིན་ཆེན་པས་གངས་ཅན་ཀུན་དགའ་དཔལ་ལ་ < ལས་ > ཆོས་ཞུས། རྒྱལ་མཚན་རིན་ཆེན་པའི་སྲས་མཐུ་ཆེན་གྲགས་པ་རྒྱལ་མཚན་དང་རྒྱ་མཚོ་ལས་བསྙེན་པར་རྫོགས་པའི་མཁན་པོ་མཛད། འཕྲིན་ལས་ཆེ། གནས་སྙིང་དགའ་ལྡན་པར་གཙང་སང་ངེར་བསྒྱུར། གནས་སྙིང་གི་ཁྲི་ཐོག་ཏུ་ཕེབས། གྲགས་པ་རྒྱལ་མཚན་གྱི་སྲས་རྒྱལ་བ་རྡོ་རྗེ་རིན་ཆེན་དང་(༡༠༠བ)འཇམ་དཔལ་སྙིང་པོ།

རྡོ་རྗེ་རིན་ཆེན་གྱི་སྲས་ཁྲི་རིན་པོ་ཆེ་པདྨ་རྒྱལ་མཚན་དང་། འཇམ་དཔལ་གསང་བའི་རྒྱལ་མཚན་དང་། པཎ་ཆེན་ཆོས་ཀྱི་རྒྱལ་མཚན་རྣམས་བྱུང་། ཁྲི་རིན་པོ་ཆེའི་སྲས་དབྱངས་ཅན་ངག་གི་དབང་པོ་ཀུན་དགའ་ལྷུན་གྲུབ་དཔལ་བཟང་པོ་དང་། ར་མོའི་སྤྲུལ་པ་འཇམ་དབྱངས་བསྟན་པའི་ཉི་མ། འཇམ་དབྱངས་གསང་བའི་རྒྱལ་མཚན། དེའི་སྲས་བློ་བཟང་བསྟན་པའི་རྒྱལ་མཚན། འདིས་མོན་ཡུལ་དུ་རྗེ་རིན་པོ་ཆེའི་བསྟན་པ་སྤེལ། དེའི་གཅུང་པོ་བསོད་ནམས་རྒྱལ་མཚན་དཔལ་བཟང་པོ་དང་། དབང་ཆེན་གྲགས་པ་འོད་ཟེར་དང་། ལས་རབ་དབང་ཆེན་ཀུན་དགའ་ཡེ་ཤེས་རྒྱ་མཚོ་རྣམས་སོ། །པཎ་ཆེན་ཆོས་ཀྱི་རྒྱལ་མཚན་པའི་སྲས་ཞབས་དྲུང་ལྷུན་གྲུབ་རབ་བརྟན། དབང་ཆེན་རབ་བརྟན་པའི་ཞབས་དྲུང་ཕུན་ཚོགས་པ། དགའ་ལྡན་རྣམ་རྒྱལ། རིན་ཆེན་རྒྱལ་མཚན། དབྱངས་ཅན་ངག་གི་དབང་པོ་མི་འགྱུར་བསོད་ནམས་དབང་ཆེན་པོའོ། །པཎ་ཆེན་ཆོས་ཀྱི་རྒྱལ་མཚན་གནས་སྙིང་དུ་གྲྭ་ཚང་དྲུག་ཡོད་པ་ལ་ནི། སྐྱིད་ཚལ་བ། ཆོས་ཁང་པ། ནག་པོ་ཞབས་པ། ཁང་གསར་བ། གནས་སྙིང་སེ་ར་བྱུར་ཁང་རྣམས་ཀུ་སོ་སོར་སློབ་དཔོན་རེ་བསྐོས་ནས་འཆད་ཉན་འཕེལ་ལོ། །

ཤབ་སྟོད་དུ་ལྷུན་པོ་རྩེའི་ཆོས་སྡེ་ནི་དཔལ་འབྲོག་མི་བསོད་ནམས་མཚན་ཅན་གྱིས་བཏབ། དེ་ནས་གདན་རབས་བཞི་པ།

འཕགས་འོད་ཡོན་ཏན་རྒྱ་མཚོའི་དུས་སུ། རྗེ་ཤེས་རབ་སེང་གེ་ཕེབས་ནས་དགའ་ལྡན་པའི་ཆོས་ལུགས་བཙུགས། མདོག་ཆོས་པའི་(༡༠༡༨) རྗེ་དྲུང་། རྒྱ་ཡ་ང་ནང་སོ་གནས་སྙིང་ཆོས་རྗེ་བློ་བཟང་པ། པཎ་ཆེན་བསོད་ནམས་རྒྱལ་མཚན། དྲུང་ཀུན་དགའ་རྒྱལ་མཚན། དཔུ་མཛད་ཆོས་འཕེལ། སྲས་གཞུང་ས་སུ། དགའ་ལྡན་ཕོ་བྲང་ནི། རྗེ་ཤེས་རབ་སེང་གེས་བཙུགས་པའི་སྲས་བརྒྱུད་ཀྱི་གཞི་དགོན་ཡིན་པས། དེའི་ལོ་རྒྱུས་ནི་རྗེ་ཤེས་རབ་སེང་གེས་བཙུགས་པའི་སྐབས་སུ་བརྗོད་ཟིན་ཏོ། སྤྱི་ལུང་མཁའ་སྤྱོད་ནི། གྲུབ་ཆེན་ནམ་མཁའ་རྒྱལ་མཚན་གྱི་དངོས་སློབ་དཔལ་ལྡན་རྡོ་རྗེས་བཏབ། ལུང་པ་དེ་སངས་རྒྱས་ཀྱི་སྤྱན་འདྲ་བས་སྤྱན་ལུང་ཟེར་ཡང་སྒྲ་འཆལ་ཏེ། དེང་སང་སྤྱི་ལུང་ཟེར། འདིར་ས་སྐྱ་ཤར་པའི་ཆོས་ལུགས་ཡོད་པ་ལ། བླ་མ་རྒྱ་ཆེན་པས་དགེ་ལུགས་པར་བསྒྱུར་ཏེ། གདན་སར་ཕྱོས་བསམ་གླིང་པའི་སློབ་དཔོན་ནོར་བཟང་རྒྱ་མཚོ་སོགས་བྱོན་ནོ། །

བྱང་ངམ་རིངས་དགའ་ལྡན་བྱམས་པ་གླིང་དུ། རྗེ་བཙོང་ <ཙོང་ > ཁ་པ་ཆེན་པོས་བཀའ་ཆེན་བཞིའི་གྲྭ་སྐོར་མཛད་པས་ལེགས་བཤད་ཀྱི་བདུད་རྩིས་མཁས་པ་རྣམས་དགྱེས་པ་སྐྱེད་ཅིང་། རྗེ་རེད་མདའ་བ་དཔོན་སློབ་ཉུང་ཤས་ཤིག་འཆད་ཉན་མཛད་པས། ངམ་རིངས་མཁན་པོ་ཀུན་རྒྱལ་བ་ལ་གྲྭ་པ་གཅིག་གི །རེད་མདའ་བ་དཔོན་སློབ་ཉུང་དུ་

འདིས། ངེད་རང་དཔོན་སློབ་ལ་འགྲན་བཤད་ཀྱི་ལུགས་སུ་འདུག་ཟེར་བ་ན། མཁན་པོའི་ཞལ་ནས། ངེད་རང་གི་གྲྭ་པ་ལས་འཛམ་བུ་གླིང་དུ་དེང་སང་དུས་བློ་བཟང་གྲགས་པའི་དོ་ཟླ་མེད་གསུང་། ལ་སྟོད་བྱང་པའི་ཞལ་ངོ་ནམ་མཁའ་དཔལ་དང་། ཡར་རྒྱབ་པའི་ཞལ་ངོ་(༡༠༡༨) བསོད་ནམས་རྣམ་རྒྱལ་ལ། རྗེའི་དངོས་སློབ་དཔོན་སྲས་གཉིས་ཟེར། གད་པ་ངམ་ནག་གི་ཐད་དུ་ཡོད་པས་ངམ་རིངས་སམ། བྱ་ངང་པ་སྐད་རིང་པོ་འདོན་པའི་སར་ཡོད་པས་ངང་རིངས་ཟེར་བའི་རྒྱུ་མཚན་འདུག་གོ །

འདིར་དང་པོར་ཆོས་སྡེ་འདེབས་མཁན་ནི། འགྲོ་བའི་མགོན་པོ་ཤཱཀྱ་སེང་གེ་ཡིན། དེ་ནས་གདན་སར་བླ་རབས་ནི་རིམ་པ་བཞིན། བླ་མ་ཡོན་ཏན་རྒྱ་མཚོ། ཀུན་མཁྱེན་གངས་ཁྲོད་པ། བརྩོན་འགྲུས་རྒྱལ་མཚན། ཇོ་ནང་པ་ཕྱོགས་ལས་རྣམ་རྒྱལ་བསོད་ནམས་རྣམ་རྒྱལ། བསྟན་པའི་རྒྱལ་མཚན། ཟླ་མགོན་ཤེས་རབ། དཔལ་འབྱོར་ཤེས་རབ། རིན་ཆེན་དཔལ་བཟང་། མཉྫུ་ཤྲཱི། འཇམ་དབྱངས་གྲགས་དཔལ། མཁན་པོ་ཀུན་དགའ་རྒྱལ་མཚན། སེང་གེ་དཔལ་རིན། དོན་བཟང་རྒྱལ་མཚན། བློ་བཟང་གྲགས། ཀུན་དགའ་དོན་གྲུབ། སངས་རྒྱས་སེང་གེ །འཇིགས་མེད་གྲགས་པ། རིན་ཆེན་རྡོ་རྗེ། དཔལ་ལྡན་བློ་གྲོས། ཤེས་རབ་དཔལ། དགེ་ལེགས་བཀྲ་ཤིས།

བསོད་ནམས་བཟང་པོ། སངས་རྒྱས་རྒྱ་མཚོ། བྱམས་པ་བསོད་ནམས། བཟང་པོ་བཀྲ་ཤིས། སངས་རྒྱས་རྒྱལ་མཚན། བློ་སྒྲུབ་རྒྱ་མཚོ། ངག་དབང་བཀྲ་ཤིས། བྱམས་པ་བཟང་པོ། ཚུལ་ཁྲིམས་རྒྱལ་པོ། མཁན་པོ་ཆོས་ཀྱི་རྒྱ་མཚོ་རྣམས་སོ། མཁན་པོ་སེང་གེ་དཔལ་རིན་གྱི་དུས་སུ་བྱུང་བདག་པོ་དཀོན་མཆོག་བཟང་པོས། སེམས་དཔའ་ཆེན་པོ་གཞོན་ནུ་རྒྱལ་མཆོག་སྤྱན་དྲངས་ནས་གཙུག་ལག་ཁང་ཆེན་པོ་དང་། བྱམས་ཆེན་གྱི་འདྲ་སྐུ་ཁྲུ་དོན་ལྔ་པ་དང་། འདུ་ཁང་ཆེན་མོའི་ཡོགས་བྲིས་དང་བཅས་པ་བཞེངས་སོ། །འདིར་གྲྭ་ཚང་ཉི་ཤུ་རྩ་ལྔ་ཡོད་པ་ལས། དགེ་ལུགས་པའི་གྲྭ་ཚང་དགུ་དང་། ས་ལུགས་པ་བཅུ་དྲུག་ཡོད་ཀྱང་། དགེ་(༡༠༢ན)འདུན་པ་ནི་དགེ་ལུགས་པ་མང་ངོ་། །གྲྭ་ཚང་དེ་དག་གི་གཞི་དགོན་གནས་ནི་ཡས་ནས་རིམ་བཞིན། ཧ་ཤར་བའི་ཞལ་ངོ་རྡོ་རྗེ་ཉི་མ་བཀྲ་ཤིས་ཀྱིས་བཏབ་པའི་སྡེ་གུང་པ། ཆོས་རྗེ་བྱམས་པ་བཟང་པོས་བཏབ་པའི་ཆོས་སྡེ་ཧ་ཤར་པ། གཙང་པོ་སྟོ་ཁར་ཆོས་རྗེ་དཔལ་ལྡན་བཟང་པོས་བཏབ་པའི་སྡེ་ཤར་པ། ངམ་རིངས་ཀྱི་མཚོ་མགོར་བླ་མ་བཀྲ་ཤིས་རིན་ཆེན་པས་བཏབ་པའི་ཙུང་ཕུམ་པོ་ཐོག་བཀྲ་ཤིས་སྒང་། བྱང་ཁང་གསར་པའི་ཞལ་ངོ་ཚུལ་ཁྲིམས་ལེགས་པས་བཏབ་པའི་བསམ་གྲུབ་དགའ་ལྡན། མདོག་གཞུངས་སུ་བླ་མ་བློ་གྲོས་མགོན་གྱིས་བཏབ་པའི་ལུང་དགའ་ལྡན། བླ

མ་ཕྲུགས་རྗེ་སེང་གེས་བཏབ་པའི་ཆོས་སྡེ་པ་ད་ལྷ་བ་མེ་དཔལ་འཁོར་བཞུགས། མདོག་ཆུ་སྟོར་མཁས་གྲུབ་རྗེའི་དངོས་སློབ་ཆོས་ལྡན་རབ་འཁོར་གྱིས་བཏབ་པའི་སྤྱངས་ཡུལ་ཆོས་སྡེ། ད་ལྷ་བླ་མ་ཚུལ་བཟང་པ་བཞུགས། ཆོས་ལྡན་རབ་འཁོར་འདིས་མདོག་ཆུའི་བྱང་དུ་གསང་སྔགས་ཕོ་བྲང་ཡང་བཏབ། མུས་སུ་ཆོས་རྗེས་བཏབ་པའི་ཆོས་ལུང་ཤར་ནི་ལུང་དགའ་ལྡན་པར་འགྲེལ་ལོ། ས་ལུགས་པའི་ཆོས་སྡེ་བཅོ་ལྔ་ཡོད་དོ། །དགེ་ལུགས་པའི་གྲྭ་ཚང་ཆེ་ཤོས་བསམ་གྲུབ་དགའ་ལྡན་པ་ཡིན་ཏེ། བསམ་གྲུབ་དགའ་ལྡན་པ་འདི་ཡང་། སེམས་དཔའ་ཆེན་པོ་གཞོན་ནུ་རྒྱལ་མཚན་གྱི་སྐུའི་སྐྱེ་བ་བྱང་ཁང་གསར་མའི་ཞལ་ངོ་ཆོས་རྗེ་དཔལ་འཁོར་རྒྱལ་མཚན་གྱི་དུས་སུ། ཡ་ག་ཆོས་སྡེ་ནས་དགེ་འདུན་པ་བདུན་ཅུ་དོན་ལྔ་ (༡༠༢༥) པ་མདོག་ཆུ་སྟོ་རིའི་ངོས་ནས་གནས་བཅས་པ་ལས། ཆོས་སྡེ་ཆེན་པོ་བསམ་སྟོན་ཡེ་ཤེས་གྲགས། ཕོན་པ་སངས་རྒྱས་རྒྱ་མཚོ། སྡེ་ཐང་པ་དགེ་ལེགས་རྒྱ་མཚོ། འཇམ་དབྱངས་དགེ་ལེགས་བཤེས་གཉེན། རིན་ཆེན་དཔལ་འཁོར་པཎ་ཆེན་བསོད་ནམས་ཡར་འཕེལ། ཤེས་རབ་རྒྱ་མཚོ། བརྩོན་འགྲུས་འོད་ཟེར། བླ་མ་བྱམས་པ་རྒྱ་མཚོ། འཕན་ཡུལ་རྒྱལ་པ། ཆོས་རྗེ་དཔལ་འཁོར་དབང་པོ་འཚད་ཉན་འཕེལ་བར་བཞུགས་སོ། །

མཇུག་བསྡུ་བ།

དེ་ལྟར་རྒྱལ་བ་གཉིས་པ་ཆོས་ཀྱི་རྒྱལ་པོ་རྗེ་བཙུན་བཙོང་ < ཙོང་ > ཁ་པ་ཆེན་པོའི་བསྟན་པ་རིན་པོ་ཆེ་ཕྱོགས་ཐམས་ཅད་དུ་ཁྱབ་པའི་ཚུལ་ནི་སྐབས་བཅུའི་གོ་འཕང་བརྙེས་པ་རྣམས་ཀྱི་སྤྱོད་ཡུལ་ལས་བདག་སོགས་རྣམས་ཀྱི་ཆ་ཙམ་ཡང་བརྗོད་པར་མ་སྤོབས་ཀྱང་། བོད་ཡུལ་གངས་ཅན་ལྗོངས་འདིར་བསྟན་པ་རིན་པོ་ཆེའི་ < ཆེ་ > དར་བའི་ཚུལ་ཅུང་ཟད་བཀོད་པ་འདི་ནི། རིག་གནས་དང་། འཆད་རྩོད་རྩོམ་པའི་ཚུལ་ཆ་ཙམ་རྟོགས་ཤིང་། རྗེ་བཙུན་བཙོང་ < ཙོང་ > ཁ་པ་ཆེན་པོའི་བསྟན་པ་རིན་པོ་ཆེའི་རྗེས་སུ་བཞུགས་ནས། ལེགས་བཤད་ཀྱི་བདུད་རྩིས་འཚོ་བའི། རྗེ་རིགས་ལས་སོན་པ་མཁར་ནག་ལོ་ཙྪ་བ་དཔལ་འབྱོར་རྒྱ་མཚོས་སྦྱར་བའོ། །མངྒ་ལཾ་བྷ་ཝནྟུ་སརྦ་ཛ་ག་ཏཾ།། །།

མཁར་ནག་ཆོས་འབྱུང་།

རྩོམ་པ་པོ།	མཁར་ནག་ལོ་ཙཱ་བ་དཔལ་འབྱོར་རྒྱ་མཚོ།
དཔེ་སྒྲིག་འགན་འཁུར་བ།	བདེ་སྐྱིད་སྒྲོལ་དཀར།
ཞུས་དག་པ།	བདེ་སྐྱིད་སྒྲོལ་དཀར།
མཐའ་ཞུས།	བདེ་སྐྱིད་སྒྲོལ་དཀར།
ཀློག་དཔར་ལས་མཁན།	ཟླ་བ་བུ་ཁྲིད།
དཔེ་སྐྲུན་འགྲེམས་སྤེལ།	བོད་ལྗོངས་བོད་ཡིག་དཔེ་རྙིང་དཔེ་སྐྲུན་ཁང་།
པར་འདེབས་ཚན་པ།	སི་ཁྲོན་འཇའ་ཚོན་པར་འདེབས་འགན་འཁྲི་ཚད་ཡོད་ཀུང་སི
དེབ་ཚད།	850 × 1168 1/32
པར་ཤོག	7.75
པར་གྲངས།	3,001 – 5,000
པར་གཞི།	2013ལོའི་ཟླ་11པར་པར་གཞི་དང་པོ་བསྒྲིགས།
པར་ཐེངས།	2023ལོའི་ཟླ་5པར་པར་ཐེངས་གཉིས་པ་བཏབ།
དཔེ་རྟགས།	ISBN 978 – 7 – 80589 – 394 – 5མི་ཡིག(བོད།)
རིན་སྒོར།	19.00